経済循環と
「サービス経済」の理論

批判的国民所得論の展開

寺田隆至

八朔社

はしがき

　本書は，今日では，全く過去の，特定の価値観に基づく経済学であるかのように扱われている観さえあるマルクスの経済学が持つ今日的妥当性・有効性を，現代の「サービス経済」についての以下のような一連の理論的把握の試みを通じて示そうとするものである。

　すなわち，まず，マルクスがその主著『資本論』第２部第３篇のいわゆる再生産論で展開した諸議論と，今日のマクロ経済学の基本原則・基礎理論である「三面等価原則」及び「貯蓄＝投資」論との同一性と差異に光を当て，続いて，現代の経済において日常的な現象となっている「サービス取引」の本質を，『資本論』冒頭の商品論・商品交換論に基づいて明らかにする。そして，以上の考察で得た知見を基礎としての，「サービス部門」を組み込んだ経済循環・再生産過程の理論的考察によって，「サービス経済」という産業構造上の特徴を持つ現代経済の持続と発展の条件を明らかにするという試みである。

　ところで，本書は，副題を，「批判的国民所得論の展開」としている。それは，以上のような試みによって同時に果たされるのが，物質的生産物と「サービス」を区別する，マルクス経済学の伝統的な労働価値論の立場に基づいて，現代の「サービス経済」における「国民所得」を再把握することだからである。そして，そこで得られるのは，「富とは何か？」という経済学の根本問題についての労働価値論の見地を，「サービス経済」の特徴を持つ現代経済の経済循環・再生産過程の把握に徹底させた知見であり，それを要約的に示したのが，本書第４章第５節及び第６章第３節に示したいくつかの経済循環図である。それは，端的に，「サービス経済」の特徴を持つ現代経済の基本構造の図式的表現である。

　ところで，言うまでもなく，今日のマクロ経済学や国民経済計算（SNA）は，物質的生産物（＝「財貨」）と「サービス」を区別しない。したがって，その立場からは，本書が提示する上述のような経済循環図はあり得ないものである。しかしながら，両者を区別する必要性は，しばしば，日々の生活実感に基づく

我々の経済論議の中にも登場する。

　記憶に新しいものとして一つだけ例をあげれば，2011年3月11日の東日本大震災の直後に議論となったプロ野球の開幕問題である。当初予定の3月25日に開幕すべきか，遅らせるべきかをめぐって，前者の判断を示したセ・リーグに対し，パ・リーグと選手会側が後者の判断を示して対立し，結果的には，4月12日のセ・パ両リーグ同時開幕となったが，そこにあったのは，被害状況の全容も摑めない段階で，しかも，電力需給逼迫への対策も実施される中で，膨大な電力を消費するナイターを含む当該スポーツ興行を行うことの社会的承認という問題であった。そして，電力を消費するのは，物質的生産を行う一般の多くの産業活動においても同様であるから，そこでの問題の核心は，物質的生産の産業と「サービス産業」との区別という問題に他ならなかった。

　しかし，こうした問題を捉える枠組みは，上述したマクロ経済学を含む今日の主流の経済学にはない。そして，その枠組みを持つ経済学こそ，商品の価値（現象的には「価格」）の実体を，商品に対象化・物質化された社会的必要労働と捉える労働価値論に立脚し，そのことによって，経済を，人間と自然との物質代謝過程として，その必然性の次元で捉えるマルクスの経済学であるというのが本書の根底にある経済学理解である。

　以上に述べたように，本書の中心的な課題は，マルクスの経済学，今日のマクロ経済学の基本原則・基礎理論としての「三面等価原則」及び「貯蓄＝投資」論，そして，「サービス経済」という三者の関係の中で設定されている。しかし，同時に，この中心的な課題を追究する中で，いわゆるマルクス経済学内部における次の三つの未解決の論争課題についても新たな知見を付け加えようとしている。

　すなわち，(a) 非物質的生産労働としての「サービス労働」が価値を「形成」するのかしないのかという戦後長く行われてきた「サービス論争」，(b) 1922年の河上肇の指摘に始まる拡大再生産過程における追加可変資本の貨幣還流問題，(c) 1934年の山田盛太郎『日本資本主義分析』でとられた「再生産論の具体化」という資本主義分析の方法をめぐる一論点としての再生産表式と現実の産業統計における部門設定の不整合の問題である。

いずれも長い論争史を持ちながらも未解決で，しかし，現代経済の把握において基本的な重要性を持つ課題である。本書の公刊を機に，これらの論争課題についても新たな論争が喚起されることを望んでいる。

　とは言え，本書が最も期待するのは，これらの論争課題について検討する大前提として本書が追究している，上述した中心的な課題そのものについての議論の高まりである。端的に言って，本書は，経済循環・再生産過程の理論的考察，そして，そこに「サービス部門」を組み込んだ現代の「サービス経済」の理論的考察において，マルクスの経済学は，今日の主流の経済学がなし得ていない本質把握を可能にすると主張するものである。読者の忌憚のない批判を求めたい。

　2014年1月

寺田　隆至

目　　次

はしがき

序　章　課題と方法 ……………………………………………………………… 11

第1章　再生産論と経済循環図——三部門四価値構成の再生産表式 …… 19
　第1節　本章の課題 …………………………………………………………… 19
　第2節　単純再生産 …………………………………………………………… 21
　　1　三部門四価値構成の単純再生産表式の考察　21
　　2　単純再生産（部門間均衡）の条件　26
　　3　「三面等価原則」の再把握——国民所得論との差異　31
　第3節　拡大再生産 …………………………………………………………… 36
　　1　三部門四価値構成の拡大再生産の出発表式と「三面等価原則」　36
　　2　拡大再生産の過程　41
　　3　拡大再生産の部門間均衡条件　45
　第4節　経済循環図への転換 ………………………………………………… 48
　　1　単純再生産表式ベースの経済循環図　48
　　2　拡大再生産表式ベースの経済循環図　56

第2章　再生産論と「貯蓄＝投資」論 ……………………………………… 67
　第1節　本章の課題 …………………………………………………………… 67
　第2節　『資本論』第2部における「貯蓄＝投資」論 …………………… 69
　第3節　三部門四価値構成の再生産表式と「貯蓄＝投資」論 ………… 71

1　単純再生産と「貯蓄＝投資」論　71
　　　2　拡大再生産と「貯蓄＝投資」論　74
　　　3　［補説］追加可変資本の貨幣還流問題　96

　　第4節　再生産論としての「貯蓄＝投資」論　　107
　　　1　再生産論としての「貯蓄＝投資」論　107
　　　2　国民所得論の「貯蓄＝投資」論との差異　110
　　　3　考察結果への補足　116

第3章　「サービス」概念と「サービス取引」現象の分析　　121
　　第1節　本章の課題　　121
　　第2節　先行研究における「サービス」概念と「サービス部門」　　122
　　　1　「有用的働き」説及び「有用効果」説と「サービス部門」　122
　　　2　「労働」説と「サービス部門」　127
　　第3節　「サービス経済化」への問題設定と
　　　　　　分析視点としての「労賃形態の必然性論」　　131
　　　1　「サービス取引」現象と本書の問題設定　131
　　　2　分析視点としての「労賃形態の必然性論」　133
　　第4節　「サービス取引」現象の商品交換論的分析　　138
　　　1　「労働のサービス取引」現象の本質と発生根拠　138
　　　2　「商品のサービス取引」現象の本質と発生根拠　145
　　　3　小　括　150
　　　4　［補説］運輸業の理解　151
　　第5節　「非物質的生産部門としてのサービス部門」の設定　　156
　　第6節　「資本主義的サービス業」の試論　　162

第4章　「サービス部門」を含む再生産と経済循環図　　176
　　第1節　本章の課題　　176

第2節 再生産表式への「サービス部門」の組み込みに基づく
　　　先行研究の成果と課題 ────────────── 176

　　1　山田喜志夫氏の研究　176

　　2　川上則道氏の研究　183

　　3　［補説］飯盛信男氏の批判と再生産論　191

　　4　小　括　194

第3節　「サービス部門」を含む単純再生産 ────────── 197

　　1　「サービス部門」を含む四部門四価値構成の
　　　　単純再生産表式の考察　197

　　2　「サービス部門」の単純再生産の特徴と条件　205

　　3　［補説］「サービス部門」の単純再生産条件を満たさない表式例について　211

　　4　「サービス部門」を含む「三面等価原則」　215

　　5　「サービス部門」の部門内取引と「三面等価原則」　228

第4節　「サービス部門」を含む拡大再生産 ────────── 234

　　1　「サービス部門」を含む四部門四価値構成の
　　　　拡大再生産の出発表式　234

　　2　「サービス部門」を含む拡大再生産の過程　237

　　3　小　括　247

第5節　経済循環図への転換 ─────────────── 248

　　1　「サービス部門」を含む単純再生産表式ベースの経済循環図
　　　　──「サービス経済」の基本構造　248

　　2　「サービス部門」の部門内取引を示す経済循環図　252

　　3　「サービス部門」を含む拡大再生産表式ベースの経済循環図　253

第5章　「サービス部門」を含む再生産と「貯蓄＝投資」論 ─── 261

　第1節　本章の課題 ───────────────────── 261

　第2節　「サービス部門」を含む単純再生産と「貯蓄＝投資」論 ── 261

第3節 「サービス部門」を含む拡大再生産と「貯蓄＝投資」論　265
　　1　「サービス部門」を含む拡大再生産　265
　　2　拡大再生産のその他の場合　276
第4節　総括と「サービス経済」への含意　285

第6章　経済循環図の展開と「サービス経済」　290
第1節　本章の課題　290
第2節　国民所得論ベースの経済循環図（1）
　　　　――「サービス部門」の組み込み　290
第3節　「サービス部門」の内部分割の試みと「サービス経済」　293
第4節　国民所得論ベースの経済循環図（2）
　　　　――「政府部門」の組み込み　296

終　章　総括・論点提起・展望　300
第1節　総括――「サービス経済化」への基礎視点　300
第2節　「サービス労働価値形成」説への論点提起　309
第3節　展望――「再生産論の具体化」としての経済循環分析　315
　　1　「再生産論の具体化」をめぐる方法的一課題　315
　　2　「再生産の条件」の成立と資本主義分析の一焦点　319
　　3　マテリアルフローの複雑性と個別産業分析の課題　322
　　4　おわりに　328

参考文献一覧

あとがき

装丁・髙須賀優

序章　課題と方法

　「サービス経済化」が経済学諸分野の重要な研究対象となって久しい。その背景には，物的な財貨を直接には生産しない非物質的生産の産業部門が多くを占める第三次産業部門の就業者が全就業者の過半数を占めるようになり，また，同部門の一部門としての（狭義の）「サービス業」の就業者も増加し続けているということがある。そして，今後の成長産業として，観光や福祉などの諸分野を期待する議論も高まる中，「サービス経済化」への基本的な視点を確立することは日本経済の今後を展望する上で極めて重要になっている。

　また，周知のように，「政府部門」に属する「公務」や各種の「公的サービス」も産業分類上は第三次産業に含まれる。「政府部門」については，「混合経済」や「福祉国家」と言われるような経済活動における政府の役割の拡大が戦後の先進資本主義諸国に見られる一般的傾向であったが，周知のように，「財政危機」や「小さな政府」論を背景に，1970年代以降，その活動の見直しが進められてきた。しかし，それでも，国民所得に占める「政府部門」の比率の高さに示されるように，その規模・役割の大きさは，産業資本主義時代とは大きく異なっている。こうした，「サービス」の供給主体としての「政府部門」の拡大も「サービス経済化」の重要な一面であることは間違いない。

　そして，このような「サービス経済化」をめぐる研究を最も旺盛に行ってきたのはマルクス経済学の論者であろう。マルクスの『資本論』は，古典派経済学から継承し，発展させた，商品の価値（現象的には「価格」）の実体を，商品に対象化・物質化された社会的必要労働と捉える労働価値論に立脚しており，したがって，その多くが非物質的生産部門と考えられる第三次産業分野の拡大をどう見るかは，まさに，学説の立脚点にかかわるテーマであったからである。そのため研究は，「サービス」とは何かという議論と絡みつつ，非物質的生産労働としての「サービス労働」が価値を「形成」するのか，しないのか，という論点を中心とした「サービス論争」として行われてきた。

しかし，このような論争は，佐藤［2001b］が指摘したように，「価値形成性の議論に特化」し，他方で，「サービス経済化」という変化が一国の経済構造や経済成長にいかなる影響を与えるのか，といった課題の解明からはかなりの距離を有するものであった。

　他方で，このような「サービス経済化」の中の一国の経済構造，いわば「サービス経済」の経済構造を解明する試みとして，これまで行われてきたものに，マルクスが『資本論』第2部第3篇で社会的総資本の再生産過程の考察のために作成した再生産表式に「サービス部門」を組み込むというものがある(5)。

　社会的総資本の再生産過程の考察とは，労働者と資本家の二大階級という仮定の下で，一国の総資本が流通（商品と貨幣）の中でいかに再生産され，さらに，成長（＝拡大再生産）するのか，という課題を扱ったもので，端的に言えば，一国資本主義経済の持続と成長の条件の解明である。

　このような試みは，上述した，「サービス労働」を「価値形成」的とする論者とそれを否定する論者のいずれにも見られる。特に，川上［1991・2003a・2003b］は，再生産表式をマトリックス（行列）形式で表示することを提案し，その上で，「サービス労働」の「価値形成」を否定する立場からそこに「サービス部門」を組み込み，さらに，実際の国民所得統計のデータに基づいて戦後日本のマトリックス表示の再生産表式を作成・分析する試みを行っている(6)。

　本書は，川上氏をはじめ，マルクスの再生産表式に「サービス部門」を組み込むことで，「サービス経済」の経済構造を理論的に解明しようとした先行研究と問題意識を共有し，また，そこでの試みに多くを学びつつも，次のような独自のアプローチによって現代の「サービス経済」に接近する。

　すなわち，一国経済の再生産・経済循環についてのマルクスの再生産論と，近代経済学の国民所得論との基本的な捉え方・その内容の異同について，前者が再生産表式によって解明した内容が，後者では，どのように捉えられるのか，という視点から明らかにし，その上で，「サービス経済」の経済構造を，再生産表式による把握をベースとしながらも，それをむしろ，国民所得論の経済循環に関する把握・表示形式によって示すというアプローチである。

　そして，その国民所得論の経済循環の把握とその表示形式として本書がとり

あげるのは，いわゆる「三面等価原則」，及び，それに基づいて経済主体間のフローの経済関係を表示する経済循環図，そして，経済成長論のベースにある「貯蓄＝投資」論とされる議論である。したがって，本書では，「サービス経済」に関する考察の前提として，「三面等価原則」及び経済循環図，そして，「貯蓄＝投資」論をマルクス再生産論に基づいて批判的に考察することを行う。その上で，経済循環図については，そこに，「サービス部門」を組み込むことで，「サービス経済」の特徴を持つ現代経済の基本構造を図式的に表現することを試みる。

ところで，本書が，このようなアプローチを採用するのは次の理由からである。それは，マルクス再生産論に比べればはるかに一般に浸透していて，今日，各国で整備されている国民所得統計などの基礎にもなっている国民所得論の捉え方と表示形式を，マルクス再生産論の立場から評価し，それによるマルクス再生産論の内容の表示可能性と限度をふまえて，前者の活用を模索したいからである。もちろん，本書の研究は，理論的なもので，統計データ等を活用した実証的な分析は行っていない。しかし，本書の最後の節で，そうした分析の方法上の論点をとりあげているように，本書の研究の先にはそうした実証的研究を展望している。

ところで，以上のようなアプローチによって今日の「サービス経済」の経済構造を解明しようとする本書は，その先にもう一つの課題を設定している。それは，前述した「サービス論争」に関わって論点を提起することである。

実は，本書は，非物質的生産労働としてのいわゆる「サービス労働」については，「価値不形成」の通説的立場に立っている。このような通説的立場が重視するのは，物質的生産が人間及び社会の存立の基礎的条件であるという理解であり，そこには，人間が自然の一部であり，その存立を労働による人間と自然との物質代謝に拠っているという根底的な認識がある。この認識を，労働価値論の理解として言えば，労働価値論は，まず，何よりも人間と自然との物質代謝という人間社会存立の永遠の自然必然性を，資本主義経済が運動の前提とする商品について捉えたものであるということである。

そして，この労働価値論は，経済を，その必然性の次元で捉えることを可能にするという意味で，マルクス経済学の最大の優位性である。したがってまた，

非物質的生産の産業部門が多くを占める第三次産業部門の就業者が全就業者の過半数を占めるようになったことをもって，労働価値論は妥当しなくなったなどのように捉えるのは全く問題を取り違えている。逆である。本書が全体を通して明らかにするように，非物質的生産の産業部門が多くを占めるような経済であるからこそ，そうした産業部門の存立と発展の基礎に，物質的生産の産業の発展があることを捉える労働価値論がより説明力を発揮するのである。

ところで，上の「サービス論争」では，本書のような通説的立場に対して「サービス労働」の「価値形成」を主張する論者が様々な根拠をあげてそれを証明する試みを展開したが，そうした論者にあっても，実は，「サービス労働は物的労働の存在を前提してのみ存在しうるに過ぎない」という見解が示されている。

すなわち，物質的生産労働を基礎に非物質的生産労働が成立しているという点について批判者は必ずしも対立しているわけではないのである。にもかかわらず，この対立が解消されない一つの理由は，通説的立場が，物質的生産労働を基礎に非物質的生産労働が成立している，また，非物質的生産の産業部門の存立と成長の基礎に物質的生産の産業部門があるというという視点からの経済循環・再生産過程の理解を分かりやすい形で提示できていないことにあると思われる。本書が，「サービス部門」を含む経済循環図を作成しようとするのは，まさに，そうした提示を行うためでもある。そして，この提示に至る諸考察をふまえて「サービス労働」の「価値形成」を主張する見解に論点を提示するのが本書のもう一つの課題である。

ところで，先に本書のアプローチの説明で述べた国民所得論の経済循環の把握方法や把握内容については，再生産論の視点からこれまでも多くの研究が蓄積されてきた。にもかかわらず，両者は並存したままで，その異同は必ずしも明確にはなっていない。そこには次の理由がある。それは，経済循環・再生産過程の把握における生産物＝産業部門の分割の違い——再生産論は第Ⅰ部門（生産手段）と第Ⅱ部門（生活手段），国民所得論は中間生産物と最終生産物（消費財と資本財）——をそのままにして考察されていて，両者を比較するための同一性が確保されていないことである。したがって，この限界を突破することが本書の最初の課題となる。以下，本書は次のような構成で考察を進めていく。

まず，第1章において，三部門四価値構成の再生産表式を提示し，この考察を通じて，国民所得論の「三面等価原則」を，マルクス再生産論の視点から再把握することを試みる。

　三部門四価値構成の再生産表式とは，二部門三価値構成のマルクスの再生産表式の第Ⅰ部門を，中間財（原材料）生産のⅠα部門と，資本財（労働手段としての固定資本）生産のⅠβ部門に分割し，併せて，不変資本価値を中間財（原材料）価値と資本財価値（減価償却費もしくは国民所得論における固定資本減耗）に分割した表式である。これによって，中間財と，最終生産物の消費財と資本財という部門分割で経済循環を捉える国民所得論の経済循環論を，マルクス再生産論に位置づけて考察することが可能になる。そして，これらの考察を踏まえて再生産表式ベースの経済循環図を提示する。

　次に，第2章では，第1章で考察した内容を，「貯蓄＝投資」という視点から捉え直す。マルクスの再生産論では，国民所得論における「貯蓄」概念は明示的には使用されていない。しかし，そこでの考察に「所得－消費」として「貯蓄」を読み込むことは可能である。本章では，三部門四価値構成の単純再生産表式と拡大再生産表式について，「貯蓄＝投資」という観点から考察し，国民所得論の「貯蓄＝投資」論と異なる独自の内容を持つ，マルクス再生産論ベースの「貯蓄＝投資」論を提示し，さらに，両者の差異の考察を通じて，国民所得論の経済成長論とマルクスの拡大再生産論＝経済成長論の本質的差異を明らかにする。

　なお，第2章では，以上の考察中の［補説］において，河上［1922］の指摘に始まり，多く論者が論争に加わるも未解決のままに終わっている拡大再生産過程における追加可変資本の貨幣還流問題について本書としての見解を提示する。

　続いて，第3章からは「サービス経済」に関わる考察に入り，最初に，「サービス論争」における「サービス」概念と「サービス」部門の捉え方を検討し，本書独自の「捉え方」を提示する。その考察で本書が重視する問いかけは，「『サービス取引』では何が売買されているのか？」ということであり，この問いに本書は，『資本論』の「労賃形態の必然性論」を手がかりにした考察によって解答する。

「労賃形態の必然性論」とは，労働者が資本家に売るのは労働力であるにもかかわらず，「労働」が売られるという「現象」が発生する根拠を解明した議論で，これが「手がかり」だというのは，「サービス取引（売買）」も同様な「現象」であって，その「本質」は異なるからである。こうした「サービス取引」の考察をふまえて，「サービス部門」を捉え直すのが第3章の目的である。

　第4章では，まず，これまでに，「サービス労働価値不形成」説の立場から再生産表式に「サービス部門」を組み込むことを行った山田喜志夫氏と川上則道氏の研究から，本書が継承する点と課題とする点を確認する。また，関連して，「サービス労働価値形成」説の代表的論者の1人である飯盛信男氏による両氏の議論への批判論を検討する。

　その上で，三部門四価値構成の単純再生産表式に「サービス部門」を組み込んだ四部門四価値構成の表式によって，「サービス部門」を含む社会的総資本の単純再生産過程を解明する。また，「サービス部門」を含む拡大再生産過程についても考察し，最後に，「サービス部門」を含む経済循環図を，「サービス経済」の基本構造を示すものとして提示する。

　第5章では，第4章の考察を，「貯蓄＝投資」論として捉え直し，第2章で考察した物質的生産部門の「貯蓄＝投資」論に対する，「サービス部門」の「貯蓄＝投資」論の独自の論点について明らかにする。そして，そこから，今日の「サービス経済」への含意を導く。

　第6章では，第1章と第4章で提示した経済循環図の展開をはかる。ここでは，労働価値論に基づくマルクス再生産論をベースとした経済循環図に対して，国民所得論の視点に立った場合の循環図を提示し，両者の差異を明らかにする。また，「サービス部門」を，「政府サービス」を含むいくつかに内部分割する試みを行い，そこから，今日の「サービス経済」についての含意を引き出す。さらに，以上をふまえて，国民所得論ベースの経済循環図に，「GDE」（国内総支出）の政府関連項目を組み込むことを試みる。

　終章では，ここまでの考察結果をまとめ，「サービス部門」の拡大としての「サービス経済化」への基礎視点を確認する。次に，それをふまえて，「サービス労働価値形成」説についての論点を提起する。そして，最後に，「展望」として，戦前日本資本主義についての山田［1934］の『日本資本主義分析』に始

まる「再生産論の具体化」という資本主義分析の方法に関する論争との関わりで，本書の考察結果から提示できる実証的な資本主義経済分析の方法とその意義について基礎的な考察を行う．

（1）　5 年に一度作成される国勢調査による産業別就業者数（15 歳以上）では，第三次産業の就業者の割合は 1975 年に 51.8% と過半数を超え，2000 年には 73.2% になっており，（狭義の）「サービス業」の就業者の割合も，1975 年の 21.6% から 2000 年には 35.1% となった（総務省統計局［2003］84 ページ）．なお，2002 年に標準産業分類が大幅に改訂されたが，同様の傾向を確認できる（総務省統計局［2012］）．
（2）　三和・原［2007］での 19 世紀後半から 2000 年までの各期における日，米，英，独，仏の純国民生産もしくは国内総生産に占める中央政府歳出の規模の推計を参照（30 ページ）．
（3）　角田［2001］は，価値を創造する部門と創造しない部門の量的関係を，産業別雇用労働者数で検討し，「サービス労働が価値を創造することはないとする通説的理解は，そのままでは，労働価値論と両立することは困難である」と指摘している（41 ページ）．
（4）　佐藤［2001b］218 ページ．
（5）　川上［1963］，山田［1968a・1968b］，赤堀［1971］，姜［1979］，長田［1989a］，櫛田［2005］，譚［2011］などの試みがある．
（6）　氏が，マトリックス表示を提案するのは，「再生産表式を国民経済の現状分析のための理論的道具として具体化し発展させる」ためには「サービス部門，政府部門，貿易，産業区分などを再生産表式に組み込む」ことが必要だが，「再生産表式の従来の表現・把握形式では，これらの部門・項目の一つを組み入れるだけでも，複雑になり分かりにくくなる」からである（川上［1991］3 ページ）．
（7）　「経済循環」は，マルクス再生産論が捉えた社会的総資本の再生産過程を，国民所得論が表現する際の用語である．すなわち，指し示す対象は同じである．しかし，そこで捉えられている内容には差異があり，その差異の解明は本書の重要な課題である．
（8）　金子［1998］第 1 章などを参照．マルクスの物質代謝論を検討した比較的近年の論稿として小松［2001］．
（9）　斎藤［2001］26 ページ．
（10）　他にも，飯盛［2003b］は，「「物質的生産の第一義的役割」の命題は，自然の人間に対する先在性・制約性により，自然に対する働きかけをとおしての生

活手段の獲得が人間生活の前提であることを示したもの」としながら,「生産力にかかわるこの命題を価値論と結びつけるのは誤りである」とする(108ページ)。

(11) かつて,中村［1968］は,「国民所得論は,マルクス経済学と近代経済学の主要な一接点をなしている」と指摘した(298ページ)。この「一接点」の内容を明らかにすることが本書が最初に行う作業である。

第1章　再生産論と経済循環図
―三部門四価値構成の再生産表式―

第1節　本章の課題

　川上［2009］は，「"国民所得"の問題や"国民的消費"の問題は，それを独立に提起しているかぎりは絶対に解決され」ないというレーニンの指摘を引きつつ，「国民所得等の問題も，マルクスの再生産の理論によって解決された」とする一方で，「ケインズの創始による国民所得分析の場合も…国民所得や消費（国民的消費）を独立して提起するのではなく，関連あるもの（生産・所得・支出の三面等価）として提起することによって，問題を解決してい」ると述べる。また，国民所得論について，「生産，所得，支出についての概念の定義と，三面等価の原理には，その限りにおいて，誤りが含まれているわけではなく科学的である」と述べる。[2]

　しかし，他方で，氏は，マルクスの再生産論が国民所得論に対して優れている点として，(a) 原材料費（中間財）を含む全生産物についての循環（生産物が生産され，その交換＝流通によって，消費されたものが補塡され，翌期の生産体制が完備される）を把握していること，(b) 再生産論では，全生産物の補塡（＝物的な再生産）と社会の構成員の生存（＝生命の再生産）という意味で，再生産の視点が貫かれていること，(c) 再生産論では，労働価値論と剰余価値論に基づくことで搾取関係が把握されていることの3点をあげる。

　それでは，国民所得論の科学的な内容は，より優れているとする再生産論の内容とどのような関係にあるのだろうか。上の(a)にあるように，国民所得論は，原材料費（中間財）を除いた部分――これは下に述べるように「最終生産物」という概念で把握される――の循環を把握しているが，このことは，それが把握した経済循環の内容にどのような特徴をもたらし，結果的に，国民所

得論の経済循環把握と再生産論の内容を，どこまでが同一で，どこからどのように異なるものとしたのか。氏の考察では，この点が追究されておらず，いわば両者が並立されたままであるように思われるのである。

　そして，そのように並立されたままとなっている最大の根拠は，両者の生産物＝産業部門の分割の違いにあるように思われる。すなわち，再生産論では，生産物＝産業部門を，「第Ⅰ部門（生産手段）」と「第Ⅱ部門（生活手段）」と分割する。ここで，「生産手段」とは，生産過程で使用される原材料や機械等のことである。これに対し，国民所得論は，まず，生産物を「中間生産物」と「最終生産物」に分割する。「中間生産物」とは「その期間中に生産過程に投入された」ものであり，「最終生産物」とは，「年度末までに他財の生産のために用いられないもの」である。「中間生産物」はいわゆる原材料であり，「最終生産物」は「消費財」と「資本財」（機械等）であるが，翌年度の原材料としての投入が予定されているものでも「年度末までに他財の生産のために用いられていない」限りは，「在庫投資」として「最終生産物」の一角を占める。ただし，年度内需給一致を前提して在庫を無視すれば，「中間生産物」＝原材料，「最終生産物」＝「消費財」＋「資本財」となる。そして，経済循環は，この「最終生産物」について考察される。

　一見して明らかなように，両者とも，「生活手段」ないし「消費財」という生産物＝部門分割については共通するが，他方では，再生産論が，原材料と機械等のいずれをも，「生活手段」に対する「生産手段」としての機能的同一性から一括して捉えるのに対し，国民所得論では，（投入された）原材料を「中間生産物」とし，機械等を「資本財」とする。したがって，再生産論では，「生活手段」（＝消費財）と「生産手段」について経済循環の考察がなされるのに対し，国民所得論では，「消費財」と「資本財」についてなされる。そして，前者における「生産手段」についての経済循環の内容と後者における「資本財」についての経済循環の内容は，その部門分割の違いゆえに，比較検討ができないのである。

　しかし，この比較検討は，再生産論の表示形式としての再生産表式を，国民所得論の表示形式に対応したものに変えることで可能になる。それは，再生産表式の第Ⅰ部門を，中間財（原材料。価値移転の様式からは流動資本）生産のⅠ

α部門と，資本財（労働手段。価値移転の様式からは固定資本）生産のIβ部門に分割し，第II部門と合わせて三部門の再生産表式とすることである。[5]

確かに，マルクスの再生産表式では，原材料と労働手段は，「生産手段」としての機能的な同一性から一括して第I部門とされた。しかし，両者の消費様式ならびに価値移転の様式の差異は再生産論の中でも考察されており，これまでにも両者を二分割した多くの先行研究がある。そして，むしろ，両者を二分割することは，物（資源）の原材料（中間財）としての取得を，経済循環の出発点として明示できるという点で，「労働によってただ大地との直接的な結びつきから引き離されるだけの物は，すべて，天然に存在する労働対象である」[6]としたマルクスの見地を生かすことでもある。[7]

ところで，上のような部門分割は，それに伴って，生産物価値の表示方法も，不変資本価値を中間財（原材料）価値と資本財価値（減価償却費もしくは国民所得論における固定資本減耗）に分け，これに可変資本価値と剰余価値を加えた四価値構成とすることを意味する。次節では，三部門四価値構成の表式例によって国民所得論における経済循環の把握をマルクス再生産論の立場から検討する。[8]

第2節　単純再生産

1　三部門四価値構成の単純再生産表式の考察

下に，マルクス『資本論』の単純再生産の表式例である［表式1-1］とそれを中間財・資本財分割表示の三部門四価値構成の表式に変更した表式例である［表式1-2］をあげた。分割に際しては，説明を簡単にするために，元の表式の数値を単純に二分割した。したがって，［表式1-2］でのIα部門とIβ部門は全く同じ価値構成になっている。そして，再生産表式では原材料（労働対象）や機械等（労働手段）の生産手段は不変資本Cと表示されるのが通例であるため，［表式1-2］では，中間財（原材料）の価値をCa，資本財（労働手段）の価値をCbとしている。Vは可変資本，Mは剰余価値を示す（以下，この表記は本書全体で使用する）。

ここでは，［表式1-1］についての説明は省略し，[9]［表式1-2］によって単純再生産論の基本的内容を確認する。部門が分割されただけで基本的な論理は同

じだから，両方を説明することは屋上屋を重ねることになるからである。なお，同表式では，（所得と支出構成）という部分があるが，これは後の説明のために付したもので，本節では言及しない。

[表式1-1]　マルクスの単純再生産表式

	不変資本	可変資本	剰余価値	生産物価値
Ⅰ部門（生産手段）	4000C ＋	1000V ＋	1000M ＝	6000
Ⅱ部門（生活手段）	2000C ＋	500V ＋	500M ＝	3000
	6000C ＋	1500V ＋	1500M ＝	9000

[表式1-2]　三部門四価値構成の単純再生産表式

	中間財	資本財	可変資本	剰余価値	生産物価値	（所得と支出構成）	
						労働者	資本家
Ⅰα部門（中間財）	1000Ca＋	1000Cb＋	500V＋	500M＝	3000	→ 500	1500
Ⅰβ部門（資本財）	1000Ca＋	1000Cb＋	500V＋	500M＝	3000	→ 500	1500
Ⅱ部門　（消費財）	1000Ca＋	1000Cb＋	500V＋	500M＝	3000	→ 500	1500
	3000Ca＋	3000Cb＋	1500V＋	1500M＝	9000	1500　4500＝1500＋	
						↓　　　↓	3000
						消費財へ	資本財へ

　まず，[表式1-2]は，中間財生産のⅠα部門の年間生産物が，価値としては，中間財（原材料）の移転価値1000，資本財（機械等の労働手段）の移転価値1000，そして，資本家に雇用された労働者が今期に新たに作り出した価値のうち，労働者の労働力の購入に支出された可変資本部分にあたる500とそれを超える剰余価値500から構成されていることを示す。また，資本財生産のⅠβ部門の年間生産物も，消費財生産のⅡ部門についても同様である。

　このような単純再生産の表式を通じて解明されるべき課題は，『資本論』第2部第3篇の「社会的総資本の再生産と流通」という表題に示されている。すなわち，社会的総資本の再生産が流通（商品，貨幣）の中でどのようになされるのか，という課題の解明である。

そして，この解明のためには以下の諸課題の考察が必要となる。すなわち，商品資本＝年間生産物がどのように販売されて，その価値が実現されるのか（商品資本の価値実現），また，これらの年間生産物の生産で消費された中間財と資本財はどのように補填されるのか（中間財と資本財の補填），さらに，資本家が労働力購入に支出した可変資本としての貨幣はいかにして資本家に還流するのか（可変資本の貨幣形態への復帰と資本家への還流）、そして，労働者と資本家は，どのように消費財を入手して自らの生命を再生産し，再びそれぞれ労働者，資本家として現われるのか（資本―賃労働関係の再生産）である。

ところで，このような単純再生産論の課題を追究する上で重要な点は，表式には直接に表示されておらず，マルクスも考察の際には「表式」に思考で補っている貨幣流通の契機を捨象せずに考察することである。

その理由は二つあって，一つは，商品資本の価値実現，中間財と資本財の補填と可変資本の貨幣形態への復帰，そして，資本―賃労働関係の再生産も貨幣流通に媒介されて行われるのであり，貨幣流通を捨象した再生産表式理解は，資本主義経済を物々交換の経済と捉え，再生産表式を物財バランス論と解することを意味するからである。

そして，もう一つは，何よりも，後に行う国民所得論の「三面等価原則」との比較のためである。「三面等価原則」には所得（貨幣）の支出局面が含まれており，これと比較するには，再生産表式の考察を貨幣流通の契機を捨象して行うことはできないからである。

したがって，以下では，貨幣の流通経路を併記した［表式1-3］によって，また，紙幅を費やすことを避けるために貨幣をG，資本家をK，労働者をAという記号で表わし，文意が不明にならない限り，極力この記号を使用して，表式の成立を確認していく。

まず，ⅠαKは，ⅠαAに500Gを支出してその労働力を購入する。「資本家が労働力を買うのは，労働力が生産過程にはいり込む前であるが，それにたいして支払いをするのは，ようやく約定の期日がきてからであり，労働力がすでに使用価値の生産に支出されたあとのことである」。

資本家が労働力（＝労働者）にこの賃金の支払いを行うのが，生産された使用価値が商品として販売された後であることもあるが，逆に，販売される前で

あることも当然ある。後者のような場合には，資本家はこの支払いを可能とする一定額の貨幣を所持していなければならない。以下，本書のすべての考察では，こうした場合の賃金支払いを可能とする「ある程度の手持ち貨幣が，どのような事情があっても…資本家の手中にある」ことを前提する。

IαA はこの 500G を II 部門の消費財購入のために支出する。これによって，II 部門の生産物の中間財の移転価値 1000Ca の半分 500 を示す部分が価値実現される（説明表式での IIK；500G ①）。IIK は IαA への消費財販売によって得たこの 500G で Iα 部門から中間財 500 を購入して補塡し，これによって 500G は資本家 IαK に還流する（説明表式での②）。この結果，Iα 部門の生産物のうちの 500V の可変資本価値を表わす部分が価値実現されるとともに，IαK は再び支出することが可能な 500G で可変資本を取得する。

同様に，IβK は，IβA に 500G を支出し，IβA はこの 500G を II 部門の消費財購入のために支出する。これによって，II 部門の生産物の資本財の移転価値（減価償却費）1000Cb の半分 500 を示す部分が価値実現される。IIK は IβA への消費財販売によって得たこの 500G で Iβ 部門から資本財 500 を購入して補塡し，これによって 500G は資本家 IβK に還流し，この結果，Iβ 部門の生産物のうちの 500V の可変資本価値を表わす部分が価値実現されるとともに IβK は可変資本を貨幣形態で取得する。

さらに，IIK は IIA に 500G を支出し，IIA は，この貨幣で，自らが生産した同価値の消費財を購入して（いわば買い戻して），この結果として，II 部門の生産物の可変資本価値 500V を表わす部分が価値実現されるとともに，500G は IIK に還流し，この資本家は可変資本を貨幣形態で取得する。

以上で確認した以外の部分──剰余価値（M）部分と中間財価値（Ca）及び資本財価値（Cb）部分──の取引と価値実現は，「ある程度の手持ち貨幣が，どのような事情があっても…資本家の手中にある」という前提の下での資本家間の取引として行われる。そして，この取引では「貨幣はさまざまな方法で前払いされうる」。ここでは，無数の様々なケースが交錯して行われる中の一つを確認する。

まず，IαK は，自分が消費するために，手持ち貨幣から 500G を II 部門の消費財の購入に支出し，II 部門の生産物の中間財の移転価値 1000Ca の半分

第 1 章　再生産論と経済循環図

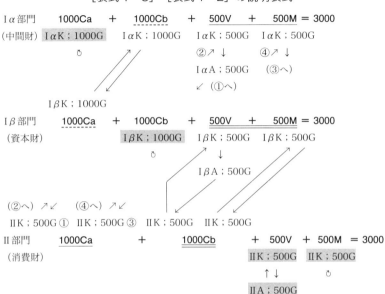

[表式 1-3] [表式 1-2] の説明表式

(注) 網掛けは部門内流通部分で，「↻」は部門内での資本家間取引を。
　　　下線部は部門間均衡条件の部分。
　　　①〜④は Iα 部門と II 部門間の貨幣の流通経路を示すためのもの。

500 を表わす部分を価値実現する（説明表式での IIK；500G ③）。これによって，前述した IαK の IαA に対する貨幣支出に始まる IαK → IαA → IIK → IαK という貨幣流通で行われた取引（表式の①②）と合わせて II 部門の 1000Ca 部分は全て価値実現される。IIK は IαK への消費財の販売で得たこの 500G で同部門から同価値の中間財を購入して補填し，これによって，Iα 部門の生産物のうちの 500M の剰余価値を表わす部分が価値実現されるとともに 500G は IαK に還流する（説明表式での④）。

　次に，IβK も自らの消費のために 500G を II 部門の消費財の購入に支出し，II 部門の生産物の資本財の移転価値（減価償却費）1000Cb の半分 500 を表わす部分を価値実現する。これによって，前述の IβK の労働力購入に始まる IβK → IβA → IIK → IβK という取引と合わせて II 部門の 1000Cb 部分は全

て価値実現される。ⅡKはⅠβKへの消費財の販売で得た500GでⅠβ部門から同価値の資本財を購入して補塡し，これによって，Ⅰβ部門の生産物のうちの500Mの剰余価値を表わす部分が価値実現されるとともに500GはⅠβKに還流する。

さらに，ⅠαKは，手持ち貨幣から1000GをⅠβ部門の資本財の購入に支出して補塡し，これによって，Ⅰβ部門の生産物の中間財の移転価値1000Caにあたる部分を価値実現する。ⅠβKは，ⅠαKへの資本財の販売で得たこの1000Gで同部門から同価値の中間財を購入して補塡し，これによって，Ⅰα部門の生産物の資本財価値（減価償却費）1000Cbを表わす部分が価値実現されるとともに，1000GはⅠαKに還流する。

残りは，Ⅰα部門の1000Ca，Ⅰβ部門の1000Cb，Ⅱ部門の500Mについての部門内での資本家間取引となる。

すなわち，ⅠαKは，1000Gを支出して，中間財を同部門から購入して，消費した中間財を補塡し，Ⅰα部門の生産物の，移転した中間財価値1000Caを表わす部分を価値実現するとともに，貨幣はⅠαK自身に還流する[16]。

次に，ⅠβKも，同様に，1000Gを支出して，資本財を同部門から購入して補塡し，Ⅰβ部門の生産物の，移転した資本財価値（減価償却費）1000Cbを表わす部分を価値実現するとともに，貨幣はⅠβK自身に還流する。

そして，ⅡKは，手持ち貨幣の中から，500Gを自分の消費のため同部門の消費財の購入に支出し，これによって，Ⅱ部門の生産物のうち剰余価値500Mを表わす部分が価値実現されるとともに，500GはⅡK自身に還流する[17]。

2 単純再生産（部門間均衡）の条件

上のような三部門四価値構成による再生産表式では，元々の二部門三価値構成のマルクス再生産表式について，$Ⅰ(V+M) = Ⅱ(C)$ として定式化された単純再生産（部門間均衡）の条件が，Ⅰ部門がⅠαとⅠβの二部門に分割されたことによって，次の三条件中の任意の二条件が成立するというものに変更される[18]。任意の二条件というのは，その二条件が成立すれば，残りの条件も成立するからである[19]。

$I\alpha$(Cb+V+M) = $I\beta$(Ca) + Ⅱ(Ca)
$I\alpha$(V+M) + $I\beta$(V+M) = Ⅱ(Ca+Cb)
$I\beta$(Ca+V+M) = $I\alpha$(Cb) + Ⅱ(Cb)

ただし，$I\alpha$(Cb) = $I\beta$(Ca) が成立しているならば，$I\alpha$(Cb+V+M) = $I\beta$(Ca) + Ⅱ(Ca) は，$I\alpha$(V+M) = Ⅱ(Ca) によって，また，$I\beta$(Ca+V+M) = $I\alpha$(Cb) + Ⅱ(Cb) は $I\beta$(V+M) = Ⅱ(Cb) によって単純再生産の成立を確認できる。そして，前節で考察したケースは，この $I\alpha$(Cb) = $I\beta$(Ca) が成立する場合で，考察し易い数値例であることが確認できる。

しかし，$I\alpha$(Cb) ≠ $I\beta$(Ca) であっても単純再生産が成立することは，例えば，下に示す［表式1−4］のような数値例の表式があり得ることで明らかである。

すなわち，この表式では，$I\alpha$(800Cb) < $I\beta$(1000Ca) であるが，$I\alpha$(700V+500M) + $I\beta$(300V+700M) = Ⅱ(1000Ca+1200Cb)，$I\alpha$(800Cb+700V+500M) = $I\beta$(1000Ca) + Ⅱ(1000Ca)，$I\beta$(1000Ca+300V+700M) = $I\alpha$(800Cb) + Ⅱ(1200Cb) として，上で示した単純再生産条件を満たしている。

なお，この表式における（所得と支出構成）の部分も，後の節での考察のために付したものである（本節では言及しない）。

そして，この三条件の下で，資本家の投資支出と消費支出，労働者の消費支出に媒介されて再生産が行われる要点を確認すれば［表式1−5］に示すようになる。

［表式1−4］　$I\alpha$(Cb) < $I\beta$(Ca) の場合の単純再生産表式

	中間財	資本財	可変資本	剰余価値	生産物価値	（所得と支出構成） 労働者 資本家
$I\alpha$部門	1000Ca +	800Cb +	700V +	500M	= 3000	→ 700　1300
$I\beta$部門	1000Ca +	1000Cb +	300V +	700M	= 3000	→ 300　1700
Ⅱ部門	1000Ca +	1200Cb +	400V +	400M	= 3000	→ 400　1600
	3000Ca +	3000Cb +	1400V +	1600M	= 9000	1400　4600

=1600+3000
↓
消費財 3000 へ　　資本財 3000 へ

まず，［表式1-5］のうち，Iα(1000Ca)，Iβ(1000Cb)，II(400V+400M)の取引は，［表式1-3］で説明したものと同じである（IIのV+Mの価値額は異なる）ため説明を省略する。

　また，以下の (a) (b) (c) (d) の取引も価値額の違いはあるが，基本的に［表式1-3］で説明したものと同じである。

  (a) IαK；700G → IαA；700G → IIK；700G → IαK；700G（流通経路の①②）
  (b) IαK；800G → IβK；800G → IαK；800G（同⑨⑩）
  (c) IβK；300G → IβA；300G → IIK；300G → IβK；300G（同⑤⑥）
  (d) IβK；700G → IIK；700G → IβK；700G という経路の取引（同⑦⑧）

　ただし，これらの四取引では，貨幣による商品価値の実現と当該期に消費した中間財及び資本財の補塡が終わらない部分があることが独自な点である。

　すなわち，まず，(a)ではII部門の，当該期に消費された中間財価値1000Caを表わす生産物の700だけが価値実現され（同①），価値実現した貨幣700GによってIα部門の生産物の700Vの価値部分が購入されて，II部門で消費された中間財の700だけを補塡する。したがって，II部門の300Ca部分は価値実現されず，補塡もなされない。

　また，(b)の取引では，Iβ部門の当該期に消費された中間財価値1000Caのうちの800の価値部分を表わす生産物だけが価値実現され（同⑨），価値実現した貨幣800GでIα部門の生産物の800Cbの価値部分が購入されて，Iβ部門の消費された中間財の800部分だけが補塡される（同⑩）。したがって，Iβ部門の200Ca部分は価値実現されず，補塡もなされない。

　さらに，(c)の取引では，II部門の，当該期に消費された生産手段価値1200Cbのうちの300部分を表わす部分の生産物が価値実現され（同⑤），価値実現した貨幣300GでIβ部門の生産物の300Vを表わす部分が購入されて，消費された生産手段の300部分だけが補塡される。したがって，II部門の1200Cbのうちの900Cb部分は価値実現されず，補塡もなされない。

　ただし，この900Cbのうちの700Cb部分は，(d)の取引で実現され，補塡される。すなわち，(d)の取引では，貨幣700GがII部門の生産物のうちの700Cb部分に支出されて，これを価値実現する（同⑦）とともに，価値実現したこの700GがIβ部門の生産物価値の700M部分の購入に向けられて，II部

第1章　再生産論と経済循環図　29

[表式1－5]　[表式1－4]の説明表式

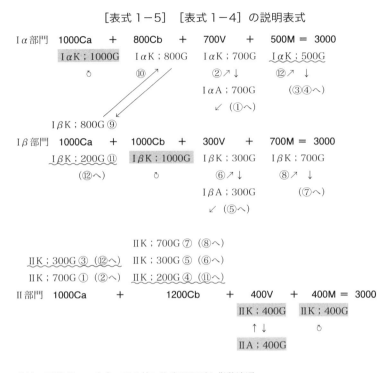

(注)　下線部は，本文で示す特に注意が必要な貨幣流通。
　　　網掛けは部門内流通で，「↻」は資本家間取引。

門の700Cb部分が補塡されるからである。しかし，これによっても，まだⅡ部門の200Cb部分が未実現であれ，補塡もなされていない。

　そして，ここまでで未実現かつ未補塡のⅠβ部門の200CaとⅡ部門の300Ca及び200Cb部分が価値実現され，補塡される仕方こそがこの表式の最大のポイントである。そして，これに関わる取引が，Ⅰα部門の生産物価値のうちの剰余価値部分を表わす500Mに関わる取引である。その取引は次のようになされる。

　まず，ⅠαKは，500GをⅡ部門の生産物の購入に支出し，この500Gのうちの300Gは，Ⅱ部門の生産物のうちの，今期に消費された中間財価値を示し，まだ未実現の300Ca部分を価値実現し（同③），残りの200Gは，Ⅱ部門の生

産物のうちの，今期に消費された労働手段価値を示し，まだ未実現の200Cb部分を価値実現する（同④）。

そして，前者の300Gは，ⅡKによってⅠα部門の生産物の500M部分のうちの300Mの購入に向けられ，当該価値部分を実現する（同⑫）とともに，これによって，Ⅱ部門で今期に消費された中間財でまだ未補塡の300Ca部分を補塡する。ただし，この取引では，Ⅰα部門の200M部分は未実現である。そして，この実現を行うのが，ⅠαKが支出した，上で「残り」とした200Gである。

すなわち，ⅠαKが支出した200Gは，Ⅱ部門の200Cb部分を価値実現した後で，ⅡKが，Ⅰβ部門からの資本財購入に支出し，これによって，Ⅰβ部門でまだ未実現の200Ca部分を価値実現する（同⑪）とともに，Ⅱの200Cb部分の補塡が行われる。そして，ⅠβKは手に入れた200GでⅠα部門からの中間財購入に支出する。これによってⅠα部門でまだ未実現の200M部分が実現されるのである（同⑫）。

最初に示した三部門四価値構成の表式での取引と上の説明表式での取引との違いは，前者での取引が，ⅠαとⅡ，ⅠβとⅡ，ⅠαとⅠβという二部門間の取引だけであるのに対し，後者では，ⅠαとⅠβとⅡという三部門間の取引が存在する点である。すなわち，ⅠαKが支出する500Gは，ⅡKを介して，そのうちの300Gは直接ⅠαKに還流するが，200GはⅡKからⅠβKの手に渡り，そこからⅠαKに還流するからである。すなわち，ⅠαK（消費支出）→ⅡK（資本財の補塡投資）→ⅠβK（中間財の補塡投資）→ⅠαKという経路での貨幣の還流が生ずるのである。

ところで，上で考察したのは，Ⅰα(Cb)≠Ⅰβ(Ca)でも，Ⅰα(800Cb)＜Ⅰβ(1000Ca)の場合であるが，これが，次の表式のように，Ⅰα(1000Cb)＞Ⅰβ(800Ca)の場合も，やはり，ⅠαとⅠβとⅡという三部門間の取引が介在することで成立する（なお，同表式でも，後の考察のために（所得と支出構成）の部分を付している）。取引の詳細の確認は省略するが，そこでは，ⅠβK（消費支出）→ⅡK（中間財の補塡投資）→ⅠαK（資本財の補塡投資）→ⅠβKといった経路での貨幣還流が生じる。

[表式1-6] Iα(Cb) > Iβ(Ca) の場合の単純再生産表式

```
                                                      (所得と支出構成)
          中間財      資本財     可変資本  剰余価値  生産物価値   労働者 資本家
Iα部門  1000Ca + 1000Cb +  300V +  700M  =  3000  →   300  1700
Iβ部門   800Ca + 1000Cb +  400V +  800M  =  3000  →   400  1800
II部門  1200Ca + 1000Cb +  400V +  400M  =  3000  →   400  1400
        3000Ca + 3000Cb + 1100V + 1900M  =  9000       1100  4900
                                                    =1900+3000
                                                          ↓
                                          消費財 3000 へ  資本財 3000 へ
```

さて，以上見てきたような，単純再生産（部門間均衡）条件は，素材的な面から言えば，社会的生産を三部門とした場合でのいかなる社会の存立にとっても不可欠な超歴史的条件である。(20) 資本主義社会の存立という事実はこの条件がその基礎に存しているということである。

3　「三面等価原則」の再把握——国民所得論との差異

上で見たような三部門四価値構成の再生産表式からは，以下に述べるように，国民所得論におけるいわゆる「三面等価原則」を再生産論の視点から再把握することが可能になる。

まず，粗付加価値の生産・分配（所得）・支出が一致するという「三面等価原則」のうち，粗付加価値の生産（生産国民所得）は，各産業部門の年間生産物価額（あるいはその合計としての全産業部門の年間生産物価額）から中間財価額（Ca）を控除した部分の合計として把握される。(21) これは，［表式1-2］の三部門四価値構成の再生産表式で言えば，次に示すように，各部門のCb＋V＋Mの数値（いずれも2000）の合計額（6000）を意味する。

```
Iα部門       1000Cb +  500V +  500M = 2000
Iβ部門       1000Cb +  500V +  500M = 2000
II部門        1000Cb +  500V +  500M = 2000
粗付加価値額   3000Cb + 1500V + 1500M = 6000
```

同時に，国民所得論では，粗付加価値額＝最終生産物価額と把握する。(22) これ

は，既述のように，中間生産物（中間財）とは，「その期間中に生産過程に投入された」もの（原材料）であり，したがって，中間財の粗付加価値は全て最終生産物である消費財と資本財に移転し，含まれると考えるからである。この中間生産物が「期間中に生産過程に投入された」という関係は，三部門四価値構成の再生産表式で説明した，Iβ部門とII部門における中間財の補塡のことであると理解することができる。

　前節で考察した内容のうち，これに関する取引は，まず，中間財部門では，IαKが，1000GをIβ部門からの資本財の購入に支出し，次に，IβKが，この1000GでIα部門から資本財の移転価値1000Cb部分を表わす中間財を購入して，自部門で消費された中間財1000Caを補塡した取引である。

　同様に，IαKが，労働力の購入に500Gを支出し，労働者IαAはこの500GをII部門の消費財購入に支出し，そして，IIKがこの500GでIα部門から，可変資本価値500Vの部分を表わす中間財を購入して補塡した取引である。さらに，IαKが500GをII部門の消費財購入に支出し，IIKはこの500GでIα部門から剰余価値500Mの部分を表わす中間財を購入して消費された中間財1000Caを補塡した取引である。

　さて，ここで，[表式1-2]を見れば，上で確認した取引に明らかなように，Iβ部門とII部門における消費された中間財価値の部分とそれを補塡するIα部門の生産物価値部分の価値額が一致する，すなわち，Iα(Cb) = Iβ(Ca)でIα(V+M) = II(Ca)なのだから，当然にも，最終生産物であるIβ（資本財）とII（消費財）の横の生産物価値（Ca+Cb+V+M）の合計の6000は，上で見た三部門の粗付加価値（Cb+V+M）の縦の合計6000と一致することがわかる。すなわち，Iβ部門とII部門の消費された中間財が補塡された結果として粗付加価値額＝最終生産物価額が確保されるということである。

　ここで，再生産論と国民取得論の捉え方の違いについて何点か確認しておきたい。再生産論は，年間生産物としての商品を出発点とする商品資本の循環範式（W′…W′）に基づいて，その価値実現の問題を含む社会的総資本の再生産過程を解明しようとするものであるから，上述した「中間財の補塡」は，中間財が生産過程に用意されることではあっても，実際の生産開始によるその「消費」までは意味しない。

第1章　再生産論と経済循環図　　33

　これに対して，国民所得論で，最終生産物には投入された中間財の粗付加価値が含まれるという際の「投入」とは中間財の「消費」だから，国民所得論が経済循環を捉える際の「時間的な地点」が再生産論とは異なっている。それは，国民所得論が当期に新たに生産された生産物を価値額として捉えようとする視点に基づくからであり，この新たに生産された価値額は，中間財の粗付加価値が全て移転した最終生産物の価値額に一致するとして，後に言及するように，この最終生産物についての価値実現が貨幣支出によってなされる循環が捉えられることになる。したがって，そこでは，中間財の価値実現は問われず，中間財は，ただ，最終生産物に「投入」され，「消費」されたものとして扱われるだけである。したがってまた，後に見るように，中間財は，資本家の投資の対象からは脱落する。

　しかし，本書は，このような国民所得論の「投入」論については次の点が留意されるべきであるように思われる。それは，「投入」＝「消費」と理解する場合，年々の絶えざる生産の繰り返し＝再生産を前提するならば，実は，消費財生産部門と資本財生産部門で中間財の「投入」＝「消費」がなされるだけでなく，中間財生産部門でも部門内取引としての中間財の「投入」＝「消費」とその結果としての生産物，すなわち，最終生産物に未投入の中間財の存在（その価値額は，上の表式の場合，当然ながら 3000 となる）を考えなければならないということである。

　そして，この中間財は，投入されたものを中間財とする国民所得論の規定からは最終生産物としての在庫を形成することが説明されなければならないが，国民所得論では，普通，このような説明はなされない。

　したがって，国民所得論のように，「投入」＝「消費」論に立つのであれば，中間財在庫を明示すべきであるということになる。ただし，マルクス再生産論のように，この「投入」を「補塡」と理解するならばこの中間財在庫は無視できる。というのは，各部門において年間生産物としての商品資本が売られ，他方で，消費された中間財が補塡されたという時点で考えるならば，その際には，中間財生産部門でも補塡された中間財（上の表式では 1000）の在庫は存在するが，この中間財が「消費」された結果としての中間財（最終生産物に未投入の 3000）は存在しないからである。以下では，本書の全体を通じて，この点に

留意しつつ考察を進めて行く。

さて，次に確認したいのは，上で見た Iβ 部門と II 部門が中間財を補塡する取引である Iα(Cb)＝Iβ(Ca) と Iα(V＋M)＝II(Ca) によって，当然にも，三部門の Ca 部分の縦の合計（3000）と Iα 部門の年間生産物（Ca＋Cb＋V＋M）の額（3000）が一致することについてである。

これは，要するに，中間財需給の一致を示すが，国民所得論では，この需給一致が成立しているのは，本書が指摘した単純再生産（部門間均衡）条件によるのではなく，中間財を，「期間中に生産過程に投入された」ものと定義するからだということである（既述のように，投入されなかったものは「在庫投資」とされる）。つまり，国民所得論では，中間財の需給一致（部門間均衡）の条件が解明されているのでなく，むしろ，需給一致が定義的に前提されているということである。[26]

なお，中間財について一点注意しておきたいのは，Iα 部門の生産物価値の「1000Ca」は，中間財を今期生産するために消費した過去の中間財（原材料）であり，この価値を表わしている生産物部分は既に上で言及したように，I 部門内に販売されて消費した中間財を補塡するために，その価値は他部門に入らないことである。

ところで，国民所得論は，上述した粗付加価値額＝最終生産物という理解の上で，生み出された粗付加価値額は所得として分配され，この所得が最終生産物に支出されるが，この粗付加価値の「分配（所得）」（分配国民所得）と「支出」（支出国民所得）は一致するとする。これについては，以下のように説明することができる。

すなわち，上で見たように，単純再生産論では，ある程度の貨幣準備が資本家の手もとにあるという前提の下で，Iα 部門では，2000 の粗付加価値を含む商品の価値実現過程で，労働者は 500，資本家は 1000（減価償却費）＋500 ＝1500 という貨幣（所得）を得た。同様に，Iβ 部門でも 2000 の粗付加価値を含む商品価値の実現過程で，労働者は 500，資本家は 1000（減価償却費）＋500＝1500，さらに，II 部門でも 2000 の粗付加価値を含む商品価値の実現過程で，労働者は 500，資本家は 1000（減価償却費）＋500＝1500 という貨幣（所得）を得た。全部門では 6000 の粗付加価値を含む商品の価値実現で労働者は

1500，資本家は 4500（減価償却費 3000＋剰余価値 1500）で計 6000 という貨幣（総所得）を得た。そして，この 6000 が，Ⅰβ部門の資本財 3000 とⅡ部門の消費財 3000 の合計 6000 の価値を持つ最終生産物に対して支出される，すなわち，粗付加価値（総所得）の分配 6000＝支出 6000 ということである。また，支出項目は，消費財への支出である消費支出と，資本財への支出である資本財投資（資本財に限定された「投資支出」）が二大項目となる。[27]

　しかし，ここでも確認したい点がある。それは，国民所得論が，上述した「粗付加価値額＝最終生産物価額」という定式化を前提に，生産された粗付加価値が所得として分配され，さらにこの所得が支出されるが，その支出先は最終生産物で両者の額は一致するとする点に関わる。確かに，この両者は，生産国民所得（粗付加価値額）＝分配国民所得であり，生産国民所得（粗付加価値額）＝最終生産物価額なのだから，その額は一致する。

　しかし，そのことは，［表式 1－2］で確認したような，労働者と資本家がそれぞれ 1500 の所得を 3000 の消費財に支出し，資本家のみが 3000 の資本財に 3000 の所得を支出するという，消費財と資本財のそれぞれの需給一致を意味しない。あくまで，支出額と最終生産物価額の総額の一致でしかない。しかし，上のマルクスの表式では，まさに，この消費財と資本財のそれぞれの需給が一致している。それは何故だろうか？

　これは，もちろん，［表式 1－2］において既にみた単純再生産（部門間均衡）条件が成立しているからである。Ⅰα(Cb)＝Ⅰβ(Ca) とⅠα(V＋M)＝Ⅱ(Ca) という既に見た中間財需給の一致をもたらす条件に加え，Ⅰβ(500V＋500M)＝Ⅱ(1000Cb) が成立することによって，Ⅰβ部門の横の資本財の生産物価値（Ca＋Cb＋V＋M）＝供給と「Cb」部分の縦の資本財補填額＝需要の一致がもたらされ，Ⅱ部門の横の消費財の生産物価値（Ca＋Cb＋V＋M）＝供給と「V＋M」部分の縦の消費財額＝需要の一致がもたらされるからである。

　なお，このⅠβ(V＋M)＝Ⅱ(Cb) の下での需給一致（部門間均衡）は，Ⅰβ部門の労働者と資本家が，Ⅱ部門の消費財に貨幣を支出し，Ⅱ部門の資本家がこの貨幣でⅠβ部門から資本財を補填するという，相互に関連した取引――労働者と資本家の消費支出と資本家の投資支出――によって実現される。

　したがって，三部門四価値構成の再生産表式で考察されたマルクス再生産論

は，中間財の需給一致に加え，最終生産物である消費財と資本財の需給一致を含むものとしての「三面等価原則」の成立条件を，まさに，単純再生産（部門間均衡）条件として解明しているということが言える。そこでの「三面等価」は再生産論が解明した課題がそうであるように，価値的な一致であるだけでなく，同時に，機能的に規定された財の需給一致である。

これに対し，国民所得論は，中間財の定義によって，その需給一致を示す「粗付加価値額＝最終生産物価額」という関係を定式化した上で，既に見たように，粗付加価値の所得としての支出額と最終生産物価額の一致を「三面等価原則」とする。しかし，この一致は，上で見たような，マルクス再生産論視点における消費財と資本財の需給一致を意味しない。

そして，周知のように，国民所得論は，最終生産物の消費財としての需要並びに資本財としての需要と最終生産物価額との間で生じうる不一致を，上で中間財が「投入されなかった」場合と同様に，最終生産物としての「在庫品増加」（在庫投資）に含めることで形式的な一致を確保する。[28]

したがって，国民所得論の「三面等価原則」は，中間財・消費財・資本財の需給一致（部門間均衡）条件の解明という内容を含まない，あくまで，「三面」の「価値額」の一致としての「三面等価」なのである。

以上から言えることは次のことである。すなわち，三部門四価値構成によるマルクスの単純再生産表式からは，機能的に規定された財の需給一致を含む，価値額の一致としての「三面等価原則」の成立とその条件が解明される。そして，同時に，国民所得論の「三面等価原則」は，この解明内容の，価値視点からのみの国民所得論的表現として理解することができるということである。[29]

ところで，以上見てきたような単純再生産は，資本主義的生産ではあり得ないのであり，むしろ，拡大再生産こそが常態である。次節で拡大再生産の場合について考察したい。

第3節　拡大再生産

1　三部門四価値構成の拡大再生産の出発表式と「三面等価原則」

下に，マルクスの拡大再生産の出発表式である［表式1-7］と，それを三部

門四価値構成に転換した［表式1－8］を掲げた。後者は，マルクスが『資本論』第2部第3篇第21章の拡大再生産論で「拡大された規模での再生産のための出発表式」として掲げた「表式B」の第Ⅰ部門を中間財生産のⅠα部門と資本財生産のⅠβ部門に単純に二分割したものである。また，そこには，（所得）についての表記があるが，これは後の考察のために付したものである。

　さて，拡大再生産論が解明すべき課題は，拡大された規模での資本―賃労働関係の再生産がいかにして行われるかということであるが，『資本論』におけるその課題解決の内容をめぐっては，拡大再生産のための蓄積基金（蓄蔵貨幣）がどのような「源泉」からいかに形成されるのか，という「蓄積のための貨幣源泉」の問題をめぐって大きな論争がある。しかし，本書はこれについての定見を持ち得ておらず，ここでは，蓄積基金の形成を前提に，それがいかに支出されて拡大再生産が実現するのか，その過程を，やはり［表式1－7］による説明は省略して，［表式1－8］による説明として行う。

　さて，拡大再生産は，どのような社会であれ，単純再生産に必要な量を超える余剰の中間財（原材料）と資本財（労働手段）なしにはあり得ない。『資本論』では，この拡大再生産の基礎的条件が，Ⅰ(V+M) > ⅡC として定式化されたが，三部門四価値構成の［表式1－8］では，この条件が，2節で考察した

［表式1－7］　マルクスの拡大再生産の出発表式

	不変資本	可変資本	剰余価値	生産物価値
Ⅰ部門（生産手段）	4000C ＋	1000V ＋	1000M ＝	6000
Ⅱ部門（生活手段）	1500C ＋	750V ＋	750M ＝	3000
	5500C ＋	1750V ＋	1750M ＝	9000

［表式1－8］　三部門四価値構成の拡大再生産の出発表式

	中間財	資本財	可変資本	剰余価値	生産物価値	（所得）労働者	資本家
Ⅰα部門（中間財）	1000Ca ＋	1000Cb ＋	500V ＋	500M ＝	3000 →	500	1500
Ⅰβ部門（資本財）	1000Ca ＋	1000Cb ＋	500V ＋	500M ＝	3000 →	500	1500
Ⅱ部門（消費財）	750Ca ＋	750Cb ＋	750V ＋	750M ＝	3000 →	750	1500
	2750Ca ＋	2750Cb ＋	1750V ＋	1750M ＝	9000	1750	4500
		粗付加価値額 6250				計 6250	

単純再生産（部門間均衡）条件の次のような不成立として示されている。

　　Ⅰα(Cb＋V＋M)　＞　Ⅰβ(Ca)＋Ⅱ(Ca)
　　Ⅰα(V＋M)＋Ⅰβ(V＋M)　＞　Ⅱ(Ca＋Cb)
　　Ⅰβ(Ca＋V＋M)　＞　Ⅰα(Cb)＋Ⅱ(Cb)

　すなわち，上述の最初の不等式は，表式上の数値を入れれば，Ⅰα(1000Cb＋500V＋500M) ＞ Ⅰβ(1000Ca)＋Ⅱ(750Ca) であり，これは，Ⅰα部門が他部門（Ⅰβ・Ⅱ部門）に対して，中間財1000Cb＋500V＋500M＝2000の提供が可能で，これが，単純再生産のためにⅠβ・Ⅱ部門が必要とするⅠβ(1000Ca)＋Ⅱ(750Ca)＝1750を250だけ超えていることを示している。すなわち，余剰中間財の存在である。

　また，第三の不等式は，同様に，Ⅰβ(1000Ca＋500V＋500M) ＞ Ⅰα(1000Cb)＋Ⅱ(750Cb) であり，これは，Ⅰβ部門が他部門（Ⅰα・Ⅱ部門）に，資本財1000Ca＋500V＋500M＝2000の提供が可能で，これが，単純再生産のためにⅠβ・Ⅱ部門が必要とする量Ⅰα(1000Cb)＋Ⅱ(750Cb)＝1750を250だけ超えていることを示している。すなわち，余剰資本財の存在である。

　そして，第二の不等式は，Ⅰα(500V＋500M)＋Ⅰβ(500V＋500M) ＞ Ⅱ(750Ca＋750Cb) であり，これは，Ⅱ部門が単純再生産のために必要とする中間財と資本財，すなわち，生産手段の合計750Ca＋750Cbに対して，Ⅰα部門とⅠβ部門がそれを計500上回る生産手段Ⅰα(500V＋500M)＋Ⅰβ(500V＋500M) を提供できることを示している。すなわち，余剰生産手段の存在である。

　ただし，［表式1-8］では，Ⅰα(1000Cb)＝Ⅰβ(1000Ca) という関係が成立しており，この場合，上の第一と第三の不等式は次のように書き換えられ，拡大再生産の条件はより単純な関係として示される。

　　Ⅰα(V＋M)　＞　Ⅱ(Ca)
　　Ⅰβ(V＋M)　＞　Ⅱ(Cb)

　すなわち，この最初の不等式が示すように，Ⅱ部門が必要とする量を超えた

余剰中間財がⅠα部門にあること，そして，その次の不等式が示すように，Ⅱ部門が必要とする量を超えた余剰資本財がⅠβ部門にあることが拡大再生産の基礎的・素材的条件となる。

したがって，マルクスの拡大再生産論では，以上のような余剰生産手段（中間財・資本財）の存在に示される「拡大された規模での生産が事実上すでに前もって行われて」いて，これらの「生産資本の諸要素」が「商品として市場で買えるものになってい」ることが前提されている。[32]

さて，次に，［表式1-8］について，国民所得論の「三面等価原則」に関連して何点か確認しておきたい。まず，同表式では，生産された所得（粗付加価値額）は6250であり，分配された所得も6250だが，最終生産物価額はⅠβ(3000)＋Ⅱ(3000)＝6000で，国民所得論が「三面等価原則」に関連して定式化する「粗付加価値額＝最終生産物価額」は成立していない。

これは，上述した余剰資本財は，最終生産物として，その額が最終生産物価額の一部に含まれるが，余剰中間財250は最終生産物でないために含まれないからである。国民所得論では，こうした拡大再生産の素材的条件としての余剰中間財は，最終生産物としての「在庫投資」に入れられて，これを加えることで「粗付加価値額＝最終生産物価額」が成立する。この関係は，次のような表式で表現できる。

```
                                              剰余    生産物      （所得）
                中間財      資本財    可変資本   価値    価額    労働者  資本家
Ⅰα部門（中間財） 1000Ca ＋ 1000Cb ＋ 500V ＋  250M ＝ 2750 →  500   1250
在庫投資（Ⅰα）                              250M ＝  250              250
Ⅰβ部門（資本財） 1000Ca ＋ 1000Cb ＋ 500V ＋  500M ＝ 3000 →  500   1500
Ⅱ部門  （消費財）  750Ca ＋  750Cb ＋ 750V ＋  750M ＝ 3000 →  750   1500
                2750Ca ＋ 2750Cb ＋ 1750V ＋ 1750M ＝ 9000     1750   4500
                       粗付加価値額 6250                   計 6250

        最終生産物 Ⅰβ(3000)＋Ⅱ(3000)＋在庫投資(250)＝6250
```

そして，既述のように，資本主義的生産においては，拡大再生産が常態なのだから，Ⅰα(V+M) ＞ Ⅱ(Ca)，Ⅰβ(V+M) ＞ Ⅱ(Cb) という拡大再生産の基礎

的・素材的条件が成立した「拡大再生産の出発表式」について，上のように，Ⅰα部門の余剰中間財が「在庫投資」に入れられて「粗付加価値額＝最終生産物価額」が成立するような状態が常であると考えることができる。

そして，この表式の場合，もし，拡大再生産が行われないとすれば，どのようなことになるのだろうか？　ここでは，資本家については，常に，「ある程度の手持ち貨幣が，どのような事情があっても資本家の手中にある」[33]と前提した上で，Ⅰα部門とⅠβ部門の資本家が剰余価値（500M）部分の半分の250Mにあたる貨幣だけをⅡ部門に支出するとして考えてみたい。

この場合には，Ⅰα・Ⅰβ両部門の資本家はそれぞれⅡ部門から250の消費財を入手し，ⅡKは，消費財の販売で得た500Gを，中間財と資本財の補塡のためにⅠαとⅠβの両部門に支出する。この貨幣はⅠαKとⅠβKに還流して，両部門の剰余価値500Mを体現する剰余生産物の半分だけを価値実現するが，残りの250の剰余生産物は実現されず，売れ残る。既に，上で「在庫投資」とされたⅠα部門の250Mに加え，Ⅰβ部門の250Mも「在庫投資」となる。以上のような支出の結果を上の表式に加えれば次の［表式１－９］になる。

ここでは，労働者は所得1750を全て消費財に支出し，資本家は所得4500から消費財に1250，資本財に2750に支出し，そして，上述の中間財250と資本財250からなる在庫投資500を行ったものとされ，この支出合計は6250で，最終生産物価額と一致する。すなわち，「三面等価原則」が成立する。

このように，中間財・資本財の需給不一致による「在庫投資」が形成されつつ，「三面等価原則」が成立するというこの表式に，国民所得論の「三面等価原則」は，中間財・消費財・資本財の需給一致（部門間均衡）条件の解明という内容を含まない，あくまで，「三面」の「価値額」の一致としての「三面等価」であることが明白に示されている。

そして，このような所得の支出構成（投資・消費）の結果，翌年には，再び同額の生産資本（中間財＋資本財＋可変資本）で生産が行われることになり，その結果，［表式１－８］と全く同じ価値構成・価額の年間生産物が生産されることになる。すなわち，拡大再生産の基礎的・素材的条件（余剰中間財・余剰資本財）がありながらも，結果は，単純再生産となるのである。

しかし，もちろん，拡大再生産が行われるならば事態は異なってくる。そし

[表式1-9] [表式1-8]に基づきながら拡大再生産が行われない場合

```
                          中間財      資本財     可変資本   剰余     （所得の支出構成）
                                                          価値     労働者 資本家
Iα部門（中間財）1000Ca + 1000Cb +  500V +  250M = 2750 →  500   1250
在庫投資（Iα・Iβ）                          250M +  250M =  500           500
Iβ部門（資本財）1000Ca + 1000Cb +  500V +  250M = 2750 →  500   1250
Ⅱ部門（消費財）  750Ca +  750Cb +  750V +  750M = 3000 →  750   1500
                2750Ca + 2750Cb + 1750V + 1750M = 9000   1750   4500
                      粗付加価値額 6250                  =1250+2750
                                                            +500
                                                 消費財  資本財  在庫
                                                 3000へ  2750へ  投資
         最終生産物  Iβ(2750) + Ⅱ(3000) + 在庫投資(500) = 6250
```

て，マルクスの拡大再生産論は，Ⅰ部門の資本家が剰余価値（M）の半分を拡大再生産＝蓄積に向けると仮定した上で，余剰生産手段（中間財・資本財）が，資本家の所得（剰余価値）の支出の結果として，どこにどのように売られて（＝価値実現の課題），各生産部門での拡大再生産を可能にする規模・構成の生産資本が形成されるのか（＝生産資本の拡大）を明らかにしている。次節でこの過程を考察する。

2 拡大再生産の過程

[表式1-8]において，Iα部門とIβ部門の剰余価値（M）の半分が資本家の個人的消費（mk）に向けられ，残り半分が蓄積され，その際，追加中間財（mca）と追加資本財（mcb）と追加可変資本（mv）に分割される比率が元の2：2：1のままであるとする。すると，[表式1-10]に示されるように，Iα部門の剰余生産物500Mは，価値構成としては，資本家の個人的消費に向けられる250mk，追加中間財購入に向けられる100mca，追加資本財購入に向けられる100mcb，そして，追加可変資本に向けられる50mvから成る。Iβ部門の剰余生産物500Mの価値構成も全く同じである。また，Ⅱ部門の剰余生産物の価値構成は，Iα部門とIβ部門の拡大再生産の実現という視点から，[表式1-10]についての以下の考察中に言及する。
(34)

一見したところ非常に複雑な取引に見えるが，ここには，「表式1－3」で確認した単純再生産の場合と同様な取引があり，それを最初に確認する。
　まずIα部門の剰余生産物500MのうちのIαKの個人的消費に向けられる250mkは，同部門の500Vとともに，II部門の750Caとの取引に向けられる。すなわち，IαKは，250Gを消費財購入のためにII部門に支出し（説明表式での③），他方で，この資本家が労働者IαAに支出した500Gを，この労働者が消費財購入のためにII部門に支出する（説明表式での①）ことで，合わせてII部門の生産物のうち，中間財の移転価値750Caを表わす部分が価値実現される。
　そして，IIKは，IαKとIαAから得たこの貨幣750GでIα部門から年間生産物のうちの750の価値部分を表わす部分を購入して，価値実現する（説明表式での②と④）とともに，II部門が消費した中間財を補填する（以上の取引は，価値額は異なるが，［表式1－3］でのIα(V＋M)＝II(Ca)の取引と同様である）。
　Iβ部門の500V＋250mkの部分は，以上と同様な取引内容で，ただ，II部門の750Caでなく，同部門の750Cbとの取引に向けられる点だけが異なる。すなわち，Iβ部門の労働者IβAは貨幣500G（これはIβKがIβAに支出したもの）を支出して，また，同部門のIβKは250Gを支出して消費財を購入し，この計750GでII部門の資本家は資本財を購入・補填するのである。
　また，Iα部門の1000CbとIβ部門の1000Caの取引は［表式1－3］と同じである。さらに，Iα部門の1000Ca，Iβ部門の1000Cb，II部門の750Vは部門内取引であり，これも［表式1－3］と変わらない（II部門の部門内取引の価値額は異なる）。したがって，拡大再生産の実現という点で考察しなければならないのは，Iα部門の100mca＋100mcb＋50mv，Iβ部門の100mca＋100mcb＋50mv，そして，II部門の750Mの取引である。
　このうち，Iα部門の100mcaは，部門内取引として，同部門のIαKが100Gによって追加中間財100を購入し，同部門の剰余生産物の100の部分を貨幣化することで価値実現される。また，IαKは，この追加中間財への投資に対応して，100GでIβ部門から追加資本財を購入する。これによって，Iβ部門の剰余生産物500Mのうち100mcaの部分が価値実現され，さらにIβ部門の資本家がIαKから得たこの100GでIα部門から追加中間財を購入することで，Iα部門の剰余生産物500Mのうち100mcb部分が価値実現さ

第 1 章 再生産論と経済循環図　43

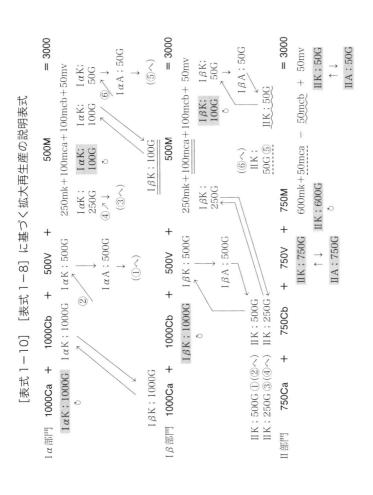

[表式1-10] [表式1-8]に基づく拡大再生産の説明表式

(注) ①〜⑥は、Iα部門とIβ部門間の貨幣の流通経路を示すためのもの。
下線部 ＝ はIβ部門の追加中間財投資に向けられる剰余価値部分と対応する貨幣。
下線部 --- は、それぞれII部門の追加中間財投資と追加資本財投資に向けられる剰余価値部分と対応する貨幣。

れるとともに，100GはIαKに還流する。

　また，IαKは，以上の追加中間財と追加資本財への投資に対応する追加労働力の購入のために，追加可変資本50mvにあたる50GをIαAに支出し，IαAは，この50GでII部門から消費財を購入して（説明表式での⑤），II部門の剰余価値の50mca部分を価値実現する。II部門の資本家は，この50GでIα部門から中間財を購入するが，これがII部門の中間財への追加投資となる。この投資によって，50GはIα部門に還流し，同部門の剰余生産物のうちの50mv部分が価値実現される（追加可変資本の貨幣形態への復帰。説明表式での⑥）。

　次に，Iβ部門の資本家は，既に行った100Gによる追加中間財への投資に対応して，追加資本財への投資を100Gで行うが，これはIβ部門の部門内取引として，同部門の剰余生産物の100mcb部分が価値実現される。また，IβKは，ここまでの追加中間財と追加資本財への投資に対応する追加労働力の購入のために，追加可変資本50mvにあたる50GをIβAに支出し，IβAはこの50GでII部門から消費財を購入し，これによってII部門の剰余生産物のうちの50mcb部分が価値実現される。II部門の資本家はこの50GでIβ部門から資本財50を購入するが，これが，II部門の資本財への追加投資となる。この投資によって，50GはIβ部門に還流し，同部門の剰余生産物のうちの50mv部分が価値実現される（追加可変資本の貨幣形態への復帰）。

　ここまでII部門の資本家は，50の追加中間財と50の追加資本財への投資を行っているが，これに対応する労働力の購入のために，追加可変資本50mvにあたる50GをIIAに支出し，IIAは，この50Gで消費財を同部門から購入し，これによって，II部門の剰余生産物のうち50mv部分が価値実現されるとともに，貨幣50GはIIKに還流する（追加可変資本の貨幣形態への復帰）。これは，II部門の部門内取引である。

　なお，以上の考察では，追加労働者（IαA，IβA，IIA）は消費財に合計150（＝50＋50＋50）の貨幣を支出した。この150の消費財は，単純再生産過程では，全て資本家IIKが個人的に消費していたものである。それが拡大再生産の場合には，追加可変資本＝追加労働者用の消費財となる。すなわち，追加可変資本の現物形態となる。[35]

　しかし，それが可能であるのは，この消費財が，「IIm（本書の表記では「II

M」である——引用者）のうちの，どんな場合にも資本家階級Ⅱが自分で消費しなければならない部分」を超えており，この意味で，潜在的には「余剰消費財」という規定性を持っていたからである。そしてまた，その素材形態が「奢侈消費手段」（奢侈品）ではなく，「必要消費手段」であったからである（以下，拡大再生産において追加労働者が支出する消費手段については全てこの二点が条件となる）。

3　拡大再生産の部門間均衡条件

さて，以上で取引の詳細を確認した拡大再生産向けの資本家の剰余価値の支出構成を［表式1-8］の出発表式に加えると次の表式になる。

［表式1-11］　三部門四価値構成の表式による拡大再生産向けの支出構成

```
            中間財      資本財      可変資本          剰 余 価 値
Ⅰα部門  1000Ca+1000Cb+ 500V+ 250mk+100mca+100mcb+ 50mv=3000
Ⅰβ部門  1000Ca+1000Cb+ 500V+ 250mk+100mca+100mcb+ 50mv=3000
Ⅱ部門    750Ca+ 750Cb+ 750V+ 600mk+ 50mca+ 50mcb+ 50mv=3000
         2750Ca+2750Cb+1750V+1100mk+250mca+250mcb+150mv=9000
                            粗付加価値額6250
```

この表式においては，次のような拡大再生産における部門間均衡条件が成立していることがわかる。

$$\text{Ⅰ}\alpha(Cb+V+mk+mv) = \text{Ⅰ}\beta(Ca)+ \text{Ⅱ}(Ca+mca)$$
$$\text{Ⅰ}\beta(Ca+V+mk+mv) = \text{Ⅰ}\alpha(Cb)+ \text{Ⅱ}(Cb+mcb)$$
$$\text{Ⅰ}\alpha(V+mk+mv) + \text{Ⅰ}\beta(V+mk+mv) = \text{Ⅱ}(Ca+Cb+mca+mcb)$$

この均衡条件は，マルクスの二部門三価値構成の拡大再生産表式の部門間均衡条件Ⅰ(V+mk+mv)＝Ⅱ(C+mc)を，三部門四価値構成の場合に転換したもので，ベースにあるのは，三部門四価値構成の単純再生産条件である。したがってまた，単純再生産の場合と同様に，三条件のうちの二条件が成立すれば，拡大再生産は成立する。

また，Ⅰα(Cb)＝Ⅰβ(Ca) が成立している場合は，拡大再生産の成立は次の条件で確認できる。

Ⅰα(V＋mk＋mv) ＝ Ⅱ(Ca＋mca)
Ⅰβ(V＋mk＋mv) ＝ Ⅱ(Cb＋mcb)

上の表式は，このⅠα(Cb)＝Ⅰβ(Ca) が成立する場合である。そして，以上の部門間均衡条件が正しいことは，［表式1－11］の資本家の所得によって追加調達された中間財（mca）・資本財（mcb）・労働力（mv）を，単純再生産の規模で補塡された中間財（Ca）・資本財（Cb）・労働力（V）と統合してできる次の「拡大再生産のために変更された表式」で確認できる。

［表式1－12］　三部門四価値構成の「拡大再生産のために変更された表式」と所得の支出構成

	中間財	資本財	可変資本	資本家の消費支出		（所得と支出構成）労働者　資本家
Ⅰα部門	1100Ca＋	1100Cb＋	550V＋	250mk ＝ 3000 →	550	1350
Ⅰβ部門	1100Ca＋	1100Cb＋	550V＋	250mk ＝ 3000 →	550	1350
Ⅱ部門	800Ca＋	800Cb＋	800V＋	600mk ＝ 3000 →	800	1400
	3000Ca＋	3000Cb＋	1900V＋	1100mk ＝ 9000	1900	4100

粗付加価値額6000

＝1100 ＋3000
↓　　　↓
消費財3000へ　資本財3000へ

というのは，この表式では，既に見た三部門四価値構成の単純再生産の表式と同様にⅠα(Cb)＝Ⅰβ(Ca) が成立する下でのⅠα(V＋mk)＝Ⅱ(Ca) とⅠβ(V＋mk)＝Ⅱ(Cb) という条件の成立を確認できるからである。

この表式は，追加労働者の賃金を含む全ての所得が支出され，また，全ての商品が価値実現され，そして，追加で調達された中間財・資本財・可変資本（労働者）が生産の場に用意され，すなわち，国民所得論の用語で言うところの「投入」されて，以前からの規模で補塡された中間財・資本財・可変資本

（労働者）と統合された状態を示す。

そして，この表式について，年間生産物価額から中間財価額を控除した粗付加価値額（所得）を計算すれば6000となり，この所得は，労働者に1900，資本家に4100と分配され，ここから，消費財には労働者が1900と資本家が1100で計3000を支出し，資本財には資本家のみが3000を支出して，消費財も資本財も需給は一致している。

なお，上の粗付加価値額（所得）の6000は，［表式1-8］の拡大再生産の出発表式の6250と異なっているが，これは，資本家が行った追加中間財への投資分250が，調達された中間財が生産の場に「投入」されて，以前からの規模で補塡された中間財と統合されたためである。

そして，この追加中間財への投資がなされた結果として，「出発表式」で確認した250の余剰中間財が価値実現され，三部門のCa部分の縦の合計額とIα部門の横の生産物価値は3000となって中間財需給も一致している。

したがって，中間財，資本財，消費財の全ての需給が一致していることになる。拡大再生産は，「拡大された規模での単純再生産」として行われることで部門間均衡（需給一致）を伴って実現するのであり，そのためには，資本家の蓄積＝追加投資は，再生産の規模を拡大させつつも，その拡大された規模で単純再生産条件を満たさなければならないのである。

さて，「拡大する規模での単純再生産」のための支出が行われた結果である［表式1-12］の生産資本（中間財＋資本財＋可変資本）によって実際に拡大再生産が行われれば（剰余価値率は100％で，各部門の資本構成は不変とする），次期には，次のような価値構成で年間生産物9800が生産される。粗付加価値額は6800となる。

```
                    中間財    資本財    可変資本  剰余    生産物
                                                 価値    価値
Iα部門（中間財）  1100Ca + 1100Cb +  550V +  550M = 3300
Iβ部門（資本財）  1100Ca + 1100Cb +  550V +  550M = 3300
Ⅱ部門 （消費財）  800Ca +  800Cb +  800V +  800M = 3200
                  3000Ca + 3000Cb + 1900V + 1900M = 9800
                          粗付加価値額6800
```

そして，この表式でも，Ⅰα(V+M) > Ⅱ(Ca)，Ⅰβ(V+M) > Ⅱ(Cb) という拡大再生産の基礎的・素材的条件が成立しており，余剰中間財・余剰資本財として存在している剰余生産物が実現されるには，既に初年度について見たような，これらを消費する規模の拡大再生産が行われなければならない。その規模での拡大再生産が行われなければ，その分は売れ残って「在庫投資」を形成することになる。

第4節　経済循環図への転換

1　単純再生産表式ベースの経済循環図

（1）　Ⅰα(Cb) ＝ Ⅰβ(Ca) の場合　　以上見てきたように，「三面等価の原則」を要点とする国民所得論の経済循環把握は，三部門四価値構成の再生産表式に基づいてマルクス再生産論の立場からこれを再把握することができる。すなわち，前者の経済循環把握は，三部門四価値構成で示したマルクス再生産論の表示形式としての再生産表式を，粗付加価値額の生産とその経済主体（資本家と労働者）への分配（所得），そして，これの最終生産物（資本財と消費財）への支出に焦点を合わせ，それらの「集計」額の連関として把握したものであるということである。そして，このような経済循環の把握を図式的に表示したものが経済循環図である[39]。

したがって，ここまでに考察してきた再生産表式をこの経済循環図の形式で表現すれば，そこには，国民所得論の把握方法・表示形式を通してマルクス再生産論の内容が表示されることになる。

次に，Ⅰα(Cb) ＝ Ⅰβ(Ca) が成立する場合の単純再生産の表式例［表式1-2］をベースに作成した［図1-1］によって，マルクス再生産論の内容が経済循環図でどのように表現されるのか，また，同時に，何が経済循環図では示されないのかを検討する。

［図1-1］は，まず，上の《生産》の部分で，Ⅰα部門において，中間財が生産され，そして，それが「投入」されるⅠβ部門では資本財が，Ⅱ部門では消費財が生産されることを表わし，《所得（分配）》の部分では，《生産》の各段階で，労働者と資本家という二大階級に帰属した「所得」を表わし，そして，

[図1-1] 単純再生産の経済循環図（1）— $Iα(Cb) = Iβ(Ca)$ の場合—

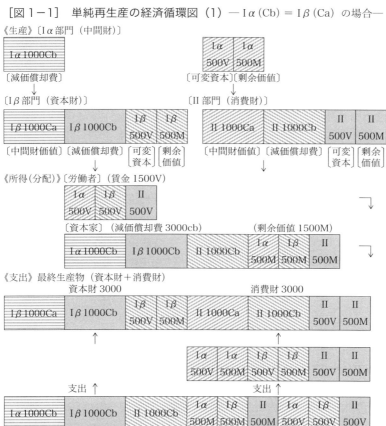

(注)「網掛け」は、《生産》段階で発生した所得が、《所得（分配）》→《支出》という循環をどう辿るかを確認し易くするためのもの（以下の図でも同様）。《支出》では、消費財に支出される所得の価値構成の表記順序を、消費財の価値構成に対応させた図を挿入している。

《支出》の部分では、この労働者と資本家の所得が、資本財と資本財に支出されることを表わしている。そして、各生産物と所得に記された価値構成が、［表式1-2］と同じものであることに、この循環図が同表式に基づくことが示されている。

なお,《生産》における最終生産物の資本財及び消費財と,《支出》における最終生産物の資本財及び消費財は,別に表記しているが,当然,これは同じものである。

また,中間財の「投入」とは,中間財が「消費」されて生産物が生産されることだから,本来的には,循環図に表示されていない中間財生産部門においても中間財の「投入」=「消費」による生産物としての中間財（これは在庫となる）がなければならず,したがって,既に述べたように,この「投入」は,マルクス再生産論における「補塡」とする方がより合理的である。具体的に《生産》の部分について説明すれば,Ⅰβ部門は今期の資本財3000の生産で消費した中間財（1000Ca）をⅠα部門から購入して補塡するのであり,Ⅱ部門も同様に,消費財3000の生産で消費した中間財（1000Ca）をⅠα部門から購入して補塡するのである。

なお,循環図のベースとなった再生産表式が労働者と資本家の二大階級による一国経済を想定し,政府部門も捨象しているため,支出項目では,国民所得統計（国内総支出）にある「政府消費支出」,「政府固定資本形成」,そして,「純輸出」の項目は無い。

また,「在庫品増加」も無いが,上述のように,国民所得論の言う中間財の「投入」がマルクス再生産論的に「補塡」であったとしても,Ⅰα部門の部門内取引によって補塡された中間財（[表式1-2]では1000Ca）は在庫として必ず存在しなければならない。しかし,国民所得論は財の需給一致を前提してこの関係に自覚的でなく,したがって,当該在庫に言及することもない。上の循環図でも,この在庫（1000Ca）の表記を省略している。

さて,それでは,マルクスの単純再生産論の内容から見て,この図では何が表現され,何が表現されていないというべきだろうか？

まず,マルクス単純再生産論が明らかにした商品資本の価値実現については,資本財と消費財に限って,分配された所得としての貨幣が支出されて価値実現がなされることが示されている。しかし,中間財については最終生産物に価値移転することだけが示されている。これは,既述のように,国民所得論では中間生産物（中間財）を「期間中に生産過程に投入された」ものと定義するからであるが,これは,価値実現されたものだけが中間財であるということであり,

したがって，中間財の価値実現は課題化され得ず，当然，経済循環図でも捉えられない。

さらに，資本財と消費財の価値実現についてもマルクスの再生産論とは大きく異なる点がある。それは，マルクスの再生産論が，全面的に貨幣流通との関連の中で諸課題を分析したのに対し，経済循環図では貨幣流通は，最終生産物である資本財と消費財への貨幣支出の局面に限られており，さらに，この最終生産物への貨幣支出も，資本財への投資支出（「固定資本形成」であるが，第2章で詳論を展開するように，国民所得論では中間財投資と可変資本投資は「投資」概念から脱落するため，この「固定資本形成」＝「投資支出」となる）と消費財への支出＝「消費支出」として，集計的に表示されることに関わる。要点を，［図1-1］の《支出》部分に貨幣の流通経路を書き加えた［図1-2］で確認したい。(40)

問題は，資本家ⅡKが行う貨幣1000Gによる資本財投資である。この投資のための貨幣は資本財の移転価値（減価償却費）の「Ⅱ1000Cb」にあたるものだが，既に考察したように，この貨幣の半分500GはⅠβ部門の資本家が消費支出に向けた貨幣500Gが，ⅠβK→ⅡKとして流通してきたものであった（下線部＝の部分）。また，残りの500Gは，ⅠβKが購入した労働力に対して支出(41)した貨幣が労働者の消費支出を経て，すなわち，ⅠβK→ⅠβA→ⅡKとしてⅡ部門の資本家に流通してきたものであった（下線部＿の部分）。

すなわち，Ⅰβ部門の資本家の消費支出と同部門の労働者の消費支出が，Ⅱ部門の資本家の資本財投資，したがってまた，その対象となる資本財の価値実現の条件となっているのである（［表式1-3］を参照）。しかし，循環図ではこのようなⅠβ部門の資本家及び労働者の消費支出がⅡKの資本財投資の条件となっている関係は，両者が分断されて表示されるために全く見えなくなっている。

また，マルクス再生産論が解明した不変資本の補塡のうち，資本財については，生産部面での資本財の移転価値（減価償却費）に対応する規模で，資本家の所得が資本財支出に向けられる関係として表示されている。ただし，中間財については，既述のように，今期に消費した中間財を今期生産の中間財で補塡する関係が，今期の中間財が最終生産物である資本財と消費財に原料として「投入」される関係として捉えられるため補塡関係としては捉えられない。

さらに、資本家の再生産に関しては、消費財への支出で生命を再生産することは示されているが、資本家が、再び貨幣形態で可変資本を支出するために不可欠な可変資本の貨幣形態への復帰が、上述のように貨幣流通が部分的に示されるだけであるため捉えられない。

例えば、資本家IIKが行なう資本財投資1000のうち、資本家IβKが労働力に対して支出した貨幣が労働者IβAの消費財購入を経てIIKに入ってきた500Gによる部分は、IβK→IβA→IIK→IβKという貨幣流通によるIβ(V)という可変資本価値の貨幣形態への復帰の運動の一部なのである（[表式1-3]を参照）。

最後に、単純再生産（部門間均衡）条件についてである。

まず、単純再生産条件のIα(Cb+V+M) = Iβ(Ca) + II(Ca)は、《生産》の段階において、Iα部門からIβ部門とII部門に「投入」される中間財（Cb+V+M）と、Iβ部門とII部門の生産物（資本財と消費財）の価値構成における中間財価値（Ca）部分の大きさ（横棒）が一致し、この他に、「未投入」の原材料在庫はないことに表現されている。

次に、Iα(V+M) + Iβ(V+M) = II(Ca+Cb)という条件も、《生産》段階の生産物価値の構成部分を計算するならば確認することができる。また、この

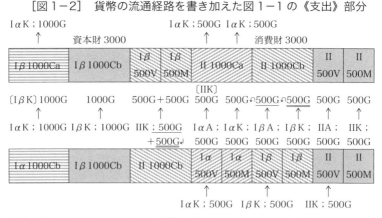

[図1-2] 貨幣の流通経路を書き加えた図1-1の《支出》部分

（注）消費財に支出される所得は、貨幣の流通経路の確認のために、前図の資本家と労働者の所得の表記順序を変えた所得を掲出している。

条件は，《支出》段階では，消費財に支出される所得の価値構成の表記順序を消費財の価値構成に対応させた挿入図の部分に示されているが，この挿入図は，その下の，本来の国民所得論の把握形式である経済主体ごとに集計した図——「資本家1500M」と「労働者1500V」——との対比のために作成したものである。そして，後者の「資本家1500M」と「労働者1500V」という集計額で捉えるならば，《支出》段階では上の条件は確認できない。

そして，Ⅰβ(Ca+V+M) ＝ Ⅰα(Cb) ＋ Ⅱ(Cb) という条件も同様で，《生産》段階では生産物価値の構成部分の計算によっては確認できるが，《支出》段階で，上の条件に関わる表記がある，資本財への資本家の投資支出の部分は，循環図の本来の形式では，資本家の3000Cbの投資支出として集計的に捉えられるから，これを確認することはできない。

むしろ，経済循環図では，マルクスが解明した単純再生産条件については，次のような関係がその成立の指標となる。それは，粗付加価値の《生産》と《所得（分配）》と《支出》が，一切の「在庫」が発生しない（前述のⅠα部門の部門内取引として行われる1000Caを別として）形で一致するという「三面等価」の実現である。それは，換言すれば，中間財・資本財・消費財の需給一致を伴った「三面等価」の実現でもある。既述のように，国民所得論では中間財は定義的に需給一致が前提され，資本財と消費財も不一致部分が「在庫」とされて，常に形式的に価値額の一致としての「三面等価」が成立する。こうした循環図において，マルクス再生産論の視点からの「三面等価」としての単純再生産条件の成立を示すのは上のような「在庫」が一切ない状態＝中間財・資本財・消費財の需給一致という状態だからである。

　(2)　Ⅰα(Cb) ≠ Ⅰβ(Ca) の場合　　次に，Ⅰα(Cb) ≠ Ⅰβ(Ca) の場合の表式について，まず，Ⅰα(Cb) ＜ Ⅰβ(Ca) の［表式1-4］をベースに作成した［図1-3］と［図1-4］を見ておきたい。

基本的な点は同じであるため，異なる点を中心に確認する。

まず，前節の考察の中で，資本財と消費財の価値実現について，マルクス再生産論の場合は，部門間にまたがる貨幣流通によって関連したものとして捉えられる資本財への投資支出と消費財への消費支出が，経済循環図では分断されて表示されるとした問題が拡大する点である。

[図1-3] 単純再生産の経済循環図（2）—Iα(Cb) < Iβ(Ca) の場合—

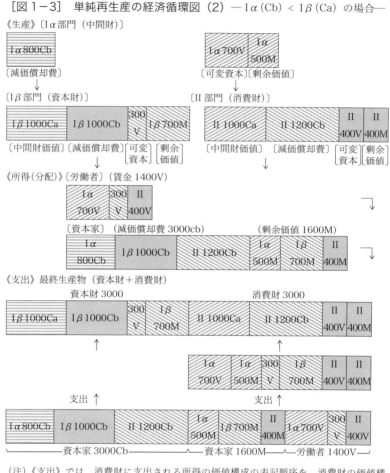

(注)《支出》では，消費財に支出される所得の価値構成の表記順序を，消費財の価値構成に対応させた図を挿入している。なお，「300V」は「Iβ」の表記を省略している。

　すなわち，Iα(Cb) ＝ Iβ(Ca) の場合は，既に見たように，Iβ部門の資本家の消費支出と同部門の労働者の消費支出が，II部門の資本家の資本財投資の条件となっているのだが，この二部門間の関係が見えないということであった。
　これに対し，Iα(Cb) ＜ Iβ(Ca) の場合には，資本家IIKが行う資本財投資1200Gのうちの700Gは資本家IβKが消費財に支出した700GがIβK→

第 1 章　再生産論と経済循環図　55

［図 1-4］　貨幣の流通経路を書き加えた［図 1-3］の《支出》部分

```
IαK;800G+200G              IαK;700G IαK;300G
    ↑          資本財3000       ↑      ↑      消費財3000
┌────────┬────────┬───┬───────┬───────┬───────┬───┬───┐
│Iβ1000Ca│Iβ1000Cb│300│Iβ700M │II1000Ca│II1200Cb│ II│ II│
│        │        │ V │       │       │       │400V│400M│
└────────┴────────┴───┴───────┴───────┴───────┴───┴───┘
  〔IβK〕                              〔IIK〕300G+
 800G+200G↑ 1000G    300G+700G   700G ↓200G↓300G↓700G  400G 400G
    ↑       ↑         ↑  ↑       ↑    ↑    ↑    ↑      ↑    ↑
 IαK;800G IβK;1000G  IIK;200G    IαA; IαK;IβA;IβK;   IIA; IIK;
                   +300G+700G↓  700G 500G 300G 700G   400G 400G
┌────────┬────────┬───────┬──────┬───┬───────┬───┬───┐
│Iα800Cb │Iβ1000Cb│II1200Cb│Iα700V│Iα │Iβ700M │ II│ II│
│        │        │        │      │500M│V     │400V│400M│
│        │        │        │      │   │300    │   │   │
└────────┴────────┴───────┴──────┴───┴───────┴───┴───┘
                       ↑           ↑       ↑          ↑
                    IαK;700G     IβK;300G   IIK;400G
```

（注）消費財に支出される所得は，貨幣の流通経路の確認のために，前図の資本家と労働者の所得の表記順序を変えた所得を掲出している。「300V」の表記は前図と同様。

IIK として流通し，また，300G は，IβK が労働者 IβA に支出し，IβA がこれを消費財に支出して，IβK→IβA→IIK として IIK に流通し，さらに，Iα(Cb)＝Iβ(Ca) には無かった取引として，200G が，資本家 IαK が消費財に支出して IIK に流通してくる。すなわち，この 200G は IαK（消費支出）→IIK（資本財の補塡投資）→IβK（中間財の補塡投資）→IαK という経路で還流するのである。

したがって，Iα(Cb)＜Iβ(Ca) の場合には，II 部門の資本家の資本財投資は，Iβ部門の資本家の消費支出と同部門の労働者の消費支出に加え，Iα部門の資本家の消費支出によっても条件付けられ，結局，三部門間の関係として把握されなければならないのであるが，こうした関係が経済循環図では見えないのである。

次に，単純再生産条件の表示については，Iα(Cb)＝Iβ(Ca) の場合について述べたことと全く同じである。すなわち，生産物や所得の価値構成を，マルクス再生産論視点から追及するのでなければ，当該条件を循環図に確認することは難しい。むしろ，中間財・資本財・消費財の一切の在庫が発生しない需給一致を伴った「三面等価」の成立が当該条件の成立の指標になるということである。

以上考察したことは，Iα(Cb)＞Iβ(Ca) の場合の［表式 1-6］に基づい

[図1-5] 単純再生産の経済循環図（3）—Iα(Cb) > Iβ(Ca) の場合—

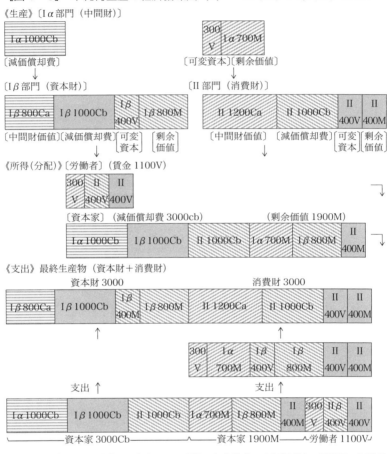

(注)《支出》では，消費財に支出される所得の価値構成の表記順序を，消費財の価値構成に対応させた図を挿入している。なお，「300V」は「Iα」の表記を省略している。

て作成した［図1-5］と［図1-6］の場合も基本的に同じである。ここでは説明は省略して図を掲出するだけにする。

2　拡大再生産表式ベースの経済循環図

ここでは，拡大再生産過程の考察をふまえた経済循環図を提示する。

[図1-6] 貨幣の流通経路を書き加えた［図1-5］の《支出》部分

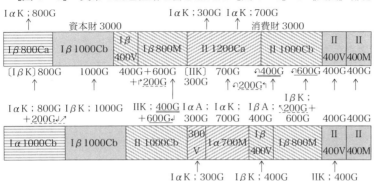

(注) 消費財に支出される所得は，貨幣の流通経路の確認のために，前図の資本家と労働者の所得の表記順序を変えた所得を掲出している。「300V」の表記は前図と同様。

　その場合，最初に確認する必要があるのは，既に確認したように，拡大再生産とは，「拡大された規模の単純再生産」として行われることで実現されるのだから，この拡大再生産が実現された局面をベースに経済循環図を作成するならば，それは，数値の違いを除けば，単純再生産表式ベースの循環図と全く異なるところがないものになることである。

　そこで，ここでは，拡大再生産のプロセスの表示という点から，［表式1-8］の拡大再生産の出発表式に基づいて《生産》段階での消費財と資本財の価値構成と《所得（分配）》を示し，《支出》については，当初の出発表式における所得と併せて，［表式1-12］の拡大再生産のために変えられた表式に基づいた所得を示すように経済循環図を作成した。それが，［図1-7］である。

　同図については，まず，拡大再生産が単純再生産を含む限り，前節で，商品資本の価値実現，不変資本の補塡，可変資本の貨幣形態への復帰等について指摘したことはそのまま妥当するということが重要である。その上で，ここでは，本章がここまでに考察したマルクスの拡大再生産論で解明されている内容の何が表示され，何が表示されていないのか確認したい。

　まず，既に述べた，拡大再生産の基礎的条件の表示についてである。

　まず，Iα(Cb+V+M) ＞ Iβ(Ca) + II(Ca) という条件は，《生産》における，Iα部門のCb+V+Mの合計（2000）が，Iβ部門とII部門の生産物の価値構

[図1-7] 拡大再生産の経済循環図

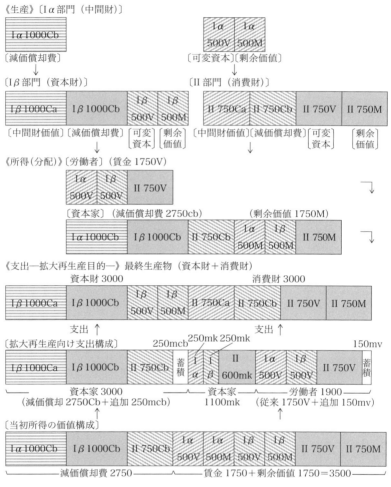

(注) 蓄積＝追加資本財投資 250mcb＝Iα100mcb＋Iβ100mcb＋II50mcb
　　 蓄積＝追加可変資本投資 150mv＝Iα50mv＋Iβ100mv＋II50mv

成のCaの合計（1750）を上回る関係として示されている。そして，Iα(Cb)＝Iβ(Ca) が成立する場合は，この関係が，Iα(V+M) > II(Ca) という関係になることも明らかである。

[図1-8] 貨幣の流通経路を書き加えた拡大再生産の経済循環図の「蓄積」部分

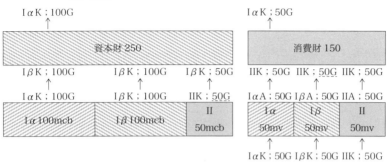

　次に，Iα(V+M)＋Iβ(V+M)＞Ⅱ(Ca＋Cb) という条件は，《支出》において，所得の価値構成上のIα(V+M) と Iβ(V+M) の合計（2000）が，Ⅱ部門の生産物価値構成上のCa＋Cb の合計（1500）を上回る関係として示される。

　そして，Iβ(Ca+V+M)＞Iα(Cb)＋Ⅱ(Cb) という条件は，《支出》において，Iβ部門の生産物の価値構成上のCa＋V＋M の合計（2000）が，所得の価値構成上のIα部門の Cb と Ⅱ部門の Cb 部分の合計（1750）を上回る関係として示されている。そして，この関係が，Iα(Cb) ＝ Iβ(Ca) が成立する場合には，Iβ(V+M)＞Ⅱ(Cb) という関係となることも明らかである。

　しかし，以上のような把握は，マルクス再生産論に基づいて，中間財生産部門を設定し（それゆえに拡大再生産を可能にする余剰中間財を表示できる），また，各部門の生産物と所得の価値構成を経済循環図に示したことで可能になっているのであり，本来の国民所得論の経済循環図では示されない関係である。

　次に拡大再生産のプロセスについては，まず，各部門の資本家が，剰余価値のうちの一部を追加中間財，追加資本財，追加可変資本（労働力）に向ける関係のうち，追加資本財への投資（250mcb）が，《支出》段階において，減価償却費（2750Cb）を超える資本財支出（3000）の超過分として示され，また，追加労働力への投資（150mv）が，《所得（分配）》での（従来）労働者の所得（1750V）を超える，《支出》段階での消費財への支出（計1900）の超過分として示されている。ただし，追加中間財への投資は全く表示されない。何度も指

摘したように，国民所得論では，中間財は「生産過程に投入された」もの，すなわち消費されたものだけが中間財であり，したがって，投資の対象としては捉えられないからである。

また，同図について指摘できるのは，やはり，貨幣流通が，資本財への資本家の貨幣支出と消費財への資本家と労働者の貨幣支出に限って，二つの支出項目に集計して表現するだけのため，追加資本財への支出と追加消費財への支出との関連が見えなくなっていることである。

［図1－8］に示したように，追加資本財への支出250のうち，IIKが支出する貨幣50Gは，IβKが購入した追加労働力に対して支出した貨幣50Gが，IβK→IβA→IIKという経路でIIKの手に流れてきたものであった（［表式1－10］を参照）。すなわち，IIKの追加資本財投資50は，IβKが追加労働力に支出した貨幣による同部門の労働者IβAの追加消費支出を条件としているのである。こうした関係は経済循環図では見えないのである。

(1) 川上［2009］27ページ。
(2) 川上［2009］19ページ。
(3) 宮沢［1967］26ページ。
(4) 原材料は，既に労働が投下された労働対象である。労働によって自然から採取されるだけの対象（＝資源）は，採取に際しての労働対象であるが，採取時点では原材料ではない。
(5) 粗付加価値の生産・分配・支出が一致するという国民所得論の「三面等価原則」に対して，従来，マルクス派は，価値生産物（V＋M）部分の生産・分配・支出の一致を，国民所得の科学的認識として対置してきた。しかし，単純再生産を前提すれば，（V＋M）は全て消費財（生活手段）に支出されるから，この認識は，単純再生産表式での消費財の経済循環を捉えたものに過ぎない。国民所得論の「三面等価原則」が，消費財に加えて視野に入れている資本財（ここでは労働手段として理解する）の経済循環を評価できていない。これは，マルクス再生産表式の第I部門が原材料と労働手段を一括した生産手段生産部門として設定されているためで，本書が行うように，三部門四価値構成の表式に基づくことで，国民所得論の資本財の経済循環を評価することが可能になる。
(6) Marx［1867b］S.193, 邦訳235ページ。
(7) そして，もちろん，それは，労働価値論とは，人間と自然の物質代謝という人間社会存立の永遠の自然必然性を，資本主義経済が運動の前提とする商品に

ついて捉えたものであるという，序章で述べた理解にもふさわしい手続きである。ところで，このような意味では，国民所得論が，中間財と最終生産物という把握形式で，経済循環把握において「中間財」を明示したことは積極的に評価されなければならない。しかし，前述した川上氏の指摘にあるように，国民所得論の経済循環の考察自体は，最終生産物に焦点を合わせている。

(8) 再生産表式を三部門四価値構成の表式に変更する試みは，これまで主に，固定資本の補填問題及び再生産論と恐慌論との関係を考察する中で行われてきている。高木［1958］は固定資本の更新問題と恐慌論との関係を考察する中で三部門四価値構成の表式によって単純再生産及び拡大再生産における部門間均衡条件について考察し（154〜172ページ），富塚［1958］は，再生産論による恐慌論の基礎付けを試みる中で拡大再生産過程について三部門四価値構成の表式によって検討し，その中で部門間均衡条件についても考察している（109〜111ページ）。近年では，長島［2008］も，三部門四価値構成の表式を示し，部門間均衡条件や蓄積モデルによる長期動向の考察等を行っている。この他に，越村［1967］は，生産手段生産部門の二分割に加え，生活手段を労働者用と資本家用に分割（この分割はマルクス自身が『資本論』で行っている）した四部門四価値構成の行列式による恐慌研究を行っている。また，栗田［1992］は，表式自体は示していないが，I部門を労働手段生産部門と原材料生産部門に分割した三部門による産業循環過程での市場価格と利潤率の変動の分析を行っている。ただし，これまでのところ，そうした研究の中に，本書のように，国民所得論の経済循環把握との異同を，再生産表式の部門分割と価値構成の変更という方法で追究したものは確認できていない。なお，再生産表式の部門分割を変更した著名な研究として，有効需要の発見者とされるカレツキ（Kalecki）による第I部門を資本財，第II部門を資本家用消費財，第III部門を労働者用消費財としたものがある（栗田［2008］，関野［2008］などを参照）。カレツキは，各部門は製品生産だけでなく原材料生産も統合的に行うと仮定するため第I部門は資本財生産だけとなる。

(9) 説明は，寺田［2011a］や多くのマルクス経済学の解説書を参照。

(10) マルクス再生産論におけるこの課題の重要性を指摘しているのが伊藤［2001・2006］である。氏は，労働力が商品として登場する資本主義的生産様式では，可変資本は常に貨幣形態で労働者に相対しなければならず，これは「資本主義的生産の種差」であるとしている（伊藤［2001］72ページ）。

(11) マルクスが第2部のために執筆した準備草稿の第2稿では，「再生産が，まずもって，それを媒介する貨幣流通を顧慮することなしに取り扱われ，次にもう一度，これを顧慮して取り扱われて」おり，「このようなことは取りのぞかれ，またこの篇全体が一般に著者の拡大された視野に照応するように書き直さ

れるべきであった」(Marx［1885b］S.12, 邦訳 11 ページ) とされる。こうして執筆されたのが第 8 稿である。現行『資本論』第 2 部の単純再生産を考察した第 20 章には，後に本論中で考察する I(V＋M) 部分と IIC 部分との取引＝相互転換について，「貨幣流通は相互転換を媒介するとともに，その転換の理解を困難にもするのであるが，しかし，それは決定的に重要である。なぜなら，可変資本部分は，つねに新たに貨幣形態で，貨幣形態から労働力に転換される貨幣資本として，登場しなければならないからである」(同 S.398-399, 邦訳 640 ページ) という第 8 稿からの一文がある。

(12) Marx［1885b］S.399, 邦訳 641 ページ。

(13) Marx［1885b］S.399, 邦訳 642 ページ。

(14) より具体的には，II 部門の生産物の資本財の移転価値 (減価償却費) の半分を示す部分を価値実現させた 500G は全ての資本家によって蓄蔵貨幣として積み立てられ，他方で，その一部の資本家は，これまでに積み立てられていた蓄蔵貨幣と合わせて 500G を支出する (『資本論』第 2 部第 3 篇第 20 章第 11 節固定資本の補塡)。すなわち，減価償却ファンドの形成と支出であり，資本財の耐用年数を 10 年とすれば，10 分の 1 の資本家が資本財の更新時期を迎えて，積み立てた貨幣を支出することになる。

(15) Marx［1885b］S.398, 邦訳 641 ページ。ここで，邦訳で「前貸し」とある箇所を「前払い」としたのは，マルクスはこの原語の vorgeshossenes を，資本家の経済行為の出発点としての貨幣支出という意味で使用しており，返済の義務を発生させる貸与を意味する「前貸し」でなく，「前払い」が適切であるという小林［2010］の指摘を受けている (4 ページ)。なお，ここで引用した箇所でマルクスは「ある程度の手持ち貨幣」は，「資本の前払い用」であれ，「収入の支出用」であれ資本家の手中にあると前提されるとしている。

(16) このような表現になるのは，Iα 部門に属する多数の資本家を一人の総資本家として見るからであり，より具体的には，Iα 部門に属する様々な資本家間での取引となる。この点は，次に見る Iβ 部門，II 部門のそれぞれでの部門内資本家間取引の場合も同様である。

(17) 本書が，このように，再生産表式に，貨幣の流通経路を，商品売買の主体としての資本家と労働者とともに記号で併記し，その上で当該表式について考察するという方法をとるのは，表式を成立させる取引の内容と論理をできるだけ可視化し，理解し易い形で示すためである。ただし，非常に紙幅を費やすことになるため，以下では，数値例が異なるだけなどの場合は，表式の提示のみにとどめて，その説明を省略することがある。

(18) I(V＋M)＝II(C) という条件については，寺田［2011a］や多くのマルクス経済学の解説書を参照。また，既に注で指摘したように，三部門四価値構成

の再生産表式における単純再生産の部門間均衡条件は高木［1958］などで指摘されている。
(19) 三つの条件を順に①②③とすれば，例えば，①②が成立するならば，次のように③が導かれる。すなわち，①より Iα(Cb+V+M) − Iβ(Ca) = II(Ca) であり，これを②に代入すれば，Iα(V+M) + Iβ(V+M) = Iα(Cb+V+M) − Iβ(Ca) + II(Cb) となる。これは，Iα(V+M) + Iβ(V+M) − Iα(V+M) + Iβ(Ca) = Iα(Cb) + II(Cb) と変形でき，ここから，③の Iβ(Ca+V+M) = Iα(Cb) + II(Cb) が導かれる。他の二条件の場合も同様である。なお，この条件は，既に越村［1956］などが，第二部門の消費財を労働者用のもの（賃金財）と資本家用のもの（利潤財）とした三部門三価値構成の表式について検討する中で数学的に明らかにしたものと基本的に同一である。長田［1989］は，「サービス労働価値形成」説の立場から，「サービス部門」の再生産表式への組み込みを試みる中で，越村氏の研究の意義としてこの点を指摘している（161～172 ページ）。
(20) というのは，Iα(V+M) + Iβ(V+M) = II(Ca+Cb) は，Iα・Iβ 部門の消費財需要と II 部門が他部門に供給できる消費財量の一致を，Iα(Cb+V+M) = Iβ(Ca) + II(Ca) は，Iα 部門が他部門に供給できる原材料量と Iβ・II 部門の原材料需要との一致を，そして，Iβ(Ca+V+M) = Iα(Cb) + II(Cb) は，Iβ 部門が他部門に供給できる労働手段量と Iβ・II 部門の労働手段需要との一致を意味するからである。
(21) 「産出高の累計額のなかには，諸企業が他の企業部門から購入・投下した原料・燃料・動力など，いわゆる中間生産物が経費としてふくまれている。…二重計算をさけ，一定期間に新たに付け加えられた価値額を求めるには，この重複分である原材料その他の中間生産物の諸経費を，産出額累計から差し引かねばならない」（宮沢［1967］20 ページ）。
(22) 「生産の各段階で生じた所得の合計が，最終生産物の価値額と一致する」（宮沢［1967］24 ページ）。ここでは，「所得合計＝最終生産物価額」と表現されているが，粗付加価値は「所得」として分配されるため，内容的には同一である。
(23) 「二重計算，いな重複計算は回避されなければならない。…ある年度に生産され，再び他の財の生産過程に投入された単用生産財─「再投入物」という─は，その年の国民生産物の一部に勘定されてはならない」（市村［1962］70 ページ）。「単用財」とは「使用されると…すぐに消耗されてしまう」財であり，「耐用財」の対概念である（Hicks［1971］邦訳 35 ページ）。
(24) 宮沢［1976］は，「中間生産物の消耗補填」を「原料循環」，最終生産物の補填を「粗所得循環」とし，後者に経済循環を代表させる理由として国民経済

への純貢献度を示すことなどをあげる一方で，前者を含む「総計循環」は「総計量の運動を背後から支えている経済循環の交錯関係」などの解明に重要であるとしている（14～15 ページ）。

(25) それは「中間財生産部門」の設定に自覚的でないためであるようにも思われるが，他方では，上述のように，中間財を，「その期間中に生産過程に投入された」ものと定義して，それが投入された最終生産物としての消費財と資本財の存在を認めており，そのことは，当然，消費財生産部門と資本財生産部門の存在を前提することである。中間財生産部門の設定に無自覚であることは論理的手続きとして一貫性を欠くように思われる。

(26) 「中間生産物としての需給不一致は定義上から排除されている」（川口 [1977] 26 ページ）。

(27) なお，固定資本の移転価値（減価償却費もしくは固定資本減耗）部分を控除した「純生産」では，三面等価の原則は，生産（1500V＋1500M）＝3000，分配（労働者1500＋資本家1500）＝3000，支出（労働者1500＋資本家1500）＝3000として一致する。単純再生産であるため資本家の支出は全て消費財に向けられ，労働者の支出も含め，支出は消費財への支出だけとなる（川上 [1963] 26～27 ページ）。ここでは，純生産（付加価値額）＝消費財価額が成立する。これは，本書が示した三部門四価値構成の再生産表式において，既に指摘した Iα(V+M)＝II(Ca) に加えて，Iβ（資本財）部門とII（消費財）部門との間で，Iβ(500V+500M)＝II(1000Cb) という関係が成立しているからである。そして，このIβ(V+M)＝II(Cb) という関係は，II部門における資本財の補塡の実現ということに他ならない。

(28) この点について，川上 [2009] は，「三面等価原則」の「生産と所得とは直接的・内容的に同一であったのに対して，生産（供給）と支出（需要）との同一性は媒介的・形式的です」として国民所得論は，「つねに生じる実質的（内容的）な不一致を在庫増加という項目によって打ち消して形式的な恒等性を確立している」（53 ページ）と指摘している。

(29) もちろん，国民所得論の「三面等価原則」のこうした特性は，財の機能的な定義は，財が需要された結果としてしか与えられず，「事前」的に財に機能的な規定を与えて，その需給一致を問うことができないという理解に基づくようにも思われる。確かに，同一の使用価値が異なる機能を果たす場合はあり，ある財が「事前」に想定した機能と異なる機能を果たすものとして売られることも当然ある。しかしながら，そもそも，生産とは，「労働過程の終わりには，その始めにすでに労働者の心像のなかには存在していた，つまり観念的にはすでに存在していた結果が出てくる」（Marx [1867b] S.193, 邦訳 234 ページ）のだから，生産段階で財の機能が全く想定されていないわけではない。特に，

労働手段はそうであろう。そして，需給一致を前提するならば，財は，生産段階で想定された機能的規定性をもって市場に登場し，その同じ機能を果たすものとして売られることになる。その場合，この需給一致はどのようにして成立するのか？その条件は何か？国民所得論の経済循環論はこの点を明らかにしていないように思われる。

(30) Marx［1885b］S.505，邦訳833ページ。
(31) 富塚［2007］，伊藤［2001］などを参照。
(32) Marx［1885a］S.485-486，邦訳606ページ。
(33) Marx［1885a］S.399，邦訳492ページ。
(34) 周知のように，マルクスは，『資本論』第2部での拡大再生産論において，本書が掲出した表式について，第Ⅱ部門の剰余価値が個人的消費，追加不変資本，追加可変資本のそれぞれに向けられる比率を，第Ⅰ部門の拡大再生産の実現という視点から決定しており，こうした考察は第Ⅱ部門を第Ⅰ部門に従属させるものであるという問題提起がなされ，大きな論争点となってきた（八尾［1998］，前畑［1992］などを参照）。
(35) 「資本家の立場から見れば追加労働者のための消費手段はただ彼が使用するかもしれない追加労働力を生産し維持するための手段でしかなく，したがって彼の可変資本の現物形態でしかない」（Marx［1885a］S.510，邦訳639ページ）。
(36) Marx［1885a］S.516，邦訳647ページ。もちろん，こうした，蓄積にまわせない最低限の消費支出（mk）は，生産手段生産部門にもある。
(37) 「拡大再生産のための出発表式」には，「余剰生産手段」は拡大再生産の条件として示されるが，「余剰消費財」は示されず，拡大再生産のために調達された追加労働力用の消費財＝可変資本の現物形態に，資本家の個人的消費の対象としての消費財が転化される結果として確認されることになる。資本家の個人的消費について，あらかじめ「必要消費」や「余剰消費」といった規定をすることはできないからであると考える。
(38) Marx［1885a］S.506，邦訳633ページ。マルクスは，『資本論』第2部第3篇第20章第4節で，消費財を奢侈消費手段と必要消費手段に分けた単純再生産過程の考察を行っている。
(39) 粗付加価値の生産・分配・支出の関係を表示した国民所得論における経済循環図にも様々なものがあり，例えば，生産段階で消費財と資本財を区別せずに表示するものも多い。
(40) 宮沢［1976］は，「経済循環の諸図式」としての「国民所得勘定にせよ産業連関表にせよ，いずれも，財貨サービスの流れ（物の流れ）だけをとらえるものであって，購買力の流れ（かねの流れ）は，財貨サービスに直結する範囲に

おいてのみ，これを反映させているにすぎない」（201ページ）と述べている。ただし，マルクスが再生産論の諸課題の考察を，貨幣流通との関連の中で行うことを重視したとは言え，再生産表式自体には貨幣流通は示されていないため思考で補わなければならず（本書では貨幣の流通経路を付け加えた説明表式を作成した），これに対して，経済循環図では消費財と資本財への貨幣支出という，「直結する範囲」に限っては明示している点は留意されるべきである。

(41) より具体的には，第2章で考察するように減価償却基金としての蓄蔵貨幣の積み立てと支出という契機が介在する。そして，単純再生産が継続的に実現されるには，この積み立てと支出も継続的に実現されねばならない。

第2章 再生産論と「貯蓄＝投資」論

第1節　本章の課題

　国民所得論は，「貯蓄＝所得－消費」と貯蓄を定義した上で，「三面等価原則」から「支出＝消費＋投資」で「所得＝支出」だから，「投資＝所得－消費」となる。したがって，「貯蓄＝投資」という関係が常に成り立つとする（S＝I）。
　ところで，本書は，前章において，国民所得論の「三面等価原則」を，既に恐慌論研究などで考察されてきた三部門四価値構成の単純再生産表式に基づいて考察した結果として次のことを指摘した。
　すなわち，「三部門四価値構成の再生産表式で考察されたマルクス再生産論は，中間財の需給一致に加え，最終生産物である消費財と資本財の需給一致を含むものとしての「三面等価原則」の成立条件を，まさに，単純再生産（部門間均衡）条件として解明している」。これに対し，「国民所得論の「三面等価原則」は，中間財・消費財・資本財の需給一致（部門間均衡）条件の解明という内容を含まない，あくまで，「三面」の価値額の一致としての「三面等価」である」ということである。
　何故なら，国民所得論では，中間財については，「期間中に生産過程に投入された」ものと定義されることで需給不一致が排除され，また，最終生産物の消費財と資本財については，需給不一致部分が最終生産物としての「在庫品増加」（在庫投資）に含められることでやはり排除されるからである。
　したがって，このような「三面等価原則」に基づく国民所得論の「貯蓄＝投資」論に対し，中間財・消費財・資本財の需給一致（部門間均衡）条件を捉えた三部門四価値構成の再生産表式の上で「貯蓄＝投資」関係を考察するならば，それは，当然ながら，中間財・消費財・資本財の需給一致（部門間均衡）条件と関係する独自の内容を持つ「貯蓄＝投資」論となるはずである。しかしなが

ら，このような観点からの，マルクス再生産論に基づく「貯蓄＝投資」関係の考察はまだ行なわれていない[3]。

　本章が行うのは，マルクス再生産論をベースに考察した「貯蓄＝投資」論の基本的な内容を確認し，その上で，国民所得論の「貯蓄＝投資」論との本質的差異という視点から論点を提起することである。

　本章は，この課題を果たすために以下のように考察を進める。

　まず，マルクス再生産論における「貯蓄＝投資」論に関わる議論の内容を確認する。周知のように，マルクス再生産論では，国民所得論的な「貯蓄」という概念は明示的には使用されていない。しかし，本論で述べるように，そこでの考察に，「所得－消費」として，国民所得論的な「貯蓄」を読み込むことは可能であり，そこから，マルクス再生産論をベースに考察した「貯蓄＝投資」論の基本的な内容を明らかにすることも可能である。

　ただし，マルクス再生産論は，Ⅰ部門が生産手段，Ⅱ部門が消費財（生活手段）という社会的生産の二部門分割による再生産表式で考察されており，そのままでは，国民所得論の議論と比較対照し，両者の差異を検討することはできない。

　そこで，次に，マルクスの再生産表式を国民所得論の経済循環把握との同一性を確保し得る三部門四価値構成の表式に転換し，そこにおける「貯蓄＝投資」関係を考察する。

　ところで，このような本章の考察では，これまで，マルクスの再生産論をめぐって展開されてきた様々な論争点にも議論が及ぶことになり，そうした論争点の一つに，拡大再生産論における追加可変資本の貨幣還流の問題がある。この問題について本書は一つの見解を持っており，これを「貯蓄＝投資」関係の考察の次に［補説］として述べたい。

　その上で，ここまでの考察結果を前提に，マルクス再生産論に基づく「貯蓄＝投資」論の内容を総括するとともに，その内容をふまえて，国民所得論の「貯蓄＝投資」論との本質的差異について考察する。

　なお，最後には，［補説］との関係で，本章での考察結果に対して必要な補足を行う。

第2節 『資本論』第2部における「貯蓄＝投資」論

　本節では，マルクス再生産論の内容を国民所得論的な「貯蓄＝投資」論の観点から検討する。既述のように，国民所得論では，「所得から消費を差し引いたもの」が「貯蓄」とされる。このような「貯蓄」概念は，マルクス再生産論には明示的な形では見られない。また，労働者については，「所得」としての賃金を全部的に消費に支出することが想定されており，「貯蓄」は無いものとされている。

　しかしながら，資本家については，次のような形で，国民所得論的な「貯蓄」が事実上議論されている。

　まず，単純再生産論では，資本家は剰余価値（M）をすべて消費支出に向けることが前提されている。しかし，資本家の所得は「減価償却費＋剰余価値」と理解することができ，そして，減価償却費については，『資本論』第2部第3篇第20章第11節「固定資本の補塡」において，資本家による蓄蔵貨幣の形成（積み立て）と積み立てた蓄蔵貨幣の現実資本への転化＝更新投資の実施が，「一方の資本家たちにとっては固定資本は全部現物で補塡されるべき時期に達している」が，「他方の資本家たちにとっては固定資本がこの段階に達するまでには多かれ少なかれまだ時間がある(4)」という資本家階級の内部分割をふまえて議論される。

　この蓄蔵貨幣の形成（減価償却基金の積み立て）は「貯蓄」（＝資本家の所得－消費支出としての剰余価値）に他ならない。そして，マルクスは，この蓄蔵貨幣の年々の積立額と積み立てた蓄蔵貨幣の年々の現実資本への転化の額は同一でなければならないこと，すなわち，「貯蓄＝投資」が「不変な規模での再生産の法則として現われる(5)」と述べる。

　また，拡大再生産論では，資本家が剰余価値（M）のうち消費支出に向ける部分が「mk」とされる。したがって，資本家の所得を「減価償却費＋剰余価値」と捉えれば，ここでは，「減価償却費＋（M－mk）」が「貯蓄」となる。そして，拡大再生産の実現は，「M－mk」が，資本として投下しうる大きさになるまではやはり蓄蔵貨幣形態で積み立てられ（＝「蓄積基金」の形成），そして，

今期この積み立てのみを行う資本家とは別の資本家によって積み立てと同額の「蓄積基金」が現実資本に転化されることで行われる。したがって，単純再生産論で考察した減価償却費を加えて言えば，「投資」＝「減価償却費＋(M－mk)」であり，ここでも「貯蓄＝投資」が条件となっている（減価償却費を除けば，「純貯蓄＝純投資」である）。

このように，マルクス再生産論では，国民所得論の「貯蓄」が，資本家が行うものとしては，事実上考察の対象となっている。そして，その「貯蓄＝投資」論は，まさに，再生産論の一環として展開されている。すなわち，再生産論の課題は，あくまで，社会的総資本の単純再生産，そして，拡大再生産がどのような条件の下で，どのように行なわれるか，ということの解明であり，「貯蓄＝投資」論も，その課題解明の一環として位置づけられるということである。

すなわち，単純再生産論では，Ⅰ(V＋M)＝ⅡC という単純再生産（部門間均衡）条件の解明をふまえて，このⅡC 部分について，上述の蓄蔵貨幣の形成と支出として事実上，「貯蓄＝投資」に言及するのであり，また，拡大再生産論では，Ⅰ(V＋M)＞ⅡC という拡大再生産の基礎的条件の下で，Ⅰ(M) 部分のうちの蓄積に向けられる部分とⅡ部門の剰余価値(M)部分との取引が，「拡大した規模での単純再生産」を実現する内容で行われる——その条件はⅠ(V＋mk＋mv)＝Ⅱ(C＋mc)である——ことを解明し，その中で，上述の「蓄積基金」(M－mk)の形成と支出として事実上，「貯蓄＝投資」に言及するのである。

したがって，マルクス再生産論における「貯蓄＝投資」論は，Ⅰ部門が生産手段，Ⅱ部門が生活手段（消費財）という社会的生産の二部門分割に基づく表式による単純再生産及び拡大再生産の条件の解明の一環として行われることで，その考察は，生産手段と生活手段（消費財）の需給一致（部門間均衡）という問題と本質的に連結している。

そして，このようなマルクス再生産論の考察は，第 1 章で行ったように，Ⅰ部門を中間財（原材料）生産のⅠα部門と資本財（労働手段）生産のⅠβ部門に分割し，生産物価値の構成も，不変資本価値(C)を中間財価値(Ca)と資本財価値(Cb)に分割した三部門四価値構成の再生産表式における単純再生産

及び拡大再生産の条件解明として捉え直すことができるから，上述の「貯蓄＝投資」論もまた，中間財・消費財・資本財の需給一致（部門間均衡）という問題と連結した議論として捉え直すことが可能である。

そして，この捉え直しは，本章冒頭で述べたように，中間財・消費財・資本財の需給一致（部門間均衡）条件の解明という内容を含まない，あくまで，「三面」の「価値額」の一致としての「三面等価原則」に基づく国民所得論の「貯蓄＝投資」論に対する，マルクス再生産論ベースの「貯蓄＝投資」論の独自の論点を提示することを可能にする。次節以降でこの課題について考察していく。

第3節　三部門四価値構成の再生産表式と「貯蓄＝投資」論

1　単純再生産と「貯蓄＝投資」論

本節では，まず，第1章に示した［表式1-2］の三部門四価値構成の単純再生産表式の各部門の「資本財」の補塡が，蓄蔵貨幣（減価償却基金）の形成と支出を通じていかに行われるのかを確認し，その上で，表式に示された社会的総資本の単純再生産過程を「貯蓄＝投資」論の観点から考察したい。

そこで，第1章の［表式1-3］の説明表式に，蓄蔵貨幣（減価償却基金）の形成と支出を介した資本財補塡に関わる取引に焦点を合わせて貨幣の流通経路を書き加えたのが次の［表式2-1］の説明表式である（これ以外の取引については，［表式1-3］についての考察を前提して省略する）。

そこでは，今期に資本財の補塡のために貨幣の積み立て（蓄蔵）を行う全資本家（IαKⓐ，IβKⓐ，IIKⓐと，資本家をKとし，ⓐを付記する）と，そのうちの今期に資本財が耐用年数を迎えて実際に更新投資を行う資本家（IαKⓑ，IβKⓑ，IIKⓑとⓑを付記する）の二つの観点から資本家を表記している。

したがって，資本財の耐用年数を仮に10年とすれば，全資本家の10分の1ずつが，順次，10年に一度，資本財の更新時期を迎え，今期の年間生産物を売って得た貨幣の一部を以前から積み立てた基金と一緒に今期末に支出して資本財の補塡を行う。これが，資本家ⓑである。そして，残りの10分の9の資本家は，今期の年間生産物を売って得た貨幣の一部で積み立てのみを行うことになるが，この資本家にⓐを付記せずに，前述のように，資本家ⓑを含む全

資本家に@を付記したのは，減価償却基金の積み立て総額と，更新投資の総額との一致関係を簡潔に示すためである。

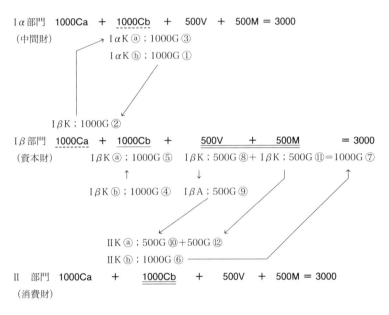

[表式 2−1] 減価償却基金の形成・支出を中心に [表式 1−3] を補足する説明表式

(注) ①〜⑫は貨幣の流通経路を示すためのもの。
〜〜はⅠα（1000Cb），＿はⅠβ（1000Cb），＝＝はⅡ（1000Cb）の資本財補塡のための減価償却基金の積み立てと支出に関わって取引される部分。

このような理解に基づき，上の表式のⅠα・Ⅰβ・Ⅱのいずれの部門にも見られる 1000Cb という資本財の補塡のための減価償却資金（蓄蔵貨幣）の積み立てと支出について以下で確認する。なお，本章の考察においても，「ある程度の手持ち貨幣が，どのような事情があっても…資本家の手中にある」という前章と同じ前提が置かれており，したがって，以下では，生産物の販売による貨幣の実際の取得と減価償却基金の積み立ての時間的順序にはこだわらない。

まず，Ⅰα部門では，資本財の耐用年数を迎えたⅠαKⓑ（全資本家の10分の1を占める）が，1000G（前年までの積み立て額900と今期の積み立て額100の合計）を支出してⅠβ部門から資本財を補塡する。他方，ⅠβKはこの1000GをⅠα部門からの中間財の補塡に支出するが，この1000Gを取得するⅠαKⓐのうちのⅠαKⓑを除く資本家（全資本家の10分の9を占める）は減価償却基金の積み立てのみを行う（貨幣の流通経路の①〜③）。

「現物補塡をおこなう資本家群…が投入したのと同額の貨幣が同じ部門の貨幣積立をおこなう資本家群…の手に保蔵される」[7]という関係は，Ⅰβ部門の1000Cbの部門内取引でも全く同様である。すなわち，そこでは，ⅠβKⓑが資本財補塡のために1000Gを支出し，ⅠβKⓐがこれを積み立てる（同④⑤）。

そして，Ⅱ部門の1000Cbについては，ⅡKⓑが1000Gを資本財補塡のために支出し，ⅠβKがこの貨幣を得る。ⅠβKは，貨幣1000Gから500Gを労働者に賃金として支出し，労働者はこれをⅡ部門からの消費財の購入に支出する。また，残りの500GはⅠβKが自身の生存のためにⅡ部門からの消費財購入に支出する。こうして，支出された貨幣1000GをⅡKⓐが取得し，彼はこれを積み立てる（同⑥〜⑫）。

以上の考察によって，各部門において減価償却資金の積み立てと支出を介した資本財補塡のための取引が成立し，第1章での考察と併せて，全体として社会的総資本の単純再生産が行われる過程が確認できた。それでは，こうして行われるこの単純再生産過程は「貯蓄＝投資」論の観点からどのように捉えられるだろうか？

まず，国民所得論における貯蓄は，既に述べたように，貯蓄＝所得－消費であり，［表式1-2］の単純再生産における所得（粗付加価値額計）は6000であり，消費（＝消費財への支出）は労働者1500V，資本家1500Mだから，貯蓄＝6000－(1500＋1500)＝3000である。また，国民所得論では，支出＝消費＋投資で，所得＝支出だとして，投資＝所得－消費だから，やはり投資は3000で，「貯蓄＝投資」が成立している。そして，既に見たように，この「投資」の内容は減価償却基金の支出による資本財の更新であり，「貯蓄」の内容は減価償却基金の積み立てである。

その上で指摘したいのは，「貯蓄＝投資」の額3000と資本財供給額3000

が一致していることである。

そして、この関係が成立しているのは、［表式1-2］で、三部門四価値構成の再生産表式における単純再生産（部門間均衡）条件（第1章第2節の2を参照）が成立し、各部門のCb部分の縦の合計3000が、資本財供給額3000と一致しているからである。

したがって、［表式1-2］では、単純再生産（部門間均衡）条件が成立していることで、国民所得論が指摘する「貯蓄＝投資」（S＝I）だけでなく、「貯蓄＝投資＝資本財」（S＝I＝資本財）が成立しているのである。この点が、本章が冒頭で述べたように、中間財・消費財・資本財の需給一致（部門間均衡）条件を捉えず、それ自体としては、「三面」の「価値額」の一致しか意味しない「三面等価原則」に基づく国民所得論の「貯蓄＝投資」論に対する、マルクス再生産論ベースの「貯蓄＝投資」論の独自の一論点となる。

そして、同様のことは、消費財についても言える。すなわち、各部門の消費（V＋M）の合計は3000で消費財供給額と一致しており、「消費＝消費財」（C＝消費財）という関係が成立しているからである。そして、これも、この表式において単純再生産（部門間均衡）条件が成立しているからである。

ただし、以上の論点は、あくまで単純再生産における「貯蓄＝投資」論としての論点である。資本主義的生産においては拡大再生産が常態であり、そこでの「貯蓄＝投資」論こそが問われなければならない。次節でこの課題をとりあげる。

2　拡大再生産と「貯蓄＝投資」論

（1）　拡大再生産の出発表式と「貯蓄＝投資」論　　本節では、第1章で行った三部門四価値構成の拡大再生産表式の考察をふまえて、それをさらに「貯蓄」と「投資」の観点から考察していく。

そこで、まず、最初に、第1章で、拡大再生産の出発表式である［表式1-8］に基づきながらも、拡大再生産が行なわれない場合として示した［表式1-9］について、「貯蓄」と「投資」の観点から一点だけ確認しておきたい。

それは、［表式1-9］は、既に考察したように、中間財・資本財の需給不一致による「在庫投資」が形成されつつ、「三面等価原則」が成立するという表

式であり，この点に，「国民所得論の「三面等価原則」は，中間財・消費財・資本財の需給一致（部門間均衡）条件の解明という内容を含まない，あくまで，「三面」の価値額の一致としての「三面等価」である」ことが明白に示されていることに加えて，同時に，そこでは，「貯蓄＝投資」という関係も成立していることである。

　すなわち，［表式1－9］の数値を確認すれば，貯蓄＝所得－消費＝6250－（1750＋1250）＝3250であり，国民所得論では投資＝所得－消費だから投資も3250となる。そして，この3250の投資の内容は減価償却費（2750）＋在庫投資（250＋250）である。したがって，［表式1－9］に明らかなのは，国民所得論の「三面等価原則」が中間財・消費財・資本財の需給一致（部門間均衡）条件を捉えないことで，これに基づく「貯蓄＝投資」論もまた，やはり，この条件からは切り離されていることである。

　しかし，もちろん，拡大再生産が行われるならば事態は異なってくる。次節では，第1章での考察を前提に，そこでは捨象していた「蓄積基金の積み立てと支出」に焦点を合わせて拡大再生産が行われる過程を考察する。

　（2）　蓄積基金の形成・支出と拡大再生産過程　　下に，拡大再生産の実現過程を，蓄積基金の形成・支出に焦点を合わせて考察するために［表式2－2］を掲げた。そこでは，今期に蓄積基金として貨幣の積み立て（蓄蔵）を行う全資本家（前節同様に，Ⅰα K ⓐ，Ⅰβ K ⓐ，Ⅱ K ⓐと，資本家をKとし，ⓐを付記する）と，そのうちの，今期で積み立てを終えて基金を実際に支出して蓄積＝拡大再生産を行う資本家（Ⅰα K ⓑ，Ⅰβ K ⓑ，Ⅱ K ⓑとⓑを付記する）の二つの観点から資本家を表記している。

　このような，資本家ⓐと資本家ⓑの表記は，［表式2－1］での減価償却基金の形成と支出の考察の場合と同様である。

　なお，この表式で，Ⅰα・Ⅰβ部門の資本家が剰余価値の半分の250を，Ⅱ部門の資本家が150を蓄積する（残りの剰余価値600は消費支出「mk」に向けられる）ものとなっているのは，『資本論』でのマルクスの考察方法に基づく第1章での考察を受けている。[8]

　また，表式では，蓄積に関わらない取引は，第1章での考察を前提して，資本財の補塡のための減価償却基金の積み立てとその支出を介した取引（額は前

[表式2-2]　蓄積基金の形成・支出を中心とする拡大再生産過程の説明表式

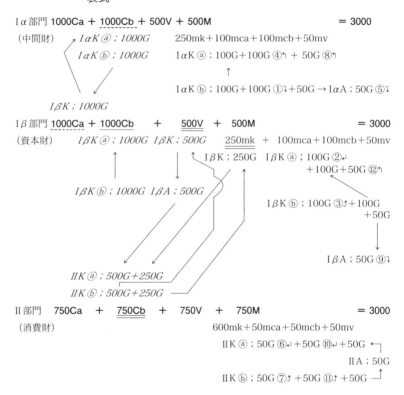

(注) ①〜⑫は，拡大再生産＝蓄積に関係する部門間の貨幣の流通経路の確認のためのもの。
　　　<u>----</u>はIα(1000Cb)，<u>___</u>はIβ(1000Cb)，<u>__</u>はⅡ(750Cb)の資本財補塡のための減価償却基金の積み立てと支出に関わって取引される部分で，これにかかわる貨幣流通は斜字体で表記している。

節での考察とは一部異なる）以外は，全て省略している。

　なお，減価償却基金の積み立てと支出に関する取引を表記したのは，拡大再生産が単純再生産をその一部に含む限り，この取引も当然行われ，そして，「貯蓄＝投資」論の観点からはこれらの取引も確認する必要があるからである。

第2章　再生産論と「貯蓄＝投資」論　77

すなわち，Ⅰα（1000Cb）とⅠβ（1000Ca）の取引，Ⅰβ（1000Cb）の部門内取引，そして，Ⅰβ（500V＋250mk）とⅡ（750Cb）の取引である。

ただし，これらの取引で減価償却基金の積み立てと支出を介して資本財が補塡される仕方は［表式2-1］について考察した内容と同じである。そこで，ここでは，表式に，［表式2-1］と同様に減価償却基金の積み立てを行う全資本家にⓐを，実際に基金の支出を行う資本家にⓑを付した貨幣の流通経路を斜字体で明記することにして説明は省略する。

さて，拡大再生産＝蓄積は，蓄積基金の形成と支出を介して，次のように行われる(9)。

まず，Ⅰα部門では，ⅠαKⓑが積み立てを終えた蓄積基金250から，追加中間財に100Gを支出し，これによって同部門のⅠαKⓐの剰余生産物100mcaが貨幣化され，ⅠαKⓐはこれを蓄積基金として積み立てる（部門内資本家間取引）。

また，ⅠαKⓑは，追加資本財にも蓄積基金から100Gを支出し，これによってⅠβ部門のⅠβKⓐの剰余生産物100mcaが貨幣化され，ⅠβKⓐはこれを蓄積基金として積み立てる（貨幣の流通経路の①②）。

他方で，同部門の既に蓄積基金250の積み立てを終えたⅠβKⓑは，追加中間財に100Gを支出し，これによってⅠα部門のⅠαKⓐの剰余生産物100mcbが貨幣化され，ⅠαKⓐはこれを蓄積基金として積み立てる（同③④）。

さらに，ⅠαKⓑは既に得た追加中間財と追加資本財に見合った追加労働力のⅠαAの調達のために蓄積基金から50Gを支出する。ⅠαAはこの50Gを消費財に支出して，Ⅱ部門のⅡKⓐの剰余生産物50mcaを価値実現し，この貨幣を得たⅡKⓐはこれを蓄積基金として積み立てる（同⑤⑥）。

他方で，Ⅱ部門で既に蓄積基金150の積み立てを終えたⅡKⓑは，追加中間財に50Gを支出し，これによってⅠα部門のⅠαKⓐの剰余生産物50mvが貨幣化され，ⅠαKⓐはこれを蓄積基金として積み立てる（同⑦⑧）。

ここまでで，Ⅰα部門ではⅠαKⓐによる基金の形成と，ⅠαKⓑによる蓄積基金の支出が完了している。しかし，Ⅰβ部門では，ⅠβKⓐによる100Gの基金形成の他に，ⅠβKⓑが追加中間財向けに100Gを支出しただけで蓄積は途上である。

IβK ⓑ は，追加中間財を機能させるのに必要な追加資本財を調達するために 100G の基金を支出し，これによって IβK ⓐ の 100mcb 部分が価値実現され，IβK ⓐ はこの貨幣を基金として積み立てる（部門内資本家間取引）。

　さらに，IβK ⓑ は追加労働力に基金から 50G を支出し，IβA はこれを消費財の購入に支出し，これによって ⅡK ⓐ の 50mcb 部分が価値実現され，ⅡK ⓐ はこれを蓄積基金として積み立てる（同⑨⑩）。

　他方で，ⅡK ⓑ は，蓄積基金から追加資本財に 50G を支出し，これによって Iβ 部門の IβK ⓐ の剰余生産物 50mv が貨幣化され，IβK ⓐ はこれを蓄積基金として積み立てる（同⑪⑫）。

　ここまでで，Iβ 部門での IβK ⓐ による基金の形成と，IβK ⓑ による蓄積基金の支出が完了している。しかし，Ⅱ部門では，ⅡK ⓐ による計 100G の基金形成の他に，ⅡK ⓑ が追加中間財と追加資本財向けに計 100G を支出したが，追加労働力は調達していない。

　ⅡK ⓑ は，追加労働力ⅡA 向けに 50G を支出し，ⅡA はこれを消費財向けに支出して 50mv が価値実現され，ⅡK ⓐ がこの貨幣を蓄積基金とする。

　こうして，全ての部門で，蓄積基金の形成と支出がなされるとともに，追加中間財，追加資本財，追加労働力が調達されて拡大再生産が可能となる。

　さて，以上で取引の詳細を確認した拡大再生産向けの資本家の剰余価値の支出構成を［表式1－8］の出発表式に加えたものは，既に示した［表式1－11］であり，そこで拡大再生産の部門間均衡条件が成立していることも既に考察した通りである。そして，「拡大する規模での単純再生産」のための支出が行われた結果である［表式1－12］の生産資本（中間財＋資本財＋可変資本）によって拡大再生産が行われた結果も既に第 1 章で考察した通りである（剰余価値率は 100% で，各部門の資本構成は不変とした場合には，年間生産物 9800 が生産され，粗付加価値額は 6800 となる）。

　(3)　拡大再生産表式と「貯蓄＝投資」論　　さて，前節での考察をふまえて，拡大再生産過程を「貯蓄＝投資」論の観点から考察していきたい。そこでまず問題になるのは，一体，拡大再生産過程のどの局面を，「貯蓄＝投資」の観点から考察するのか？　ということである。

　というのは，資本家が剰余価値としての貨幣を支出し，その一部が，追加資

本財・追加中間財・追加可変資本に投資として向けられた局面を示す［表式1-11］に基づく場合と，追加可変資本＝追加労働者の賃金が所得として支出され，そして，追加で調達された中間財・資本財・可変資本（労働者）が生産の場に用意された＝「投入」された局面を示す［表式1-12］に基づく場合では，異なってくるからである。

［表式1-11］に基づけば次のようになる。

まず，所得（粗付加価値額計）は6250であり，消費（＝消費財への支出）は，労働者1750V，資本家1100mkで合計2850（＝1750＋1100）となり，貯蓄＝所得－消費＝6250－2850＝3400である。また，国民所得論では，投資＝所得－消費だから，当然，投資も3400で，「貯蓄＝投資」が成立している。

そして，既に見たように，この「投資」の内容は，減価償却基金2750（＝ⅠαKⓑ；1000G＋ⅠβKⓑ；1000G＋ⅡKⓑ；750G）の支出による資本財の更新投資と，蓄積基金650（＝ⅠαKⓑ；250G＋ⅠβKⓑ；250G＋ⅡKⓑ；150G）の支出による追加中間財・追加資本財・追加労働力への投資である。また，「貯蓄」の内容は，減価償却基金2750（＝ⅠαKⓐ；1000G＋ⅠβKⓐ；1000G＋ⅡKⓐ；750G）の積み立てと，蓄積基金650（＝ⅠαKⓐ；250G＋ⅠβKⓐ；250G＋ⅡKⓐ；150G）の積み立てである。

そして，ここで注意したいのは，こうして算出される「貯蓄＝投資＝3400」という額が資本財供給額3000を超えており，単純再生産の場合に見られたような，「貯蓄＝投資＝資本財」という関係がないことである。さらに，「消費＝2850＜消費財」で，単純再生産で見られた「消費＝消費財」という関係も見られない。

しかし，「貯蓄＝投資＝3400」となっているのは，「投資」の中に「250mca」の追加中間財への投資と「150mv」の追加労働力への投資＝追加可変資本投資が含まれているためである。すなわち，「貯蓄＝投資＝資本財＋追加中間財＋追加可変資本」という関係なのである。したがって，翻って，単純再生産の場合の「貯蓄＝投資＝資本財」（S＝I＝資本財）という関係を考えれば，この関係の表現としてより正確なのは，「貯蓄＝資本財投資」なのである。

なお，上の資本財供給額3000には，単純再生産に必要な量の資本財を超えた余剰資本財250が含まれており，追加中間財250とは余剰中間財の全てで

ある。また，追加可変資本としての追加労働者は，生存のために賃金を支出して消費財 150 を消費する。したがって，この消費財は，既述のように，今では追加可変資本の現物形態としての規定性を持つ。

そして，「消費＝2850＜消費財」という関係になっているのは，この追加可変資本＝追加労働者が賃金を支出して消費する消費財 150 が，資本家の消費対象としての潜在的な「余剰消費財」から上述した追加労働者の賃金支出の対象としての追加可変資本の現物形態に転化されたからである。すなわち，「消費＝2850＝消費財－追加可変資本」という関係なのである。

したがって，上の二つの関係は，余剰中間財及び余剰資本財が全て追加投資の対象となり，そして，これら余剰中間財と余剰資本財を生産的に機能させるのに必要な追加労働者の調達のために追加可変資本が支出されるとともに，この労働者の生存のために，資本家の消費対象であった「余剰消費財」が追加可変資本の現物形態に転化させられ，こうして，拡大再生産のための生産資本（中間財＋資本財＋可変資本）が部門間均衡（需給一致）を実現しつつ生産の場に用意されることを意味する。

次に［表式1－12］に基づいて「貯蓄＝投資」を考えよう。この表式の場合は，第1章で見たように，粗付加価値（所得）を計算すれば 6000 となり，分配された所得の支出は，「消費」が労働者の 1900 と資本家の 1100 の計 3000，「投資」は資本家の 3000 で計 6000 である。

したがって，貯蓄＝所得－消費＝6000－3000＝3000 となる。また，投資＝所得－消費だから，当然，投資も 3000 で，「貯蓄＝投資」が成立する。

そして，「貯蓄＝投資＝資本財」（3000，正確には「貯蓄＝資本財投資」），「消費＝消費財」（3000）という関係も成立する。すなわち，単純再生産における「貯蓄＝投資」関係が再現するのである。これは，拡大再生産が「拡大された規模の単純再生産」として行われることの当然の結果である。

以上見てきたように，拡大再生産過程については，拡大再生産過程のどの局面を捉えるかによって，「貯蓄＝投資」の規模は異なってくる。しかし，それは，拡大再生産のためには追加資本財，追加中間財，そして，追加可変資本としての追加労働者が必要であり，そして，これらは，元からの資本財，中間財，可変資本（労働者）とともに生産の場に用意されなければならない，という関

(4)　「Ⅰα(V+mk) > ⅡCa，Ⅰβ(V+mk) > ⅡCb」の場合　　ここまでの拡大再生産の考察での資本家の剰余価値の支出は［表式1-11］に示したような構成であった。この支出構成は，マルクスが，『資本論』において，「Ⅰ(V+mk) = ⅡC」の場合として整理した表式に基づいている。

　この「Ⅰ(V+mk) = ⅡC」という関係は，三部門四価値構成の再生産表式に転換すれば，「Ⅰα(Cb+V+mk) = Ⅰβ(Ca) + Ⅱ(Ca)，Ⅰβ(Ca+V+mk) = Ⅰα(Cb) + Ⅱ(Cb)」となる。ただし，ここで，Ⅰα(Cb) = Ⅰβ(Ca) が成立しているならば，この関係は，「Ⅰα(V+mk) = ⅡCa，Ⅰβ(V+mk) = ⅡCb」という，より限定的な関係となる。［表式1-11］はこの場合の数値例である。

　ところで，マルクスは，上述した，「Ⅰ(V+mk) = ⅡC」の場合の他に，「Ⅰ(V+mk) > ⅡC」と「Ⅰ(V+mk) < ⅡC」の場合についても，Ⅰ部門の資本家が剰余価値のうち蓄積に向ける率（＝蓄積率）を50%とする仮定での数年間にわたる表式の展開をふまえて言及している(10)。

　そこで，本節では，この二つの場合について，三部門四価値構成の再生産表式に転換した「Ⅰα(Cb+V+mk) > Ⅰβ(Ca) + Ⅱ(Ca)，Ⅰβ(Ca+V+mk) > Ⅰα(Cb) + Ⅱ(Cb)」の場合，そして，「Ⅰα(Cb+V+mk) < Ⅰβ(Ca) + Ⅱ(Ca)，Ⅰβ(Ca+V+mk) < Ⅰα(Cb) + Ⅱ(Cb)」の場合として考察しておきたい。

　ただし，考察を簡単にするために，［表式1-11］と同様に，Ⅰα(Cb) = Ⅰβ(Ca) が成立する結果，「Ⅰα(V+mk) > ⅡCa，Ⅰβ(V+mk) > ⅡCb」と，「Ⅰα(V+mk) < ⅡCa，Ⅰβ(V+mk) < ⅡCb」という関係が成立する数値例を用いることにし，さらに，既に考察した「Ⅰ(V+mk) = ⅡC」の場合との比較のために，そこでの考察で「拡大再生産の出発表式」とした［表式1-8］に基づいて考察することとし，その上で，「貯蓄＝投資」論の観点から言及しておきたい(11)。

　ただし，このように，同一の「出発表式」に基づいて考察する場合，マルクスが数年間にわたる考察で行ったように，Ⅰα・Ⅰβ部門の蓄積率を50%とする仮定を維持することはできない。何故なら，「Ⅰα(V+mk) > ⅡCa，Ⅰβ(V+mk) > ⅡCb」と，「Ⅰα(V+mk) < ⅡCa，Ⅰβ(V+mk) < ⅡCb」という不等式に含まれる「mk」とは，消費に向けられる支出の割合（消費支出率）で，こ

れは当然，蓄積率の変化と相関する（1－蓄積率）からである。

したがって，以下では，Ⅰα・Ⅰβ部門の蓄積率を変えることで，同じ［表式1-8］の「出発表式」に基づいて，「Ⅰα(V+mk) ＞ ⅡCa，Ⅰβ(V+mk) ＞ ⅡCb」及び「Ⅰα(V+mk) ＜ ⅡCa，Ⅰβ(V+mk) ＜ ⅡCb」の場合にどのように拡大再生産が行われるのか，を考察することにする。そして，その上で，それらの考察を，「貯蓄＝投資」論の視点から捉え直したい。

さて，まず，「Ⅰα(V+mk) ＞ ⅡCa，Ⅰβ(V+mk) ＞ ⅡCb」の場合についてである。その一例が下に［表式2-3］として掲げた，「Ⅰα(500V+450mk) ＞ Ⅱ(750Ca)，Ⅰβ(500V+450mk) ＞ Ⅱ(750Cb)」の説明表式である。

この表式では，Ⅰα・Ⅰβ部門の資本家が，剰余価値500Mの大半の450mkを消費支出に向け（消費支出率＝90%），蓄積に向けるのは50に過ぎない（蓄積率＝10%）。

なお，この表式では，これまでの表式例との重複を避け，必要な部分のみ貨幣の流通経路を表記しているが，それでも，蓄積基金を形成する全資本家（ⓐを付記）と，その中の蓄積基金を実際に支出する資本家（ⓑを付記）という区別があるため，相当に複雑なものとなっている。以下，要点を述べたい。

まず，ⅠαAはⅠαKから得た500GをⅡ部門に支出し，他方，ⅠαKは手持ち貨幣から450Gを消費財取得のためにⅡ部門に支出する。この計950Gの貨幣のうち，750G部分は，Ⅱ部門の年間生産物の中間財価値750Caを表わす部分を価値実現し，ⅡKはこの750Gを中間財補塡のために支出して貨幣はⅠα部門に還流し，同部門の年間生産物の可変資本価値部分の500と剰余価値の250部分を価値実現する（貨幣の流通経路の①〜③と④〜⑥）。

他方，ⅠαKが支出した残りの200GはⅡ部門の年間生産物の剰余価値200Mを表わす部分を価値実現する。この200Gを得るのは，蓄積基金を形成するⅡKⓐであり，他方，そのうちのⅡKⓑが積み立て終えた蓄積基金から同額の200Gを中間財購入のためにⅠα部門に支出し，同部門の年間生産物の剰余価値200部分を価値実現する。すなわち，ここでは，ⅡKは，ⅠαKの消費財向け支出で得た200Gを追加中間財のために支出するのであり，ⅠαKの高い比率の消費支出に対応して拡大再生産のための支出（＝投資）を行なう（同⑦⑧⑧′⑨）。

第2章 再生産論と「貯蓄＝投資」論　83

[表式2-3]　「Ⅰα(V+mk) > ⅡCa，Ⅰβ(V+mk) > ⅡCb」の場合の説明表式

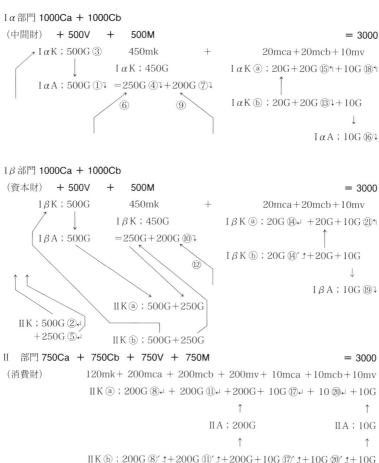

（注）①〜㉑は，貨幣の流通経路の確認のためのもので，部門内での貨幣流通など理解し易いものには付していない。

同様の取引はIβ部門とⅡ部門の間でも行われる。IβAはIβKから得た賃金500GをⅡ部門に支出し，他方，IβKは手持ち貨幣から450GをⅡ部門に支出する取引である。この場合，ⅡKⓐは，IβAから得た500GとIβKから得た250Gで減価償却基金を形成し，ⅡKⓑが積み立て終えた減価償却基金750を追加資本財向けにIβ部門に支出する。

　さらに，IβKが手持ち貨幣から支出したうちの残りの200Gは，Ⅱ部門の年間生産物の剰余価値200Mを表わす部分を価値実現する。この200Gを得るのは，蓄積基金を形成するⅡKⓐであり，他方，ⅡKⓑが，蓄積基金から同額の200Gを資本財購入のためにIβ部門に支出し，同部門の年間生産物の剰余価値200部分を価値実現する。ここでは，やはり，ⅡKはIβKの高い比率の消費支出に対応して拡大再生産に向けた支出（＝投資）を行なうのである。（同⑩⑪⑪′⑫）。

　さらに，ⅡKⓑは蓄積基金から，ここまでに行った追加中間財及び追加資本財向け投資に見合う追加労働力の購入のために200Gを支出し，この貨幣をⅡAが消費財購入に支出する。支出先はⅡKⓐで，彼はこれで蓄積基金を形成する。

　さて，以上は，Iα・Iβ部門の資本家の高い比率の消費支出に対応してⅡ部門が拡大再生産向けに投資を行う取引である。この他に，Iα・Iβ部門の資本家自身による残りの剰余価値50での蓄積がなされる。この剰余価値の支出構成は，20mca＋20mcb＋10mvである。

　まず，IαKⓑが蓄積基金からIαKⓐに20Gを支出し，これによって剰余価値20mcaが価値実現され，IαKⓐがこれを蓄積基金とする（部門内の資本家間取引）。

　次に，IαKⓑがIβ部門向けに支出した20GでIβ部門の剰余価値20mca部分が価値実現され，この貨幣を得たIβKⓐが蓄積基金を形成する。他方で，IβKⓑは，蓄積基金から同額の20Gを支出して，Iα部門の剰余価値20mcb部分を価値実現し，追加中間財を取得する。この貨幣を得るのはIαKⓐで彼はこれを蓄積基金とする（同⑬⑭⑭′⑮）。

　さらに，IαKⓑは，蓄積基金から追加労働力のために10Gを支出し，IαAはこの貨幣をⅡ部門に支出し，この貨幣を得たⅡKⓐが蓄積基金を形成する。

第 2 章　再生産論と「貯蓄＝投資」論　85

　他方で，ⅡKⓑは，蓄積基金から 10G を Ⅰα 部門に支出して，剰余価値の 10mv 部分を価値実現し，同額の追加中間財を取得する。この貨幣を得た ⅠαKⓐはこれを蓄積基金とする（同⑯⑰⑰′⑱）。

　さて，ⅠβKⓑは，上で追加中間財を取得したが，さらに，これに見合う追加資本財を調達するために蓄積基金から 20G を支出し，この貨幣を ⅠβKⓐは蓄積基金とする（部門内の資本家間取引）。

　さらに，ⅠβKⓑも蓄積基金から追加労働力向けに 10G を支出し，この貨幣を得た ⅠβA はこれを Ⅱ 部門に支出し，この貨幣で ⅡKⓐが蓄積基金を形成する。他方で，ⅡKⓑは，蓄積基金から 10G を Ⅰβ 部門に支出して，剰余価値の 10mv 部分を価値実現し，同額の追加資本財を取得する（同⑲⑳⑳′㉑）。

　そして，ここまで追加中間財に 10G，追加資本財に 10G を支出した ⅡKⓑは，蓄積基金からさらに 10G を追加労働力に支出し，この貨幣を得た労働者 ⅡA は同額を ⅡKⓐに支出し，彼はこれで蓄積基金を形成する。

　ここまでで，ⅡK は剰余価値 750 から 630 を蓄積のために支出しており，残りの 120 が消費支出となる。この支出は Ⅱ 部門の部門内の資本家間取引として行われる。

　以上の取引について，Ⅱ 部門の剰余価値の支出の部分を整理して示せば次の表式になる。

[表式 2–4]　「Ⅰα(V+mk) > ⅡCa，Ⅰβ(V+mk) > ⅡCb」の場合の支出構成

```
                中間財    資本財    可変資本          剰　余　価　値
Ⅰα部門  1000Ca+1000Cb+  500V+  450mk+ 20mca+ 20mcb+ 10mv=3000
Ⅰβ部門  1000Ca+1000Cb+  500V+  450mk+ 20mca+ 20mcb+ 10mv=3000
Ⅱ部門    750Ca+ 750Cb+  750V+  120mk+210mca+210mcb+210mv=3000
         2750Ca+2750Cb+1750V+1020mk+250mca+250mcb+230mv=9000
                   粗付加価値額 6250
```

　この［表式 2–4］では，Ⅰα(Cb) ＝ Ⅰβ(Ca) が成立しており，この場合の拡大再生産の部門間均衡条件，Ⅰα(V+mk+mv) ＝ Ⅱ(Ca+mca)，Ⅰβ(V+mk+mv) ＝ Ⅱ(Cb+mcb)，Ⅰα(V+mk+mv) ＋ Ⅰβ(V+mk+mv) ＝ Ⅱ(Ca+Cb+

mca+mcb）を確認できる。上で詳細を確認した取引の成立が均衡条件からも明らかである。

　そして，この表式の場合，Ⅰα・Ⅰβ部門は，上述したように，剰余価値500M のうちの 50 を蓄積に向けるだけで蓄積率は 10% と［表式 1－11］の 50% よりも低く，逆に，消費支出率が剰余価値の 90% と非常に高い。他方，Ⅱ部門の蓄積率は，［表式 1－11］では 750M の剰余価値のうちの 150 を蓄積に向けたから 20% だったが，この表式では，750M のうちの 630（＝210＋210＋210）で 84% となる。上で指摘したように，Ⅰα・Ⅰβ部門の資本家の消費支出率の高さに対応してⅡ部門が蓄積の主軸となっているのがこの表式例である。なお，全部門では，［表式 1－11］の 37.1% に対して，［表式 2－4］では 41.7% である。

　さて，［表式 2－4］の剰余価値の支出構成を，元からの中間財・資本財・労働力（可変資本）と統合すれば，次の［表式 2－5］となる。

［表式 2－5］「Ⅰα（V＋mk）＞ⅡCa，Ⅰβ（V＋mk）＞ⅡCb」の「拡大再生産のために変更された表式」と所得の支出構成

	中間財	資本財	可変資本	資本家の消費支出	（所得と支出構成）	
					労働者	資本家
Ⅰα部門	1020Ca＋	1020Cb＋	510V＋	450mk＝3000 →	510	1470
Ⅰβ部門	1020Ca＋	1020Cb＋	510V＋	450mk＝3000 →	510	1470
Ⅱ部門	960Ca＋	960Cb＋	960V＋	120mk＝3000 →	960	1080
	3000Ca＋	3000Cb＋	1980V＋	1020mk＝9000	1980	4020

粗付加価値額 6000　　　　　　　　　　　　　　＝1020＋3000
　　　　　　　　　　　　　　　↓　　　　↙　　　↓
　　　　　　　　　　　　　消費財 3000 へ　資本財 3000 へ

　この表式は，［表式 1－12］と同様に，追加労働者を含む全ての所得が支出され，また，全ての商品が価値実現され，そして，追加で調達された中間財・資本財・可変資本（労働者）が生産の場に「投入」された状態を示す。そして，その結果として，追加の中間財・資本財・可変資本（労働者）は，以前からの規模で補塡された中間財・資本財・可変資本（労働者）と統合されて表現され

ている。しかし，各部門の統合された中間財・資本財・可変資本の大きさは［表式1－12］とは異なっており，結果として，各部門の資本構成は異なっている。

また，粗付加価値額（所得）を計算すれば［表式1－12］と同じ6000となり，分配された所得は，労働者1980，資本家4020である。労働者の1980とは，以前からの労働者1750と追加労働者の230の合計額である。そして，この労働者の1980と資本家の1020の計3000が消費財3000に支出され，資本家の3000が資本財3000に支出される。したがって，消費財も資本財も需給は一致している。ただし，消費支出に占める労働者と資本家の構成は［表式1－12］とは異なっている。

さて，「貯蓄＝投資」の観点からの考察である。この表式の場合も，拡大再生産過程のどの局面を捉えるかで「貯蓄＝投資」の額は異なってくる。まず，資本家が剰余価値としての貨幣を支出した［表式2－4］の局面で考えよう。

その場合，所得（粗付加価値額計）は6250，消費（＝消費財への支出）は，労働者1750Vで，資本家1020mkだから，貯蓄＝所得－消費＝6250－(1750＋1020)＝3480である。また，投資＝所得－消費だから，当然，投資も3480で，「貯蓄＝投資」が成立している。

そして，既に見たように，この「投資」の内容は，減価償却基金2750（上の表式では一部省略しているが，IαKⓑ；1000G＋IβKⓑ；1000G＋IIKⓑ；750G）の支出による資本財の更新投資と，蓄積基金730（＝IαKⓑ；50G＋IβKⓑ；50G＋IIKⓑ；630G）の支出による追加中間財・追加資本財・追加労働力への投資である。減価償却基金の額は，前節で考察した表式と同じであるが，蓄積基金は前節で考察した表式より総額が大きく，各資本家の支出額も異なっている。

また，「貯蓄」の内容は，減価償却基金2750の積み立て（［表式2－2］と総額も内容も同じで表式では省略している）と蓄積基金730（＝IαKⓐ；50G＋IβKⓐ；50G＋IIKⓐ；630G）の積み立てである。やはり，蓄積基金が，前節で［表式1－15］について考察した際の総額より大きく，各資本家の積み立て額も異なっている。

このように，「貯蓄＝投資＝3480」であり，同じ拡大再生産の出発表式に基

づきながらも，［表式1-11］の場合の「貯蓄＝投資＝3400」とは額が異なっている。

このような［表式1-11］との違いは，明らかに，「投資」の内容が異なるからである。すなわち，［表式1-11］の場合は，「投資」の中に「250mca」の追加中間財への投資と「150mv」の追加労働力への投資＝追加可変資本投資が含まれていることが，「投資」額を3400としていた（3000＋250＋150）。

これに対し，［表式2-4］の場合は，追加中間財への投資が「250mca」であることは同じだが，追加労働力への投資＝追加可変資本投資は「230mv」であり，［表式1-11］より80だけ多い。これは，Ⅰα・Ⅰβ部門の資本構成の比率が「中間財：資本財：可変資本＝2：2：1」であるのに対し，Ⅱ部門が「1：1：1」と可変資本の比率が高く，そして，上述のように，［表式2-4］では，Ⅰα・Ⅰβ部門の蓄積率は10％と低くてⅡ部門が84％と高いために，［表式1-11］よりも，より多くの追加可変資本投資が行われる結果である。

したがって，「貯蓄＝投資＝資本財＋追加中間財＋追加可変資本」という関係自体は変わらないが，その内容が，各部門の蓄積率と資本構成の違いを反映するために，必然的に［表式1-11］とは異なる額になるのである。

また，「消費＝2770＜消費財」という関係になっている。これは，消費財の一部230が，資本家の消費対象としての潜在的な「余剰消費財」から追加労働者の賃金支出の対象としての追加可変資本の現物形態に転化されたためで，「消費＝消費財－追加可変資本」という［表式1-11］でも見られた関係である。ただし，その額が異なるのは，前述のように追加可変資本投資の額が異なるためである。

さて，それでは，［表式2-5］の局面で「貯蓄＝投資」関係を捉えるならばどうなるだろうか？　この場合，［表式2-5］が「拡大された規模の単純再生産」を示すものとなっていることの当然の結果として，前節で，［表式1-12］について指摘した単純再生産における「貯蓄＝投資」関係が再現する。

すなわち，所得（粗付加価値額計）は上述のように6000となり，消費は労働者1980，資本家1020で合計3000である。したがって，貯蓄＝所得－消費＝6000－3000＝3000である。また，投資＝所得－消費だから，当然，投資も3000で，「貯蓄＝投資」が成立している。したがって，「貯蓄＝投資＝資

本財」(3000，正確には「貯蓄＝資本財投資」)であり，他方では，「消費＝消費財」(3000) となる。

そして，この関係把握は，上で確認したような，蓄積基金の支出としての「投資」とその積み立てとしての「貯蓄」の内容を正しく反映していない。

したがって，ここで確認できるのは，「貯蓄＝投資」関係を，[表式1-12] や [表式2-5] のような，追加中間財・追加資本財・追加可変資本（労働者）が生産の場に「投入」されて，以前からの規模で補塡された中間財・資本財・可変資本（労働者）に統合された局面で捉えるのは，拡大再生産を単純再生産として捉えることであり，拡大再生産を実現する蓄積基金の形成と支出としての「貯蓄＝投資」関係，及び，部門間の資本構成と蓄積率の差異のそれへの反映関係のいずれをも捉え得なくするということである。

さて，上の [表式2-5] のような構成の生産資本で実際に拡大再生産が行われれば，次期には，次のような価値構成で年間生産物 9960 が生産される。粗付加価値額は 6960 となる。そして，この表式でも，$I\alpha(V+M) > II(Ca)$，$I\beta(V+M) > II(Cb)$ という拡大再生産の基礎的・素材的条件が成立していることが確認できる。

	中間財	資本財	可変資本	剰余価値	生産物価値
Iα部門（中間財）	1020Ca＋	1020Cb＋	510V＋	510M ＝	3060
Iβ部門（資本財）	1020Ca＋	1020Cb＋	510V＋	510M ＝	3060
II部門　（消費財）	960Ca＋	960Cb＋	960V＋	960M ＝	3840
	3000Ca＋	3000Cb＋	1980V＋	1980M ＝	9960

粗付加価値額 6960

(5) 「$I\alpha(V+mk) < IICa$，$I\beta(V+mk) < IICb$」の場合　　次に，「$I\alpha(V+mk) < IICa$，$I\beta(V+mk) < IICb$」の場合として，下に，「$I\alpha(500V+190mk) < II(750Ca)$，$I\beta(500V+190mk) < II(750Cb)$」の [表式2-6] を掲げた。

この表式の場合，Iα・Iβ部門は，剰余価値 500M のうちの 310 を蓄積に向けるから蓄積率は 62% と [表式1-11] の 50% よりも高い。すなわち，I α・Iβ部門の蓄積率が10%と低かった前節での考察とは逆の場合である。

この表式では、まず、IαAの賃金500GとIαKが手持ち貨幣から支出する190Gが、II部門の年間生産物の中間財価値（750Ca）を表わす部分の690部分のみを価値実現し、IIKはこの690Gを中間財補塡のためにIα部門に支出し、貨幣はIα部門に還流して同部門の年間生産物の可変資本価値部分の500と剰余価値の190部分を価値実現する（以上の貨幣流通には番号は付記していない）。

したがって、II部門の年間生産物の中間財価値（750Ca）を表わす部分のうちの60部分は、Iα部門の蓄積によって実現されることになる。すなわち、IαKⓑは蓄積基金から60Gを追加労働者IαAに支出し、IαAがこれをII部門の消費財購入に支出することで、年間生産物中の中間財価値の表わす部分の60部分が価値実現される。そして、この60Gを得たIIKは中間財の補塡のためにIα部門に支出し、こうして還流した貨幣60Gによって、Iα部門の剰余価値の60mvが価値実現され、この貨幣を得たIαKⓐがこれを蓄積基金とする（貨幣の流通経路の①〜③）。

同様の取引はIβ部門とII部門の間でも行われる。すなわち、IβAの賃金500GとIβKが手持ち貨幣から支出する190Gは、II部門の年間生産物の資本財価値（750Cb）を表わす部分の690部分のみを価値実現し、IIKⓐはこの690Gを減価償却基金とする。他方、IIKⓑは積み立て終えた基金から同額を資本財補塡のためにIβ部門に支出し、貨幣は同部門の年間生産物の可変資本価値部分の500と剰余価値の190部分を価値実現する（以上の貨幣流通には番号は付記していない）。

したがって、II部門の年間生産物の資本財価値（750Ca）を表わす部分のうちの60部分は、Iβ部門の蓄積によって実現される。すなわち、IβKⓑは蓄積基金から60Gを追加労働者IβAに支出し、IβAがこれをII部門の消費財購入に支出することで、年間生産物中の資本財価値の表わす部分の60部分が価値実現される。そして、この60Gを得たIIKⓐはこれを減価償却基金とし、他方、同額をIIKⓑが減価償却基金から資本財補塡のためにIβ部門に支出し、この貨幣60Gによって、Iβ部門の剰余価値の60mvが価値実現され、この貨幣を得たIβKⓐがこれを蓄積基金とする（以上の貨幣流通には番号は付記し

第 2 章　再生産論と「貯蓄＝投資」論　91

[表式2-6]　「Iα(V+mk) < IICa, Iβ(V+mk) < IICb」の場合

Iα部門 1000Ca ＋ 1000Cb
（中間財）　＋ 500V ＋ 　500M　　　　　　　　　　　　　　　　　　= 3000
　　　　　IαK；500G　　190mk＋60mv＋120mca＋120mcb＋4mca＋4mcb＋2mv
　　　　　　↓　　　　IαK；190G↓
　　　　　IαA；500G　　　↑
　　　　　　↓　　　　IαK ⓐ；↱ 60G ③＋120G＋120G ⑥↱＋4G＋4G ⑨↱＋2G ⑫↱
　　　　　　　　　　　　　　　　　　　　↑　　　　　↑
　　　　　　　　　　IαK ⓑ；　60G　＋120G＋120G ④↓＋4G＋4G ⑦↓＋2G
　　　　　　　　　　　　↓　　　　　　　　　　　　　　　　　　　　↓
　　　　　　　　　　IαA；60G ①↓　　　　　　　　　　　　IαA；2G ⑩↓

Iβ部門 1000Ca ＋ 1000Cb
（資本財）　＋ 500V ＋ 　500M　　　　　　　　　　　　　　　　　　= 3000
　　　　　IβK；500G↑　　190mk＋60mv＋120mca＋120mcb＋4mca＋4mcb＋2mv
　　　　　　↓　　　　IβK；190G↑
　　　　　IβA；500G
　　　　　　　　　　IβK ⓐ；↱ 60G＋120G ⑤↓＋120G＋4G ⑧↓＋4G＋2G ⑮↑
　　　　　　　　　　　　　　　　　　↑　　　　　　↑
　　　　　　　　　　IβK ⓑ；　60G＋120G ⑤′↑＋120G＋4G ⑧′↑＋4G＋2G
　　　　　　　　　　　　　　　　　　　　↓　　　　　　　　　　　↓
　　　　　　　　　　　　　　　　IβA；60G　　　　　　　IβA；2G ⑬↓

　　↑　　　↑
IIK；500G↓＋190G↓　IIK ⓐ；500G＋190G＋60G
　　　＋60G ②↓　　IIK ⓑ；500G↑＋190G↑＋60G↑

II部門　750Ca　　　＋　　750Cb ＋ 750V ＋ 750M　　　　　　　= 3000
（消費財）　　　　　　　　　　　744mk　＋　2mca＋2mcb＋2mv
　　　　　　　　　　　　　　　IIK ⓐ；2G ⑪↓＋2G ⑭↓＋2G
　　　　　　　　　　　　　　　　　　　　　　　　　　↑
　　　　　　　　　　　　　　　　　　　　　　　　IIA；2G
　　　　　　　　　　　　　　　　　　　　　　　　　　↑
　　　　　　　　　　　　　　　IIK ⓑ；2G ⑪′↑＋2G ⑭′↑＋2G

（注）　①〜⑮は，貨幣の流通経路の確認のためのもので，本表式では，直接に，蓄積＝
　　　拡大再生産（mca, mcb, mv）に関わる貨幣流通に絞って番号を付した。それ以外
　　　の貨幣流通は，蓄積＝拡大再生産の中で単純再生産が行われる部分であって，既に
　　　同様なものをこれまでの表式で考察している。

ていない)。

　以上のように，Ⅰα・Ⅰβの両部門は，既に，追加労働力に60Gを支出したから，これに対応した追加中間財と追加資本財への投資がなされなければならない。まず，ⅠαKⓑは蓄積基金から120Gを追加中間財に支出し，この貨幣を得たⅠαKⓐがこれを蓄積基金とする。

　さらに，ⅠαKⓑは蓄積基金から120Gを追加資本財に支出して，Ⅰβ部門の剰余価値の120mca部分を価値実現し，この貨幣を得たⅠβKⓐがこれを蓄積基金とし，他方で，同額をⅠβKⓑが蓄積基金から支出して，これをⅠα部門からの追加中間財購入に支出する。支出された貨幣はⅠα部門の剰余価値120mcb部分を価値実現し，この貨幣でⅠαKⓐが蓄積基金を形成する（同④⑤⑤′⑥)。

　さらに，ⅠβKⓑは蓄積基金から追加資本財購入に120Gを支出し，ⅠβKⓐがこれを蓄積基金とする。

　さて，ここまでで，Ⅰα・Ⅰβ部門は，いずれも剰余価値500Mのうち，190mkを資本家の消費支出に，そして，120mca＋120mcb＋60mv＝300部分をⅡ部門の中間財と資本財の補塡に関わる形で蓄積に向けた。そして，以下に述べるように，残りの10部分も蓄積され，それが，Ⅱ部門の剰余価値部分との取引関係に入る。

　まず，ⅠαKⓑは蓄積基金から4Gを追加中間財に支出して，Ⅰα部門の剰余価値4mca部分が価値実現され，この貨幣でⅠαKⓐが蓄積基金を形成する。さらに，ⅠαKⓑは蓄積基金から4Gを追加資本財に支出して，Ⅰβ部門の剰余価値4mca部分が価値実現される。ⅠβKⓐはこの貨幣4Gで蓄積基金を形成し，他方で，同額をⅠβKⓑが蓄積基金から支出して，これをⅠα部門からの追加中間財購入に支出する。貨幣はⅠα部門の剰余価値4mcb部分を価値実現し，ⅠαKⓐがこの貨幣4Gで蓄積基金を形成する（同⑦⑧⑧′⑨)。

　そして，ⅠαKⓑは蓄積基金から2Gを追加労働力に支出して，この2Gを得たⅠαAは，Ⅱ部門からの消費財購入に支出し，同部門の剰余価値2mca部分が価値実現される。この貨幣でⅡKⓐは蓄積基金を形成し，他方で，ⅡKⓑは蓄積基金から同額をⅠα部門からの追加中間財購入に支出し，この貨幣がⅠα部門の剰余価値2mv部分を価値実現する。ⅠαKⓐは入手した2Gで蓄積基

金を形成する（同⑩⑪⑪´⑫）。

　さて，上で，ⅠβK ⓑは，ⅠαK ⓑの追加資本財購入のための取引に対応して，蓄積基金から4Gを追加中間財に支出したが，さらに追加資本財向けに4Gを支出する。この貨幣は，同部門の剰余価値4mcb部分を価値実現し，この4GでⅠβK ⓐは蓄積基金を形成する。

　さらに，ⅠβK ⓑは蓄積基金から2Gを追加労働力に支出して，これをⅠβAはⅡ部門からの消費財購入に支出し，同部門の剰余価値2mcb部分が価値実現される。この2GでⅡK ⓐは蓄積基金を形成する。他方で，同額をⅡK ⓑが蓄積基金から支出して，これをⅠβ部門からの追加資本購入に支出する。貨幣はⅠβ部門の剰余価値2mv部分を価値実現し，この2GでⅠβK ⓐが蓄積基金を形成する（同⑬⑭⑭´⑮）。

　最後に，ここまでにⅡK ⓑは蓄積基金から追加中間財と追加資本財に各2Gを支出しているが，さらに，2Gを追加労働力購入に支出する。労働者ⅡAは賃金として得た2Gを消費財購入に支出し，同部門の剰余価値2mv部分を価値実現し，この貨幣でⅡK ⓐが蓄積基金を形成する。

　そして，ここまでにⅡ部門が剰余価値750Mから蓄積に向けた6部分（2mca＋2mcb＋2mv）を除く744がⅡKによって消費支出に向けられ，これはⅡ部門の部門内資本家間取引として行われる。

　以上からわかるように，この表式の場合は，Ⅱ部門の中間財と資本財の補填が，Ⅰα・Ⅰβ部門の62％という高い蓄積率を背景に追加可変資本投資として支出された貨幣（いずれも60G）によって媒介される形となる。他方，Ⅱ部門は，750Mから6を向けるだけだから，蓄積率は0.8％に過ぎない。すなわち，Ⅱ部門はほとんど蓄積せず，Ⅰα・Ⅰβ部門の蓄積が主軸となった場合の拡大再生産なのである。また，全部門での蓄積率は35.8％である。

　以上の取引におけるⅠα・Ⅰβ部門の剰余価値の支出を整理して示せば次の表式になる。なお，この表式でも拡大再生産の部門間均衡条件が成立していることが確認できる（詳細は省略）。

[表式2-7] 「Iα(V+mk) < IICa, Iβ(V+mk) < IICb」の場合の支出構成

```
          中間財      資本財    可変資本      剰  余  価  値
Iα部門   1000Ca+1000Cb+  500V+  190mk+124mca+124mcb+  62mv=3000
Iβ部門   1000Ca+1000Cb+  500V+  190mk+124mca+124mcb+  62mv=3000
II部門    750Ca+ 750Cb+  750V+  744mk+  2mca+  2mcb+   2mv=3000
         2750Ca+2750Cb+1750V+1124mk+250mca+250mcb+126mv=9000
                      粗付加価値額 6250
```

さらに，この表式の剰余価値の支出を，元からの中間財・資本財・可変資本と統合すれば，次の［表式2-8］となる。

[表式2-8] 「Iα(V+mk) < IICa, Iβ(V+mk) < IICb」の「拡大再生産のために変更された表式」と所得の支出構成

```
          中間財    資本財    可変    資本家の     （所得と支出構成）
                            資本    消費支出      労働者 資本家
Iα部門   1124Ca+1124Cb+  562V+  190mk=3000 →   562   1314
Iβ部門   1124Ca+1124Cb+  562V+  190mk=3000 →   562   1314
II部門    752Ca+ 752Cb+  752V+  744mk=3000 →   752   1496
         3000Ca+3000Cb+1876V+1124mk=9000       1876  4124
                粗付加価値額 6000              =1124 + 3000
                                                ↙    ↓
                                         消費財3000へ 資本財3000へ
```

この表式は，［表式1-12］［表式2-5］と同様に，追加労働者を含む全ての所得が支出され，また，全ての商品が価値実現され，追加で調達された中間財・資本財・可変資本（労働者）が生産の場に「投入」されて，以前からの規模で補填された中間財・資本財・可変資本（労働者）に統合された状態を示す。しかし，各部門の統合された中間財・資本財・可変資本の大きさは［表式1-12］［表式2-5］のいずれとも異なっている。

また，粗付加価値額（所得）を計算すれば6000であり，分配された所得は，労働者1876，資本家4124である。労働者の1876とは，以前からの労働者1750と追加労働者126の合計である。そして，労働者の1876と資本家の

1124 の計 3000 が消費財 3000 に支出され，資本家の 3000 が資本財 3000 に支出される。したがって，消費財も資本財も需給は一致している。しかし，消費支出に占める労働者と資本家の構成は［表式 1-12］［表式 2-5］とは異なる。

さて，［表式 2-7］の局面で「貯蓄＝投資」関係を捉えよう。

まず，所得（粗付加価値額計）は 6250，消費は，労働者 1750V で，資本家 1124mk だから，貯蓄＝所得－消費＝6250－(1750＋1124)＝3376 である。また，投資＝所得－消費だから，当然，投資も 3376 で，「貯蓄＝投資」が成立している。また，「貯蓄＝投資＝3376」で，資本財供給額（3000）とは一致していない。

そして，この「投資」の内容は，これまで見てきた表式と同様に減価償却基金 2750（ⅠαKⓑ；1000G＋ⅠβKⓑ；1000G＋ⅡKⓑ；750G）の支出による資本財の更新投資と，蓄積基金 626（＝ⅠαKⓑ；310G＋ⅠβKⓑ；310G＋ⅡKⓑ；6G）の支出による追加中間財・追加資本財・追加労働力への投資である。減価償却基金の額はこれまでの拡大再生産の表式と同じだが，蓄積基金はこれまでに考察した表式より総額が小さく，各資本家の支出額も異なっている。

また，「貯蓄」の内容も，減価償却基金 2750 の積み立てはやはりこれまでと同じだが，蓄積基金 626（＝ⅠαKⓐ；310G＋ⅠβKⓐ；310G＋ⅡKⓐ；6G）の積み立ては，やはり，これまでの表式より総額が小さく，各資本家の積み立て額も異なっている。

このように，「投資＝貯蓄＝3376」という額はこれまでの額（3400，3480）とは異なっている。これは，前節での考察で明らかなように，「投資」の内容が異なるからである。すなわち，上の表式では，「投資」の中に「250mca」の追加中間財への投資と「126mv」の追加労働力への投資＝追加可変資本投資が含まれている。「投資＝貯蓄＝資本財＋追加中間財＋追加可変資本」という関係は同一だが，追加可変資本投資の額はこれまでの表式の額より少ない。前節で述べたように，「中間財：資本財：可変資本」という資本構成において可変資本の比率が高いⅡ部門の蓄積率が 0.8％ と低く，逆に，可変資本の比率の低いⅠα・Ⅰβ部門の蓄積率が 62％ と［表式 1-11］の 50％ よりも高いことの結果である。

また，「消費＝2874＜消費財」という関係になっている。これは，消費財の

一部126が，資本家の消費対象としての「余剰消費財」から追加労働者の賃金支出の対象として追加可変資本の現物形態に転化されたために，「消費＝消費財－追加可変資本」という関係はこれまでの表式と変わらないが，額が異なるのは，前述した追加可変資本の額の違いの結果である。

さて，［表式2-8］の局面で「貯蓄＝投資」関係を捉えるならば，当然ながら，結果は，前節で見たのと同様に，「貯蓄＝投資＝資本財」(3000，正確には「貯蓄＝資本財投資」)と「消費＝消費財」(3000)という関係が出てくる。この関係把握に問題があることは前節で指摘したとおりである。

さて，上の［表式2-8］のような構成の生産資本で実際に拡大再生産が行われれば，次期には，次のような価値構成で年間生産物9752が生産される。粗付加価値額は6752となる。そして，この表式でも，Ⅰα(V+M) > Ⅱ(Ca)，Ⅰβ(V+M) > Ⅱ(Cb)という拡大再生産の基礎的・素材的条件が成立していることが確認できる。

		中間財	資本財	可変資本	剰余価値	生産物価値
Ⅰα部門	(中間財)	1124Ca+	1124Cb+	562V+	562M =	3372
Ⅰβ部門	(資本財)	1124Ca+	1124Cb+	562V+	562M =	3372
Ⅱ部門	(消費財)	752Ca+	752Cb+	752V+	752M =	3008
		3000Ca+	3000Cb+	1876V+	1876M =	9752

粗付加価値額6752

3 ［補説］追加可変資本の貨幣還流問題

(1) 分析視点と論点 ところで，ここまでの拡大再生産過程における，追加労働者に支払われた賃金とその消費手段への支出の理解をめぐっては戦前の1920年代にまで遡る長い論争がある[13]。それは，追加労働者は次年度の生産のために雇用されたのであり，また，一般に労働者への賃金支払いは，一定期間の労働がなされた後の「後払い」であるにも関わらず，ここまでの考察で行ったように，いずれの蓄積率の場合でも，追加労働者には，まだ労働していない今年度において賃金が支払われ，さらに，その賃金を今年度の年間生産物としての消費財に支出すると捉えることの当否をめぐるものである。

本節では，この論争点に関する本書の考え方を確認し，結論的に，ここまでの考察で上のように捉えた根拠を提示したい。ただし，論争の中で示されてきた諸説の考察・評価は十分には行えず，本書としての理解を積極的に提示することが中心となる。なお，論争は，二部門三価値構成のマルクスの元々の表式に基づいているが，以下で本書の理解を示す際には三部門四価値構成の表式を使用する。

　そこで，まず最初に，改めて確認したいのは，労働者への賃金支払いが一般的に一定期間の労働後の「後払い」であるということの労働価値論な意味である。それは，労働者は，「自身への支払の財源である可変資本をも，それが労賃の形で彼の手に還流してくる前に生産している」のであって，「先週とか過去半年間とかの彼の労働によって彼の今日の労働とか次の半年間の労働とかが支払を受ける」ということである。そして，労働者は，自身に支払われた（必要）労働の貨幣形態である賃金を支出して，自身が行った必要労働を表わす労働生産物を「買いもどす」のである。

　それでは，拡大再生産過程で新たに雇用される追加労働者に支払われる賃金の場合，その「自身への支払の財源」は何か？ そして，支払われた賃金によって何を「買いもどす」のか？

　まず，前者の「財源」とは，明らかに，以前からの労働者の剰余労働＝剰余価値である。この，以前からの労働者の剰余労働＝不払労働が，資本家によって追加可変資本化されて貨幣形態で支出され，追加労働者に「労賃の形で…還流してくる」。すなわち，追加労働者が受けとる賃金は，以前からの労働者が生産した剰余労働＝不払労働の貨幣形態である。それゆえ，「資本家階級と労働者階級とのあいだの取引として見れば，以前から働いていた労働者の不払労働で追加労働者が使用される」のである。

　したがって，追加労働者は，賃金が支払われるのが，労働する前なのか，労働した後なのかに関わらず，その労働に対して，以前からの労働者の剰余労働＝不払労働をもって支払われる。そして，その支払われた賃金で，以前からの労働者が生産した剰余生産物としての消費財（既に述べたように，「余剰消費財」という規定性を持つ）を，「階級的な視点」から言えば「買いもどす」ことになる。

したがって，このような本質的な価値関係をふまえれば，追加労働者への賃金の支払いと，その賃金の支出は，以前からの労働者の労働生産物，すなわち，上で，「今年度の」とした年間生産物＝商品資本と関連させて捉えることが妥当だということになる。すなわち，年間生産物の一部の剰余労働＝剰余価値が追加可変資本化されて，その貨幣形態である賃金が支払われ，この賃金によって，剰余労働＝剰余生産物としての消費財を，「階級的な視点」からすれば「買いもどす」関係として捉えるということである。

　その上で，問題になるのは，この追加労働者への賃金支払いの時期である。上で述べたように，一般に労働者への賃金支払いが一定期間の労働がなされた後の「後払い」であることからすれば，追加労働者に賃金が支払われるのは次年度＝2年目で，年1回の資本の回転という再生産論の前提の下では次年度の年間生産物＝商品資本が生産された後，すなわち次年度末になる。したがって，追加労働者が賃金を支出するのも次年度末となり，その時に，前年度に生産された消費財をⅡ部門の資本家が「商品在庫」で追加労働者に「引き渡す」ことになる。

　そして，このように考える場合に大きな論点となるのが，次年度末になって追加労働者が賃金を，前年度の消費財に支出するとすれば，次年度＝2年目に生産された消費財のうちの，その賃金と同額の部分が売れなくなり，さらに，この部分を売って得た貨幣を資本家が生産手段（中間財と資本財）の補塡のために支出するという取引も，その額の分だけは不可能になるという問題である。この問題点を確認するために作成したのが第1章第3節の最後に提示した拡大再生産の2年目の年間生産物＝商品資本の価値構成を示す表式に，必要な追加を行った次の［表式2-9］である。

　［表式1-11］で考察したように，この表式の1年目末に，どの部門でも追加可変資本化された剰余価値は50mvであった。したがって，その結果としての2年目の年間生産物＝商品資本の可変資本部分（V）のうちの50だけは追加可変資本価値を表す。この表式にわかるように，Ⅰα・Ⅰβ部門では，年間生産物3300のうち可変資本価値は550Vで，そのうちの50Vが追加可変資本価値部分であり，Ⅱ部門では年間生産物3200のうち可変資本価値は800Vで，そのうちの50Vが追加可変資本価値部分である。

第2章　再生産論と「貯蓄＝投資」論　　99

[表式2-9]　拡大再生産2年目の商品資本＝年間生産物の価値構成

```
               中間財      資本財    可変資本    剰余価値              生産物価値
Ⅰα部門    1100Ca＋1100Cb ＋ 550V  ＋  550M                      ＝ 3300
                          ＝500V＋50V（＝300mk＋120mca＋120mcb＋60mv）
                      ⅠαA；500G＋（50G）

Ⅰβ部門    1100Ca＋1100Cb ＋ 550V  ＋  550M                      ＝ 3300
                          ＝500V＋50V（＝300mk＋120mca＋120mcb＋60mv）
                      ⅠβA；500G＋（50G）

Ⅱ部門       800Ca＋ 800Cb ＋ 800V  ＋  800M                      ＝ 3200
                          ＝750V＋50V（＝670mk＋60mca＋60mcb＋60mv）
                      ⅡA；750G＋（50G）
```

（注）各部門の「M」の額が（　）内の合計額と合致していない理由は本文で述べる。

　そして，このように，「労働力がすでに使用価値の生産に支出されたあと」[19]の年度末に各部門の資本家は，労働者が生産した年間生産物中の，彼らの労働力と等価の部分＝可変資本価値部分と同額の貨幣を賃金として労働者に支出する。こうして，この賃金は，2年目の年間生産物中の「自身への支払の財源である可変資本」が，貨幣形態で労働者に「還流してくる」ように捉えられるが，そのうちの50Gは追加労働者50V向けである。そして，追加労働者は，この賃金50Gを，前述のように，1年目の消費財（在庫）に支出する。したがって，この貨幣は2年目の商品資本＝年間生産物の価値実現のための取引からは脱落することになる。

　その結果，この貨幣は，従来からの継続労働者の賃金支出のように，Ⅰα部門ならば，ⅠαA→ⅡK→ⅠαKという貨幣流通を介して，労働者がⅡ部門の消費財に貨幣を支出し，この貨幣を得た資本家ⅡKがⅠα部門からの中間財補塡のために，これを支出することにはならない。すなわち，2年目の商品資本＝年間生産物のうち，Ⅱ部門の消費財の一部とⅠα部門の中間財のいずれも50だけが価値実現されない。

　そして，同様のことが，ⅠβA→ⅡK→ⅠβKという貨幣流通で相互的に価

値実現がなされる IβA の消費財支出と II 部門の資本財補塡についても生じる。やはり，II 部門の消費財の一部と Iβ 部門の資本財がいずれも 50 だけ価値実現されない。

そして，もちろん，II 部門の部門内で，IIK → IIA → IIK という貨幣流通で行われる消費財取引についても同様である。つまり，消費財 50 が価値実現されない。

こうして，これらの商品の価値実現が問題になり，この問題をめぐって多くの研究が行なわれてきた。[20]

(2) **追加可変資本の貨幣還流と商品資本の価値実現**　ところで，ここで考えたいのは，上で見たような事態が生じるのは，この表式が，拡大再生産の 2 年目末で，この期に労働する追加労働者の場合，彼・彼女に支払われる賃金としての可変資本は，彼・彼女が生産したのでなく，1 年目の労働者が生産した剰余労働＝剰余価値が追加可変資本化されたものだからである。そして，その結果として，彼・彼女が，支払われた賃金で，1 年目の労働者が生産した剰余生産物である消費財を「買い戻す」からである。当然，彼・彼女が支出した貨幣は 1 年目の商品を価値実現する。[21] この関係は，拡大再生産過程の 2 年目を，前年度との関連で考察した際に必然的に捉えられる関係であって，労働価値論に基づく再生産論によってこそ開示される本質的関係である。

したがって，2 年目末に，追加労働者に支払われる賃金は，確かに，2 年目の年間生産物中の可変資本価値のうちの 50V，すなわち，自分の労働力と等価の部分と同額であり，この部分が，追加労働者が生産した「自身への支払財源の可変資本」として貨幣で彼・彼女に還流するように見えるが，それはこの 2 年目だけを取り出して見ることから生ずる仮象である。この年間生産物の一部は，2 年目末に資本家が追加労働者に賃金として支出した貨幣によっては決して買われないのであり，彼・彼女には，決して還流しない。すなわち，この部分は，拡大再生産過程の 2 年目の過程として，前年度との関連で捉えた本質的関係としては，彼・彼女が決して取得することのない，彼・彼女が，資本家に無償で提供した剰余労働であり，剰余生産物＝剰余価値（M）部分である。

したがって，[表式 2-9] に掲げた表式での 2 年目の年間生産物＝商品資本の価値構成は，生産資本（中間財＋資本財＋可変資本）に対する剰余価値の構成

を示すものとしては正しい。しかし，年間生産物の価値実現と対応させた価値構成とはズレているのであって，後者の［価値実現］と対応させた構成を示す表式を，［表式2-9］の各部門の表式に並べて示せば次のようになる。

	中間財	資本財	可変資本	剰余価値	生産物価値
Iα部門（中間財）	1100Ca +	1100Cb +	550V +	550M	= 3300
［価値実現］	1100Ca +	1100Cb +	500V +	600M	= 3300
Iβ部門（資本財）	1100Ca +	1100Cb +	550V +	550M	= 3300
［価値実現］	1100Ca +	1100Cb +	500V +	600M	= 3300
II部門（消費財）	800Ca +	800Cb +	800V +	800M	= 3200
［価値実現］	800Ca +	800Cb +	750V +	850M	= 3200

　すなわち，どの部門でも，追加労働者の「50V」は，「50M」として元からの剰余価値（M）と統合される。そして，この50Mの価値実現は，剰余生産物＝剰余価値（M）一般と同様に，「いくらかの貨幣準備は…どんな事情のもとでも生産資本と並んで資本家の手もとにある」という前提の下で，「最初まず資本家階級によって流通に投ぜられる」貨幣による資本家間の取引によって価値実現される。

　すなわち，ここでは，Iα・Iβ部門の資本家は，可変資本550Vとして貨幣550Gを労働者に支出する。しかし，そのうちの追加労働者が得た50Gは，前年度の消費財実現のために支出されて，今年度の年間生産物の価値実現のためには支出されない。上述のように，元々，それは，前年度の労働者が生産した剰余労働＝剰余価値が可変資本化されたものであり，前年度の年間生産物の価値実現のために支出されて，前年度の社会的総資本の再生産を媒介する貨幣だからである。そして，全く，同様のことがII部門の可変資本800Vとして支出される800Gのうちの50Gについても言える。

　したがって，その結果として未実現となる，年間生産物のうちの最初に「50V」という規定性で捉えられた部分の価値実現は，「50M」として，他の剰余価値（M）と一緒に，今期の年間生産物の価値実現のために資本家が流通に投じる貨幣によって行なわれることになる。そして，そのようにして投ぜられる貨幣によって問題の部分が価値実現され，社会的総資本としての拡大再生産

が行われるかどうかは、まさに、今年度（2年目）において拡大再生産の部門間均衡条件が満たされるかどうかの問題となる。

そこで、次にこの問題を考えたい。まず、Iα・Iβ部門の年間生産物の剰余生産物＝剰余価値部分は「50M」が増加した結果、600Mとなる。資本家は、このうちの計300mkを消費支出に向けるものとし、残りの300を蓄積に向ける（支出構成は120mca＋120mcb＋60mvとなる）とする。なお、当初の剰余価値550Mに対する蓄積率は、54.5％である。

他方、II部門の剰余価値は850Mに増加し、Iα・Iβ部門の蓄積との対応関係から、II部門は、この剰余価値から、消費支出に670mkを、蓄積には180M（支出構成は60mca＋60mcb＋60mv）を向けることになる。当初の剰余価値800Mに対する蓄積率は22.5％である。

なお、以上の蓄積率の場合、Iα・Iβ部門とII部門には、「Iα(V+mk)＝IICa、Iβ(V+mk)＝IICb」という既に考察した［表式1−11］と同様の関係が成立する。したがって、その取引関係は［表式1−11］について既に考察したものと本質的に同一である（詳細の説明は省略する）。

なお、上の剰余価値の支出構成にある、各部門の60mvの合計180mv（＝60mv＋60mv＋60mv）が、3年目のために新たに追加可変資本化された剰余価値であり、それは、2年目に追加労働者を含む全労働者の剰余労働が不払労働として資本家によって取得された一部である。

［表式2−10］　拡大再生産2年目における拡大再生産向けの支出構成

	中間財	資本財	可変資本	剰　余　価　値	
Iα部門	1100Ca＋	1100Cb＋	500V＋(50V)	300mk＋120mca＋120mcb＋60mv	＝3300
Iβ部門	1100Ca＋	1100Cb＋	500V＋(50V)	300mk＋120mca＋120mcb＋60mv	＝3300
II部門	800Ca＋	800Cb＋	750V＋(50V)	670mk＋60mca＋60mcb＋60mv	＝3200
	3000Ca＋	3000Cb＋	1750V＋(150V)	1270mk＋300mca＋300mcb＋180mv	＝9800

粗付加価値額6800

以上の支出構成を示したのが［表式2-10］で，そこで（50V）とあるのは追加労働者で，括弧に入れて付記したのは，彼・彼女が支出した貨幣50Gは，今期の年間生産物の価値実現には関わらないが，その貨幣を前年度の消費財に支出した後では，彼・彼女は3年目の生産資本に可変資本として復帰するからである。そして，（50V）を除いた数値で，第1章第3節の3で確認した拡大再生産の部門間均衡条件が成立している。

そして，このような支出の結果としての「拡大再生産のために変更された表式」は次のようになる。この表式では，追加労働者に支払われて，前年度の消費財に支出される部分を除いた数値で，やはり，単純再生産の部門間均衡条件が再現している。すなわち，Ⅰα(Cb)＝Ⅰβ(Ca) が成立している場合はⅠα(V+mk)＝Ⅱ(Ca) と Ⅰβ(V+mk)＝Ⅱ(Cb) という条件の成立が確認できる。したがってまた，消費財と資本財の需給が一致し，粗付加価値額は，中間財への投資300を除いた6500で，これが，消費財3200＋資本財3300の合計6500とも一致している。

そして，さらに，上の表式から進んで，生産資本によって実際に拡大再生産が行われることになるが，ここでは，前述のように，2年目の年間生産物の価値実現のための取引からは脱落するため（50V）としていた各部門の追加労働者が可変資本に加わる。その結果，次期の3年目末には，次のような価値構

成の年間生産物が生産される。年間生産物額は10760，粗付加価値額は7460となる。

	中間財	資本財	可変資本	剰余価値	生産物価値
Iα部門	1220Ca+	1220Cb +	610V +	610M =	3660
Iβ部門	1220Ca+	1220Cb +	610V +	610M =	3660
II部門	860Ca+	860Cb +	860V +	860M =	3440
	3300Ca+	3300Cb +	2080V +	2080M =	10760

粗付加価値額7460

なお，この年間生産物＝商品資本の価値実現については，Iα・Iβ部門の可変資本部分610Vのうちの60V，及び，II部門の860Vのうちの60Vについて，2年目の50Vと全く同様のことが言える。すなわち，3年目末に労働者に支払われる賃金のうち，2年目に加わった追加労働者に支払われる60Gによっては価値実現されないということである。2年目に加わった追加労働者の60Gは，前年度（2年目）の消費財に支出されるからである。したがって，やはり，この60Vは本質的には，2年目に加わった追加労働者が資本家に無償で提供する剰余価値（M）である。

他方で，この3年目末になって，1年目に加わった追加労働者が，「自身への支払の財源である可変資本」を，「それが労賃の形で彼の手に還流してくる前に生産し」，そして，支払われた（必要）労働の貨幣形態である賃金を年間生産物に支出して「買いもどす」という関係が生じる。

(3) 拡大再生産の本質と表式分析の捉え方　さて，以上見てきたように，追加労働者が，2年目末に支払われた賃金を1年目の消費財に支出することで，2年目に生産された消費財がその分，価値実現されなくなるという事態は，追加労働者は，初年度の労働者の不払労働の貨幣形態としての賃金で，初年度の労働者が生産した剰余生産物を「買いもどす」のであって，追加労働者が2年目の年間生産物中に自分の労働力と等価の部分として生産した部分は，彼・彼女が資本家に無償で提供する剰余労働＝剰余価値（M）部分でしかないということを示す拡大再生産に本質的な関係である。そして，この剰余価値部分が表わされる剰余生産物は，ここまでの考察で確認したように，一般の剰余生産

物と同様に，部門間均衡条件を満たす形で価値実現され得る。

　ところで，このような拡大再生産の本質的関係を最も端的に示すのが，実は，この追加労働者には，まだ労働していない１年目末に賃金が支払われ，追加労働者はこの賃金を１年目の年間生産物としての消費財に支出するという捉え方である。

　何故なら，この捉え方の労働価値論的な意味は，追加労働者には，資本家には何の費用もかかっていない初年度の労働者の剰余労働＝不払労働が，追加労働者が生存するための必要労働（＝消費財）として支払われ（＝前払い），その後に，彼・彼女が資本家のために働くという労働力の売買関係だからである。既に生存のための必要労働（＝消費財）が支払われているのだから，彼・彼女が初年度に行う労働が全て剰余労働＝剰余価値になることは必然である。[24]

　すなわち，この捉え方には，労働価値論の立場から見れば，上で，この追加労働者への賃金支払いの時期を２年目末として分析的に確認した本質的内容が直接的に示されているのである。したがって，この捉え方に基づいて２年目末の商品資本＝年間生産物の価値実現を考察するならば，やはり，先に行ったように，各部門の年間生産物のうちの可変資本価値の 50V を 50M に変えなければならない。すなわち，既に考察した内容と同じことになる。そして，価値実現を終えて形成される３年目に向けた生産資本には，やはり，１年目の追加労働者が──１年目に支払われた不払労働としての消費財を消費して２年目の生命を維持し終えて──可変資本部分に加わる。すなわち，先に考察した生産資本と同じ構成となる。

　したがって，追加労働者への賃金支払いの時期が１年目末であろうが，２年目末であろうが，本質的な関係は全く変わらないのである。

　そして，さらに確認したいことは，[表式２-９]の２年目末の商品資本＝年間生産物について，上の１年目と同じ捉え方──50V はそのままで，２年目に新たに加わる追加労働者には，２年目末に賃金が支払われ，追加労働者はこれを消費財に支出する──で，蓄積率を[表式２-９]と同じとして拡大再生産が行われるとすれば，次のような支出構成の表式となることである。

```
              中間財    資本財  可変資本      剰   余   価   値
    Iα部門  1100Ca+1100Cb+ 550V+ 250mk+120mca+120mcb+ 60mv=3300
    Iβ部門  1100Ca+1100Cb+ 550V+ 250mk+120mca+120mcb+ 60mv=3300
    II部門    800Ca+ 800Cb+ 800V+ 620mk+ 60mca+ 60mcb+ 60mv=3200
            3000Ca+3000Cb+1900V+1120mk+300mca+300mcb+180mv=9800
                        粗付加価値額 6800
```

　［表式2-9］の剰余価値の支出構成を整理した［表式2-10］に対して，上の表式は，可変資本の額（V）が150だけ大きく，資本家の消費支出（mk）が150だけ小さい。しかし，そのことは，Iα(V+mk)＝IICa，Iβ(V+mk)＝IICbという関係を変化させず，他方で，拡大再生産のための投資（全部門では300mca+300mcb+180mv）の額は同一である。したがって，支出の結果，形成される生産資本の額・価値構成も同一であり，当然，3年目にも同じ額と構成の商品資本＝年間生産物が生産される。

　なお，当然のこととして，この考察の場合には，商品資本の価値構成と年間生産物の価値実現とのズレの問題は無視されるが，2年目から3年目への拡大再生産に向けた商品資本（価値額と構成）の形成過程は正しく追跡できる。すなわち，上述したような拡大再生産の本質的関係が確認されていれば，数年間にわたる拡大再生産＝蓄積過程における商品資本の変化を追跡するには，どの年度についても，追加労働者にはその年度末に賃金が支払われ，追加労働者はその年度の消費財にこれを支出するという捉え方で十分なのである。

　最後に，以上に加えて，追加労働者の賃金が2年目末に支払われ，この賃金が1年目の消費財に支出されるとする場合の1年目の社会的総資本の再生産過程の理解について補足しておきたい。それは，2年目末になって，追加労働者が支出した貨幣で1年目の年間生産物のうちのII部門の消費財の一部が実現されることがその他の取引に与える影響である。というのは，追加労働者が支出するこの貨幣は，II部門の資本家がそれをさらにIα・Iβ部門に支出して，同部門の年間生産物の剰余生産物部分を価値実現するとともに，同部門から追加中間財，追加資本財を調達するという取引を媒介する貨幣だからである。

　この論点については，本補説に先立つ各節の考察結果から次のように言える。

すなわち，Ⅰα・Ⅰβ部門に貨幣を支出して，追加中間財，追加資本財を調達するのは，ⅡKⓑであって，彼は，調達のための貨幣を蓄積基金から支出する。したがって，Ⅱ部門の消費財の一部の価値実現が２年目末となることが直接的な影響を与えるのは，資本家ⅡKⓐである。ゆえに，この価値実現の遅れの中で資本家ⅡKⓐが存立しうることが拡大再生産の一条件となるということである。

ただし，追加労働者への賃金支払の時期は，「労働者階級は…産業資本家に長期の信用を与えることはできないのだから…一週間などというようなかなり短い期間ごとに」支払われる[25]。すなわち，現実的には，２年目に入って比較的短い期間を経た時期には支払われ，そして，追加労働者の賃金もⅡ部門に支出され，こうして資本家ⅡKⓐが，「商品在庫」で消費財を追加労働者に「引き渡す」。

したがって，本節は，結論として，労働者への賃金支払いは一般的に一定期間後の「後払い」であるが，追加労働者は最初の年の労働を全て剰余労働＝不払労働として行うという本質的関係を確認しておけば，追加労働者には，まだ労働していない１年目末に賃金が支払われ，さらに，その賃金を１年目の年間生産物としての消費財に支出するという，本章がここまで採ってきた捉え方で拡大再生産過程を考察してよいと考える。

その上で，確認しておくべきは，労働者への賃金支払が一般的に一定期間後の「後払い」であることで現実的には一部消費財の価値実現が遅れ，このために，この遅れの中で資本家ⅡKⓐが存立し得ることが拡大再生産の一条件となることである。

第４節　再生産論としての「貯蓄＝投資」論

１　再生産論としての「貯蓄＝投資」論

さて，３節でのマルクスの単純再生産論及び拡大再生産論に基づく「貯蓄＝投資」関係の考察が，国民所得論の「貯蓄＝投資」論に対して明らかにした知見は一体何だろうか？

それは，まず，単純再生産では，「貯蓄＝投資」の大きさが資本財供給額と

一致して「貯蓄＝投資＝資本財」(S＝I＝資本財だが，正確には，「貯蓄＝資本財投資」) という関係が成立し，他方で，「消費＝消費財」(C＝消費財) という関係が成立することであった。

そして，この関係は，三部門四価値構成による単純再生産表式で確認した，中間財・消費財・資本財という三部門の需給一致を含むものとしての「三面等価原則」の成立条件である単純再生産（部門間均衡）条件が成立することで成立するものであった。

その上で，拡大再生産の場合は，どの局面を捉えるかで，「貯蓄＝投資」の額は異なり，資本家の剰余価値の支出の局面で捉えるならば，単純再生産の場合のような，「貯蓄＝投資＝資本財」(「貯蓄＝資本財投資」) とはならず，「貯蓄＝投資＝資本財＋追加中間財＋追加可変資本」という関係が成立することである。

この関係は，拡大再生産が，追加資本財と追加中間財，そして，追加労働者への投資が必要であることを示すものとして拡大再生産では必然的に生じる関係であり，そしてまた，拡大再生産における部門間均衡条件の成立の下では，この「資本財」に余剰資本財が全て含まれ，また，追加中間財も余剰中間財の全額に一致するから，その「貯蓄＝投資」の額は，余剰中間財及び余剰資本財の全てを生産的に消費し，かつ，これに必要な追加可変資本の価値額の総計と一致する。

また，他方では，「消費＝消費財－追加可変資本」という関係が成立した。これは，資本家の消費対象としての潜在的な「余剰消費財」という規定性を持っていた一部消費財が，追加労働者の賃金支出の対象として追加可変資本の現物形態に転化することによる必然的な関係である。

したがって，単純再生産の考察が，「貯蓄＝投資」の大きさが資本財供給額と一致し，「貯蓄＝投資＝資本財」(「貯蓄＝資本財投資」) という関係を成立させつつ単純再生産（部門間均衡）が行われることを明らかにしたのに対して，拡大再生産の考察が明らかにしたのは，「貯蓄＝投資」の大きさが，余剰中間財及び余剰資本財の全てを生産的に消費し，かつ，これに必要な追加可変資本＝追加労働力の消費対象として，資本家の潜在的な「余剰消費財」から追加可変資本の現物形態へと転化させられた消費財額の総計との一致を伴いつつ，部

門間均衡を伴った拡大再生産が実現することである。

　これに対し、「貯蓄＝投資」関係を、追加労働者も含め全ての所得が支出され、そして、追加で調達された中間財・資本財・可変資本が生産の場に「投入」された局面で捉えるならば、追加中間財が以前からの規模で補填された中間財に統合されて、それへの投資は、「粗付加価値（所得）－消費」としての「投資」から脱落し、また、追加可変資本（追加労働者）への投資も、その賃金支出が「消費」となるために「投資」から脱落し、結果的に、「貯蓄＝投資＝資本財」（「貯蓄＝資本財投資」）、「消費＝消費財」という関係が成立する。すなわち、単純再生産における「貯蓄＝投資」関係が再現する。そこでは、「所得」の支出としての「投資」と「消費」が、それぞれ最終生産物である「消費財」と「資本財」に一致することになる。

　これは、拡大再生産が「拡大された規模の単純再生産」として行われることの当然の帰結であり、したがって、この「拡大された規模の単純再生産」が成立する局面、すなわち、追加労働者も含めた全所得の支出局面で捉えられた「貯蓄＝投資」関係は、拡大再生産の過程で必然的に生じる、上述したような独自の「貯蓄＝投資」関係を全く捉え得ないものとなる。

　さて、そこで次に、確認しなければならないのは、その拡大再生産においては、Ⅰα・Ⅰβ・Ⅱ部門の蓄積率の如何によって、資本家の剰余価値の支出局面で捉えた「貯蓄＝投資」の大きさが異なったことである。本章では、この蓄積率について、いずれも同一の［表式1-8］の「拡大再生産の出発表式」に基づきながら、マルクスの整理を、三部門四価値構成の再生産表式に転換した「Ⅰα(V+mk) ＝ ⅡCa、Ⅰβ(V+mk) ＝ ⅡCb」、「Ⅰα(V+mk) ＞ ⅡCa、Ⅰβ(V+mk) ＞ ⅡCb」、「Ⅰα(V+mk) ＜ ⅡCa、Ⅰβ(V+mk) ＜ ⅡCb」という3つの場合として考察した。さらに、それらの考察に先んじて、既に第1章の［表式1-9］では、「表式1-8」に基づきながら拡大再生産が行われない場合」、すなわち、蓄積率＝0％の場合についても考察した。

　考察結果を整理すれば下の［表2-1］になる。

　ここに示されているように、4つの場合のそれぞれで、「貯蓄＝投資」額は異なる。それは、部門ごとの蓄積率の大小（＝拡大再生産のための投資がどの部門を主軸に行われるのか）によって、各部門の資本構成の違いを反映する追加

可変資本投資の総額が異なってくるためである。

　そして，考察した結果では，Ⅰα・Ⅰβ部門の蓄積率が低く，Ⅱ部門の蓄積率が高い場合（前者が10%，後者が84%のケース）で，最も「貯蓄＝投資」額が大きく，拡大再生産の結果としての年間生産物額も粗付加価値額も，したがって，成長率も最も高い。Ⅱ部門の資本構成において，可変資本＝価値創造をなし得る労働力の比率が高いためである。したがって，そこでは，「需要構成」の欄に示したように，労働者の消費財への支出額も最も大きい（資本財への支出3000は全て資本家が行うため，表では省略している）。

　以上，マルクス再生産論に基づく「貯蓄＝投資」論が明らかにしたのは，単に「貯蓄＝投資」という関係ではなく，単純再生産過程においては，中間財・消費財・資本財の三部門の需給一致を伴う「三面等価原則」の成立条件である単純再生産（部門間均衡）条件の成立の下で，「貯蓄＝投資＝資本財」（正確には，「貯蓄＝資本財投資」）という関係が成立すること，そして，拡大再生産においては，「投資＝貯蓄＝資本財＋追加中間財＋追加可変資本」という関係が成立し，拡大再生産の場合の部門間均衡条件の成立の下で，その額は，余剰生産手段（資本財と中間財）の全額を含むが，これに加わる追加可変資本の額，したがってまた，資本家の消費対象としての潜在的な「余剰消費財」から追加労働者が消費する消費財（追加可変資本の現物形態）に転化する額が，蓄積がどの部門を主軸に行われるかによって変わるために，その総額も変わってくるということである。

　このように，「貯蓄＝投資」関係が，単純再生産と拡大再生産では異なってくるという把握に，この「貯蓄＝投資」論が，社会的総資本の再生産過程の把握の一環，すなわち，再生産論としての「貯蓄＝投資」論であることが示されている。

2　国民所得論の「貯蓄＝投資」論との差異

　本節の目的は，前節で整理したような，マルクス再生産論に基づいて捉えられた「貯蓄＝投資」論について，国民所得論の「貯蓄＝投資」論との本質的差異という視点から論点を提起することである。

　まず，単純再生産過程における「貯蓄＝投資＝資本財」（「貯蓄＝資本財投

[表２−１]　「貯蓄＝投資」関係の考察結果の総括表

「Ⅰα(V+M・mk)とⅡCa」及び「Ⅰβ(V+M・mk)とⅡCb」の関係	蓄積率	貯蓄＝投資額	需要構成（消費財のみ）		次年度の結果		
			労働者	資本家	年間生産物	粗付加価値額	成長率
Ⅰα(V+M) ＝ ⅡCa Ⅰβ(V+M) ＝ ⅡCb	Ⅰα・Ⅰβ＝0% Ⅱ＝0%	3250	1750	1250	9000	6250	0%
Ⅰα(V+mk) ＝ ⅡCa Ⅰβ(V+mk) ＝ ⅡCb	Ⅰα・Ⅰβ＝50% Ⅱ＝20% （全37.1%）	3400	1900	1100	9800	6800	8.1%
Ⅰα(V+mk) ＞ ⅡCa Ⅰβ(V+mk) ＞ ⅡCb	Ⅰα・Ⅰβ＝10% Ⅱ＝84% （全41.7%）	3480	1980	1020	9960	6960	11.4%
Ⅰα(V+mk) ＜ ⅡCa Ⅰβ(V+mk) ＜ ⅡCb	Ⅰα・Ⅰβ＝62% Ⅱ＝0.8% （全35.8%）	3376	1876	1124	9752	6752	8.0%

資」）という関係についてである。前節で確認したように，この関係は，三部門四価値構成による単純再生産表式で確認した，中間財・消費財・資本財という三部門の需給一致を含むものとしての「三面等価原則」の成立条件である単純再生産（部門間均衡）条件が成立することで成立するものであった。

　すなわち，単純再生産（部門間均衡）条件が成立するならば，中間財・消費財・資本財の供給と，全部門の労働者の消費支出，及び，資本家の消費支出と中間財・資本財の補塡のための支出という需要は一致し，同時に，国民所得論が定式化する，全部門の粗付加価値額（生産国民所得）と，その労働者と資本家への所得の分配（分配国民所得），そして，この所得の消費財と資本財という最終生産物への支出（支出国民所得）は一致する。

　これに対し，国民所得論の「三面等価原則」は，中間財・消費財・資本財の需給一致（部門間均衡）条件を捉えたものでなく，あくまで，「三面」の「価値額」の一致としての「三面等価原則」である。そこでは，中間財については，「期間中に生産過程に投入された」ものと定義されることで需給不一致が排除され，また，最終生産物の消費財と資本財については，需給不一致部分が最終

生産物としての「在庫品増加」(在庫投資)に含められることでやはり排除されることになる。したがって,この「三面等価原則」に基づく限りでは,国民所得論の「貯蓄＝投資」は,あくまで「貯蓄＝投資」であって,中間財・消費財・資本財の需給との関係は切断されている。その表式的な表現が［表式1－9］である。

したがって,国民所得論は,消費財と資本財という最終生産物の産出高と,家計と企業という経済主体の消費と投資との不一致＝需給不均衡が均衡に向かう論理を,別に「均衡国民所得論」として理論化している。

この理論の基礎にあるのは,「国民所得の水準を決定するものは,供給側の条件を与えられたものとすれば,消費と投資とから構成される総需要の大きさである」[26]とする「需要による生産＝所得の決定論」(国民所得の決定論)であるが,この理論は,「価格調整メカニズムが働かない経済」の,生産手段(生産設備)の規模が変化しない――国民所得論の言う「短期」――局面を問題にしたものである。[27]したがって,国民所得論では,「三面等価原則」という一般的な理論に,より具体的な局面の理論が接合されていることになる[28]。

次に,拡大再生産過程における「貯蓄＝投資」関係についてである。前節でまとめたように,本章は,拡大再生産過程では,資本家の剰余価値の支出の局面で捉えるならば,「貯蓄＝投資＝資本財＋追加中間財＋追加可変資本」という関係が成立することを指摘した。しかし,国民所得論の「貯蓄＝投資」論ではこうした把握は見られない。

その理由について二点指摘したい。その一つは,国民所得論の「三面等価原則」が,中間財・消費財・資本財の需給一致(部門間均衡)条件を捉えていないために,「貯蓄＝投資」関係と中間財・消費財・資本財の需給との関係が切断されているということで,これは,単純再生産過程の「貯蓄＝投資」関係の把握と共通する点である。

もう一つは,国民所得論が,「貯蓄＝所得－消費」と貯蓄を定義し,「三面等価原則」から「支出＝消費＋投資」で「所得＝支出」だから,「投資＝所得－消費」となるとして導く「貯蓄＝投資」($S=I$)関係は,拡大再生産過程の最後の局面,すなわち,「所得」が「支出」されて拡大再生産が「拡大された規模の単純再生産」として実現される局面では,単純再生産過程と全く同様の関

係として成立するからである。

　この点を表式で確認したのが，［表式1−12］［表式2−5］［表式2−8］で，そこでは，追加の中間財・資本財・可変資本はいずれも生産の場に「投入」されて追加中間財への投資部分が「投資」としては捉えられず，また，追加可変資本（追加労働者）への投資も，その賃金支出が「消費」となって「投資」から脱落し，単純再生産過程と同じ「貯蓄＝投資＝資本財」が成立する。[29]「貯蓄＝投資」が資本財額と一致することは，国民所得論の「三面等価原則」からは導かれないが，上述のように，国民所得論は，これを「均衡国民所得論」で捉えようとする。

　すなわち，拡大再生産が「拡大された規模の単純再生産」として実現される「支出」の局面だけを見る限りでは，単純再生産と拡大再生産との「貯蓄＝投資」関係の差異は消失してしまうのである。そして，国民所得論が捉えているのは，まさに，この局面の「貯蓄＝投資」関係なのだと理解できる。

　しかし，そのように，国民所得論が，拡大再生産の「貯蓄＝投資」関係を，常に，「貯蓄＝投資＝資本財」，すなわち，「貯蓄＝資本財投資」として捉えるということは，他方では，「支出」された貨幣＝「需要」によって，拡大された規模で生産された商品が価値実現される面を捉える「需要による生産＝所得の決定」論は，その「需要」の中の「消費財需要」を規定し得ない中で「需要による生産＝所得の決定」を捉えようとするものであることを意味する。

　何故なら，資本家の投資を，「貯蓄＝投資＝資本財＋追加中間財＋追加可変資本」として，追加可変資本投資を含むものとして捉えることによって初めて，資本家の投資が，余剰生産手段（中間財・資本財）への需要とともに，消費財需要についても，その資本家と労働者の構成を規定し，したがって，「総需要」（資本財需要＋消費財需要）を決定する関係が捉えられるからである。

　そして，このような問題点は，国民所得論において，前述の「国民所得の決定論」に，「投資がもたらす生産能力拡大効果」[30]という要素も入れて理論化されてきた「長期」の経済成長論にも当然，引き継がれ，そのことによって，やはり経済成長論としての側面を持つマルクス拡大再生産論とは本質的に異なる立論となる。

　まず，確認したいのは，本章の考察で次の点が明らかになったことである。

それは、「消費と投資とから構成される総需要の大きさ」が同一であっても、これらの大きさに表現されない需要の内的構成（各部門の資本家の蓄積に向けた所得の支出構成、その結果としての各部門の生産資本における追加可変資本の大きさ及び労働者階級の消費支出の大きさ）によって、次期の年間生産物価額も粗付加価値額（所得）も異なることである。

　すなわち、[表式1-12] [表式2-5] [表式2-8] に示した三つの場合では、最終的な所得の支出構成は、いずれも、消費財への支出3000、資本財への支出3000、すなわち、消費3000＋投資3000＝総需要6000という大きさであった。しかしながら、その結果としての次年度の年間生産物額、粗付加価値額、そして、成長率は、上の[表2-1]にまとめた（蓄積率＝0％以外の場合）ように異なった。

　異なった原因は、三つの場合のそれぞれで、各部門の資本家は異なった蓄積率で所得を支出し、その支出の内容（追加中間財・追加資本財・追加可変資本への支出）も異なり、したがって、各部門の生産資本における追加可変資本の大きさも異なり、資本家の消費対象としての潜在的な「余剰消費財」から追加労働者が消費する消費財（可変資本の現物形態）に転化する大きさも異なったからである。そして、このことは、「資本財＋追加中間財＋追加可変資本」という本書が独自に確認した「貯蓄＝投資」の額の異なる大きさをもたらすとともに、[表2-1]に示したように、当然にも、労働者階級の消費支出の大きさの違いをもたらした。しかし、こうした需要の内的構成の差異は、消費3000＋投資3000＝総需要6000という数値には何ら反映されないのである。

　すなわち、マルクスの拡大再生産論からは、次期の拡大再生産＝経済成長の規模を決める要因として、「余剰生産手段」の生産の場への「投入」が、どの部門の資本家の投資を主軸にしてなされるのか、そして、その結果として、何よりも、価値創造を行う追加労働力への投資＝追加可変資本投資がどれだけなされるのか、という「供給」側の決定的要因が捉えられる——この要因の集計的な定式化が「貯蓄＝投資＝資本財＋追加中間財＋追加可変資本」という「貯蓄＝投資」関係である——のに対して、国民所得論の「貯蓄＝投資＝資本財」論、すなわち、「貯蓄＝資本財投資」論ではこの要因が捉えられないということである。

以上は，経済成長の「供給」側に関わる問題点であるが，他方，この拡大する規模で「供給」される商品を価値実現する「需要」側についても，マルクスの拡大再生産論と国民所得論の立論は異なる。既に述べたように，マルクス拡大再生産論では，資本家の投資が，消費財需要における資本家と労働者の構成を含めて決定した「総需要」（資本財需要＋消費財需要）によって「供給」＝商品が価値実現される関係，すなわち，「総需要」による生産決定の側面を捉えている。

　したがって，上に述べた［表式1－12］［表式2－5］［表式2－8］について言えば，それぞれの表式の生産資本で拡大再生産が行われる結果である次年度＝2年度に，拡大する規模で生産された年間生産物としての商品は，既に指摘したように，単純再生産の規模を超える余剰生産手段をそれぞれ異なる量で含んでいる。そして，マルクスの拡大再生産論の理解では，この余剰生産手段は，2年目における資本家の「投資」の支出対象となり，また，この「投資」によって労働者と資本家の消費財需要の構成も決まり，こうして，全体が決定する2年目の「総需要」（消費財需要＋資本財需要）が，拡大して供給される商品を価値実現する。

　すなわち，三つの場合のそれぞれで，初年度の資本家の「投資」の結果として，それぞれの大きさで拡大再生産＝「供給」される年間生産物は，次年度の資本家の「投資」と，それが決定する「総需要」によって実現されるのである。

　マルクスの拡大再生産論＝経済成長論は，資本家の「投資」の結果としての「総供給」に「総需要」が一致する条件を，資本家の次の「投資」に求めている。その意味で，「総需要」と「総供給」を一致させる条件は資本家の「投資」に求められている。

　これに対して，国民所得論は，上述のように，拡大再生産を，それが，「拡大した規模での単純再生産」として実現される局面でしか捉えず，したがって，そこでの資本家の投資を，追加中間財投資と追加可変資本投資を脱落させた「資本財投資」として理解する。そして，そのように，資本家の投資が「資本財投資」でしかなく，価値創造を行う労働者への追加可変資本投資を含まないのであれば，一方では，「供給」面で，次期の経済成長＝粗付加価値額の増加の程度を規定し得ず，他方の「需要」面では，次期に供給される商品を価値実

現する「需要」の中の消費財需要を規定できなくなる。したがって，国民所得論の経済成長論では，資本家の「投資」について，「投資の二重効果」と言われる，投資による「生産能力拡大」と，投資による「需要拡大」という「二面」の関係を問題にしつつも，その「二面」の一致は，資本家の「投資」だけでは説明できない「二面」の「均衡」の問題として捉えられることになる。[32]

3 考察結果への補足

　本章の目的は，二部門三価値構成のマルクス再生産表式を，三部門四価値構成の再生産表式に転換して考察することで明らかになるマルクス再生産論ベースの「貯蓄＝投資」論の基本的な内容を考察し，その内容と比較対照し得る限りで，国民所得論の「貯蓄＝投資」論との本質的差異について論点を提起することであった。

　マルクス再生産に基づく「貯蓄＝投資」論の内容は本節の１で，国民所得論の「貯蓄＝投資」論との本質的差異については本節の２でまとめている。ここでは，一点だけ本章の考察結果への補足を行う。

　それは，追加可変資本（追加労働者）について，今期中に賃金が支払われ，今期中に消費財に支出するものと捉えたことに関してである。この捉え方については，追加労働者への賃金支払と消費財へのその支出は「賃金後払い」の原則から次年度に追加労働者の労働が行なわれてからとするべきだという批判があって大きな論点（追加可変資本の貨幣還流問題）となってきた。

　本章は，これについて，［補説］で考察し，上の捉え方は，むしろ，追加労働者は初年度の労働を全て剰余労働＝不払労働として行うという拡大再生産の本質を端的に示すという点で妥当だが，この本質自体は，「賃金後払い」であっても何ら変わらないことを明らかにした。

　そこで，ここで行いたい補足というのは，「賃金後払い」＝追加労働者への賃金支払と消費財へのその支出を次年度末とした場合に，何が変わってくるのか，という点についてである。

　変わってくるのは，まず，本節の１でまとめたような，拡大再生産過程で必然的に生じる「投資＝貯蓄＝資本財＋追加中間財＋追加可変資本」という関係，そしてまた，この「貯蓄＝投資」額が，各部門の蓄積率と資本構成によっ

て異なるという関係である。

　すなわち，「貯蓄＝投資＝資本財＋追加中間財」となって，各部門の蓄積率の違いにかかわらず同額となる（[表2−1]では3250）。そして，その代わりに，「追加可変資本」の額に相当する消費財の「在庫」が各部門の蓄積率によって異なる額で発生することになる（[表2−1]での蓄積率＝0％に続く3つの場合では，順に，150，230，126）。

　そして，この消費財の「在庫」は，国民所得論の規定からは「在庫投資」となるから，「総需要」における消費財需要は，この在庫投資分を減じた大きさになり，「総需要」の構成は，資本財への「投資」＋消費財への「消費」＋「在庫投資」（消費財）として，「在庫投資」を必ず含むものとなる。

（1）「国民所得の理論では，可処分所得から消費を差し引いたものが貯蓄と定義されます。…国全体でみれば，可処分所得は国民所得と同じことであり，したがって，国民所得から消費を差し引いたものが貯蓄です。また，生産されたものは，結局，消費か固定資本の増加か在庫投資のいずれかにあてられているわけですから，国民所得から消費を控除すれば固定資本の増加と在庫投資の和になります。ですから，貯蓄（＝国民所得－消費＝固定資本の増加＋在庫投資）＝投資になります。両辺に資本減耗引当てを加えると，貯蓄＋資本減耗引当て＝投資＋資本減耗引当てですが，左辺を総貯蓄，右辺を総投資とよぶことにすれば，総貯蓄＝総投資です」（小山・鈴木・小川・村岸［1969］4ページ）。
（2）川上［2009］50〜54ページ。
（3）もちろん，二部門三価値構成の表式に基づいて−さらに，部分的には，本書同様の三部門四価値構成の表式に基づいて−行われてきたこれまでの再生産論研究においても，国民所得論の「貯蓄＝投資」論の本質理解に関して重要な指摘がなされてきた。既に，富塚［1976］は，後に本文で言及するマルクスの「蓄積基金の積立と投下との対応関係の問題」は，Keynes［1936］によって，「貯蓄」と「投資」の問題として把握されたが，「流通界への単なる貨幣の流出・流入の問題としてのみ把握され，本来この問題がその基礎上に，またその一環として展開さるべき，総資本の総生産物の価値並びに素材における相互補塡運動との関連，その意味で再生産の実体的基礎との連繋が把握されていない点に，重大な方法論上の難点をもつ」（263ページ）と指摘している。本章は，この指摘を受けて，氏が，「貯蓄」と「投資」の問題が「その基礎上」に置かれ，「一環として展開さるべき」とした「総資本の総生産物の価値並びに素材における相互補塡運動との関連，その意味で再生産の実体的基礎との連

繋」を，マルクス再生産表式の三部門四価値構成の表式への転換を介して考察することで，国民所得論の「貯蓄＝投資」論に対するマルクス再生産論に基づく「貯蓄＝投資」論の独自の内容を探るものである。

（4）Marx［1885a］S.455-456, 邦訳564ページ。
（5）Marx［1885a］S.461, 邦訳572ページ。
（6）林［1976］, 豊倉［1985］などによって詳細な研究が行われている。
（7）富塚［1976］247ページ。
（8）ただし，このマルクスの考察方法には批判がある（八尾［1998］など）。
（9）マルクスの拡大再生産論については，蓄積基金の形成と支出を含むそこでの考察内容を，テキストクリティークをふまえて分析した小林［2000］などの研究がある。また，既に小林［1997］は，マルクスの二部門三価値構成の表式に基づいて，蓄積基金の形成と支出を含む拡大再生産過程を，マルクスが整理した「Ⅰ(V+m/x) とⅡC」の3つの場合について考察している。
（10）ただし，現行版『資本論』第2部の拡大再生産論（Marx［1885a］）での表式で検討されているのは，「Ⅰ(V+mk) ＞ ⅡC」の場合だけである。「Ⅰ(V+mk) ＜ ⅡC」の場合は，第2部のためにマルクスが執筆した第8稿に見られる（大谷［1981b］66ページ）。
（11）ここでは，考察しやすい表式例になる Ⅰα(Cb) ＝ Ⅰβ(Ca) の成立を前提している。Ⅰα(Cb) ≠ Ⅰβ(Ca) の場合は，マルクスが整理した三つの場合とは，「Ⅰα(Cb+V+mk) ＝ Ⅰβ(Ca) ＋ Ⅱ(Ca), Ⅰβ(Ca+V+mk) ＝ Ⅰα(Cb) ＋ Ⅱ(Cb)」の場合，「Ⅰα(Cb+V+mk) ＞ Ⅰβ(Ca) ＋ Ⅱ(Ca), Ⅰβ(Ca+V+mk) ＞ Ⅰα(Cb) ＋ Ⅱ(Cb)」の場合，そして，「Ⅰα(Cb+V+mk) ＜ Ⅰβ(Ca) ＋ Ⅱ(Ca), Ⅰβ(Ca+V+mk) ＜ Ⅰα(Cb) ＋ Ⅱ(Cb)」として表現されるものになる。
（12）既に述べたように，ⅡMには，「どんな場合にも資本家階級Ⅱが自分で消費しなければならない部分」（Marx［1885a］S.516, 邦訳647ページ）があり，この部分に食い込む形でⅡ部門の蓄積率が上昇することはできない。ここでの蓄積率84％は，この部分に食い込むものではないと仮定している。
（13）問題提起は河上［1922］によってなされた。その内容と以後の論争の推移については，富塚［1983］, 土田［1986・1987］を参照。
（14）Marx［1867b］S.592-593, 邦訳738〜739ページ。
（15）Marx［1885a］S.402, 邦訳495ページ。この表現は，Ⅱ部門の労働者についてのものである。Ⅱ部門では，労働者の賃金で消費財を「買いもどす」関係が直接的だからである。
（16）Marx［1867b］S.608, 邦訳759ページ, 傍点は引用者。
（17）この捉え方は，土田［1986］が提起し，氏の一連の研究の中で強調されている「商品資本の循環 W′…W′視角」（同［1997］68ページ）に立って問題

を考察するということである．この視角の重要性は大石［1988］，前畑［1994］らも同意するが，大石氏は土田説では問題は解決されていないとし，前畑氏は，論争長期化の原因をマルクスのテキストクリティークを通じて探る．本書も，土田説は問題を解決していないと考える．
(18) マルクスは，追加労働者へのⅡ部門の消費財の販売について，「現実に再生産が拡大された規模で始まれば…Ⅱ（部門－引用者）は商品在庫で…Ⅰ（部門の追加労働者に－引用者）に引き渡し，同時に商品在庫で50をそれ自身の（＝Ⅱ部門の－引用者）労働者階級に引き渡す」（Marx［1885a］S.506，邦訳633ページ）としている．
(19) Marx［1885a］S.267，邦訳490〜491ページ．
(20) 既に注で言及した文献の他に，山田［1968a］，大石［1975a・1975b・1976］，川上［1980］，置塩［1987］，櫛田［1991］，神田［1996］など．もし，2年目の消費財が追加労働者を含む労働者の賃金支出で全て価値実現されるとすれば，その場合には，追加労働者が1年目の消費財だけでなく2年目の消費財も消費することになり，これが「二重消費」や「賃金二重取り」として大きな論争点となった．
(21) 追加労働者には2年目に賃金が支払われ，これが労働者によって支出されることで，「出発点へ，翌年度に回流する」として，「拡張再生産の場合に於ける貨幣回流の法則の一特殊的形態」としたのは山田［1948］である（150〜151ページ）．土田氏の一連の研究でも，山田［1948］の捉え方の重要性が強調されている（土田［1997］87ページ）．
(22) Marx［1885a］S.399，邦訳492ページ．
(23) Marx［1885a］S.350，邦訳428ページ．
(24) このことは，「資本家階級がこの貢物（剰余価値のこと－引用者）の一部分で労働者階級から追加労働力を買うとすれば，それが十分な価格で買われ，したがって等価と等価とが交換されるとしても－やはり，それは，被征服者自身から取り上げられた貨幣で被征服者から商品を買うという，征服者が昔からやっているやり方と変わらない」（Marx［1867b］S.608，邦訳758ページ）というマルクスの文章からも明らかである．ところが，従来研究は，「継続労働者Vも追加労働者Mvと同じく次年度の生産過程でこれから機能しその対価として賃金を受け取る労働者であると捉え」（土田［1986］2ページ．傍点は引用者）る，すなわち，上のマルクスの文章にある「等価と等価とが交換される」ことに囚われた考察になっていたように思われる．なお，上の土田氏の論述では賃金の「前払い」が想定されているが，土田氏は，結論的に，上のような対応関係は，「前払いであろうと後払いであろうとかわることはない」（同26ページ）としている．しかし，マルクスの拡大再生産論の一要点は，個別

的な「等価と等価との交換」を超えた階級的視点から，「被征服者自身から取り上げられた貨幣で被征服者から商品が買われる」という関係を見出すことにあり，「前払いであろうと後払いであろうとかわらない」のはこの関係である。
(25) Marx［1885a］S.413，邦訳 510 ページ。
(26) 宮沢［1967］70 ページ。
(27) 福田・照山［2011］171 ページ。
(28) 福田・照山［2011］は，「均衡国民所得」を示す「財市場の均衡式」は，「国民経済計算を説明する際に述べた総生産＝総需要という関係式とは意味が違う…。これは，国民経済計算では総需要のなかに財が売れ残った際に発生する在庫の増加が含まれているため，総生産＝総需要という関係が財市場の均衡とは無関係に恒等式として成立するからである」(168 ページ) と述べて，「三面等価原則」と「国民所得の決定論」の論理次元の違いに注意を促している。
(29) 追加中間財投資と追加可変資本投資の「投資」からの脱落に関して，後者については，既に，「ケインズの「投資」I のなかには，追加的可変資本の投下が含まれていない」(廣田［1990］395 ページ) と指摘されている。
(30) 宮沢［1967］294 ページ。
(31) 置塩・伊藤［1987］の中で，置塩氏は，マルクスの拡大再生産論では，「拡大しつつある生産能力を稼動して生産される諸商品を正常に実現させうるだけの需要の出現」が「新投資」として「想定されている」と指摘している (82〜83 ページ)。
(32) その基礎理論としてのハロッドとドーマーの議論を批判的に検討したものとして，山田［1968a］第 7 章と同［2011］第 7 章，及び，廣田［1990］。

第3章 「サービス」概念と「サービス取引」現象の分析

第1節 本章の課題

　本書は，序章に述べたように，経済循環・再生産という視点から，国民所得論の表示形式としての経済循環図に「サービス部門」を組み込み，これを考察することによって今日の「サービス経済化」に接近しようとするものである。ただし，ここにいう「経済循環・再生産の視点」とは，本質的には，本書が理解したマルクス再生産論の視点である。そして，マルクス再生産論の表示形式としての再生産表式に「サービス部門」を組み込む試みはこれまでも少なからず行われており，他方，第1章で明らかにしたように，国民所得論における経済循環図は，マルクス再生産論が解明した内容を一定の限界を伴いつつ表示し得る。この後者の表示可能性をふまえて，「サービス部門」を経済循環図に組み込み，考察することが，本章以降の課題である。

　この課題に取り組む上で，第一に明らかにする必要があるのは，経済循環・再生産という視点から経済循環図に「サービス部門」を組み込む場合のこの「サービス部門」の内容をどう理解するかである。そして，この理解のためには，当然ながら，「サービス」とは何か，という点の検討が不可欠である。そして，周知のように，これらの論点については，「サービス論争」の中で，その最大の争点である，モノ（物質的財貨）を生産しない非物質的生産労働としての「サービス労働」が価値を「形成」するのかどうかという論点と関連して様々な議論がなされてきた。

　次節では，そうした議論のうち，再生産表式に「サービス部門」を組み込む試みを行ってきた主要な論者を中心に，まず，「サービス」を「有用的働き」あるいは「有用効果」と捉える議論を，次に，「サービス」を特定の「労働」や「活動」と捉え，それゆえ「サービス＝労働」説ともされる論者の議論をと

り上げる。こうした考察を通じて論点を明確にし，後に行う本書としての「サービス」及び「サービス部門」の理解の提示に繋げたい。

なお，わが国で半世紀を超えて続く「サービス論争」にはこれまで極めて多数の論者が参加してきたが，本章でとりあげるのは，上で述べたような一定の条件を満たす中の主要な論者に限定されていることを最初にことわっておきたい。

また，本書は，非物質的生産労働としてのいわゆる「サービス労働」については，その「価値形成性」を否定する通説的立場に立っており，次節で「サービス労働」の「価値形成」を主張する論者の「サービス」及び「サービス部門」の議論をとり上げる際には，必要な限りで「価値形成」の根拠に関する議論にも言及するが，その根拠自体の当否について述べることはしない。

というのは，冒頭で述べたように，本書が，経済循環・再生産という視点から経済循環図に「サービス部門」を組み込もうとするのは，物質的生産部門と，非物質的生産部門としての「サービス部門」[(2)]との関連，すなわち，前者の物質的生産労働を基礎に後者の非物質的生産労働が成立しているという関連を分かりやすい形で確認し，その上で，「サービス労働」の「価値形成・不形成」の問題を考えたいからである。したがって，「サービス労働」の「価値形成」を主張する論者のその根拠の当否は，本書の終章において言及する。

第2節　先行研究における「サービス」概念と「サービス部門」

1　「有用的働き」説及び「有用効果」説と「サービス部門」

［表3-1］は以下で検討する論者の議論について主要な論点を概括的に整理したものである。

ところで，従来の「サービス論争」において「サービス部門」の理解をめぐる議論の一つのポイントになっているのは，マルクスが，『資本論』で「Dienst」（サービス）について残した叙述の一つである，「サービスとは，商品のであれ労働のであれ，ある使用価値の有用的な働き以外のなにものでもない」[(3)]という規定にどういう態度をとるかである。

「サービス労働価値形成」説に立つ長田浩氏は，この規定を全面的に受け入

れて「サービス部門」を設定する。すなわち，長田［1989a］は，このマルクスの規定に拠りつつ，「サービス」には，「商品のサービス」や「労働のサービス」があるとし，そして，この「サービスが商品として市場取り引きされる現実」をふまえて，そうした「「市場財としてのサービス」のことを「サービス財」と呼ぶ(4)」。

この「サービス財」とは，氏の行論からすれば，「取引される有用的働き」であるが，この「サービス財を提供する業種」を「サービス産業」とし，これには，氏の立論上当然のこととして，労働の「有用的働き」を提供する，例えば，理容・美容・教育・医療等の業種とともに，商品の「有用的働き」を提供する部門として物品賃貸業，さらに，施設の「有用的働き」を提供する部門として宿泊業（旅館・ホテル業）なども含まれる(5)。

このような長田氏の議論と正反対の立場に立つのが佐藤拓也氏である。佐藤［1997］は，上記のマルクスの規定は，「主としてJ.B.セーの経済学批判を含意した概念」，「マルクスによって批判され退けられるべき概念」であり，「「サービス産業」などを射程にした概念ではな」いとして，この規定によって今日の「サービス経済化」を捉えることに疑問を呈する(6)。

すなわち，「販路説」で著名なセーの経済学とは，労働・資本・土地などの「生産基本」（生産要素）が生産的サービスを与えることで生産物が生産され，また，この生産的サービスが，需給関係で決まるその価値の合計として生産物の生産費を構成すると理解することで，古典派の「労働価値論を放棄し，各生産基本（生産要素）のサービスによる価値形成論に転換し」たものであり，これに対して，マルクスは，セーの「生産的サービス」は，「単なる使用価値的な働きでしかなく，それは使用価値や具体的有用労働に関わる概念であって，およそ価値を規定（形成）することはできない」として，前述の規定という形での「端的にして象徴的なサービス概念批判が提示され」たとするのである(7)。

そして，佐藤［2001b］では，「サービス経済化」を捉える方法として，「「サービス」を構成する産業，業種，業務，職業等を，社会的分業の適当な過程に位置づけて，全体を把握する必要がある。それゆえ，そもそも「サービス」概念で分析するということでさえない」と述べ，「雑多な「サービス」は雑多なものとして受け入れ…社会的分業論で補捉することが，「サービス経済

化」の全体を対象とすることにつながっていく」とする⁽⁸⁾。こうして佐藤氏は，長田氏と同様に，マルクスが規定した「サービス＝有用的働き」という規定に着目するが，それゆえに，この規定はマルクスにとって「批判され退けられるべき概念」であったとして，現代の「サービス経済化」の考察とは「「サービス」概念で分析するということでさえない」とするのである。

このような佐藤氏の見解と基本的な部分で共通するのは渡辺雅男氏の見解である。氏は，既に渡辺［1985a］において，マルクスによるセー批判の内容を確認した上で，マルクスによる「サービス」の「明確な定義」として上記の規定を示し，「商品・労働・機械等が使用価値として消費される過程で消費者に与える有用的働き（作用）であり，いかなる特殊な形態規定からも区別された使用価値に係るもの」であるとする⁽⁹⁾。

そして，こうした「サービスそのものを目的とする関係」＝「サービス関係」は，「資本制的生産関係の反対概念」であるとし，マルクスが「「サービスとしての労働」という規定で語ろうとしたのは，「賃労働－資本」という資本制的関係に対立する「収入－（使用価値としての）労働」という非資本制的関係」であり，そこでは，労働者は，「その労働を収入である貨幣によって私的サービスのために購買される」とする⁽¹⁰⁾。そうした例として，氏が，マルクスの叙述からあげるのは，「靴磨き」，「裁縫師に…素材を渡して衣服を縫ってもらう…場合」，「医者に貨幣を払って…健康を…繕ってもらうという場合」などである⁽¹¹⁾。

こうして，氏は，「資本制的であるかぎり労働ないし産業はサービスを目的とせず，サービスを目的とするかぎりそれは資本制的には営まれない」のであり，今日の「サービス労働」の「理論的解明のためにマルクスのサービス論を用いたりすることは誤り」であると述べ，それをとらえるための基本的視角として「社会的分業の視点」をあげ，「企業の細目的機構が…社会的分業によって自立化」し，また，「消費のために必要な労働…が社会的分業によって自立化」する（＝「消費活動の社会化」）こととして捉えられるとした。さらに，そうして自立化した労働部門に投下され，産業化をもたらす資本について，「現物形態での建物・施設等の賃貸」を行う「利子生み資本の一種たる現物貸付資本」という範疇を提起した⁽¹²⁾。

第3章 「サービス」概念と「サービス取引」現象の分析　125

[表3-1] 「サービス」概念と「サービス部門」に関する諸論者の見解

「サービス」概念	「サービス部門（産業）」	「サービス部門」に含まれる産業やその捉え方の特徴	「サービス労働」の価値形成	論者
商品であれ，労働であれ，ある使用価値の有用的働き	「サービス財」を提供する業種	運輸業を含み，さらに，モノや施設の「有用的働き」を提供する賃貸業，宿泊業を含む。	認める	長田浩
	「サービス産業」概念は不要	「サービス産業」とされる様々な業種を社会的分業論の視点で捉える。	両方ある	佐藤拓也
	多くは「現物貸付資本」	企業の細目的機構と，家庭の消費労働が社会的分業によって自立化したものと捉える。	認めない	渡辺雅男
無形生産物＝「有用効果」	「有用効果」を販売する業種	運輸業は「サービス部門」に含まれる。賃貸業，宿泊業は商業部門。	認める	飯盛信男
人間の直接人間を対象とする労働の有用性	物質的な生産物を生産せず，収入と交換に労働を提供する産業	①教育，医療等，②公務，③商品流通関連（広告等）の三種。運輸業は「サービス部門」に含まず。	認めない	山田喜志夫
生産活動そのものが売買される場合のその生産活動		「サービス産業」は人間を対象とした生産活動に限られる。運輸業については同上。		川上則道
生きた活動状態で消費者に提供される労働の有用的働き		「サービス」を商品として提供する自営業的サービス労働者とサービス資本家。運輸業は同上。		金子ハルオ

（注）　後掲の参考文献により作成。

ところで，上述の長田氏は，人間労働が「サービス」（＝有用的働き）の源泉となる「サービス労働」を価値形成的とし，その根拠を，「有用的働き＝サービス労働そのものとは認識上区別されるところの，その成果＝生産物としての有用効果」が生み出されることに求める[13]。これは，商品の価値実体を，商品に対象化・物質化された労働と理解する労働価値論に立って，「サービス労働」を価値形成的とするためである。すなわち，「サービス労働」を価値形成的とするためには，労働が対象化・物質化された何らかの生産物がなければならないという理解から探し出された「生産物」が「有用効果」なのである。

　そして，この長田氏に先立って，「サービス労働価値形成」説の立場から，「有用効果」を「生産物」として捉えたサービス論を展開した代表的論者で，再生産表式に「サービス部門」を組み込む試みも行っているのが飯盛信男氏である。氏は，「サービス労働とそれがうみだすサービス（無形生産物＝有用効果）を区別し，後者を価値の担い手として価値が形成される」とする[14]。しかし，氏の「サービス」概念及び「サービス部門」の設定は長田氏とは異なる。

　すなわち，氏は，長田氏の「サービスの一般的概念」＝「有用的働き」という理解については，「サービス概念を投下労働の実体を有する無形の使用価値（有用効果）だけでなく，物財の機能へまで広げたもので…この主張は…投下労働を価値の実体とする労働価値論から離れ，J.B.セーの「生産の三要素」理論，「生産的な役立ち」の理論，「三位一体範式」へと接近してゆくもの」として否定する[15]。

　そして，上述のように，長田氏が賃貸業を「サービス部門」に含めつつも，この賃貸業では，需要者の「「セルフサービス過程」の成果＝生産物」として，「有用効果」が生み出されるとしていることについて，「賃貸業をもサービス部門に含めながら，価値形成的であるのは「労働の有用的働き」を提供するサービス部門に限定しており」[16]，賃貸業を「サービス部門」に含める意義が不明であると指摘する。なお，飯盛氏自身のサービス規定は，上の引用にもあるように，「無形生産物＝有用効果」であり，長田氏が「サービス部門」に含めた賃貸業及び宿泊業については，これは商業部門に含めるべきであるとする。

　なお，長田氏と飯盛氏の「サービス部門」の捉え方で共通するのは，ともに，そこに運輸業を含める点で，これは，後述するように，「サービス労働価値不

形成」説の論者と対立する。両者が運輸業を「サービス部門」に含める上で引証するのは，「有用効果の交換価値」という表現が使われている，以下に示す周知のマルクスの叙述である。

「運輸業が販売するものは，場所の変更そのものである。生み出される有用効果は，運輸過程すなわち運輸業の生産過程と不可分に結びつけられている。…この有用効果の交換価値は，他のどの商品の交換価値とも同じく，その有用効果のために消費された生産諸要素（労働力および生産諸手段）の価値，プラス，運輸業に就業している労働者たちの剰余労働が創造した剰余価値，によって規定されている[17]」。

さて，冒頭に検討した長田氏が採用したマルクスのサービス規定を佐藤氏，渡辺氏，飯盛氏は現代の「サービス経済化」を分析する概念としては受け入れないのであるが，同様に，これを受け入れず，人間が行う特定の「活動」や「労働」に関するものとして「サービス」を規定したのが，「サービス労働価値不形成」説に立つ山田喜志夫氏，川上則道氏，金子ハルオ氏である。三氏のうち，金子氏は，「サービス部門」を再生産表式に組み込む試み自体はしていないが，マルクスの「サービス」に関する諸規定をふまえた一連の研究成果によって，「サービス労働価値不形成」説の代表的論者とされる。次節では，まず，金子氏の議論における「サービス」及び「サービス部門」について検討し，その後で，山田氏と川上氏の議論をとりあげたい。

2 「労働」説と「サービス部門」

金子［1998］は，長田氏が採用した前節冒頭のマルクスのサービス規定は「最も広義なサービスの規定」であり，「この場合のDienstとは，日本語で表現すれば「役立ち」とか「作用」という意味であって，訳語としても「サービス」より「役立ち」という言葉を当てる方が適当であろう」とし，「ここでサービスの一般的規定として取り上げられるべきものは，「商品のサービス」ではなく「労働のサービス」であ」るとする[18]。

そして，氏はこの一般的規定として，「サービスとは，一般に，ただ物としてではなく活動として有用であるかぎりでの労働の特殊な使用価値の表現でしかない」[19]などのマルクスの規定を検討して，「サービスとは…物質的財貨（生

産財と消費財）をつくり，そういう物の状態に転化したうえで，消費者に提供されるような労働の有用的な働きではなくて，生きた活動状態のまま消費者に提供されるような労働の有用的働き」であるとし，このようなサービスをその機能として行う労働が，サービス労働である」とする。[20]

さらに，このような「サービスの一般的規定」に対し，「資本主義のもとでのサービスの形態規定」を，やはりマルクスのいくつかの規定を引証しつつ，「資本と交換される労働と区別され，それと対立するところの，収入と交換される労働の有用的な働き」とする。そして，「収入と交換される」ゆえ，この労働は，「資本と交換される労働」と異なり，なんらの剰余価値＝利潤をもたらすことのない労働，すなわち資本主義的形態規定からみた不生産的労働であるとする。[21] これは渡辺氏の理解と同一である。

なお，氏が，「収入と交換される労働」としてまずあげるのは，「収入をもって雇用された雇い人（召使，女中，家庭教師など）の労働」である。これは，マルクスの文中で例示されているのを受けたものだが，これについて，氏は，「マルクスの時代には，収入としての貨幣をもって雇用された雇い人によるサービス提供すなわち不生産的賃労働としてのサービス提供の比重が比較的に高」かったことを指摘し，その他のサービス提供形態を含め，次の3つの形態を示す。[22]

すなわち，まず，①「収入としての貨幣をもって雇用された雇い人（召使，女中，家庭教師など）によるサービス提供」，②「自営業的サービス労働者（理髪業者，私塾教師，開業医師，クリーニング業者など）によるサービス提供」，そして，③「サービス資本家による（資本としての貨幣をもって雇用された賃金労働者の労働力の使用による）サービス提供」という3つであり，このうち，マルクスの時代以降の資本主義の発展によって③が飛躍的に増大したとしている。ただし，「どの形態でサービス提供がなされても，サービスの消費者にとっては，自分の収入としての貨幣を支払うことによって提供を得たサービスを個人的に消費することに変わりはない」と述べる。[23]

こうしてサービス提供形態として，マルクスが言及した①に加え，②そして③を位置付けるのが渡辺氏と異なる点である。渡辺氏にあっては，「サービスを目的とするかぎりそれは資本制的には営まれない」からである。

ところで，金子氏は，②の出現が「サービス商品の提供業（サービス業）の出現を示し」ているとしており，この②と③が「サービス部門」となろう。ただし，氏は，以上に加え，「国家収入によって雇用された軍人・警察官・行政官僚などの労働（公務労働）も，形態規定としてのサービスとして把握されるべきである」とも述べて，議論の発展を展望している[24]。

さて，再生産表式に「サービス部門」を組み込む試みをしている論者のうち，このような金子氏の議論に最も近いのは川上則道氏の議論である。川上氏は，サービスに，「物質的生産物でなく生産活動そのものが売買される場合の，その生産活動」という定義を与え，このような「サービス生産に含まれるのは，商業，金融保険業，医療，教育，理容・美容，接客業，観光業，公務など」と金子氏よりも広い産業部門をあげた上で，「マルクス経済学では…諸個人を対象としたもの（＝個人的消費に入るもの）に限ってサービスと定義する」と述べて商業や金融保険業を除くため，実質的には同じ理解となるからである[25]。

これに対し，[表3－1]の，サービスを，「人間の直接人間を対象とする活動」とする山田氏の理解には金子氏と異なる部分がある。

まず，山田氏は，サービスについて，「直接人間を対象として人間の欲望を直接的に充足させるサービス」である「教育，医療，娯楽等のサービス」に加え，「資本制国家のいわゆる不生産的諸階級たる公務員，軍隊，警察等のサービス」，そして，「商品の生産ではなく商品の流通に関するサービス」としての「広告・宣伝費，一般管理費等に関するサービス」という三グループを示し[26]，再生産表式に組み込む「サービス部門」についてもこの三グループがあげられている。このうち，第二グループのサービスについて金子氏が言及しているのは上で見た通りである。しかし，第三グループの「広告業」について，金子氏は，「流通資本または商業資本の分化形態として捉えられるもの」とし[27]，サービス部門には含めていない。

なお，再生産表式に「サービス部門」を組み込む試みをしているが，[表3－1]には掲出していない論者が川上正道氏である。氏は，サービスを「非物質的な商品を作る労働」とした上で，「生産財的サービス」（コスト・サービス）と「消費財的サービス」（ファイナル・サービス）に分けており，このうち，後者は，金子氏や川上則道氏があげるものと同じであるが，前者の具体例として

氏があげるのは，企業の広告費によって購入されるサービスであり，山田氏の第三グループと共通する。[28]

このように，山田氏，そして川上正道氏は，「サービス部門」に，広告業など今日の政府統計で「対事業所サービス業」として分類されるものを含め，これを，教育・医療・娯楽等の「直接人間を対象として人間の欲望を直接的に充足させるサービス」（山田）もしくは「消費財的サービス」（川上正道）とは別のグループのものとして設定するのであるが，これに対し，金子氏は，広告業について，「流通資本または商業資本の分化形態としてとらえられるもの」とし，基本的にサービス業には含めないのである。

また，運輸業について，これを，「サービス労働価値形成」説に立つ長田氏，飯盛氏が「サービス部門」に含めることは既に述べたが，これに対し，金子氏は，「運輸業は，生産された商品である生産物を生産の場所から市場へと場所的に移動させ，生産と消費をつなぐのに必要な追加的生産過程に属する」とし，「流通過程の内部に延長された生産過程を担う物質的生産部門の一種類である」とする。[29]

ただし，「人間の運輸」について，「その性格は，社会的にそれが (1)生産過程，(2)流通過程，(3)消費過程のいずれに位置づけられているかにおうじて区別して把握されるべきである」とし，それが「社会的生産過程に属する」限りで物質的生産部門であるとされている。[30] なお，運輸業を物質的生産部門とする理解は，山田氏及び川上則道氏も基本的に同様であるが，川上氏の場合は，「人間の運輸」が物質的生産部門であることを金子氏のように限定的には理解していない。[31]

さらに，金子氏は，長田氏がサービス業に含める賃貸業，宿泊業をサービス業とはしない。この点も大きな違いである。氏は，賃貸業について，渡辺氏が提起した利子生み資本の一形態としての「現物貸付資本」であるとし，[32] 長田氏のような「それを商品の Dienst 規定をもってサービス業と把握する見解…は労働価値論に背馳するに至る」と述べる。[33] また，宿泊業については，「土地と土地に固定している固定資本（建物，固定設備など）との統一であり…土地の貸付けと固定資本の貸付け」を行う「土地資本」であるとしている。[34]

第3章 「サービス」概念と「サービス取引」現象の分析　131

第3節 「サービス経済化」への問題設定と分析視点としての「労賃形態の必然性論」

1 「サービス」取引現象と本書の問題設定

　以上見てきたように，先行研究における「サービス」概念及び「サービス部門」の理解は本書がとり上げた論者に限っても大きく異なる。その状況は，「サービス（Dienst）とは，商品のであれ労働のであれ，ある使用価値の有用的な働き以外のなにものでもない」というマルクスの規定への態度という点で次のようにまとめられる。

　すなわち，この規定を採用して「サービス部門」を設定し，「サービス経済化」を分析しようとするのは長田氏のみで，他の論者は全て，この規定を，今日の「サービス経済化」を分析するためのものとしては採用しない。その中で，渡辺氏，佐藤氏は，この規定に込められた経済学批判というマルクスの意図を認めるがゆえに，マルクスの「サービス論」では今日の「サービス経済化」は分析できないとするのに対し，他の論者は，マルクスの別のサービス規定に着目して（「有用効果」説，「サービス＝労働」説），今日の「サービス経済化」を捉えようとするのである。

　本書は，渡辺氏，佐藤氏と同様に，上記のマルクスの「サービス」規定に込められた経済学批判の意図を重視するものである。しかしながら，両氏と異なり，この規定の採用は，必ずしも，現代の「サービス経済化」の本質的な分析を不可能にするものであるとは考えない。

　重要なことは，両氏が重視するように，マルクスのこの規定がセーの経済学に対する批判的意図を有した概念であったとしても，そのことをもって単に「退けられる」だけの概念としてよいのだろうかということである。周知のことではあるが，あらためてここで確認したいのは，マルクスが『資本論』において，批判の対象たる諸派の経済学に対して，そこでの経済的諸範疇が資本主義的生産様式の現象をそのままに捉えたものとして，その現象に隠された本質を分析的に示すとともに，そうした現象的な認識が，資本主義的生産様式においてはある客観的根拠をもって必然的に生じるものとして把握したことである。

飯盛氏は，サービスを「有用的働き」と捉える理解は「三位一体範式」への「接近」となると指摘したが，言うまでもなく，「資本－利潤（利子）」，「土地－地代」，「労働－労賃」という「三位一体範式」こそ，そのような現象形態をそのままに捉えた経済的諸範疇であり，そして，これに対するマルクスの態度は，その本質を分析的に示すとともに，そうした現象的認識が必然的に発生することを明らかにするというものだった。

　現代の「サービス経済化」に特徴的な現象は，非常に様々な経済活動が「サービス取引（売買）」として行われ，「サービス取引（売買）」が，そして，「サービス経済」がまさに「日常的な範疇」になっていることである。前節までにとりあげた論者が一様に「サービス部門」に含めているものはもちろん，逆に，論者によっては含めるべきではないとして見解が分かれる経済活動も，すべて「サービス取引（売買）」として現象している。そして，このような「サービス取引」の現象を最も包括し得る，最も一般性が高い「サービス」の規定をあげれば，それは，明らかに「商品のであれ労働のであれ，ある使用価値の有用的な働き」という規定である。すなわち，この規定を採用し，「サービス取引（売買）」を，「商品のであれ労働のであれ，ある使用価値の有用的な働き」の取引と捉えることで，現代の「サービス経済化」の多くの現象を視野に入れることができるということである。この点ではこの規定を採用した長田氏の問題意識を本書は共有する。

　しかしながら，同時に，決して看過してはならないのは，こうした「有用的働き」としての「サービス」が取引（売買）されるためには，この「有用的働き」は売られる前に存在していなければならないが，そうしたことはあり得ないということである。何故なら，「有用的働き」とは，労働力や商品の消費に際して生み出されるものだからである。

　この点については，周知のように，マルクスが，『資本論』第1部第6篇第17章「労働力の価値または価格の労賃への転化」の章で，労働者が資本家に売るものは，労働力であって労働ではないとして，「商品として市場で売られるためには，労働は，売られる前に存在していなければならない」と述べたことが踏まえられなければならない。労働力の実際の発揮・支出こそ労働であり，労働力が消費されて，労働が現実のものとなる際に「有用的働き」は生まれる。

第3章　「サービス」概念と「サービス取引」現象の分析　133

したがって，労働と同様に，「有用的働き」が売買されることはあり得ないのである。そして，このことは，物的生産物としての商品の「有用的働き」であっても全く同様で，商品が消費される際にこそ「有用的働き」は生まれる。

したがって，「有用的働き」としての「サービス」の「取引（売買）」現象とは，「売られる（取引される）ことのできない「サービス」が売られている（取引されている）」という現象なのである。この現象に対して，なされるべきことは，次のことである。すなわち，「では，本当は何が売られているのか？」，つまり本質を明らかにすることであり，次いで，「では，何故，売られることのできないものが売られているように見えるのか？」，つまり，現象の必然性・存在理由を明らかにすることである。

そして，マルクスが上記の章で考察し明らかにしたことこそ，「労働の価格」についての同様な問いであり，それに対する解答であった。すなわち，分析的に考えれば，売られているのは労働力であり，賃金はその対価として支払われている。これが本質である。しかし，にもかかわらず，現象的には賃金が「労働の価値・価格」，すなわち労賃として現われるのであり，それには必然性・存在理由があるということである。

「労賃形態の必然性論」と言われるマルクスのこの考察に，「サービス取引」現象を分析する基本的な視点があるというのが本書の理解である。しかし，そのような視点から『資本論』の同章をとりあげた研究は管見では確認できない。また，同章は，かつて，「『資本論』研究においてポジティブな分析を見ないまま等閑視されてきた領域」[39]とされた分野であり，同章についての理解には，「サービス取引」現象への分析視点としての意義を看過させてしまうようなものも見られる。そこで，次節では，そこでのマルクスの考察について，本書が理解した内容を，上の「必然性論」に焦点を合わせて確認したい。なお，あらかじめ言っておけば，そのマルクスの考察の基礎にあるのは，商品交換論である。そして，本章が後に行う「サービス取引」現象の分析も同様に商品交換論を基礎とした考察となる。

2　分析視点としての「労賃形態の必然性論」

上記の『資本論』第1部第17章の考察の中で，マルクスは分析的に，「労

働者が売るものは，彼の労働力である」ことを指摘した後で，「労働の価値」という表現について，「一つの想像的な表現であって，たとえば土地の価値というようなものである」と述べる。これは，労働の生産物ではない自然物としての土地が「価値」を持つものとして表現されることの不合理性を指摘したものだが，しかしまた，「このような想像的な表現は生産関係そのものから生ずる。それらは，本質的な諸関係の現象形態を表わす範疇である」と述べて，資本主義的生産様式に客観的な根拠を持って生じる表現であることを指摘している。そして，労働力の価値が「労働の価値・価格」として現われるという「現象形態の必然性，その存在理由」について，その主要なものとして四点を指摘する。

　その第一は，「資本と労働の交換」が，「買い手は或る貨幣額を与え，売り手は貨幣とは違った或る物品を与える」という「他のすべての商品の売買とまったく同じ仕方で現われる」ことである。すなわち，第一の「必然性，存在理由」は，高橋［1974］が指摘するように，「労働力は商品としては総じて独自的なものであるとはいえ，…交換過程では…商品としての一般的規定性において商品であり，商品として市場にあらわれる」ことに求められる。

　一般に商品の売買（交換過程）では，商品の「使用価値と価値との内的な対立」が「外的な対立」として現われる。すなわち，商品は，価値物としては全ての他の商品と交換され得るが，使用価値としては特殊であり，特定の商品としか交換されないという矛盾を持っている。これを，一般的等価物－価値の自立的姿態－としての地位を与えた特殊な商品＝貨幣に自らを関係させることで解決する。ここで商品はまず，「一商品の金での価値表現…その商品の貨幣形態またはその商品の価格」を持つ。

　そして，ここで重要なのは，商品は，「それらの価格において，それら自身の貨幣姿態としての金に自分自身を関係させ」ているのであり，したがって，商品の売買（交換）で，「なにと商品は交換されるのか？」と問われれば，それは，「それ自身の一般的な価値姿態とである」と答えなければならないことである。そして，この交換によって，商品は自分に内在し，価格として観念的に表現されるだけの価値を，一般的な価値物としての貨幣形態に転換するのであり，したがって，これは，「商品の単に観念的な価値形態の実現」なのである。

しかし,「すぐ目につく現象」として,「商品と金との交換というこの素材的な契機だけ」を見るならば,単に,「買い手は或る貨幣額を与え,売り手は貨幣とは違った或る物品を与える$^{(48)}$」,すなわち,商品所有者は使用価値を譲渡し,貨幣所有者はそれに対して貨幣を与えるだけに過ぎない。ここでは,貨幣は使用価値に対して支払われるのであり,分析的には,商品の対立する二要因だった使用価値と価値が,「使用価値の価値」として関係づけられ,「諸商品のあらゆる売買は…支払いを受けるものは商品の使用価値であるという幻想$^{(49)}$」が成立する。

ところで,ここで譲渡される使用価値の理解で重要なのは,『資本論』第1部冒頭の商品論にあるように,「ある一つの物の有用性は,その物を使用価値にする」ということ,第二に,「この有用性は,商品体の諸属性に制約されているので,商品体なしには存在しない。それゆえ,鉄や小麦やダイヤモンドなどという商品体そのものが使用価値…である」ということ,そして,第三に,この「使用価値の考察にさいしては,つねに,1ダースの時計とか,1エレのリンネルとか1トンの鉄とかいうようなその量的な規定性が前提され」ていることである。すなわち,有用性を持ち,量的に規定された商品体としての使用価値と貨幣が対応し,交換されるということである。

既に指摘したように,このような商品交換の一般的規定性は,労働力商品の売買の場合にも変わるところはない。そして,その場合,明らかにされなければならないのは,先行研究でも指摘されてきたように,貨幣と対応させられ,交換される労働力商品の使用価値とは何かという問題である。そして,この問題を扱うには,先のマルクスの叙述で確認した三点の明確化が必要である。

労働力商品の有用性について,マルクスは,「糸や長靴をつくるという労働力の有用な性質は,一つの不可欠な条件ではあったが,それは,ただ,価値を形成するためには労働は有用な形態で支出されなければならないから」であり,「決定的なのは,この商品の独自な使用価値,すなわち価値の源泉でありしかもそれ自身がもっているよりも大きな価値の源泉だという独自な使用価値」であると述べる$^{(51)}$。すなわち,労働力商品の有用性とは,特定の有用労働をするということでなく,まさに,「価値創造」をなし得るということにある。そして,資本家たるべき「貨幣所持者は市場でこのような独自な商品に出会う」のであ

る。

そして，この価値創造という独自的使用価値を持つ商品としての「労働力は，ただ生きている個人の素質として存在するだけ」だから，労働力商品における商品体としての使用価値とは労働者に他ならない。

その上で，より重要なのは，この商品体としての労働者について，使用価値の量的規定がいかに行われて売買されるのかである。これが，商品体としての労働者を1人，2人…と規定する形で行なわれるのでないことは言うまでもない——このような量的規定によって労働力が売買されるのは奴隷制である——。そうではなく，労働者は，「一時的に，一定の期間を限って，彼の労働力を買い手に用立て，その消費にまかせる」というマルクスの叙述に明らかなように，例えば，8時間，あるいは1日8時間で1週間，あるいは1ヶ月などと「価値創造」の「時間を決めて」(時間による量的規定)，商品体としての労働者が資本家の指揮・監督下に入り，資本家による労働力の消費を許すという形で売買が行なわれる。

資本家による労働力の消費とは労働者の労働の現実化であるから，これは，労働時間を規定して労働力が売買されるということである。もちろん，交換過程では，資本家による労働力の消費=労働者の労働は，その可能性があるだけで，それが現実に行なわれるのは生産過程に入ってからである。しかし，この「可能性としての労働」が量的に規定されることは，商品体としての労働者が資本家の指揮・監督下に入る上で不可欠の前提である。

こうして，労働力商品と貨幣との交換では，労働者は，資本家による，「価値創造」のための労働力の消費時間=労働時間を決めて使用価値としての自ら(=商品体としての労働者)を資本家の指揮・監督下に置くことを認め，これに対して資本家は貨幣を与えることになり，ここに時間で規定された一定量の労働と貨幣が対応させられ，「労働の価格」が成立することになる。

このような第一の「必然性，存在理由」に続いて，マルクスは，交換価値と使用価値はそれ自体としては通約できない量だから，「労働の価値」という表現は，「綿花の価値」などの表現以上に不合理なものには見えないと指摘する。

これは，「労働の価値」も「綿花の価値」も「使用価値の価値」という表現であるが，商品体として捉えられる「綿花」と異なって，「労働」それ自体は

「商品体」（＝労働者）としては捉えられないという意味では、より不合理な「労働の価値」という表現も、例えば、12時間の労働の価値は3シリングであるという表現では、使用価値と価値のそれぞれの量的基準が、一般の商品の場合と同様にやはり異なる（時間と、貨幣の度量標準としてのシリング）ためにその不合理性は感じられないという意味として理解できる。

　さらに、マルクスは、第三点として、労働者は労働を提供した後で支払を受けるが、一般に貨幣は支払手段としては、提供された物品の価値・価格を後から実現することを指摘する[60]。したがって、既に第一の「必然性、存在理由」によって、労働者が一定量の労働を与えるという観念が成立している下では、貨幣は、この「労働の価値・価格」を後から実現するものとして理解され、「労働の価格」という観念が一層強固になる。

　そして、第四点としてマルクスが指摘するのは、労働者が資本家に提供する使用価値は、例えば、裁縫労働とか紡績労働などという労働力の一定の具体的な支出としての有用労働であるが、この同じ労働が、他面では価値形成要素であるという労働力商品の独自な性質は、「普通の意識の領域の外にある」ことである。

　労働が価値形成要素であるということは、「労働の価格」に対して「労働が形成した商品価値」が量的に異なるという現象と本質の乖離の認識をもたらし得るものであるが、このような労働力商品の独自な性質は「普通の意識の領域の外」にあるため、労働者が提供する労働は単に具体的有用労働として捉えられ、こうした認識に至る道も閉ざされてしまう[61]。

　このように、労働力が売られ、賃金はその対価として支払われるのが本質であるにもかかわらず、現象的には、労働が売られ、賃金は「労働の価値・価格」、すなわち労賃として現われるのであり、そのことは必然的であり、客観的な存在理由を持っているのである。

　「商品のであれ労働のであれ、ある使用価値の有用的な働き」である「サービス」が取引（売買）される現象についても、「労働力」ではなく、「労働」が取引（売買）されるように見える労賃形態に対してマルクスが行ったような批判的把握、つまり、本質の解明と本質の現象形態としての必然性・存在理由の解明が必要であるように思われる。しかし、そうした視点から「サービス取

引」の現象を考察した試みは，管見では確認できない。

　そこで，次節では，まず，労働のサービス＝「有用的働き」を提供するように見える事例として，理容業を，次に，商品のサービス＝「有用的働き」を提供するように見える事例として消費者向けの物品賃貸業（レンタル業）をとり上げ，いずれも商品交換の一般的規定性との関連を重視して考察したい。

　ただし，いずれについても，資本制的にではなく，自営業として行われる場合をとりあげる。というのは，既に見たように，資本家によるサービス提供をめぐって，「資本制的であるかぎり労働ないし産業はサービスを目的とせず，サービスを目的とするかぎりそれは資本制的には営まれない」とする渡辺氏と，「サービス資本家による（資本としての貨幣をもって雇用された賃金労働者の労働力の使用による）サービス提供」を主張する金子氏の議論が対立しており，この論点は，行論の関係で後にとりあげたいからである。

第4節　「サービス取引」現象の商品交換論的分析

1　「労働のサービス取引」現象の本質と発生根拠

　理容業について，まず確認したいのは，既に述べたように，ここでも，取引（売買）されるのは理容労働ではなく，さらに理容労働の「有用的働き」としてのサービスでもないということである。何故なら，繰り返しになるが，理容労働であれ，その「有用的働き」であれ，取引（売買）されるためには，取引（売買）される前に存在していなければならないからである。

　では何が取引（売買）されるのか。それは，理容師の労働力でしかあり得ない。ただし，上で見た労働力商品の販売の場合とは，使用価値（有用性），商品体と購入者（貨幣所有者）の関係，使用価値の量的規定性という点で違いがある。[62]

　労働力商品の場合は，それを使用価値にする「有用性」とはまさに「価値創造」をなしうることであり，使用価値の量的規定としては，この価値創造をなし得る「時間」が決められて（時間による使用価値の量的規定），商品体としての労働者が資本家の指揮監督下に入り，その下で労働力を支出する＝労働するという形で売買された。この売買（交換過程）では，労働者が具体的にどのよ

うな労働を行うのか（有用労働の質的内容）は問われず，それは，労働力を購入した資本家が，生産過程において，商品体としての労働者を価値増殖を目的に指揮・監督する中で決定される。

これに対し，理容業の場合は，理容師の労働力を使用価値にする「有用性」とはまさに「理髪」という特定の有用労働をなし得るということであり，このような使用価値を持つ労働力が，「結果決め」で理容師に労働力を支出させる＝労働させるという形で売買される。すなわち，労働力の支出＝労働が行われた後には，その帰結として特定の「有用効果」（頭髪が整えられる等）がもたらされるということを条件に理容師に労働力を支出させるのである[63]。ただし，「結果（＝有用効果）決め」と言っても，交換過程では，あくまで「可能性としての結果（有用効果）」に過ぎないことは，労働力商品の交換過程における「可能性としての労働」と同様である。

そして，このような「結果（＝有用効果）決め」で労働力が売買されることによって，上述した「価値創造」を目的に売られた労働力商品の交換過程では問われなかった労働の質的内容が，理容業の場合には，「有用効果」という「結果」が実現されるような「有用的働き」を労働がもたらすこと（使用価値としての有用労働の質的内容）が間接的に規定され，また，同時に，この労働力の支出＝労働がどれだけの時間なされるのか（使用価値としての有用労働の量的規定）についても，「有用効果」の実現がなされるように間接的に規定されることになる[64]。

ところで，ここで以上の理解に関して注意したいのは，上述したように，理容師の労働力を使用価値にする「有用性」とはまさに「理髪」という特定の有用労働をなし得るということであり，この理容師に顧客が直接的に求めるのも，まさにこの労働力としての理容師が行う特定の有用労働の「有用的働き＝サービス」であるにもかかわらず，この取引を成立させる条件は，この特定の有用労働の「有用的働き＝サービス」を与えることでなく，この「有用的働き＝サービス」の結果である特定の「有用効果」を与えることとなる点である。何故，そうなるのだろうか？

すなわち，それは，顧客が求め，理容師が行う具体的有用労働を，顧客が，質的に，したがってまた量的に統制できず，それゆえにまた，有用労働の「有

用的働き＝サービス」の統制もなし得ないことにある。そこでは，労働力の支出＝労働が，どのように，どれだけの時間行われて（労働の質的・量的規定）「有用的働き」がもたらされるのかは全て理容師に委ねられざるを得ず，顧客が，理容師の労働力の支出＝労働について条件とし得るのは，「有用的働き＝サービス」の結果としての特定の「有用効果」のみである[65]。

それゆえに，理容業において売買されているのは，理容師の労働力であるとしても，商品体としての理容師を顧客が指揮・監督することはなく，「有用効果」を得るために労働力の支出＝労働がどのように，どれだけの時間行われて「有用的働き」をもたらすのか（労働の質的・量的規定）も全て理容師に委ねられる[66]。

ただし，そうではあっても，この取引で売買されているのが理容師の労働力（の消費権限）であることは，顧客が，労働者に委ねている労働力の支出＝労働のあり方に対し，必要に応じて，指示や希望を表明し得ることを考えれば明らかである。そして，このことは，理容業だけでなく，美容，教育，医療，福祉，芸能，会計・税理事務所，経営コンサルタントなど，他の「労働のサービス取引」の事例にも同様にあてはまる。

ところで，「労働のサービス取引」で売られているのは労働力であるとする本書の理解は，決して，この労働力が，資本家が購入する労働力商品と同一のものとして労働力市場の一角を占めるということではない。

理容師は，何よりも，「理髪」という特定の有用労働の「サービス＝有用的働き」の売り手として市場に登場する。労働力商品の場合，労働者は，人格的自由と生産手段からの自由という「二重の自由」の下で，唯一の商品としての労働力を販売して資本家が所有する生産手段に結合されることで労働しうるのに対して，理容師は（本節では自営を想定）労働を行うための物的諸手段（鋏，剃刀，ブラシ，タオル，椅子，シャンプー，整髪剤など）を有しており，こうした物的諸手段を使用して上述の「サービス」を提供する。

以上を確認した上で，次に考察する必要があるのは，理容師による労働力の売買と理容師が所有する物的諸手段との関係である。

これについて，まず確認したいのは，これらの物的諸手段は誰が消費するのか，ということである。まず，言えることは，上述のように，理容師にとって

これらは労働を行うための物的諸手段なのだから，理容師がその労働の際にこれらを労働手段として消費することは明らかである。

そして，顧客が，特定の「有用効果」が得られるという「結果」決めで理容師の労働力を購入する際には，この労働力の支出＝労働に際して，理容師が必要な物的諸手段を使用＝消費することは前提されている。ただし，どのような手段をどのように使うかは，基本的に理容師に委ねられている。

しかし，他方で，これらの物的諸手段は，使用価値の面から見れば，鋏，剃刀，ブラシ，タオル，椅子，シャンプー，整髪剤などとして，明らかに消費財である。そして，この消費財としての使用価値を消費するのは理容師ではなく顧客である。すなわち，理容師がその労働の際にこれらの物的諸手段（消費財）を労働手段として使用＝消費することによって，その消費財としての使用価値が顧客によって消費されるのである。したがって，それらの消費財としての使用価値を顧客が消費する上で決定的なのは，それらの消費財を労働手段として使用＝消費する理容師の労働である。その意味では，理容業が売るものの中心は理容師の労働力なのである。

ところで，この物的諸手段＝消費財の使用価値の消費で発揮されるその「サービス＝有用的働き」によって顧客には何らかの「効果」がもたらされるが，この「効果」が，理容師の労働力を顧客が「結果」決めで購入した際のその「結果」＝特定の「有用効果」に含まれることは明らかである。何故なら，理容師が，この消費財を労働手段として使用＝消費したのは，特定の「有用効果」を実現するためであり，上述のように，理容師がそうすることは，労働力の売買の際に前提されていたのである。

すなわち，顧客は，理容師の労働力を，「結果」＝「有用効果」決めで購入するが，その「有用効果」には，顧客が，理容師に労働手段としての使用＝消費を委ねている各種消費財の「サービス＝有用的働き」が顧客にもたらす「効果」が含まれている。したがって，顧客は，理容師の労働力の購入の際に，それと併せて，理容師が労働手段として使用する各種消費財も購入しているのである（ただし，既に述べたように，どのような消費財をどれだけ使用するかは全く理容師に委ねられている）。

したがって，より正確には，顧客は，理容師の労働力と理容師が使用する各

種消費財を，それらの「サービス＝有用的働き」がもたらす「結果」＝「有用効果」を決めて購入するのであり，その価格＝「サービス価格」には，当然，理容師＝労働力の価値とともに，理容師が使用する各種消費財の価値も含まれてくる。

　さて，既に述べたように，理容業において，顧客が求めるのは，理容師が各種消費財を使用しながら顧客に与える具体的有用労働の「サービス」である。これに対して，資本家が，労働力市場で購入する労働力に求める「サービス」とは「価値創造」の働きである。そして，ここで注意したいのは，この二つの場合に次のような大きな違いが生じることである。

　すなわち，後者の場合，資本家は，購入した労働力の消費時間＝労働時間内にできるだけ大きな価値を取得しようとして労働の密度を高めようとするのに対して，前者の場合には，顧客に，こうした志向は生ぜず，むしろ，「有用的働き＝サービス」の低下をもたらすものとしてそれに対して阻止的な志向を持つということである。

　なお，理容業で顧客が労働力を消費する時間は，資本家が労働力商品を消費する時間よりはずっと短いのが通常である。しかし，購入し，消費する時間の短さは，この商品が購入されている事実を変えない。このことは，上で見たような，具体的有用労働か，「価値創造」か，という購入目的の違い，さらに，この購入目的の違いに基づく消費様式の差異が，やはり，商品の購入という事実を変えないことと同様である。

　さて，以上見てきたように，分析的には，理容師と顧客との間では，前者が主に労働力を与え（上述したように，消費財としての物的諸手段も売られて消費されるが，その消費をもたらすのは，それらの消費財を労働手段として使用＝消費する理容師の労働である），後者はこれに対して貨幣を与えるのだが，現象的にはそのように見えない。すなわち，理容師は，「有用効果」をもたらす原因としての労働の「有用的働き」を顧客に与え，顧客はこの「有用的働き」に対して貨幣を与えるものと観念されるのである。つまり，売買されるのは，「有用効果」をもたらす労働の「有用的働き」＝サービスであり，貨幣は，この「サービスの価格」と観念される。

　そして，ここで，「貨幣が対応させられる」のが「有用効果」ではなく，

「「有用効果」をもたらす原因としての労働の「有用的働き＝サービス」」となるのは，「有用効果」は顧客の側に属する変化であって，理容師に属するものとして彼・彼女が提供したのは，「「有用効果」をもたらした原因としての労働の「有用的働き＝サービス」以外にないからである。

　すなわち，労働の「有用的働き＝サービス」の取引（売買）現象は，このような反省を介して成立する現象であって，これは，次節で確認するように，「有用的働き＝サービス」の取引（売買）現象が，こうした反省を介さずに，直接的に成立する「商品のサービス取引」現象とは異なる点である。

　なお，労働の「有用的働き＝サービス」取引現象が，このような，「有用効果」からその原因としての「有用的働き＝サービス」へという反省を介して成立することは，「売買される「有用的働き」は，特定の「有用効果」と関係付けられた「有用的働き」である」として，定着しないとは言え，この「有用効果」自体が売買されるという観念が生じる根拠となる。そして，この観念の理論化こそが，「サービス論争」における一つの有力な説である「サービス＝有用効果」説であると考えられる。

　さて，以上見てきた，労働の「有用的働き＝サービス」の取引（売買）現象の成立の論理は，上で見た労賃形態の必然性・存在理由としてマルクスが最初に指摘した関係と基本的に同一である。労賃形態の場合は，「価値増殖」という独自的使用価値を持つ労働力が，労働力の支出時間＝労働時間によって量的に規定されて売買されることが，一定量の労働時間と貨幣の対応をもたらし，「労働の価格」という観念を発生させた。

　理容業の場合は，特定の有用労働をなし得るという使用価値を持つ労働力が，特定の「有用効果」（結果）を与えることを条件に売買（消費権限が譲渡）され（上述のように，そのような条件でしか売買され得ない），そして，そうした「有用効果」をもたらす原因としての（理容師に属するものとして彼・彼女が提供した）労働の「有用的働き」＝サービスと貨幣が対応させられ，「サービスの価格」という観念を発生させるのである。

　なお，労賃形態の必然性・存在理由としてマルクスが第二にあげる，交換価値と使用価値の量的な通約不可能性ゆえに「労働の価値」という表現の不合理性が感じられないという点も，交換価値とサービス（＝「有用的働き」）との量

的な通約不可能性ゆえに，例えば，理容店で特定の内容のサービスに特定の価格が付された「サービスの価格」として示されていても我々は全く不合理性を感じないという事態として理解することができる。

さらにまた，たいていの理容店で見られるように，理容師が労働を提供した後で支払を受ける場合は，マルクスが指摘する第三の点も全く同様に妥当する。すなわち，一般に貨幣は支払手段としては，提供された物品の価値・価格を後から実現するから，この場合，貨幣は，理容師が提供した労働の「有用的働き」に対して支払われるものと解され，「サービスの価格」という観念が一層強固になるということである。なお，本書は，非物質的生産労働は価値を「形成」しないとする立場であり，それゆえ，マルクスが指摘した第四の点はここでの事例には妥当しないと考える。

なお，上述したように，理容師の労働では，様々な物的諸手段が消費されることが前提されており，したがって，こうした物的諸手段が売られる結果として，当然，「サービスの価格」には，こうした物的諸手段（一回で全部的に消費されるものもあれば，数年にわたって少しずつ消費されるものもある）の価値が入り込む。

ところで，このように，「労働のサービス取引」で顧客が求めるのが，顧客が統制困難な具体的有用労働の「サービス」であるということは，このような「労働のサービス」の提供が，資本の運動として，サービス資本家に雇用されたサービス労働者によって行われる場合の一つの焦点が，サービス資本家によるサービス労働者の労働統制の如何にあることが理解される。

何故なら，資本家は，上述のように，決して具体的有用労働ではなく，「価値増殖」を目的に労働者を雇用するのだが，その目的が果たされるためには，資本家が雇用したサービス労働者が顧客に対して行う具体的有用労働の「結果」が，顧客にとって一定の満足を得られるものでなければならないからである。すなわち，「価値増殖」という観点から，資本家は，元々，統制困難なサービス労働者の具体的有用労働を，顧客が満足する「結果」となるように統制する必要が生じるからである（なお，「資本主義的サービス業」における「サービス取引」を，商品交換論に基いて考察する課題は第6節で行う）。

そして，もう一つの重要な点として，そもそも，理容師のようなサービス労

働者の労働力は，それ自体としては，「価値増殖」をなし得る商品ではないということがある。「価値増殖」をなし得ないにもかかわらず，それが，資本の運動に包摂されて資本家に「利潤」をもたらし，結果的に「価値増殖」を実現するとすれば，それはいかになされるのか？　この論点について，個別資本の立場からでなく，社会的総資本の立場から考察することは，まさに，本書が後続の諸章で扱う課題である。

2　「商品のサービス取引」現象の本質と発生根拠

　次に，商品のサービス＝「有用的働き」が売買される現象として消費者向けの物品賃貸業（レンタル業）について，やはり，これが自営業として行われる場合について考えてみたい。賃貸される商品は様々（例としてCDやDVD等）であるが，いずれであれ，分析的に考えれば，そこで売買されるのは商品が使用価値として与える「有用的働き＝サービス」ではあり得ない。この点は，上述の理容業の場合と変わるところはなく，その理由は，売買されるためには「有用的働き」は売買の前に存在していなければならないが，この「有用的働き」は，当該商品を消費する際にのみ生まれるからである。[67]

　売買されるのは，当該商品そのものである。そして，この取引が，「有用的働き」としての「サービスの取引」として現象するのであるが，その論理は，上で見た理容業の場合と同様に，マルクスが労賃形態論で述べた第一の必然性・存在理由と基本的に同一である。[68]　むしろ，上で見た理容業の場合は，労賃形態論での論理との差異に注意が必要であったが，物品賃貸業の場合は，そうした差異への考慮はほとんど不要である。すなわち，同一性の程度がより高いのである。以下，述べていきたい。

　まず，確認したいのは，ここまでに考察してきた労働力を含め，一般に，商品は，使用価値としては，その「有用的働き＝サービス」によって，何らかの「有用効果」をもたらすものであり，商品購入者の直接の目的は，そのような，何らかの「有用効果」をもたらす「有用的働き＝サービス」の獲得であって，このことは前節で考察した理容業でも，本節で考察する物品賃貸業でももちろん変わらないことである。

　そして，その上で重要なことは，物品賃貸業のように，モノとしての商品の

場合は，理容業の場合の労働力とは異なり，商品が使用価値として持つ「有用性」が既に商品体の諸属性として質的に規定されており，したがって，その「有用的働き＝サービス」の統制（の困難）という問題がないことである。

このことは，物品賃貸業のDVD・CDを我々が消費してその「有用的働き＝サービス」を得ることに何の困難もないことに明らかであり，さらに，こうしたことは，コインランドリー，駐車場，各種スポーツ施設，文化会館など，「商品のサービス取引」現象の事例と考えられる様々な業種におけるモノ（商品）の消費の場合でも同様である。

なお，もちろん，「労働のサービス取引」の場合，例えば，理容業ならば，理容師の労働力が使用価値として持つ「有用性」は商品体としての理容師の諸属性（例えば，技能，経験，知識等）に規定されている。しかし，そのことは，労働力の実際の支出＝労働の具体的なあり方とその「有用的働き」までを規定するものではない。この点はモノとしての商品と労働力との根本的な違いである。

ところで，前節で確認したように，「サービス取引」現象の発生根拠は，「有用性を持ち，量的に規定された商品体としての使用価値と貨幣が対応し，交換される」という商品交換の一般的規定性にある。そして，上述したように，モノとしての商品が使用価値として持つ「有用性」は，「既に商品体の諸属性として規定されて」いる。したがって，解明されるべきは，使用価値としての「有用性」が商品体の諸属性として規定されている商品が与える「有用的働き＝サービス」の量的規定がいかになされるのか，ということである。

この量的規定は，明らかに，「有用的働き＝サービス」が発揮される時間，つまり，商品を消費する時間の長さを規定すること以外にはあり得ない。すなわち，「時間決め」による売買である。1時間や24時間，あるいは1泊2日や1週間など，「時間決め」で商品の消費権限が譲渡されることで，時間で規定された商品の「サービス＝有用的働き」と貨幣額が対応させられ，商品が使用価値として与える特定時間の「サービスの価格」が成立する。すなわち，ここでの「サービス＝有用的働き」と貨幣との対応による「サービス取引」現象は直接的な現象として成立するのである。

なお，コインランドリーやスポーツ施設などには，1回とか，1ゲームとい

った「回数」決めもあるが，これも本質的には，顧客によって幅が生じる場合があるとは言え，「特定の利用時間」を1回とする形での「時間決め」に他ならない。

したがって，物品賃貸業など「商品のサービス取引」で取引を成立させる条件となるのは，使用価値として持つ「有用性」が商品体の諸属性として規定されている商品が，どれだけの時間，その「有用的働き」を提供するのか，すなわち，商品の消費時間である。

もちろん，商品が「時間決め」で売られる際には，その時間に商品が使用価値として与える「有用的働き＝サービス」がどのような「有用効果」（結果）をもたらし得るかも想定されている。しかし，想定されてはいてもこの「有用効果」（結果）は取引条件そのものではない。取引条件は，上述のように，商品が使用価値として「有用的働き＝サービス」を提供する時間＝商品の消費時間である[69]。

というのは，上述のように，理容業で，特定の「有用効果」が条件となるのは，顧客が理容師の労働とその「有用的働き＝サービス」を統制できないからであり，これに対し，物品賃貸業のような「商品のサービス取引」の場合は，（商品の）「有用的働き＝サービス」の統制困難という事態はあり得ず，取引の成立を「有用効果」に求める必然性はないからである。

ところで，以上では，貸し出される商品の他に賃貸業で必要となる労働や物的諸手段を捨象してきた。しかし，商品のサービス＝「有用的働き」の提供のためには，商品の貸出（使用許可）・返却・点検・整備・在庫管理など種々の労働が不可欠であり，また，これらの労働は，点検・整備・在庫管理のための機材など様々な物的諸手段を使用して行われる。こうした労働（ここでは，個人事業者自身が行うことを想定している）及び物的諸手段と「商品のサービス取引」との関係をどのように理解すべきであろうか？

この点について，まず確認したいのは，上にあげた諸労働を行う労働力を，前節での理容業の場合のように，顧客が「結果」＝「有用効果」決めで購入すると理解することはできないことである。顧客にとって商品を購入する直接の目的である，（何らかの「有用効果」をもたらす）「有用的働き＝サービス」とは，「商品」のそれであって，例えば，レンタルショップの店員が行う「労働」の

それではないからである。したがってまた、上にあげた諸労働が行われる際に使用＝消費される物的諸手段も決して顧客が購入するのではない。

しかし、上にあげた諸労働及び物的諸手段は、いずれも、商品の「共同消費」の管理・調整に関する労働であり、物的諸手段であると理解できる。そして、これらは、料金の徴収や管理など貨幣取扱に関わる労働や機材を除けば、消費財が「共同消費」という形で継続的に消費されるためには、どのような社会であっても普遍的に必要になる労働であり、物的諸手段である。

そしてまた、同時に明らかなことは、商品が「サービス」として売られる際の価格が、上にあげた諸労働を行う労働力の価値と、この労働で使用＝消費される物的諸手段の価値を含む大きさで成立しなければ、「サービス取引」による商品の「共同消費」は継続され得ないということである。このことは、商品が「サービス」として売られるとともに、「共同消費」のための諸労働を行う労働力とそのために使用＝消費される物的諸手段もまた売られているのと同様である。

なお、このことは、本書では本格的に論じることができない価値論の視点からは次のいずれかの関係として理解できる。すなわち、賃貸業が商品を仕入れる際の価格がその商品価値を下回っており、そして、これを価値どおりで売ることで、上述の労働力の価値と物的諸手段の価値を含む大きさの価値額＝貨幣を取得するか、賃貸業が商品を仕入れる際の価格は商品の価値通りだが、販売する際の価格が、上述の労働力価値と物的諸手段の価値を含む大きさであるか、である。

周知のように、マルクスの『資本論』は、商業資本の存立を前者の論理で説明している（なお、自営業としての「サービス取引」を考察する本章と異なり、そこでは、商業資本が取得する商業利潤についても考察されている）。これに対し、本書は、物品賃貸業を始めとする「商品のサービス取引」の諸業種については、後者、すなわち、商品を仕入れる際の価格は商品の価値通りだが、それが「サービス取引」として売られる際の価格は、商品の価値に上述の労働力価値を加え、さらに、上の物的諸手段の価値を加えた大きさとなると理解したい。

そして、このように捉えるのは、商業資本が、「商品の命がけの飛躍」と言われる商品（資本）の価値実現（W`－G`）のための媒介機能を、産業資本に代

わって果たす点に存立の根拠があるのに対し，物品賃貸業などの「商品のサービス」を提供する諸業種が果たす中心的な機能は，商品の「共同消費」の管理・調整であって，一方では，素材的にも「共同消費」としてしか消費できないような様々な商品（共同消費手段）の消費を可能にし，他方では，個人的に所有＝消費し得る商品についても，それをより少ない支出で消費することを可能にする点に存立の根拠があると考えるからである。

なお，ここで確認したいことは，「共同消費」のための商品の点検・整備・在庫管理を目的に使用される物的諸手段は，まさに，「共同消費」のためのものであり，そしてまた，その消費が何らかの物的生産物の生産に帰結しないのだから，基本的には消費財という規定性で捉えられるということである。

また，加えて一点確認したいのは，上に示した「共同消費」のための労働として，「整備」にとどまらず，「修繕」がなされる場合である。この労働は明らかに物質的生産労働であり（こうした労働は商品に価値として対象化されると考えられる），その労働で消費される物的諸手段は労働手段である（その価値は商品に移転すると考えられる）。

しかし，こうした生産労働－これらは「消費過程における生産労働」と捉えられる－は物品賃貸業の主要な労働ではなく（「修繕」は，外部の別事業者の「サービス労働」として行われる場合もあり得る），主要な労働は商品の貸出（使用許可）・返却・在庫管理など非物質的生産の諸労働であるということである。(71)

さて，マルクスが労賃形態論で指摘する必然性・存在理由の第二の点以下についてである。

まず，第二の点は，「労働のサービス取引」の場合も同様であったが，やはり，交換価値と使用価値の量的な通約不可能性ゆえ「サービスの価格」という表現の不合理性が感じられないという関係として妥当する。

次に，第三の，「後払い」は多くの賃貸業には妥当しないが，これは，第一の理由で生じた「サービスの価格」という観念を強める事情であり，この観念の発生根拠を無くするわけではない。

そして，第四の，労働の価値形成的性格が「普通の意識の領域の外にある」という点については，上述したように，物品賃貸業などの「商品のサービス取引」が行われている事業において中心となっているのは非物質的生産労働であ

って，本書の立場からはそれは価値を形成しないゆえに，この点は妥当しない。

3 小　括

以上のように，労働の「有用的働き＝サービス」取引現象と，商品の「有用的働き＝サービス」取引現象は，労働や商品の消費に際して生み出され，それゆえ決して売られることのできない「有用的働き＝サービス」が取引されるという点では同一の現象であるが，その発生論理には差異がある。

すなわち，労働の場合は，その「有用的働き」の結果として，特定の「有用効果」がもたらされる（可能性として）という「結果決め」で労働力が売られる＝消費権限が譲渡されることによるのに対し，商品の場合は，商品が，その消費者に与える「有用的働き」の「時間」を決めて売られることによる。

また，「サービス価格」がどのような水準で成立するかというその論理にも違いがある。まず，労働の「有用的働き＝サービス」取引の場合は，「結果決め」＝「有用効果」決めで労働力が売られる際のその「有用効果」には，労働力の支出＝労働が行われる時に消費される物的諸手段（消費財である）の「有用的働き＝サービス」がもたらす「有用効果」が含まれている。したがって，より正確には，顧客は，労働力とともに，労働力の支出＝労働によって消費される各種消費財をも，それらの「サービス＝有用的働き」がもたらす「結果」＝「有用効果」を決めて購入する。したがってまた，「サービス価格」は，労働力の価値と各種消費財の価値の両者を含む水準で成立する。

これに対し，商品の「有用的働き＝サービス」取引の場合に売られるのは，あくまでもその「有用的働き」の「時間」を決めて売られる商品であって，この商品の貸出（使用許可）・返却・点検・整備・在庫管理などで必要となる種々の労働を行う労働力も，商品の点検・整備・在庫管理のために消費される物的諸手段（これも消費財である）も，それ自体としては，顧客が購入するものではない。

しかし，これらの労働及び物的諸手段（消費財）は，商品の「共同消費」のためには不可欠なものであって，これらの労働が行われ，また，物的諸手段が消費されることによって，一方では，素材的にも「共同消費」としてしか消費できないような様々な商品（共同消費手段）の消費が可能になり，他方では，

個人的に所有＝消費し得る商品についても，それをより少ない支出で消費することが可能になる。

　すなわち，商品の「有用的働き＝サービス」取引は，その商品が「サービス」として売られる際の価格が，これらの労働を行う労働力の価値と物的諸手段（消費財）の価値を含むことによってはじめて継続的に成立し得る。したがって，商品の「サービス価格」は，商品の価値に，この労働力と物的諸手段（消費財）の価値を加えた水準となる。

　したがって，「サービス価格」の水準は，労働の「有用的働き＝サービス」取引の場合も，商品の「有用的働き＝サービス」取引の場合も，いずれにおいても，「サービス」提供に関わって労働を行う労働力の価値と，この「サービス」提供に関わって消費される消費財の価値を含む水準で成立することになる（ただし，上述のように，その成立の論理は異なる）。

　なお，最後に，労働の「有用的働き＝サービス」取引現象について一点注意しておきたい。それは，労働の「有用的働き＝サービス」取引の中には，「結果」に加えて，「時間」も決められたような取引もあるということである。例えば，教育では，卒業時には生徒や学生の学力が一定の水準に達するという「結果」が決められると同時に，その学力が養成される期間＝「時間」も併せて決められている。しかし，「結果」が得られない場合は，「時間」の延長もあり得るから，基本的には「結果」決めの取引が行われていると見ることができる。

　さらに，様々な労働の「有用的働き＝サービス」取引現象の中には，むしろ，「時間」決めが基本のような取引も探すことができる。こうした場合の「有用的働き＝サービス」の取引現象は，上で確認した商品の「有用的働き＝サービス」の取引現象と同様な論理で発生していると捉えることができる。

4　［補説］運輸業の理解

　ところで，前節で確認したような本書の理解からは，運輸業はどのように捉えられるだろうか。運輸業は，既に見たように，これを「サービス業」に含めるか否かをめぐって論者が対立してきたもので，その対立する議論では，「有用効果」を生産物として，すなわち，取引（売買）される商品として規定しよ

るのか否かが焦点となっている。

「有用効果」概念については，本書もマルクスの規定に言及しつつ，「有用的働き」としてのサービスと相関する概念として述べてきた。その際，本書は，あくまで取引（売買）されるものとして現象するのは「有用的働き」としてのサービスであると述べてきた。ところが，運輸業については，むしろ，「有用効果」が取引（売買）対象として議論されているのである。

しかし，これについても，商品交換論を基礎とした理解が可能であるように思う。本節では，その理解のポイントについて述べたい。ただし，運輸業について，「サービス論争」の中で提起されてきた様々な論点の考察・評価はここでは十分にはなし得ず，先行研究との関連では，あくまで，上述した視点からの運輸業理解があり得ることの問題提起にとどまる。

さて，まず最初に明言しておきたいのは，本書は，「サービス労働価値非形成」説の代表的論者である金子氏と同様に，運輸業を，「生産された商品である生産物を生産の場所から市場へと場所的に移動させ，生産と消費をつなぐのに必要な追加的生産過程に属する」と捉える立場に基本的に立つことである。

また，「人間の運輸」については，それが観光旅行等の消費活動として行われる場合は物質的生産とは考えない（したがってまた，このような「人間の運輸」に支出される労働は価値を形成するとは考えない）。

しかし，その上で強調したいのは，運輸業は，それが物質的生産過程に位置づく場合であれ，消費過程に位置づく場合であれ，そのいずれもが，「サービス」を提供するものとして現象する，すなわち，「サービス取引」現象が成立するということである。ただし，後に述べるように，運輸業では，この販売される「サービス」が本来の「有用的働き」でなく，「有用効果」と観念され，「サービス＝有用効果」の取引という現象が成立するということである。

ところで，このような理解は，ここまでの「労働のサービス取引」及び「商品のサービス取引」についての考察と同様に，「本質と現象形態」という視点から運輸業における取引を考察することを意味するが，ここで明言しておきたいことは，運輸業にこうした視点からアプローチすることは，マルクスの商品交換論からすれば当然試みられるべきものであるということである。

実は，既に考察した，労働力の価値の「労働の価格」への転化形態としての

労賃形態について，マルクスは，その「必然性，その存在理由を理解することよりもたやすいことはない」(72)と述べた。これは，『資本論』第1部第1編での商品交換論の理解が前提にあり，商品の価値が「使用価値の価値」として現象するのは，まさに商品に一般的であり，すなわち，この現象は「労働力商品にのみ独自的でない」(73)という認識があったからであると考えられる。だとすれば，運輸業における「商品取引」にも同様な視点から接近し得るはずであり，むしろ，それが求められるからである。以下，このような視点からマルクスの周知の叙述に言及しつつ，本書の理解を述べる。

マルクスは，本章第1節の1で引用したように，「運輸業が販売するものは，場所の変更そのものである」とした後に，運輸業がもたらす「場所の変更」という「有用効果」の「交換価値」について述べており，これが，取引（売買）対象をこの「有用効果」とする議論の一つの根拠とされてきた。しかし，本書は，既述のように，「有用効果」が販売されるように見えるのは，「労働」が売られるように見えるのと同様に現象であり，その本質は別にあると理解する。

注目したいのは，同じ個所で，マルクスが，この「有用効果は，生産過程と同時にしか消費されえない。それは，この過程とは別な使用物として存在するのではない。すなわち，生産されてからはじめて取引物品として機能し商品として流通するような使用物としては存在するのではない」(74)と述べていることである。これは，明らかに「有用効果」が生産物でも価値物でもないという本質的な関係を述べたものである。

そして，その後の文章で，マルクスが，「有用効果」が「生産的に消費されて，それ自身が輸送中の商品の一つの生産段階であるならば，その価値は追加価値としてその商品そのものに移される」としているのは，本質的には，価値を形成するのは労働でしかないのだから，これは，運輸労働が運輸対象である商品に対象化されることで，追加的に価値を形成するということであり，他方で，この「有用効果」が「個人的に消費されれば，その価値は消費と同時になくなってしまう」としているのは，人間の個人的消費活動のために行われる運輸労働は対象化されることはなく，したがって，価値を形成することはないという意味であると考える。

したがって，本書は，マルクスの叙述は，本質的関係が現象するその現象形

態について，「運輸業が販売するものは場所の変更である」として，「有用効果」の「交換価値」について述べつつも，分析的には，「有用効果」は生産物でも価値物でもあり得ず，したがって，先の現象形態が不合理であることをも指摘していると理解する。つまり，現象形態を述べる部分と分析的に本質を探究する部分が並存しており，したがって，その叙述は，本質と現象の関係を明確化する方向で理解されるべきものであると考える。[75]

　それでは，運輸業においては，本当は何が販売されているのか？ そして，何故，「有用効果」が商品として販売されるように見えるのか？ 後者の論点について，本書は，ここまで，「サービスとは商品のであれ労働のであれ，ある使用価値の有用的な働き以外のなにものでもない」とするマルクスの規定に立って，労働の「サービス＝有用的働き」や商品の「サービス＝有用的働き」が取引される現象を説明してきたが，何故，運輸業の場合は，「有用的働き」ではなく「有用効果」なのか？ 以下，この点について，やはり運輸業が自営業で行われるものとして試論的に述べたい。

　この場合，運輸業者は輸送手段である運輸機関の運転等という内容で労働力を支出する＝運輸労働を行う。この運輸労働の「サービス＝有用的働き」の結果，運輸機関は空間的に移動し，運ばれるのが商品であれ，人間であれ，「場所の変更」という「有用効果」がもたらされる。すなわち，この「有用効果」は，運輸労働の「サービス＝有用的働き」の結果であるとともに，それによって移動する運輸機関の「サービス＝有用的働き」の結果でもある。

　したがって，顧客は，本質的には，運輸業者の労働力とこの労働力の支出＝労働によって移動する運輸機関という商品を，「有用効果」である「場所の変更」の程度（輸送距離や輸送時間等）を決めて購入・消費するのであり，それに対して貨幣を支払うのである。

　なお，運輸機関の消費は，運輸業者の運転労働なしではあり得ないということからは，運輸業が売るものの中心は労働力であり，「サービス」取引の中心は，労働の「サービス＝有用的働き」の取引となるが，取引される価値額の大きさからは，むしろ，労働力よりも運輸機関が中心であるという場合もあり得る。そして，いずれであっても，「サービス」＝「商品のであれ労働のであれ，ある使用価値の有用的な働き」という規定からは，こうした売られるものの主

第3章 「サービス」概念と「サービス取引」現象の分析　155

従に関わらず，この両者の販売を「サービス取引（売買）」現象として捉えることができる。この点に，この規定が持つ射程の広さがある。

　さて，このように，運輸業者の労働力とこの労働力の支出＝労働によって移動する運輸機関という商品が売られ，貨幣はこれに支払われるのであるが，この交換（売買）は，上述した一定の「有用効果」が実現されることを条件にしている。

　それは，既に述べた理容業の場合と同じで，顧客が，労働力としての運輸業者が行う特定の有用労働の「有用的働き＝サービス」を，したがってまた，この有用労働の「有用的働き＝サービス」によって移動する運輸機関の「有用的働き＝サービス」を，質的に，また量的に統制することはできず，取引に際して顧客が条件とし得るのは，運輸業者の有用労働と運輸機関の「有用的働き＝サービス」の結果としてもたらされる特定の「有用効果」のみであるからである。

　そして，これも理容業の場合と同様であるが，この「有用効果」は，顧客の側－顧客の所有物や顧客自身－に属する変化であって，運輸業者に属するものとして彼・彼女が提供したのは，「有用効果」をもたらした原因としての労働及び運輸機関の「有用的働き＝サービス」以外にない。したがって，貨幣は，「有用効果」をもたらす原因としてのこれらの労働及び運輸機関の「有用的働き＝サービス」に対応させられて，これらの「有用的働き＝サービス」の取引現象が成立するとともに，売買される「有用的働き」は，特定の「有用効果」と関係付けられた「有用的働き」であるため，決して定着しないとは言え，この「有用効果」自体が売買されるという観念も生じる。

　その上で，運輸業の場合に特徴的なのは，「有用効果」自体が売買されるというこの観念を強める独自の事情があることである。それは，運輸業の場合は，輸送距離や輸送時間などによって「有用効果」の客観的な度量が可能になっているということである(76)。

　既に見た理容業などの場合にも，「有用的働き」は特定の「有用効果」と関係付けられた「有用的働き」であるため，この「有用効果」自体が売買されるという観念は生じる(77)。しかし，理容業の場合の「有用効果」の評価には主観が大きく介在し，その客観的な度量は困難である。そのことは，顧客が，例えば，

「調髪」の結果としての「有用効果」に満足できない部分があったとしても，多くの場合には取引が成立することに示されている。すなわち，「有用効果」が売買されるという観念は生じるが，定着し得ないのである[78]。

これに対し，運輸業の場合は，輸送距離や輸送時間などを基準に「有用効果」が客観的に度量される部分が大きい——もちろん，「快適さ」などには主観的な要素が入ってくるから「有用効果」が全て客観的に度量されるのではない——ため，この度量された「有用効果」と貨幣が対応させられることで，「有用効果」としての「サービス」が売買されるという観念が強まると考えられる[79]。

そして，運輸業におけるこうした観念の成立は，運輸業の活動が，「生産物を生産の場所から市場へと場所的に移動させ」る場合でも，観光旅行等での「人間の輸送」を行う場合でも変わることはない。この運輸業における「サービス」としての「有用効果」の取引（売買）という観念が，「サービス論争」における「サービス＝有用効果」説の一つの有力な根拠となってきたのであるが，それはあくまでも現象に基づくものであって本質的関係は別であるというのが本書の理解である[80]。

第5節 「非物質的生産部門としてのサービス部門」の設定

ここまで，現代の「サービス経済化」を構成するより多くの現象を視野に入れるという問題意識から，「サービス＝有用的働き」というマルクスの規定を採用し，「労働のサービス取引」及び「商品のサービス取引」の両現象について，労働力の価値が「労働の価格」として現象する必然性を解明したマルクスの労賃形態論を手がかりに，それが「労働の価格」現象と同様に，商品交換の一般的規定性に根拠を持って生じる現象として理解しうることを示してきた。

すなわち，労働力の場合は，その支出としての労働の「有用的働き」の結果として，特定の「有用効果」をもたらす（可能性として）という「結果決め」で売られる（＝消費権限が譲渡される）ならば，また，商品の場合は，使用価値としての商品が，その消費者に与える「有用的働き」の「時間」を決めて売られる（＝消費権限が譲渡される）ならば，そこに，本来は，労働や商品の消費に

際して生み出され，それゆえ決して売ることのできない「有用的働き＝サービス」と貨幣が対応させられて，この「有用的働き＝サービス」が「取引（売買）」される現象が生じるというのが本書の理解である。[81]

したがって，「サービス取引」とは直接には流通（商品交換）上の現象なのである。そして，この点に，「サービス産業」の「雑多性」と言われる特徴が生じる根拠もあると考えられる。[82]というのは，「結果決め」で売られる労働力が行う労働の内容や，「時間決め」で売られる商品の使用価値の内容によって，「サービス」を提供する産業活動は極めて多様性を持つと考えられるからである。

このような「雑多」な「サービス業」に対して，本書が行おうとするのは，先行研究の問題意識を引き継ぎ，「非物質的生産」の性格を持つ一群の「サービス業」に焦点を合わせて，これを「サービス部門」として経済循環・再生産の視点から作成する経済循環図に組み込み，考察することである。

確かに，既に指摘されているように，「サービス取引」現象は，物質的生産の性格を持つ業種としても成立している。例えば，「機械修理業」や「加工・組立サービス業」など，元々企業内分業として行われていた物質的生産労働の一部が自立化し，外部企業による「労働のサービス」提供として行われているもので，これらは「物質的生産部門としてのサービス部門」である。

しかし，これらを「非物質的生産部門としてのサービス部門」と同列に扱うことはできない。何故なら，本章が作成しようとする経済循環図の基本視点である『資本論』の再生産論の考察が，「資本主義的に経営されるすべての生産部門を包括」[83]する産業資本についてなされており，「物質的生産部門としてのサービス部門」については基本的にそこでの解明内容の射程内にあると考えられるからであり，他方，「非物質的生産部門としてのサービス部門」については，そこに資本が投下されて多くの労働者が労働する事態が考察の前提になく，この点で，二つの「サービス部門」が再生産論の解明内容に対して持つ意味は異なると考えられるからである。

周知のように，「サービス労働価値不形成」説に立つ多くの先行研究が，マルクスの再生産表式を，「非物質的生産部門としてのサービス部門」を含むものへと発展させる試みをし，多くの知見を蓄積してきたのもこのためだと考え

られる。「サービス経済化」の中での同部門の拡大現象を再生産論としていかに理解し，説明するのかが，マルクス再生産論が解明すべき現代的課題の一焦点として捉えられたからである。本書もそうした先行研究と問題意識を共有する。

ところで，既述のように，多くの先行研究は「サービス産業」の規定の際に資本範疇を考慮し，論者によって違いはあるが，運輸業，賃貸業，広告業，宿泊業などを多くの場合「サービス産業」から除外してきた。「非物質的生産部門としてのサービス部門」を考える上で，本書は，この資本範疇の扱いについて，『資本論』の再生産論が，まずは，産業資本としての社会的総資本の再生産のあり方を，剰余価値範疇という基礎的次元で，それが，流通（商品，貨幣）の中で行われる限りでの形態規定性として解明したことをふまえて，次のような態度をとりたい。

すなわち，様々な「サービス業」をとらえた資本がどのような資本範疇のもので，そのことによってどのような形態規定性が与えられるのかを解明することは重要であるが，それはより高次の課題として，本章が設定する「サービス部門」における資本は，「剰余価値の取得」という資本としての最も基礎的な形態規定性において捉えた資本とするということである。したがって，「非物質的生産部門」であり，「サービス取引」現象が成立している限りでは，より具体的な資本範疇に関わらず，本章が設定する「サービス部門」の表象の中に含まれる。すなわち，賃貸業，広告業，宿泊業などはもちろん，「非物質的生産部門」である限りでの運輸業も含まれる。

次に，この「非物質的生産部門としてのサービス部門」の基本的な理解に関わって，「サービス労働価値不形成」説の代表的論者である金子氏の見解について，本書が継承する点と付け加えたい点を確認したい。

まず，氏の見解の重要な点として本書が継承したいのが，「非物質的生産部門としてのサービス部門」とは，労働者と資本家が消費財を消費する過程に位置づくということである。金子氏は，「サービス労働」を，物質的生産労働と非物質的生産労働との「全社会的連関」という再生産論的視点からの本源的な関係に位置づける中で次のように述べる。

すなわち，「前者（物質的財貨を生産する労働－引用者）の成果である社会の

総生産物＝総物質的財貨の消費によってはじめて，すべての生産が行なわれ（生産的消費），またいっさいの不生産的労働者をふくむ社会の全成員の生活が維持される（個人的消費）」。それゆえ，「社会の全成員の生活維持費＝「支払いの元本」であるのは，質料的には物質的財貨」であり，「サービス部門を含む物質的財貨を生産しない部門は，物質的財貨を生産する部門の生産物である物質的財貨＝商品の一部分を配分されることによってのみ維持される」[84]。

すなわち，「サービス部門」を含む非物質的生産部門は，物質的生産部門の生産物を配分され，それを消費する部門であるということである。そして，この消費される生産物は（消費の結果としての物的生産物を生産しないのだから），当然ながら，全て消費財である。そして，「全社会的連関からみれば，サービスを消費するということは，結局サービスを媒介にしてそれに支払われた物質的財貨＝商品を消費することに帰着する」[85]。すなわち，「サービス」の消費とは，「サービス」を提供する労働者の生活維持費としての商品＝消費財の消費を意味するということである。

そして，「サービス」の消費の主体としての「社会の全成員」とは，マルクスの再生産論の次元では労働者と資本家である。したがって，「非物質的生産部門としてのサービス部門」とは，労働者と資本家が消費財を消費する過程に位置づくのである。

ただし，氏の見解は，「サービス＝労働」説であるため，ここで消費される「サービス」としては「サービス労働」（本書が言う「労働のサービス」）だけが想定されている。しかし，氏のこの見解は，「消費財（本源的規定であることを無視すれば，「商品」と表現できる）のサービス」についても同様に言いうる。消費財（商品）のサービス＝「有用的働き」を消費するのであり，それを介してもちろんこの消費財自体を消費し，さらに，このサービス提供のための労働を行う労働者の生活維持費としての消費財を消費するのである。なお，「サービス労働」の消費においても，「サービス」の提供の際に消費される様々な物的諸手段があるが，これらも全て消費財である。

ところで，以上の理解からは，「非物質的生産部門としてのサービス部門」の設定について，次の点が明らかになる。それは，産業用機械設備賃貸業が除かれるということである。

この業種は,「返却された労働手段の修繕や整備をおこなうし,配達や回収という輸送機能もおこなう」という部分があるとは言え,そこにおける中心的な労働は,貸出・返却・点検・整備・在庫管理などで,それ自体としては非物質的生産の部門である。しかし,賃貸された産業用機械器具が提供先の企業で資本財（労働手段）として機能する場合,これは,明らかに,生産過程において生産的に消費され,物的生産物の生産に貢献する。

　それは,本書がここまでに「商品のサービス取引」の事例としてあげた消費者向け物品賃貸業が消費財の「共同消費」を媒介するのに対して,資本財（労働手段）の「共同消費」を媒介し,したがって,資本家の資本財投資の節約をもたらす業種であると言える。したがって,上の「機械修理業」や「加工・組み立てサービス業」と同様に,物質的生産過程に位置づけられる「サービス取引」であり,「サービス部門」であると考えられる。

　このような理解は,本書が設定する「非物質的生産部門としてのサービス部門」とは,本質的には,社会的再生産の観点からの設定であることを示している。

　ところで,上述した金子氏は,既に見たように,資本主義の下での3つの「サービス提供形態」として,①「収入としての貨幣をもって雇用された雇い人（召使,女中,家庭教師など）によるサービス提供」,②「自営業的サービス労働者（理髪業者,私塾教師,開業医師,クリーニング業者など）によるサービス提供」,③「サービス資本家による（資本としての貨幣をもって雇用された賃金労働者の労働力の使用による）サービス提供」をあげた。この見解について本書の理解から一点確認しておきたい。

　まず,このうち,①については,その実態が,「結果決め」での労働力の売買でなく,「時間決め」での売買であれば,それは,「サービス」を目的とした（したがって,雇い主に剰余価値を取得させないという意味で）不生産的賃労働であるが,商品交換（流通）現象としては「サービス取引（売買）」でなく,「労働の売買」として現象すると考えられることである。そして,今村［1996］が指摘するように,この①のような不生産的賃労働を,「資本主義的賃労働すなわち生産的賃労働」と区別するのが,これを考察した際のマルクスの課題意識であったと考えられる。

第3章 「サービス」概念と「サービス取引」現象の分析　161

　これに対し，「サービス取引」として現象するのは②③である。②は，マルクスが考察している中では，「靴磨き」「裁縫師」「医者」など雇用関係でない「結果決め」での労働力の売買である。そして，③は金子氏がマルクスの時代以降の資本主義発展で飛躍的に増大したとする資本主義的サービス業である（ただし，③の資本主義的サービス業は，既に見たように，渡辺氏がその成立を原理的に否定しているものであり，この点の検討は後に行う）。

　したがって，本書の理解からすれば，今日の「サービス経済化」を構成する「非物質的生産部門としてのサービス部門」における「サービス取引」現象のうち，「労働のサービス取引」現象に関わるのは②③（特に③）であって，マルクスが「資本主義的賃労働」から区別した①ではない。そして，このことは，金子氏が，②の出現が「サービス商品の提供業（サービス業）の出現を示し」ているという理解にも表現されている。何故なら，これは，①は「サービス商品の提供業」ではないということであり，事実，氏は①でのサービスは「不生産的賃労働の働き」であるとするからである。しかし，氏は，何故，「サービス労働」が，①では「不生産的賃労働」となり，②では「サービス商品」となるのか，その根拠を追究されていない。本書は，これを，提供される商品として現象するのが「労働」なのか，それとも，「有用的働き」としてのサービスなのか，に求めるべきであると考える。

　以上，ここまでの理解をふまえて，「非物質的生産部門としてのサービス部門」として表象しうるものを列挙すれば次のようになる。

　主に「労働のサービス」を提供しているものとしては，理容，美容，教育，医療，福祉，プロスポーツ，芸能，会計・税理事務所，調査業，広告業，警備業，経営コンサルタント，放送業，廃棄物処理業などがある。このうち，前半は，「対個人サービス」などと言われ，労働力の社会的再生産に関わる部分が大きい。いずれも，労働力を「結果決め」で販売するのが取引の中心であり，同時に，既に指摘したように，間接的に様々な物的諸手段（消費財）も販売＝消費されていると見ることができる。また，ここに多くの公務労働も加えることもできよう。

　また，主に「商品のサービス」を提供しているものとしては，消費者向け物品賃貸業，コインランドリー，浴場業，駐車場業，各種スポーツ施設，遊園地，

宿泊業，賃貸住宅，事務用機械器具賃貸業などをあげることができる。いずれも耐久性をもった消費財を，広い意味で「賃貸」し，社会的には，当該消費財の「共同消費」を管理・調整するという側面を持った業種であり，「時間決め」で商品を販売していると考えることができる（ただし，「賃貸」と言っても，商品体が土地に固定されているものは，個人向け物品賃貸業のように，顧客が商品を自分の手元に置いて消費する形にはならない）。なお，利用のされ方によっては，公共インフラ的なものにもここに加えられるものがあろう。

なお，「サービス取引」が見られる業種には，「労働」と「商品」の両方の「サービス取引」が複合的になされているようなものも多い。[90]

最後に，注意したいのは，上に列挙した中には，再生産論における資本家と労働者の二大階級を前提した場合，主に資本家のみが消費する「サービス」があることである。すなわち，会計・税理事務所，調査業，広告業，警備業，経営コンサルタント，放送業，事務用機械器具賃貸業などである。

これらは，資本家が企業活動のために消費するいわゆる「対事業所サービス業」である（再生産論では資本家概念の中に企業概念が包摂され，未分離であることに注意されたい）。これらは，元々は企業内で行われていた管理労働や流通労働などの非物質的生産労働が自立化・社会化して，外部企業による「サービス販売」として行われているものと捉えられる。そして，これらの業種で消費される物的諸手段も全て消費財である。

第6節 「資本主義的サービス業」の試論

本節では，本章のここまでの考察中に指摘しつつも検討に至っていない論点をとりあげたい。それは，「資本主義的サービス業」の成立をめぐる金子氏と渡辺氏の対立する見解である。

すなわち，渡辺氏が，マルクスが「「サービスとしての労働」という規定で語ろうとしたのは，「資本とでなく，収入と交換される労働」であり，「資本制的であるかぎり労働ないし産業はサービスを目的とせず，サービスを目的とするかぎりそれは資本制的には営まれない」とするのに対し，金子氏は，資本主義のもとでのサービスの歴史的規定を，「資本と交換される労働と区別され，

それと対立するところの，収入と交換される労働の有用的な働き」としつつ，このサービス提供の発展形態の一つに，「サービス資本家によるサービス提供」を位置づけ，なおかつ，「どの形態でサービス提供がなされても，サービスの消費者にとっては，自分の収入としての貨幣を支払うことによって提供を得たサービスを個人的に消費することに変わりはない」とするのである。

金子氏は，「収入と交換される労働の有用的な働き」としての「サービス労働」が「資本と交換される労働と区別され，それと対立する」ものであるのは，マルクスの生きた時代の産業資本主義の歴史的現実を反映したものと捉えるのに対し，渡辺氏は，これを「サービス労働」の「根本的で原理的な」あり方とするのである。その際，氏の理解のポイントは，「資本と賃労働の関係のなかで，消費者との「交換」に基づく（つまり，収入との「交換」に基づく）サービス労働の本来の規定が同時に成立すると考えることには無理がある」[92]，つまり，「「サービス労働」は一度目は資本家と，二度目は公衆の収入と，すなわち二度にわたる「交換」を同時に繰り返したりすることはできない」[93]という点にある。

要するに，「サービス労働者」はまず資本家と「交換」し，「資本－賃労働」関係に入る。そして，「公衆」＝消費者からは「収入」が支払われるのであるが，その「収入が支払われるのは企業家にたいしてであ」り，「サービス労働」に対して支払われるのではない。そう考えるのは，「二度にわたる「交換」を同時に繰り返す」ことになる。だから，「資本－賃労働」関係の成立下で，「収入と交換される労働」としての「サービス労働」という規定が成立すると理解することはできない－ということである。

渡辺氏の指摘するように，確かに，「公衆」＝消費者の「収入」が支払われるのは資本家（企業家）に対してである。資本家（企業家）こそが，資本を投下し，その投下資本額を上回る貨幣を取得するのであって，この場合，その貨幣が「収入」から支出されたものであることが独自な点である。しかし，重要なのは，この資本家（企業家）は，「公衆」に何を売ったのかということである。そして，資本家が「公衆」に売ったものと資本家が労働者から買ったもの＝労働力との関係である。

他方，こうした論点に関わる金子氏の「資本主義的理容業」の理解をまとめると次のようになる。すなわち，「理容資本家」は「理髪師を賃金を支払って

雇用する。そうして，理容資本家は，客に…賃労働者である理髪師の労働としてのサービス…を提供して，消費させ」る。このようにして行われる理容サービス提供にたいして，客は，収入としての貨幣を支出して，「理髪料」を理容資本家に支払う」。

　ここでは，理容資本家は，最初に理容労働者を雇用し，そして，顧客に「労働としてのサービス」を提供すると理解されている。しかし，問題は，やはり，理容資本家が理容労働者を雇用して買ったもの＝労働力と，理容資本家が顧客に売った「労働としてのサービス」がどのような関係なのか，ということである。氏にあってもこの点が必ずしも明確ではない。以下，本書の理解をやはり理容業に事例をとって述べる。

　理容労働が，サービス資本家に雇用された労働者によって行われる場合，労働者はサービス資本家に労働力を「時間決め」で売る。労働力を買った資本家は，一般の資本家がそうであるように，「価値増殖」という観点から労働力の消費，すなわち，理容労働者に労働力の支出＝労働を行わせる権利を得たのである。

　しかし，もちろん，資本家がこの権利を行使し，実際に労働力が支出されるのは顧客が現われてからのことである。顧客が現われれば，理容労働者は，顧客との間で，理容労働の特定の「有用効果」を決め，資本家がその支出＝消費の権限を持っている労働力を，資本家の指揮・監督の下で（それがどこまで現実的に労働者の労働を統制しうるかは別として），顧客に「結果決め」で支出する。資本家が「時間決め」で購入した労働力のその時間内の消費＝支出権限は資本家に属するのだから，これは，資本家が労働力（の消費権限）を「結果決め」で顧客に販売しているのである。他方，顧客の目的は，理容労働が与える「有用的働き」であり，この労働を行う労働力を「結果（有用効果）決め」で購入して貨幣を支払う。

　ただし，既に考察したところから明らかなように，以上の事態は，現象的には，労働者が資本家に売るのは「労働」であり（「サービス労働」ではない），資本家が顧客に売るのは，労働の「有用的働き」としてのサービスであるかのように現われる。

　なお，既に，理容業が自営業として行われる場合の考察で確認したように，

第3章　「サービス」概念と「サービス取引」現象の分析　165

顧客が理容師の労働力を，「結果」＝「有用効果」決めで購入する際の「有用効果」には，顧客が，理容師に労働手段としての使用＝消費を委ねている各種消費財の「サービス＝有用的働き」が顧客にもたらす「効果」が含まれている。したがって，顧客は，理容師の労働力の購入と併せて，理容師が労働手段として使用する各種消費財も購入しているのであり，それゆえ，より正確には，顧客は，理容師の労働力と理容師が使用する各種消費財を，それらの「サービス＝有用的働き」がもたらす「結果」＝「有用効果」を決めて購入するのである。

そして，たいていの場合，顧客は，このような労働力の支出としての特定の理容労働が理容師が使用する各種消費財の消費を伴って行われた後で貨幣を支払い，この貨幣を資本家が取得する。資本家は，理容労働者の労働が一週間とか，一か月とかの一定期間行われた後で，それまでに入手した貨幣から理容労働者の労働力の価値にあたる部分を賃金として支払う。そこからさらに理容労働者が労働手段として使用する消費財の価値を除いたものがサービス資本家の利潤となる。

なお，金子氏は，「サービス＝労働」説であるゆえ，物品賃貸業は「サービス業」に含めず，それゆえ，物品賃貸業における「同時成立」の問題は当然論点になっていないが，資本主義的に経営される物品賃貸業でも同様な関係が成立していると見ることができる。すなわち，資本家は，購入した商品（例えばCD・DVD等）の消費権限を顧客に再び売る──ただし，モノとしての商品の「サービス取引」は「時間決め」で行われる──。逆に言えば，理容業において資本家が購入した労働力の消費権限を顧客に売る──こちらは「結果決め」である──ということは，こうした「サービス労働」，本書が言う「労働のサービス」提供の場合に限られるわけではないということである。(95)

以上のように，本書は，非物質的生産部門における「資本主義的サービス業」は成立し得ると考えるが，以上の考察は，それが社会的に再生産される形で成立し得るのかどうかを確認したわけではない。それは，まさに，経済循環・再生産という視点から「非物質的生産部門としてのサービス部門」を組み込んで作成される経済循環図の考察の中で解明されるべき課題である。次章では，再生産表式に「サービス部門」を組み込む試みを行ってきた先行研究に学びつつこの課題を果たしたい。

（1） 既に指摘され，本文でも後述するように，物質的生産労働にも「サービス労働」が成立する。ただし，本書が課題意識として持つのは，「非物質的生産労働としての「サービス労働」」の方であり，前者ではない。これについては後述する。

（2） ここで，「非物質的生産部門としての「サービス部門」」としたことの意図については，この後の，諸論者の「サービス」概念と「サービス部門」の検討をふまえて明らかにする。

（3） Marx［1867b］S.207, 邦訳252ページ。ただし，訳文は異なる。

（4） 長田［1989a］85・65ページ。

（5） なお，旅館・ホテル業については，「労働のサービス」も含めて複合的にサービスを提供するとしており，同様な事例を他にも指摘している（長田［1989a］62ページ）。

（6） 佐藤［1997］69・78・70ページ。

（7） 佐藤［1997］74〜75ページ。

（8） 佐藤［2001b］237ページ。

（9） 渡辺［1985a］80・89ページ。

（10） 渡辺［1985a］13・79・241・42ページ。

（11） Marx［1857-1858］S.37, 邦訳107〜108ページ。

（12） 渡辺［1985a］14・182ページ。また，渡辺［2008］も「マルクスのサービス論が今日の「サービス」論に対してもつ決定的な距離（乖離）」を指摘している（285ページ）。本書は，氏の研究に多くを学ぶものであるが，これまでの研究には，マルクスの「サービス論」の活かし方という点で看過してきた点があり，そのことが，氏の指摘する「距離（乖離）」を不当に拡大してきたと考える。

（13） 長田［1989a］136ページ。この「有用効果」は後に見るようにマルクスの概念である。

（14） 飯盛［2003b］104ページ。刀田［1993］は，飯盛氏が「有用効果」を生産物とすることの根拠について検討し，「「有用効果」は労働概念に属し…生産物概念とは規定できない」とする（102ページ）。

（15） 飯盛［1990］28ページ。

（16） 飯盛［1990］28ページ。

（17） Marx［1885b］S.60-61, 邦訳88〜89ページ。

（18） 金子［1998］44ページ。

（19） Marx［1863-1865］S.72-73, 邦訳123ページ。

（20） 金子［1998］82ページ。

（21） 金子［1998］84ページ。

(22) 金子［1998］133 ページ。
(23) 金子［1998］85・74〜75 ページ。
(24) 金子［2000］123 ページ。
(25) 川上［2003a］152〜153 ページ。
(26) 山田［1968a］114 ページ。
(27) 金子［2003］166 ページ。
(28) 川上［1973］98〜107 ページ。
(29) 金子［2003］155 ページ。
(30) 金子［1998］53 ページ，同［2003］，155 ページ。この見解は，既に，金子［1966］で示されている。
(31) 川上［2003a］170 ページ。
(32) 金子［2003］166 ページ。渡辺［1985a］は，この資本範疇による「サービス産業」の分析について，社会資本の分析に「現物貸付資本」の観点を適用した山田［1975］に示唆を受けたとしている（180 ページ）。
(33) 金子［2000］123 ページ。また，川上則道氏も，サービスを「役立ち」「用役」という意味で用いて生産における機械設備の「サービス」（役立ち）を考えるような議論は，そのサービスへの対価が利潤であるというような理解に繋がるもので，「論外」であると述べる（川上［2003a］153 ページ）。
(34) 金子［2003］166 ページ。
(35) 「古典派経済学は，日常生活からこれという批判もなしに「労働の価格」という範疇を借りてきて…」（Marx［1867b］S.559-560，邦訳 697 ページ）
(36) マーケティングや経営学の分野でも，「サービス経済化」を捉える「サービス」規定として，「機能」や「有用性」に着目するものは多い。野村［1983］は，「「サービス」とは，「人」「物」「システム」がその機能を働かせ，有用性を発揮することを指す」とし，「「サービス財」は，「有用な機能を果たす働き」のみが売買される財」であるとする（38・43 ページ）。また，南方・酒井［2006］は，これまでのサービスの経営学的研究は，「サービス提供者」が「人」に対してサービス機能を提供するというシチュエーションに対象を限定していて，「幅広く研究対象とするものは非常に少ない」と述べ，「サービス財の販売」を「物財の販売とは独立してサービス機能の対価のみを貨幣と交換すること」とし，この「サービス財の販売」を行うサービス業を考察対象とする（1〜2 ページ）。
(37) 「サービスつまり有用的働きは，その使用価値の消費に際して生み出されるものである」（渡辺［1985a］69 ページ）。
(38) Marx［1867b］S.557，邦訳 694 ページ。
(39) 山本［1975］277 ページ。

(40) Marx［1867b］S.557, 邦訳 694 ページ。
(41) なお，マルクスは，この四点の「必然性，存在理由」で成立した「労働の価格」という観念が，労働時間と労働力の価値の関係，賃金の現実の運動などによってさらに合理化されていくことをその後で述べている。
(42) Marx［1867b］S.563, 邦訳 700 ページ。
(43) 高橋［1974］30 ページ。
(44) Marx［1867b］S.119, 邦訳 139 ページ。
(45) Marx［1867b］S.110, 邦訳 126 ページ。
(46) Marx［1867b］S.119・123, 邦訳 139・143〜144 ページ，傍点は引用者。なお，この過程の裏面では，金が，「その使用価値の一つの特殊な姿態」と交換されて「貨幣の単に観念的な使用価値の実現」がなされる。
(47) Marx［1867b］S.119・122, 邦訳 139・143 ページ。
(48) Marx［1867b］S.563, 邦訳 700 ページ。
(49) Marx［1867a］S.527, 邦訳 614 ページ。そして，「商品の交換比率がある特定の大きさである」ことについて，「交換の次に来る消費にその説明要因を求め」る，いわゆる「主観的効用価値説」（藤森［2009］7 ページ）の現実的基礎もここにある。
(50) Marx［1867b］S.50, 邦訳 48 ページ。
(51) Marx［1867b］S.208, 邦訳 254 ページ。
(52) Marx［1867b］S.181, 邦訳 219 ページ。なお，後に本文中でも触れるが，マルクスは，一定の有用労働が他面では価値形成要素であるという労働力商品の独自な性質は，「普通の意識の領域の外にある」（Marx［1867b］S.563, 邦訳 701 ページ）としつつ，資本家について，「彼自身は一個の実際家であって…自分が商売のなかでやることはいつでも心得ている」とし，「労働力の価値と，労働過程での労働力の価値増殖」との「価値差は，資本家が労働力を買ったときにすでに彼の眼中にあった」としている（Marx［1867b］S.207-208, 邦訳 252〜254 ページ）。
(53) Marx［1867b］S.185, 邦訳 223 ページ。
(54) Marx［1867b］S.182, 邦訳 220 ページ。
(55) 「資本家が労働者から，たとえば1日という時間ぎめで労働力を買うとすれば，彼はこの1日に支出する労働力の価格を，貨幣形態で支払う」（高橋［1974］31 ページ。傍点は引用者）。
(56) 交換過程における労働力商品の使用価値を明らかにするには，「有用性」と「商品体」に「量的規定性」を加えた三点の検討が必要であることは，高橋［1974］，高木［1977］から学んでいる。高橋氏の論稿は，労賃形態の必然性論の論理を，後述するような「労働力商品の特殊性」に求めるのでなく，商品

交換の一般的規定性の理解を徹底させる方向で追究した先駆的論稿であり，そこでは，「商品体」の方に焦点を合わせつつ，資本家による「時間決め」での労働力の購入を論旨に組み込んでいる（31ページ）。高木氏は，「労働力は労働の可能性として，その量的規定性を一個の労働力ではなく，結局は何労働時間とする」と指摘している。ただし，焦点を合わせているのはやはり「商品体」であり，その上で，「通常の商品の場合…商品体を使用価値である」と言え，「その自然姿態を持って実存し，実現の必要性はない」のに対し，「労働力は…「潜勢的」であり，実現と実証を要する」という氏以前の論稿にも見られる「労働力商品の特殊性」への認識を介して，「労働力の場合…それ自体使用価値でなく，使用価値の定在はその支出＝労働にある」と結論づける（274〜275ページ。傍点は引用者）。すなわち，労働力商品の特殊性として，むしろ，その商品体としての使用価値を認めないことによって労働力商品の使用価値＝労働を導出するのである。栗田［1980］も，「労働力なるものが単なる物ではなく，人間の身体に内在する能力であり，したがって買手によっては直接自由に消費できないという，労働力商品それ自体の特殊性」のゆえに，「他の諸商品の場合は，使用価値は…消費以前に与えられている「商品体そのもの」である」が，「労働力商品の場合は，労働力それ自体ではなく，その消費が使用価値である」，「すなわち労働としてしかとらえられない」と高木氏と同様の論理を展開する（9〜11ページ）。しかし，高木氏が指摘した「量的規定性」の論点は考察されていない。本書は，労働力商品の商品体とは労働者そのものであると理解する。そのことは，労働力商品の売買成立後に，「貨幣所持者は資本家として先に立ち，労働力所持者は彼の労働者としてあとについて行」き，資本家の作業所で，その指揮・監督下に入らなければならない（Marx［1867b］S.191，邦訳231ページ）ことに明白に示されていると考える。他方，労働力が「人間の身体に内在する能力であり，したがって買手によっては直接自由に消費できない」という論点は，資本家による労働力の消費＝労働者の労働の「統制」に関わる問題として重要であると考える。しかし，交換過程では，「労働統制」の程度に関わらず，商品体としての労働者が資本家の指揮・監督下に入るためには，労働力商品の使用価値としての「価値創造」の時間が規定されなければならない。

(57) 既に，佐武［1966］は，「労働力の「現実的」な使用価値は，労働そのものである」としつつ，「市場に登場している商品としての労働力は，「可能的」な使用価値である。…かかる「可能的」な使用価値として，労働力の定在としての人間そのものは，「肉体的および精神的な諸能力の総計」と把握されている」と指摘しており（65ページ），実質的に，「商品体」＝「労働力の定在としての人間そのもの」と「可能性としての労働」の二点から交換過程における労働

力商品の使用価値を捉えている。ただし,「可能性としての労働」の量的規定という視点はない。なお, この量的規定については, その規定が幅をもってなされる場合や慣習的に規定されるだけの場合, さらに, 法的に限界が規定される場合など, その具体的なあり方が多様であることを含んで理解されたい。

(58) 本書はこのように, 労賃形態成立の根拠を, マルクスが明言している商品交換の一般的規定性に求め, さらに, 後に試みるように,「労働のサービス」を含む「サービス取引」現象についても同様に商品交換の一般的規定性に基づいて把握できると考える。このような本書の立場から見た場合, 労賃形態成立の根拠を, 労働力商品の何らかの特殊性に求める見解が持つ問題点は, 労働力商品であろうが,「労働のサービス」取引としての労働力の販売であろうが, いずれも, 同一の「特殊性」から「使用価値=労働」が導出され得る中で, 何故, 前者の場合は「労働」が売買され, 何故, 後者の場合は「サービス=有用性」が売買されるように現象するのか, 説明できなくなるということであり, また, 労働力以外の一般の「商品のサービス」取引への視点も得られなくなるということである。

(59) Marx [1867b] S.563, 邦訳 701 ページ。

(60) Marx [1867b] S.563, 邦訳 701 ページ。

(61) Marx [1867b] S.563, 邦訳 701 ページ。なお, この労働の価値形成要素が見失われることについては, 資本主義的生産過程の協業-分業-機械制大工業という生産方法の発展によって実現される労働の社会的生産力の発展が,「労働者の労働そのものが資本のものになるまでは労働者によっては発揮されないのであるから…資本が生来もっている生産力として, 資本の内在的生産力として現象する」(Marx [1867b] S.353, 邦訳 437 ページ) 関係が重要である。これについては, 中川 [1970], 髙橋 [1974] を参照。

(62) 既に, サービス論における先行研究では, 通説の「サービス=労働」説に対し, 売買されるのは「労働」ではなく「労働力」であるという指摘がなされている。例えば, 青才 [1977・2006], 刀田 [1991・1993], 但馬 [2010] などである。他方,「サービス労働価値不形成」説に立つ金子氏は,「商品としてのサービスは, 一般的規定としてのサービスという「労働の特殊な使用価値」が価格形態を付されることによって商品になったもの」(金子 [2003] 159 ページ) で, 端的に,「擬制的」な商品とする (同 [1998] 51 ページ)。川上則道氏は,「教育や医療において商品として売買されているのは教育や医療がもたらした有用な効果としての教育サービスや医療サービスではなく, 教育活動や医療活動そのもの」とした上で,「教育サービスの中心は活動 (=労働) 状態にある教員の労働力の売買」である (川上 [2003a] 163・165 ページ) と述べて,「活動 (=労働)」と「労働力の売買」を両立させる理解を示してい

第 3 章　「サービス」概念と「サービス取引」現象の分析

る。また，後述するように，原田［1997］は，この「両立」のための論理に焦点を合わせた考察をしている。

(63)　原田［1997］は，「サービス業において販売されるものは…労働そのものである」としつつも，「不生産的労働者の労働能力が一つの商品である」とする刀田氏が引用したマルクスの叙述を確認して，「確かに労働力が商品化されるのであるが，しかし労働力の販売の仕方にはいろんな形態が考えられる」と述べて，「自営サービス業者」について次のように分析する。「サービス提供者は，そのサービス提供において，労働力そのものは譲渡しない。労働力の使用権は労働の全過程において労働力の担い手自身に属し，したがってすべての労働を彼自身が指揮し，彼自身が統制する。…では，労働力そのものは譲渡されていないのに，どうしてそれを労働力の販売の一形態としてとらえうるのであろうか？…確かに労働力の指揮，監督が買い手に与えられていないという意味では労働力の販売ではないが，しかし労働は労働力の発現であり，その実証であるから，自分自身が指揮し，監督する労働力が販売されていると捉えることができ」る（126～127 ページ）。氏は，ここで，「サービス業で販売されるのは労働」だとしつつも，他方では，「確かに労働力が商品化される」として，サービス業における「労働力の販売の仕方」について，労働力商品の売買との差異に関わる指摘をしている。しかし，「労働の販売」と「労働力の販売の仕方」とがいかなる関係にあるのかは問うていない。

(64)　既に，飯田［1993］は，「労働というサービス」（労働という用役）が商品化した「労働サービス」商品という範疇を提示し考察する中で，「ある労働サービスが商品あるいは使用価値として成立するためには，一定のあらかじめ意図された結果がもたらされなくてはならない…。…このような条件を「所期の有用効果の達成」と定め，これを単位とした「労働サービス」商品の把握を考える」とし，この「「有用効果」との関連においてとらえられた「労働サービス」については，それを「有用労働」と表現することが可能」とした（156～157 ページ）。ここでの「有用効果」とは，「「労働サービス」商品の「計測単位」」（154 ページ）であり，これによって計られた「「ひとまとまり」の有用労働」を「「取り引き単位」として…「労働サービス」商品の売買は成立する」（168 ページ）とする。氏の言う「サービス（用役）の商品化」を本書は現象と捉え，その本質を労働力の売買と捉えるが，そのように読み換えれば，氏の見解は，まさに，「有用効果」という「結果」が規定されることで，労働力が質的・量的にどのように支出されるのか＝労働の質的・量的規定がなされて，労働力が取引（売買）されるという本書の理解に直接接続する。本書は氏の研究に多くを学ぶものである。なお，氏は，「マルクスは，「労働サービス」商品の「使用価値」…その「取り引き単位」にはきわめて無関心であった」と

し，この無関心が，「サービス論争」にも引き継がれていると指摘する（169ページ）。しかし，この「取り引き単位」とは，まさに，『資本論』第一部の商品論冒頭でマルクスが明記した使用価値の「量的規定性」のことである。マルクスにあったにもかかわらず「サービス論争」では必ずしも活かされてこなかったと思われる。

(65) なお，ここで確認できるのは，マルクスが，「その有用性がその生産物の使用価値に，またはその生産物が使用価値であるということに，表わされる労働を，われわれは簡単に有用労働と呼ぶ」（Marx［1867b］S.56, 邦訳 57 ページ）と述べて，労働の「有用性」から「有用労働」を規定した後に，「この観点（有用性－引用者）のもとでは，労働はつねにその有用効果に関連して考察される」と述べていることに明らかなように，「有用性（有用的働き）」と「有用効果」は，「原因」と「結果」として相関する概念であり，後者の規定が前者の規定を意味することである。この点は，「サービス論争」においても，「「有用的効果」は，「有用的働き」を原因とするその成果である」（斎藤［2008］150 ページ）と指摘されている。なお，今村［1996］は，渡辺［1985］は「有用効果が生産過程にかかわるのにたいし，サービスは消費過程あるいは労働過程にかかわる概念だ，という二分論の立場に立つ」と指摘する（183ページ）。

(66) 刀田［1999］は，「サービス労働価値不形成」説に立つ原田実氏が，「サービス業において販売されるものは…労働そのものである」とすることを，理容や仕立てサービスの事例をあげて批判する中で，次のように述べる。「一般に売買では，買い手は購入対象を特定し，それを売り手は販売する。そうでなければ売買が成り立たない。だからサービス取引において労働が商品であるなら，客は彼が買う労働を特定しなければならないし，サービス業者は客のこの指示に従って労働を行う義務を負う。ところが問題のサービス提供における取引では，このような客による労働の特定は全然行われていない。そこでは多くの場合，目的とする結果が達成される限り，買い手がそのための労働について特別の指示はしないし，またその必要もない。サービス業者の方も，客が要求する結果に責任を負い，それをどのように行うかは彼らの自由裁量に委ねられているケースがほとんどである」（34 ページ。傍点は引用者）。ここでは，労働力が「結果決め」で販売される仕方が正確に指摘されている。しかし，刀田氏自身の見解は，サービス業で販売されるのは「労働の結果として実現される客の身体やその所有物の上に起きる様々な変化」＝「形態変化」であるとするもので，氏は，この「形態変化」を「生産物」と規定して，サービス労働の価値形成性を主張する。

(67) 刀田［1993］は，サービス＝「有用的働き」というマルクスの規定に拠っ

てリース・レンタル業をサービス業として捉える長田［1989a］が,「物の所有権は問題とならずに，物に含まれている機能のみが取引対象となっている」(20ページ) とすることに対して,「所有権は処分権と使用権とから成り…賃貸ではそのうちの処分権は貸手に保留されるが，使用権は借手に移転される。…借手の使用によって生ずる賃貸物の「有用的働き・機能」は，その発生からして使用者である借手に属する。したがって，それは賃貸業者の販売する商品とはなりえない」(229～230ページ，傍点は引用者) と指摘している。

(68) 既に，刀田［1993］は,「賃貸は，法的には貨幣の支払いと引き換えに財の使用権を一定期間借手に移転し，賃貸物を一時的に借手に提供するということを内容としているが，その経済的実質は，貨幣と引き換えに時間を単位として計った財の一定量を借手に譲渡することである。…そこにおいては時間で計った財の一定量が商品として提供され販売されている」(236ページ，傍点は原文のまま) と指摘している。

(69) マルクスは,「ある種の商品の利用，たとえば家屋の利用は，一定の期間を定めて売られる」(Marx［1867b］S.149, 邦訳176ページ) と述べており，これは，賃貸業で「時間決め」で商品が販売される事態に他ならない。また，こうした賃貸業での「時間決め」商品販売は，労働力商品の販売の場合と共通する。両者で異なるのは，賃貸業では，商品がその消費による「有用的働き」＝サービスの結果として，特定の「有用効果」が得られることが取引の大前提となっているのに対し，労働力商品の場合は，労働力の消費としての労働がいかになされて，いかなる労働の「有用的働き」＝サービスが実現され，結果として，いかなる「有用効果」が生産物の生産において実現されるかが決まっておらず，この点は，剰余価値の取得を規定的目的して労働者を指揮・監督し，その労働力を消費する資本家に委ねられていることである。

(70) 渡辺［1985a］は，物品賃貸業，旅館，娯楽業などを「消費手段の現物貸付を中心とした事業」として考察し，そこでは「消費手段としての固定資本を維持する消費労働」が必要であることを指摘しており (226・183ページ), 金子［1993］は，マルクスのNaturaldienst (現物サービス) の一つとして,「消費財を継続して消費可能な状態に維持する労働」をあげている (63ページ)。「共同消費」という形で「商品のサービス」を提供する諸業種での労働のある部分は，こうした労働の延長線上で捉えられるように思われる。

(71) このことは,「労働のサービス」を提供する，例えば，理容業などでも同様である。つまり，そこに設置された物的諸手段が「修繕」されることも当然あるからである。しかし，こうした労働が理容業の主要な労働でないこともやはり同様である。

(72) Marx［1867b］S.562, 邦訳700ページ。

(73) 髙橋 [1974] 41 ページ。
(74) Marx [1885a] S.60, 邦訳 69 ページ。
(75) なお，周知のように，マルクスは，『資本論』第二部で本書が引用した他にも運輸業について言及している（Marx [1885a] S.149-153, 邦訳 182〜186 ページ，及び，同 S.160, 邦訳 195 ページ）。詳細な検討はなし得ないが，そこでは，「有用効果の価値」など，「有用効果」を生産物や価値物として述べるような叙述はなされておらず，基本的に本質的関係が叙述されていると思われ，その内容も，本書の理解と矛盾しない。
(76) 村上 [2007] は，生産的労働・価値形成労働の要件として労働の成果が「量的規定性」を持つことをあげ，「運輸労働の場合には，移動距離や重量，人数，速達性などといった尺度によってその労働のもたらす使用価値ないしは有用効果が度量されることができる」として，その価値形成的性格を理解しようとしている（44 ページ）。本書は，「有用効果」の度量性は，売買されるのは「有用性＝サービス」なのか，「有用効果」なのか，という「サービス取引」の現象的認識（の移行）に関わり，度量性が高いほど「有用効果」が売買されるという観念が強くなり，定着すると考える。
(77) 既に，この点についても，飯田 [1993] が，「労働サービス」商品においては，「あたかも「結果」「有用効果」そのものが取り引きされているかのように感じられる」とし，その理由を，この商品の使用価値に位置づけられる「有用労働」と「有用効果」が不離不即であるため，「前者を規定するものとしての後者があたかも「使用価値」であるかのように見える」のだと指摘している（159 ページ）。
(78) この点は既に多くの論者が指摘している。例えば，「私たちが医者にかかったり，弁護士に依頼したばあい，彼らの労働が効果をもたらさなかったとしても料金を払う。このことは，サービスにおける売買対象が有用効果でないことを意味している」（水谷 [2000] 106 ページ）。また，理容業も全く同様で，客が理髪労働の結果に満足できなかった（例えば，ヘアースタイル）としても，やはり通常は料金を支払う。
(79) 詳細な検討はなし得ないが，客観的な度量基準に従って料金体系が整備される程度に従って，「有用効果」が得られるという観念も強まると考えられる。
(80) なお，マルクスは，運輸業と「報道，手紙，電信など」を併せて「交通業」としている（Marx [1885b] S.60, 邦訳 68 ページ）が，運輸業についての分析内容は，マルクスがあげた手紙（郵便）や電信（通信）にも妥当すると思われる。なお，刀田氏は，今日のファックスやパソコン通信では，利用者が，通信業者の設備を使用して，自分自身で情報の移動を行なうのであり，ここでは通信施設の賃貸が行なわれているとしている。しかし，通信設備に対して常に

第3章　「サービス」概念と「サービス取引」現象の分析　175

通信業者の管理労働が行われるならば，これは，CD・DVD を自宅で視聴するような賃貸業とは異なってくる。これは，「サービス取引」の中心が，「労働のサービス」なのか，「商品のサービス」なのか，という論点である。

(81) なお，本章の考察は，マルクスが，『資本論』に残した「サービス」規定を採用し，マルクスが『資本論』で労賃形態について商品交換論を基礎に批判的に把握した考察を手がかりに，今日の「サービス取引」現象を同様に批判的に把握する試みに傾注している。そのため，マルクスが「サービス」に関して残したその他の様々な諸規定をめぐる論点をふまえた考察にはなっていない。残された課題である。
(82) 渡辺［2008］294 ページ。また，大吹［1994］284 ページなど。
(83) Marx［1885a］S.66，邦訳 66 ページ。
(84) 金子［1998］10～11 ページ。
(85) 金子［1998］12 ページ。
(86) 水谷［2002］57 ページ。
(87) ただし，機械設備を特定企業に長期（物件の法定耐用年数の大半）に貸し付けるリース業の場合は，特定企業が対象であるため，「共同消費」という側面はないと思われる。
(88) 今村［1996］181 ページ。
(89) 金子［1998］85 ページ。
(90) 例えば，フィットネス・クラブ（スポーツ・クラブ）には，インストラクターの「労働のサービス取引」とともに，トレーニング機器など各種の「商品のサービス取引」も見られる。他に，宿泊業にも両方の「サービス取引」が見られるものが多い（長田［1989a］62 ページ）。
(91) Delaunay, Godery［1992］，邦訳 222 ページ。
(92) 渡辺［1999］55～56 ページ。
(93) 渡辺［1985a］82 ページ。
(94) 金子［1998］175 ページ。
(95) 既に，川上［2003a］は，「教育サービスが資本の経営によって提供されている場合，資本は教員を雇用し，すなわち，教員の労働力を購入した上で，学校施設や教材を使用させながら購入した教員の労働力を活動状態にして，再度，販売する」（165 ページ。傍点は引用者）と指摘している。

第4章 「サービス部門」を含む再生産と経済循環図

第1節 本章の課題

本章では，次の3点を課題として追究する。

まず，マルクスの再生産表式に「サービス部門」を組み込むという方法で，「サービス経済」と言われる現代の経済構造を捉える試みを行った先行研究の成果と課題を確認する。

次に，第1章で国民所得論の「三面等価原則」及び経済循環図の批判的検討のために示した三部門四価値構成の再生産表式に，前章での「サービス取引」現象の考察をふまえた「サービス部門」を組み込んだ四部門四価値構成の表式を考察し，「サービス部門」の再生産条件，同部門を含む「三面等価原則」の成立について明らかにする。

最後に，以上の考察結果をふまえ，「サービス部門」を組み込んだ経済循環図を，「サービス経済」の基本構造を示すものとして作成し，提示する。

第2節 再生産表式への「サービス部門」の組み込みに基づく先行研究の成果と課題

1 山田喜志夫氏の研究

まず，本節では，「サービス部門」を再生産表式に組み込む試みを行った山田喜志夫氏と川上則道氏の先行研究から引き継ぐべき成果と解決するべき課題を明確にする。

山田［1968a］は，「サービスは，労働それ自体の有用性のことであって…人間の直接人間を対象とする活動」であり，「サービスは，資本制的サービスであれ何であれ，自然へ働きかけないのであるから生産物を生産しない。したが

第4章 「サービス部門」を含む再生産と経済循環図　177

って，サービスは社会的総生産物の一部たる国民所得を生産しないことは自明」であると述べる[1]。

その上で，「サービス部門」の再生産について，「サービス部門では，国民所得は生産されず，サービス価格の支払いを通じての貨幣形態の国民所得の再分配によって，サービス部門が維持され，サービス部門の労働者，資本家の派生的所得が形成される」とする。これは，「サービス労働価値不形成」説の立場からの「サービス部門」の基本的理解であり，本章もこれを堅持する。そして，「サービス価格」について，資本制的サービス業の場合は，個人的な（自営業の）サービス業のサービス価格である「サービス提供に必要な生産物…の価格と，サービスを提供する人々の生活に必要な生産物の価格の合計」に，「さらに平均利潤を加えた合計である」とする[2]。

このような理解に立って，氏は，次のような再生産表式によって，「サービス部門」を含む社会的総資本の再生産過程を考察する。

$$
\begin{aligned}
&\text{I 部門}\quad 4000C + 800Vp + 200Vs + 800Mp + 200Ms = 6000\\
&\text{IIa 部門}\ 1600C + 320Vp + \ 80Vs + 320Mp + \ 80Ms = 2400\\
&\text{IIb 部門}\ \ 400C + \ 80Vp + \ 20Vs + \ 80Mp + \ 20Ms = \ 600
\end{aligned}
$$

（注）Vp と Vs は，賃金のうち，それぞれ商品生産物に支出される部分とサービスに支出される部分で，Mp と Ms は，同様に，剰余価値のうちの商品生産物に支出される部分とサービスに支出される部分とされている。

ここで，I 部門は生産手段生産部門，IIa 部門は生産的部門用消費財の生産部門，IIb 部門は，サービス部門用（不生産的部門用）消費財の生産部門である。そして，「サービス部門用消費財」とは，「サービス部門の建物や設備，サービス部門の労働者と資本家とが個人的に消費する生産物」である[3]。

ここでまず明らかなことは，氏は II 部門を IIa と IIb に細分割するのであるが，それは，サービス部門用（不生産的部門用）消費財の生産部門（IIb）を組み込むためであって，「サービス部門」を組み込むためではないということである。では，何故，「サービス部門」を組み込まないのか？　それは，上述のように，「サービス」とは「そもそも生産物ではない」のであり，「サービス取

引」と現われるものは,「たんに一定価値額の移転,再分配であって,商品流通に伴う貨幣流通ではないのであって,表式には直接明示されない」と考えるからである。

　これは極めて重要な指摘である。言うまでもなく,マルクスの再生産表式で,「C(不変資本)＋V(可変資本)＋M(剰余価値)」という概念で表現されるものは,物的な商品としての年間生産物であり,その価値の構成である。したがって,「生産物」ではない「サービス」の取引を「商品流通」として表式に表現することはできないというのは正鵠を得ている。

　しかし,その一方で,氏の上の理解にも示されているように,「サービス取引」の結果,「一定価値額の移転,再分配」が行われており,これが具体的には貨幣流通によってなされ,そして,この貨幣を取引する資本家や消費者が存在していることも事実である。そして,「サービス」を提供する「サービス部門」の資本家は,現実に資本を投下しており,この資本家が資本家として自らを存立させるためには,上の貨幣流通を介して,投下した資本を回収・補填し,なおかつ,自らの生存を可能にする大きさ(ここでは単純再生産が考察の前提である)の剰余価値を取得しなければならない。その過程の解明こそが再生産論としての課題であるが,氏はこれをいかにして解明するのか？

　氏は,上掲の表式によって解明すべき課題について,「不生産的部門用消費財…が,社会的総資本の再生産においていかに価値的素材的に補填されるか,そして,これにともなってサービス部門がいかに再生産されるかこそが,そこでの問題点なのである」と述べる。

　すなわち,氏は,確かに,「サービス部門がいかに再生産されるか」を解明しようとするのであるが,上で指摘したように,「サービス部門」は直接には表式に組み込めないとして,表式自体で解明されるのは,表式に組み込める「サービス部門用消費財」の価値的素材的補填の問題であり,この「補填」に「ともなって」サービス部門の再生産が明らかにされるのだとするのである。

　そして,この課題についての氏の説明は次の通りである。

　「I 部門の V＋M のうちサービス支払いに向けられる 200Vs と 200Ms…は,現物形態では生産手段であるから,結局,現物形態では不生産的部門用消費財たる IIb (400) とたがいに交換されることとなるが,この場合,直接的にこの

転態が行われるのではなく、次のような過程をとる…。Ⅰ部門の資本家が労働者に支払った賃金のうち 200 および利潤 200 の合計貨幣 400 が、サービスの支払にあてられ、これら貨幣 400 はサービス部門の資本家の手中に入る。サ・ー・ビ・ス・部・門・の・資・本・家・は・、こ・の・貨・幣・400・の・一・部・を・も・っ・て・サ・ー・ビ・ス・活・動・の・維・持・に・必・要・な・生・産・物・を・Ⅱb・部・門・か・ら・購・入・し・て・補・填・し・、貨・幣・400・の・他・の・一・部・を・も・っ・て・サ・ー・ビ・ス・部・門・の・労・働・者・に・賃・金・と・し・て・支・払・っ・た・い・わ・ば・「可・変・資・本・」部・分・を・補・填・…し・、さ・ら・に・残・り・の・一・部・の・貨・幣・は・、こ・の・サ・ー・ビ・ス・部・門・の・資・本・家・の・利・潤・と・し・て・現・象・す・る・。サービス部門の労働者は、その資本家から支払われた賃金をもってⅡb 部門から消費財を購入して労働力を再生産する。そして、サービス部門の資本家は、さらに利潤をもって消費財——個人的消費財とサービス活動の拡大に必要な消費財——をⅡb 部門から購入するのである。…このような過程を経て、結局Ⅱb 部門の資本家は 400 のⅡb 部門生産物を販売して 400 の貨幣を入手する。Ⅱb 部門の資本家は、この貨幣でⅠ部門から 400 の生産手段を購入する。かくて、Ⅰ部門から出発した 400 の貨幣はサービス部門を経由して出発点Ⅰ部門に還流する。そして、サービス部門を介して、究極的には、Ⅰ（200Vs＋200Ms）とⅡb（400C）との転態が完了する」[(6)]。

ここで明らかなのは、確かに、氏は、最終的に、「Ⅰ（Vs＋Ms）とⅡb（C）との転態の完了」として、「サービス部門用消費財」の価値的素材的補填の問題を考察しているが、その過程では、傍点を付した箇所に明らかなように、「サービス部門」を表象し、この「サービス部門」の価値的素材的補填と利潤取得の問題をも考察していることである。表式には明示されないとは言え、後者部門のこの問題を抜きにした考察はあり得ないからである。

ところで、上述したように、「サービス」は商品生産物ではないから、「サービス取引」を「商品流通」として表式に表現することはできず、したがって、「サービス取引」に伴う貨幣流通を、「商品流通に伴う貨幣流通」として表式に表現することはできない。ただし、元々、再生産表式では、貨幣流通が明示的には表現されないのが通例であり、その上で、マルクスは、貨幣流通は「決定的に重要である」[(7)]として、再生産表式による諸課題の考察に際しては貨幣流通を思考で補いながら行った。他方、「貨幣流通」それ自体については、本書が既に第 1 章で行ったように、表式に追加的に表記することは可能である。

したがって,「サービス取引」に伴う貨幣流通は,「商品流通に伴う貨幣流通」として表式に表現することはできないが,「サービス取引」の結果としての「貨幣流通」それ自体を表式に表記することは可能である。そして,表記できるならば考察上は有効である。

　そこで, 上での氏の考察における取引を,「サービス部門」をS, 資本家をK（したがって,「サービス部門」の資本家はSKとなる）, 労働者をA, 貨幣をGとした貨幣の流通経路を付け加えて示せば, 次のようになる。そこに明らかなように, 確かに,「商品流通としてのサービス取引」は表式には表示されないが, 貨幣流通自体は,「サービス部門」への貨幣の支払いとして表示され,「一定価値額の移転」がなされることを表現し得る。

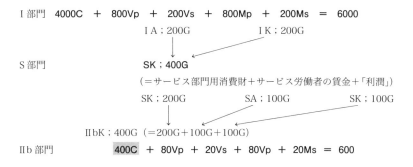

（注）　SK；400G がサービス部門用消費財,「利潤」, サービス労働者の賃金に分かれる
　　　割合・額は, 説明のために本書が設定したもの。網掛けは強調のために付した（以
　　　下, 本節の他の表式も同様）。

　さて, ここでの氏の考察の要点は,「Ⅰ (200Vs＋200Ms) とⅡb (400C) との転態」が「サービス部門」によって媒介される点にある。すなわち, Ⅰ部門の労働者と資本家が「サービス」に支出した貨幣が,「サービス部門」の資本家と労働者によってⅡb部門に支出され, Ⅱb部門は, この貨幣でⅠ部門から生産手段を買うのである。

　そして, そうなるのは,「サービス部門」は, Ⅰ部門からは貨幣が支出されるだけで, Ⅰ部門には貨幣を一切支出せず, 支出するのはⅡb部門だから

第4章 「サービス部門」を含む再生産と経済循環図　181

である。すなわち，「サービス部門」の資本家は，「サービス」への支払いとして得た400Gで，「サービス部門用消費財」を買い，労働者に賃金を払い，残りが資本家の「利潤」となる。労働者は賃金を，資本家は利潤を消費財に支出する。すなわち，「サービス部門」からの支出はすべてIIb部門に対して行われる。

　さて，上で見た，「I (200Vs＋200Ms)とIIb (400C)との転態」の考察に続いて，氏は，「IIa (80Vs＋80Ms)についても同様」として次のように述べる。IIa部門の労働者と資本家は，それぞれ貨幣80で「サービス部門」に対してサービスの支払いを行う。そして，「サービス部門を介して，究極的にIIb部門から160の消費財が購入される。かくて，IIb部門では160の貨幣を入手し，この貨幣はこの部門の労働者の賃金と資本家の利潤として，IIa部門からの消費財の購入にあてられる。こうして，貨幣は出発点IIa部門に還流し，結局，IIa (80Vs＋80Ms)とIIb (80Vp＋80Mp)との転態が完了した(9)」。

　ここで氏が述べるのは，下に示すような貨幣の流通経路を付した取引と考えられる。そこでは，「IIa (80Vs＋80Ms)とIIb (80Vp＋80Mp)との転態」が「サービス部門」によって媒介される。

　すなわち，IIa部門の労働者と資本家が「サービス」に支出した貨幣が，「サービス部門」の資本家と労働者によって，IIb部門に支出され，そして，この貨幣が，ここではIIb部門の労働者の賃金と資本家の利潤となり，両者はこれをIIa部門からの消費財購入に支出するということである。そして，ここでも「サービス部門」はIIb部門にしか支出しない。

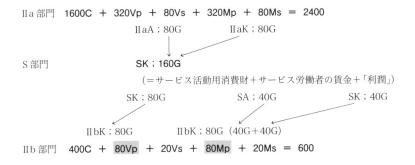

最後に，氏は，ここまでの考察で残されている，「Ⅱb（20Vs＋20Ms）についても同様であって，この場合は，サービス部門を介して同一部門内で究極的に交換補塡を完了する」と述べる。この具体的な取引内容は示されていないが，次のように考えられる。

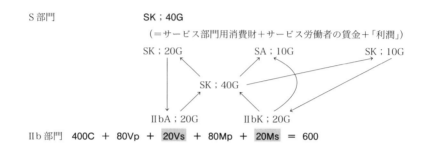

　氏の指摘のように，ここでは，Ⅱb部門が，「サービス部門を介して同一部門内で」取引する。というのは，Ⅱb部門から支出された貨幣が「サービス部門」を介してⅡb部門に還流するからである。まず，Ⅱb部門の労働者ⅡbAと資本家ⅡbKは，それぞれ20を「サービス」に支出する。この計40の貨幣を得た「サービス部門」の資本家SKは，そこから「サービス部門用消費財」の補塡に20，「サービス部門」の労働者に賃金の10を支出し，残りの10が「利潤」となる。「サービス部門用消費財」への支出も，賃金も「利潤」もⅡb部門に支出され，貨幣はⅡb部門に還流するのである。

　以上のように，「サービス取引」の結果としての「貨幣流通」それ自体を表式に表示することで「サービス部門」とその他部門の関係を表式に表現することは可能である。山田氏がこうした試みを行っていないのは，生産物ではない「サービスの取引」は「商品流通」として表式に表現することはできないという正しい理解に，再生産表式では通例，貨幣流通が表示されない（マルクスも，貨幣流通については表式の考察において思考で補っているだけである）という事情が加わったために，「サービス取引」の結果としての「貨幣流通」を表式に表示する課題が意識化されなかったためと思われる。

　そして，上述のように，「サービス部門」を貨幣流通と関連させて表記する

ことが可能なのだから，あえて，II部門をIIaとIIbに分割せずとも，「サービス部門」の再生産の基礎的考察を行うことは可能である。というのは，氏が，II部門をIIaとIIbに分割したのは，IIb部門の「価値的素材的な補塡」に「ともなってサービス部門がいかに再生産されるか」を解明するためであり，端的に言えば，表式に表記できない「サービス部門」に代わって，同部門の価値的素材的補塡を示す工夫として設定されたものだからである。

そして，氏が分割したIIa・IIbをII部門として統合して捉え直せば，貨幣流通を加えて確認した，以上のような氏の考察は，「サービス取引」とは，物質的生産部門のI部門とII部門（氏の場合は，これがIIaとIIbに分割された）が「サービス」に支出した貨幣によって，「サービス部門」が「サービス部門用消費財」をII部門から購入・補塡し，これによってII部門から支出された貨幣はII部門に還流し，また，I部門から支出された貨幣はII部門がさらに生産手段の補塡のために支出してI部門に還流するという取引であり，「サービス（S）部門」は，I→（S）→II→I，II→（S）→IIという物質的生産部門間の取引を媒介する位置にあるということを明示したものとして極めて重要である。

なお，氏が，「サービス部門の建物や設備」など，個別資本の観点からはそれらへの資本投下によって剰余価値（利潤）が取得され，したがって不変資本（C）と現われるものについて，それは社会的総資本の観点からは消費財であるとして表式を作成・分析した点は重要である[11]。既に本書も，この指摘を継承して，前章での「サービス取引」の考察では，「非物質的生産部門としてのサービス部門」において「サービス」の提供のために消費される物的諸手段は消費財であると指摘してきたが，この消費財は，言わば，「不変資本としての消費財」である。そして，この観点は次節で考察する川上氏にも継承されている。

2　川上則道氏の研究

川上［2003b］は，「サービス部門」を含む社会的総資本の再生産過程を，氏独自のマトリックス形式での再生産表式の把握・表現形式を使って考察している。ここでは，そうした氏の考察の骨格的部分を，再生産表式の元々の表示形式の次元も含めて検討したい。

既に前章で見たように，氏は，「物質的な生産物ではなく生産活動そのものが売買される場合，その生産活動のことをサービス（あるいはサービス生産）と呼び，その労働のことをサービス（あるいはサービス労働）と呼」ぶ。ただし，「売買される労働が諸個人を対象としたもの」，すなわち，「対人サービス」に限られるとする。なお，氏は，この理解を「経済用語としての普通の使い方」に基づく「サービス」の定義であり，後に言及するように本質はまた別であると述べる。

　さて，最初に，氏は，「サービス部門」を組み込まない出発点となる単純再生産表式を以下のように設定する。

　　Ⅰ部門　5000C ＋ 1000V ＋ 2000M ＝ 8000
　　Ⅱ部門　3000C ＋ 　500V ＋ 1000M ＝ 4500

　そして，この表式をマトリックス形式で表示したものとして以下の表を掲げる。

需要 供給	Ⅰ（生産手段生産部門） 5000C　1000V　2000M	Ⅱ（消費手段生産部門） 3000C　500V　1000M
Ⅰ　8000	5000	3000
Ⅱ　4500	1000　　2000	500　　1000

　「需要」「供給」という表現に分かるように，マトリックス表式の数値は，「縦」の列から見れば，各部門の商品生産物の「C＋V＋M」という価値構成に対応する貨幣が「需要」としてどの部門の商品に支出されるかを，「横」の行から見れば，各部門が「供給」する商品生産物がどの部門に販売されるか，を表示している。そして，氏は，この表式の均衡条件として，「太枠の内側の諸数値の合計が太枠の外側の数値と一致」することを指摘する。

　続いて，「サービス部門」を組み込んだ単純再生産表式の検討である。まず，氏は，「サービスの価格（生産価格）はC＋V＋P」であるとし，次いで，「サービス部門」を含む表式を示す。それは，再生産表式の元々の表示形式では以下

のようになる。

  I 部門 5000C ＋ 1000V ＋ 2000M ＝ 8000
  II 部門 3000C ＋ 500V ＋ 1000M ＝ 4500
  S 部門 1500C ＋ 2000V ＋ 1000P ＝ 4500

　ここで,「S」は「サービス部門」,「P」は平均利潤である（取得メカニズムの説明は山田氏と同様である）。そして, この表式で, I 部門と II 部門の V が合計で 1500 であるのに対し, S 部門の V が 2000 であるのは,「サービス部門の就業者が 50% を超している今日のような経済構造では, 価値が再分配されている部門としてサービス部門を扱うことはそもそも無理であるというような主張」の批判を念頭において,「サービス部門の就業者数の規模を物質的生産部門よりも大きくなるように」設定したためである。

　この表式の単純再生産過程を, V と M の支出構成を含めて, マトリックス表式で示したものが以下のものである。

供給＼需要	I			II			S		
	5000C	1000V	2000M	3000C	500V	1000M	1500C	2000V	1000P
I 8000	5000			3000					
II 4500		500	500		250	250	1500	1000	500
S 4500		500	1500		250	750		1000	500

　氏は, このマトリックス表式の「必要最小限」の説明として,「サービス部門」に関わる取引について概略次のように述べる。
　まず, I 部門の労働者は 1000V のうち 500 を消費財に, 500 をサービスに支出し, 同様に, II 部門の労働者は 500V のうち 250 を消費財に, 250 をサービスに支出する。そして, I 部門の資本家は 2000M のうち 500 を消費財に, 1500 をサービスに支出し, II 部門の資本家は 1000M のうち 250 を消費財に, 750 をサービスに支出する。この結果, サービスとしては「合計 3000 が物質的生産部門によって購入される」。

他方，サービス部門の労働者は，2000Vのうち1000を消費財の購入に，1000をサービスの購入に支出する。サービス部門の資本家は，1000Pのうち500を消費財の購入に，500をサービスの購入に支出する。「さらに，1500CがⅡ部門の生産物によって補填される…。これらの合計（Ⅱ部門への支出—引用者）は3000になり…，サービス部門はⅠ部門の生産物（＝生産手段）を全く購入しないので，これが物質的生産部門からの全購入額にな」る。

この結果，「物質的生産部門が購入したサービスの額3000とサービス部門が購入した消費手段の額3000とが一致することになる」。そして，「生産されたサービス4500から，この3000を除いた1500はサービス部門内部で取引され」る。すなわち，既に述べた，サービス部門の労働者が支出する1000と同部門の資本家が支出する500である。

このように，氏は，「サービス部門」と物質的生産部門（Ⅰ・Ⅱ部門）との部門間均衡＝需給一致を確認するのであるが，その条件は，前節の山田氏に倣って，賃金のうち商品生産物に支出される部分とサービスに支出される部分をV_pとV_s，剰余価値のうち商品生産物に支出される部分とサービスに支出される部分をM_pとM_s，さらに，平均利潤（P）のうち商品生産物に支出される部分とサービスに支出される部分をP_pとP_sとして表現すれば，Ⅰ(V_s+M_s)＋Ⅱ(V_s+M_s)＝$S(C+V_p+P_p)$である。

さて，以上のような氏の考察は，「サービス部門」を含む社会的総資本の再生産過程について，「不変資本としての消費財」の補填の問題を中心に，本書にとって基礎となる解明を果たしたものとして，本書が後に三部門四価値構成の再生産表式に「サービス部門」を組み込んで考察する際にも，その内容の継承に努める。したがって，氏の考察内容を，山田氏の考察について行ったように，貨幣の流通経路を加えた説明表式によって確認する作業は，本書が後に行う考察と重複する部分が多くなるために，ここでは行わない。ただし，氏の考察については，検討を要する二つの点を明確にしておきたい。

第一に，S部門の「1000V_s」と「500P_s」に関わる部門内取引であり，その理解には，氏の基本的立場である「サービス労働価値不形成」説から見て難点があることである。

氏は，「サービス労働価値不形成」説に立って，「サービス価格」について次

のように述べる。すなわち，「サービス労働が価値を生産しないと考える場合には，サービスを規定する価値はC＋Vとなりますが，このうちのVについてもサービス労働が生産したものではありません」とし，「サービスとは活動（＝労働）状態にある労働力の販売ですから，サービスを規定する価値は移転された価値Cと労働力の価値Vになる」とする。[19]

すなわち，ここで氏は，先に述べた「サービスの定義」にある「「生産活動」の売買というのは現象」であり，「本当は何が売買されているのかと言えば「活動状態にある労働力」」であるという「サービス取引」の本質理解を示すのである。[20]そして，「移転された価値C」については，例えば「教育サービスが資本の経営によって提供されている場合」ならば，「原材料費に相当する教材費や学校施設の減価償却費」のことであるとする。[21]

そして，こうした労働力の価値＝「賃金分の価値も…サービスを売ることによって他の外部から獲得しなければな」らないのであり，こうして，「価値を生産する部門で生産された価値が価値を生産しないサービス部門に再配分されることになる」とする。[22]

さらに，「P（平均利潤）については，サービスの価格をその価値よりPだけ上乗せした価格にすることによって得られる」とし，「やはり，物質的生産部門から再配分されたものにな」るとする。[23]

しかしながら，以上のような氏の「サービス価格」論は，「サービス部門」を組み込んだ，氏のマトリックス表式の再生産表式の考察自体には貫かれていないのである。焦点は，先に難点があるとしたS部門の「1000Vs」と「500Ps」のサービス部門内取引である。資本家の可変資本としての貨幣支出を加えて言えば，「1000Vs」の部門内取引とはSK；1000G → SA；1000G → SK；1000Gという貨幣の流通経路による取引であり，「500Ps」の場合は，SK；500G → SK；500Gである。

問題は，ここには，氏が言う「物質的生産部門からの価値の再配分」という関係が示されていないということである。ここで示されているのは，明らかに，「サービス部門」内だけで「サービス」に貨幣が支払われる関係である。したがって，この関係は，むしろ「サービス労働価値形成」説に立ってこそ理解し得るものである。

物質的生産部門においては当該部門で商品生産物が生産され，それに対して貨幣が支払われて前者の価値実現がなされるという形での部門内取引が成立する。しかし，非物質的生産部門としての「サービス部門」では，商品生産物は生産されていないのであり，前述の氏の立論では，サービス提供の中心にあるのは「労働力の売買」であり，これにサービス提供に際して消費された原材料費や減価償却費などの「移転された価値」を加えた価値が「外部から獲得される」のであり，この外部とは当然，物質的生産部門である。そして，獲得される価値とは要するに，「価値の自立的姿態」としての貨幣であろう。しかし，こうした物質的生産部門からの貨幣の移転はここには示されていないのである。
　このような問題が発生した理由として指摘できるのは，氏は，「縦」の列から見れば「需要」としての貨幣がどの部門の商品に支出されるかを示しているマトリックス表式によって，「サービス部門」の資本家SKが支出した貨幣2000Gから労働者SAが貨幣1000Gを「サービス」に支出する局面と，SK自身が利潤1000から貨幣500Gを「サービス」に支出する局面を捉えているものの，この1000と500の貨幣がどこから来る（べきな）のかを検討していないことにある。
　なお，氏の表式は，「サービス部門の就業者数の規模を物質的生産部門よりも大きくなるように」として，前者が2000，後者が1500として設定されている。しかし，この前者の2000の半分が部門内取引に向けられるとしてのだから，この点からも，氏の部門内取引の扱いには検討が必要であろう。
　さて，氏の考察について指摘したい第二の点は，そもそも，川上氏が，「サービスの価格（生産価格）はC+V+Pである」として示したこの「C+V+P」からなる「サービス」について，我々は一体何を表象すればいいのか，ということである。
　「サービス労働価値不形成」説に立つ氏にとってみれば，もちろん，それは，生産物としての「サービス」商品の価値構成ではあり得ず，氏が，「サービスとは活動（＝労働）状態にある労働力の販売」であるとするところからは，まず「V」にあたる「サービス」については，この「活動（＝労働）状態にある労働力」を表象すべきであろう。
　しかし，「活動（＝労働）状態にある労働力」を表象することは可能である

が，これが「販売」されること，例えば，「教育サービス」で言えば，「学校施設や教材を使って労働している教員の労働力が活動状態のままで売買される」[24]という事態を表象することは極めて困難である。「活動状態」にある「教員の労働力」，すなわち，労働している教員に価格が付けられて，貨幣と教員の労働力が交換（取引）されるといった事態は通常あり得ないからである。

　また，氏は，「C」は「移転された価値」であるとするが，一体，何に「移転」されたと理解すればいいのだろうか？　このような疑問が生じるのは，上述のように，氏は，「サービスとは活動（＝労働）状態にある労働力の販売」であるとするが，「C」がこの「労働力」に「移転」するとは到底考えられず，他方，氏は，この他に，「移転先」として考えられるものをあげていないからである。

　そして，これらの点は，明らかに，「サービス」とは何か？　「サービス取引」とは何か？　という本書が前章で検討した課題に関わる論点である。そして，そこでの検討結果からすれば，「サービス取引」とは，一つには，「労働のサービス取引」であり，例えば，理容業のように，理容労働の「サービス＝有用的働き」が与える特定の「有用効果」という「結果」を決めて理容師の労働力が売られる取引である[25]。また，もう一つの「サービス取引」とは，「商品のサービス取引」であり，例えば，物品賃貸業のように，商品が与える「サービス＝有用的働き」の「時間」を決めて商品が売られる取引である。

　したがって，川上氏が「C＋V」として表示したものは，まさにサービス資本家の投下資本として存在していて，これから「結果（有用効果）決め」，もしくは，「時間決め」で売られて資本家に「利潤」を取得させなければならない「労働力」（V）と「商品」（「不変資本としての消費財」としてのC）である。すなわち，「C＋V」は「サービス資本」の資本構成である[26]。

　ただし，注意しなければならないのは，前章でも指摘したように，「労働のサービス取引」として「労働力」が売られて，実際に労働が行われる際には，同時に様々な物的諸手段＝「不変資本としての消費財」が消費されており，そして，特定の「有用効果」（理容業では頭髪が整えられる等）をもたらす「有用的働き＝サービス」には，こうした物的諸手段の「有用的働き＝サービス」も含まれており，したがって，こうした消費財も併せて売られているということ

である。当然，これらの価値も上述の「C」に含まれる。川上氏が「C」＝「移転された価値」として捉えたものは，まずは，このようにして売られる「商品」の価値とするべきであろう。

他方，「商品」が，その消費による「有用的働き＝サービス」の「時間」を決めて売買されるためには，商品の貸出（使用許可）・返却・点検・整備・在庫管理など「共同消費」を可能にするための種々の労働が必要であり，さらに，これらの労働自体はまた，種々の物的諸手段を使用＝消費して行われる。

この労働を行う労働力と，労働に際して消費される物的諸手段は，決して，顧客が購入するものではない。しかし，これらの労働及び物的諸手段（消費財）は，商品の「共同消費」のためには不可欠なものであって，これらの労働と物的諸手段によって，一方では，素材的にも「共同消費」としてしか消費できないような様々な商品（共同消費手段）の消費が可能になり，他方では，個人的に所有＝消費し得る商品についても，それをより少ない支出で消費することが可能になる。

したがって，「商品のサービス取引」として「商品」が売られる際の「価格」は，この「商品」の価値「C」だけでなく，以上のような労働を行う労働力の価値「V」を含む大きさでなければならない。さらにまた，その「価格」は，商品の「共同消費」のための労働によって消費される物的諸手段の価値「C」を含む大きさでなければならない。

以上の関係は，本来の「サービス取引」で売られる「商品」に，「共同消費」のための労働を行う「労働力」とその労働によって消費される物的諸手段＝「商品」を加えた，「商品＋労働力」（C＋V）としての「サービス資本」が売られるという関係と同じである。

したがって，「サービス取引」とは，売られるものの主従によって，あるものは「労働のサービス取引」が中心で，あるものは「商品のサービス取引」が中心であるように現象するが，いずれにしろ，「商品」（C）と「労働力」（V）からなる「サービス資本」が「有用的働き＝サービス」の「結果」もしくは「時間」を決めて売買されることであると捉えることができる。

さて，「P」であるが，これは，「C＋V」という価値構成の「サービス資本」に対して支払われる貨幣から「C＋V」を差し引いたものとしての「平均利潤」

である。したがってまた，「C+V+P」とは，「サービス資本」としての「商品+労働力」が「サービス」として売られた際の価格構成を意味する。⁽³⁰⁾

3 ［補説］飯盛信男氏の批判と再生産論

前節までにとりあげた山田氏と川上氏の研究を批判的に検討しているのが，「サービス労働価値形成」説に立つ代表的論者の 1 人である飯盛信男氏である。本節では，飯盛氏による山田氏・川上氏の研究の批判的検討の内容をとりあげる。その意図は，その批判の内容に，再生産論そのものの理解において看過できない問題点があり，この点を明らかにしておくことは，本書が後に「サービス部門」の再生産表式への組み込みを行う際に堅持すべき一視点の重要性を示しているように思われるからである。

なお，もちろん，飯盛氏自身も，その「サービス＝有用効果」説と言われる自説に基づいて「サービス部門」を再生産表式に組み込む試みを行っている。しかし，その内容の検討は，それが立脚する「サービス＝有用効果」説自体の本格的検討の一部として，本書とは別の課題としてなされるべきと考えて，ここでは行わない。

さて，飯盛［2003a］は，直接には，川上［2003b］の批判的検討を行ったもので，その中で山田［1968a］への言及が行われている。まず，氏による川上氏の研究の検討を見る。

氏は，本節が既に考察した，川上氏による「サービス労働価値不形成」説の立場からの「サービス部門」を組み込んだマトリックス形式の再生産表式の考察内容について，「部門間の交換関係」を次のように指摘する（第 2 節の 2 を参照）。

「Ⅰ（500Vp＋500Mp）はⅡ，3000C のうち 1000C と交換される。Ⅰ（500Vs＋1500Ms）はⅡ，3000C のうち 2000C によって購入される。Ⅱ，3000C のうち 2000C とⅡ（250Vs＋750Ms）は S（1500C＋1000Vp＋500Pp）によって購入される。S（1500C＋1000Vp＋500Pp）はⅠ（500Vs＋1500Ms）とⅡ（250Vs＋750Ms）によって購入される。Ⅰ，5000C，Ⅱ（250Vp＋250Mp），S（1000Vs＋500Ps）は，それぞれ部門内で消費される」⁽³¹⁾

そして，このような「部門間交換関係」を確認して，「社会の総生産物は生

産手段財（Ⅰ部門）8000＋消費手段財（Ⅱ部門）4500＝12500であり，サービス部門はⅡ部門消費手段財のうち 3000 の分配によって扶養される」というのが「サービス労働価値不形成」説に立つ川上氏の議論だとしている。

ここで確認しておきたいのは，飯盛氏は，川上氏のマトリックス形式での再生産表式の内容自体については上述の「部門間交換関係」の確認以上の検討はしていないということである。もちろん，本書が，先に，「サービス労働価値形成」説に立ってこそ理解し得るとした，「サービス部門」内部の「部門内取引」についても言及されていない。

そして，氏は，「サービス部門を不生産的部門とみなして社会的再生産におけるその位置づけ，すなわちサービス部門が物財生産部門からの所得再分配によって維持・扶養される仕組みの解明はすでに山田喜志夫…によって試みられている」として，本書も既にとりあげた山田氏の表式（第2節の1を参照）ををとりあげ，「Ⅱb部門」の分離について述べた上で，やはり，そこでの「部門間交換関係」を次のように確認する。

「部門間の交換関係は，Ⅰ(Vp＋Mp)＝ⅡaC，Ⅰ(Vs＋Ms)＝ⅡbC，Ⅱa(Vs＋Ms)＝Ⅱb(Vp＋Mp) となる。ⅠC，Ⅱa(Vp＋Mp)は部門内で消費される」。

すなわち，飯盛氏による，川上氏と山田氏の再生産表式の内容自体についての考察は，いずれも，この「部門間交換関係」の確認にとどまり，それ以上の批判的な考察はされていない。また，そこでは，両氏の研究の差異についての考察もなされていない。

そして，「サービス労働」の「価値形成性」をめぐって両氏と立場を異にする飯盛氏の批判は，両氏の議論は「サービス部門を不生産的部門として所得再分配過程に位置づけ，その肥大化を腐朽性，寄生性の反映とみなす」ものだという点にある。そこにある氏の問題意識は，「教育，医療，福祉など公共サービス部門のウェイトの高さは社会進歩の指標」であり，したがって，「第三次産業のウェイト上昇そのものは腐朽性，寄生性を表示するものではない」というところにある。

しかし，この飯盛氏の批判については，川上［2004b］が，サービス部門の拡大を，「飯盛氏と同様に…教育や医療などの拡大は社会の進歩であると捉え」つつ，この「サービス部門の拡大が物質的生産部門の生産性の向上に支えられ

て実現できると捉えること，サービス部門を物質的生産部門で生産された価値が再分配される部門として捉えること」に主眼を置くもので，決して，「サービス部門が物質的生産部門に寄生していると捉えることではない(35)」としていることを確認したい。つまり，川上氏は，「サービス部門が肥大化しているとは述べていないし，また，それが現代資本主義の腐朽性や寄生性を反映していると述べていない(36)」。

　また，山田氏の見解については，確かに，山田［1968a］は，「サービス部門の肥大化」について考察し，その要因として，「広告，宣伝等」のサービス部門の肥大化や官僚機構の肥大化を指摘し，また，「サービス部門が，同時に，市場創出の好適な手段となりかつ利潤獲得の場となるというところに，資本の過剰に悩む現代資本主義の矛盾－寄生性と腐朽性－の一表現がある」としている(37)。

　しかし，こうした氏の見解の前提には，サービス部門を，「Aグループ」＝「直接人間を対象として人間の欲望を直接的に充足させるサービス，教育，医療，娯楽，芸術等に関するサービス」，「Bグループ」＝「資本制国家の…不生産的諸階級たる公務員，軍隊，警察等のサービス」，「Cグループ」＝「商品の流通に関与するサービス」とする理解があり(38)，上の「サービス部門の肥大化」の要因の考察は明らかにB・Cグループに焦点を合わせて行われている。

　つまり，山田氏は，「不生産的部門の内容を，浪費的なもの（流通広告費，政府部門における軍隊の維持費等）と浪費的でないもの（教育，医療等）に分けて考察しなければならない(39)」という立場なのであり，決して，サービス部門の全てについて「肥大化」や「寄生性と腐朽性」の指摘をしているわけではない。

　したがって，上述の飯盛氏による山田氏・川上氏への批判は必ずしも妥当ではないと思われるが，ここで注目したいのは，その点ではなく，上述したように，「サービス労働」の「価値形成性」という点では立場を異にしている飯盛氏が，山田氏・川上氏の「サービス部門」を組み込んだ再生産表式の考察内容自体を全く批判していないことである。それは，氏の再生産論理解に根拠があるように思われる。

　上述のように，氏は，川上氏と山田氏の再生産表式の内容の検討としては，いずれも，「部門間交換関係」を確認するだけである。要するに，マルクスが，

「決定的に重要である」とした貨幣流通を捨象して再生産表式を考察するのであり，これは，伊藤［2001］が指摘するように，資本主義経済を物々交換の経済と捉え，再生産表式を物財バランス論として理解することである。⁽⁴⁰⁾

そして，このように貨幣流通を捨象するならば，山田氏のⅡ部門分割の試みが，「サービス取引」を「商品流通に伴う貨幣流通」として再生産表式に表現することはできないという理解からなされた独自の工夫であることを検討・評価することは課題化されないであろうし，また，川上氏の議論において，「サービス労働価値不形成」説の立場からすれば疑問が生じ，むしろ，「サービス労働価値形成」説に立って理解できるような「サービス部門」内部の「部門内取引」論が展開されていることにも注意は及ばなくなると思われる。

飯盛［2003a］は，その考察を，「物的生産部門のみを価値形成的としサービス部門を流通部門と同列に不生産的とする通説では，社会的再生産にとって不可欠の環であり社会進歩の指標である教育・医療・福祉・文化など公共サービス部門の拡大と不生産的な流通部門の肥大化（腐朽化・寄生化）が同一視されることとなる。これは，サービス労働価値不生産説の帰結であり，このことからもその誤りは明らかである」と述べて結んでいるのであるが，むしろ，氏の論稿は，この「サービス労働価値不生産説の帰結だけから」その「誤り」を指摘しているのであり，川上氏・山田氏が展開した再生産表式に内在して指摘することはしていないのである。

4 小 括

以上の考察から再生産表式への「サービス部門」の組み込みにおける視点として次の二点を確認できよう。

第一に，貨幣流通の表式表示の決定的な重要性である。確かに，従来，再生産表式では，マルクスが「決定的に重要である」としたものの貨幣流通は明示的に表現されないのが普通であり，表示されないこの貨幣流通を思考で補いながら表式を考察するという態度が一般的であった。⁽⁴²⁾

しかし，「サービス部門」を組み込んだ再生産表式の作成にとっては貨幣流通の明示が不可欠である。山田氏が指摘したように，「サービス労働価値不形成」説の立場に立つならば，「生産物」ではない「サービスの取引」自体を

「商品流通」として再生産表式に表現することはできない。他方，上述のように，貨幣流通は再生産表式では通常明示的には表現されず，こうした中で，山田氏が行ったのは，「サービス取引」とその結果としての貨幣流通を考察する代わりに，独自にⅡ部門を分割して設定したⅡｂ部門（サービス部門用消費財生産部門）の価値的素材的補塡の問題を考察することであった。

しかしながら，「サービスの取引」を「商品流通」として再生産表式に表現することはできないとしても，「サービス取引」の結果としての「貨幣流通」それ自体を表記することは可能であり（表現技術上の課題はあるとしても），本書が行ったように，貨幣流通の経路を付け加えることで，さしあたり「サービス部門」を，貨幣流通によって「たんに一定価値額の移転」がなされる部門として表示することは可能になる。

第二に，「サービス」概念及び「サービス取引」の本質をふまえた「サービス部門」の設定である。川上氏は，「サービスの価格（生産価格）はＣ＋Ｖ＋Ｐ」であるとして，そのマトリックス表式における「サービス部門」に「Ｃ＋Ｖ＋Ｐ」という価格構成を表示した。しかし，この「Ｃ＋Ｖ＋Ｐ」という価格構成で示される「サービス」とは何なのか，氏の説明は必ずしも明快とは言えなかった。

本書は，既に，「サービス」＝「商品のであれ労働のであれ，ある使用価値の有用的な働き」というマルクスの規定を採用し，「サービス取引」の本質は，労働力が，「有用的働き＝サービス」がもたらす特定の「有用効果」という「結果」を決めて，また，商品が「有用的働き＝サービス」の「時間」を決めて売られることであるという理解を得ている。

ただし，「サービス取引」という現象自体は物質的生産部門を含む諸産業に成立し得る。すなわち，その現象は，機械修理業や加工・組立サービス業，さらには，物質的生産過程に位置づく運輸業にも成立するからである(43)。こうした「サービス取引」の中の非物質的生産部門だけに発生しているものだけが本書が考察しようとする「サービス取引」であり，そこでの諸産業が，本書が問題にする「サービス部門」である(44)。

そして，本書が問題にする「非物質的生産部門としてのサービス部門」について言えば，川上氏が「Ｃ＋Ｖ」として表示したものは，サービス資本家の投

下資本＝「サービス資本」として存在していて，「結果」決め，もしくは「時間」決めで売られて，資本家に「利潤」を取得させなければならない「商品＋労働力」である。すなわち，「V」はこの労働力の価値，「C」は「商品」の価値であり，「P」は，「C＋V」という価値構成の「商品＋労働力」に対して支払われる貨幣から「C＋V」を差し引いたものとしての「平均利潤」である。したがってまた，「C＋V＋P」とは「サービス資本」が「サービス」として売られた際の価格構成である。

　他方，既に見たように，山田氏は，「生産物」ではない「サービスの取引」を「商品流通」として表式に表現することはできないとしたが，「サービス取引」の結果としての貨幣流通それ自体は，貨幣の流通経路を付け加えることで，表式上に表現できる。

　以上の考察からは，「C＋V」をサービス資本家の投下資本＝「サービス資本」としての「商品＋労働力」と捉え，これらを，特定の「有用効果」（結果）決めによる労働力の販売と「時間」決めによる商品の販売としての「サービス取引」の結果としての貨幣流通を付け加えた表式による「サービス部門」の考察が課題化されてくる。

　ところで，以上の考察から明らかなように，「サービス取引」の本質を，労働力や商品の「結果」（有用効果）決め，もしくは「時間」決めでの売買と規定することは，「C＋V」という価値の労働力と商品が，「C＋V＋P」という「サービス価格」で売られるということである。このような事態が成立するのは，「サービス価格」とは商品（モノと労働力）の価値ではなく，商品が与える「サービス」の「価格」と観念される結果として，この乖離が不合理なものには見えない——例えば，理容店で，特定の内容の「サービス」に特定の価格が付されることに不合理性を感じない——という前章で指摘した点にもとづく「価値」と「価格」の乖離の可能性である。そして，この可能性を現実性に転化するのが，山田氏・川上氏をはじめ「サービス労働価値不形成」説に立つ多くの論者が指摘してきた資本間競争の中での「サービス資本」の「平均利潤」の取得であると思われる。

　ただし，以下の本書の考察では，既に前章で述べたように，こうした「サービス資本」を，剰余価値の取得という資本としての最も基礎的な形態規定性で

捉え,「サービス部門」に成立する「P」を他部門から取得された価値としての「利潤」という意味で使用し,「平均利潤の取得」についての考察は特に行わない。これは考察を簡単にするためであり,そして,質的規定は量的規定に優先するのだから,「利潤」の量が規定されずとも,「サービス部門」の再生産の基本的な仕組みは解明できるはずだからである。逆に言えば,この次元で解明できなければ,「平均利潤の取得」の考察を含めても解明できないからである。

第3節 「サービス部門」を含む単純再生産

1 「サービス部門」を含む四部門四価値構成の単純再生産表式の考察

本節では,前節での考察結果をふまえて,第3章で設定した「非物質的生産部門としてのサービス部門」を三部門四価値構成の単純再生産表式と拡大再生産表式に組み込み,その上で,「サービス部門」を含む経済循環図を作成し,考察する。なお,本章以降の考察では,この「非物質的生産部門としてのサービス部門」は全て資本主義的に経営されていることを前提する。

また,表式に「サービス部門」を組み込んだ考察を行うに際しては,既に見た先行研究と同様に,以下のような仮定を置く。すなわち,労働者と資本家は,所得の一部を「サービス」購入のために支出し,商品生産物と「サービス」に支出する比率をどちらも2:3とする。また,基礎的関係を理解するために,「サービス部門」は,「サービス」への支出（部門内取引）を行わないものとする（サービス部門の部門内取引は後にとりあげる）。

なお,表式で使用する記号は,前節までの考察で使用した記号と同じ意味で,特に,上述の商品生産物と「サービス」への支出に関するものを確認すれば,労働者が賃金のうち,商品生産物に支出する部分が V_p,「サービス」に支出する部分が V_s,資本家が剰余価値を商品生産物に支出する部分が M_p,「サービス」に支出する部分が M_s である。

以上をふまえ,［表式1-2］の単純再生産表式に「サービス部門」を組み込んで作成したのが［表式4-1］である。同表式での「サービス部門」の「$600C_a+600C_b+300V$」は,「サービス資本」の資本構成を示し,このうち

の「600Ca＋600Cb」は「不変資本としての消費財」であり，前期に生産され，サービス資本家が今期の経済活動のために調達したものである。なお，この「不変資本としての消費財」の「600Ca＋600Cb」という価値構成についての説明は後に行う。

そして，「300V」は，サービス資本家が雇用した労働力の価値を示す。また，「300P」は，「サービス資本」が，「サービス＝有用的働き」の「結果」（＝「有用効果」）を決めて，もしくは，その「時間」を決めて売られることで得る「利潤」である。そして，これが得られるのは，「600Ca＋600Cb＋300V」という価値の「サービス資本」が1800という「サービス価格」で売られるためである。すなわち，1800－(600Ca＋600Cb＋300V)＝300Pとして算出されるものである。この「サービス価格」を成立させる条件についても後に述べる。

なお，この1800はあくまで「サービス価格」であり，表式にある「生産物価値」という用語はあくまで物質的生産部門についての表現である（この点は「サービス部門」を含む以下のすべての表式も同様である）。

なお，表式では，物質的生産部門の年間生産物9000のうちの労働力価値との等価部分は，Ⅰα(200Vp＋300Vs)＋Ⅰβ(200Vp＋300Vs)＋Ⅱ(200Vp＋300Vs)＝1500であり，サービス資本家に雇用された労働力の価値300は，この5分の1に過ぎない。前章で考察した川上氏が作成したような後者が前者を上回る表式については，本節で，「サービス部門」を含む単純再生産過程の基本的関係の考察を踏まえた上で，後に言及する。

[表式4－1]　「サービス部門」を組み込んだ四部門四価値構成の単純再生産表式

```
              中間財      資本財      可変資本         剰余価値      生産物価値
  Ⅰα部門   1000Ca＋1000Cb＋200Vp＋300Vs＋200Mp＋300Ms ＝ 3000
  Ⅰβ部門   1000Ca＋1000Cb＋200Vp＋300Vs＋200Mp＋300Ms ＝ 3000
  Ⅱ部門    1000Ca＋1000Cb＋200Vp＋300Vs＋200Mp＋300Ms ＝ 3000
    (計    3000Ca＋3000Cb＋600Vp＋900Vs＋600Mp＋900Ms ＝ 9000 )
  S部門     600Ca＋ 600Cb＋   300V   ＋    300P      ＝ 1800
```

この表式についてまず確認したいのは，前節で，「サービス部門」を組み込

む前の三部門四価値構成の単純再生産表式について確認した再生産（部門間均衡）の条件（第１章第２節の２参照）が，同表式では次の条件として表現されていることである。

$$I\alpha(Cb+Vp+Vs+Mp+Ms) = I\beta(Ca) + II(Ca)$$
$$I\alpha(Vp+Vs+Mp+Ms) + I\beta(Vp+Vs+Mp+Ms) = II(Ca+Cb)$$
$$I\beta(Ca+Vp+Vs+Mp+Ms) = I\alpha(Cb) + II(Cb)$$

　このことが意味するのは，「サービス部門」を組み込むことは，物質的生産部門にとっては，賃金と剰余価値の支出に「サービス支出」（Vs，Ms）が加わるという支出構成の変化が生じるということであって，そのこと自体は，物質的生産部門の単純再生産（部門間均衡）の条件に何の影響も与えないことである。これは，物質的生産部門が「サービス」に貨幣を支出し，「サービス部門」がこの貨幣で「サービス部門用消費財」をⅡ部門から補填するという形で，物質的生産部門間の取引を媒介するのが「サービス部門」であるという山田氏の考察に際して確認したことからも理解できる[45]。

　その上で，表式に組み込まれた「サービス部門」の再生産が行われるプロセスを貨幣流通を付け加えた表式で考察することが本節の課題であるが，あらかじめ，「サービス部門」の再生産とはどういうことなのか，その考察上の要点を確認しておきたい。

　「サービス部門」の再生産のためには，まず，大前提として，上述のように，「サービス資本」（Ca+Cb+V）としての「商品+労働力」が，「サービス部門」の資本家に「利潤」をもたらす「Ca+Cb+V+P」という「サービス価格」で売られなければならない。そして，この「サービス価格」の成立を示すのが，物質的生産部門（Ⅰα・Ⅰβ・Ⅱ部門）からの「サービス」への支出の合計である $I\alpha(300Vs+300Ms) + I\beta(300Vs+300Ms) + II(300Vs+300Ms)$ と「サービス価格」を示す $600Ca+600Cb+300V+300P$ の一致である。

　これは要するに，「サービス資本」に，物質的生産部門の所得から1800が支払われた結果として「300P」が取得されるということである。数値を捨象すれば， $I\alpha(Vs+Ms) + I\beta(Vs+Ms) + II(Vs+Ms) = S(Ca+Cb+V+P)$ とい

う関係であり，この関係は，川上氏の考察について，I (Vs＋Ms) ＋ II (Vs＋Ms) ＝S (C＋Vp＋Pp) として確認した関係を三部門四価値構成で表現し直したものである。

さて，上述のような「サービス価格」の成立の下で，「サービス部門」の再生産のためには，サービス資本家は，「サービス」を売って得た貨幣の一部を支出して，今期に消費した「不変資本としての消費財」を再び買って補填しなければならない。貨幣の支出先はII部門である。

さらに，「サービス部門」の再生産のためには，サービス資本家が「サービス」を売って得た貨幣の一部が労働者に賃金として支出され，労働者がこれを消費財購入に支出して自らを再生産するとともに，他方ではサービス資本家自身も貨幣を消費財向けに支出して自らを再生産しなければならない。貨幣の支出先はやはりII部門である。

しかし，これだけでは，「サービス部門」の再生産は社会的には完了していない。何故なら，上述の「不変資本としての消費財」は「サービス部門」としてはそれを買うことで補填が完了するが，これを生産するII部門では，この生産に消費した中間財と資本財の補填がなされなければならないからである。「不変資本としての消費財」が「600Ca＋600Cb」という価値構成で示されているのはこの点に関わる。以下，このことについて，「サービス部門」を組み込まない三部門四価値構成の再生産表式と対比して敷衍したい。

「サービス部門」の投下資本である「不変資本としての消費財」とは，II部門によって生産されてII部門内部（の労働者と資本家によって）では消費されない消費財であり，このような消費財は，「サービス部門」を組み込まない表式では，Iα部門とIβ部門の労働者と資本家の貨幣支出によって価値実現されて消費され，他方，II部門の資本家がこの支出された貨幣でIα部門とIβ部門から，この消費財の生産に消費された中間財と資本財を購入して補填した。この関係を示すのが，第1章で示した三部門四価値構成の表式における部門間均衡条件のIα(V＋M) ＋ Iβ(V＋M) ＝ II (Ca＋Cb) である。

そして，このように取引される消費財II (Ca＋Cb) は，「サービス部門」を組み込んだ場合は，その一部は，やはり，Iα・Iβ部門のための消費財として消費されるが，一部は「サービス部門用消費財」として消費されることにな

る。そして，この「サービス部門用消費財」の一形態が上述の「不変資本としての消費財」である。ただし，「サービス部門用消費財」には，もう一つの形態として，労働者や資本家が生命の再生産のために消費する一般消費財があり，これと「不変資本としての消費財」との関係については次節で述べる。

そして，「不変資本としての消費財」の補塡は，社会的には二段階で，すなわち，「サービス部門」が，今期に消費した「不変資本としての消費財」をⅡ部門から購入するという補塡と，Ⅱ部門が，「不変資本としての消費財」の生産に消費した中間財（600Ca）と資本財（600Cb）をⅠα・Ⅰβ部門から購入するという二段階の補塡によってなされることになる。そして，これがどのようになされるのかを貨幣流通と関連させて考察しなければならないのである。

さて，以上で確認した要点を念頭に置いて，貨幣の流通経路を付した表式で考察していくが，その考察に際しては，「サービス部門」を組み込んだ際に生じる独自の留意点がある。それは，物質的生産の三部門から「サービス部門」に支出される貨幣と，「サービス部門」の「Ca＋Cb＋V＋P」という「サービス価格」の構成部分，あるいは，「サービス資本」の資本構成としての「Ca＋Cb＋V」の各部分との間には，物質的生産部門の単純再生産条件のような価値額の一致関係は本質的に成立しないということである。

というのは，「サービス取引」の本質は，商品（消費財）と労働力の，「結果（＝有用効果）」ないし「時間」決めでの販売であり，その取引では，「サービスという商品」が価値実現されるのでなく，「サービス資本」として存在する商品（Ca＋Cb）と労働力（V）が，それに内在する価値を上回る「Ca＋Cb＋V＋P」という「サービス価格」で売られて物質的生産の三部門から貨幣が支払われ，しかも，この貨幣は全てⅡ部門に支出されて，物質的生産部門のように支出先部門に違いが出ることもないからである。この場合，物質的生産の三部門から支出される各貨幣と「Ca＋Cb＋V＋P」という「サービス価格」，あるいは，「Ca＋Cb＋V」という「サービス資本」の各構成部分との量的一致は問題にならない。一致する場合はあくまで考察し易い数値が設定されたためである（後に見るように，［表式4－1］はそうした数値例である）。

それでは，「サービス部門」には再生産（部門間均衡）に関わる何の条件も無いのかと言えばそうではない。これについては，以下で貨幣の流通経路を付し

た［表式4-2］による考察をふまえて次節で述べたい。

なお、［表式4-2］のうち、Ⅰα（1000Cb）とⅠβ（1000Ca）間の取引、及び、貨幣に網掛けを付している部門内取引のⅠα（1000Ca）、Ⅰβ（1000Cb）、Ⅱ（200Vp）、Ⅱ（200Mp）についての説明は省略する。これらは、基本的に、第1章で考察した［表式1-2］で説明したものと同じ取引だからである。また、本章でも、紙幅を費やすのを避けるために、資本家、労働者、貨幣は、極力、K、A、Gという記号で呼称する。

さて、Ⅰα部門では、ⅠαKがⅠαAに可変資本として500Gを支出し、ⅠαAは、ここからⅡ部門の消費財向けに200G、そして、「サービス部門」の「サービス」向けに300Gを支出する。既に、第1章で確認したように、「資本家が労働力を買うのは、労働力が生産過程にはいり込む前だが、それに対して支払いをするのは、ようやく約定日がきてからであり、労働力が使用価値の生産に支出されたあと」である。

他方、ⅠαKも、同様に「サービス部門」の消費財に200G、「サービス部門」の「サービス」に300Gを支出する。これは、やはり、第1章で確認したように、「ある程度の手持ち貨幣は資本家の手中にある」という前提の下での資本家間取引として行われ、「貨幣はさまざまな方法で前払いされうる[47]」。すなわち、ⅠαKでなく、他の部門の資本家や複数部門の資本家を出発点とするなど、様々な貨幣流通があり得るということである。

したがって、ここで考察するⅠαKを出発点とするこの貨幣流通は、そうした「さまざまな」場合がある中の一つのケースである。ただし、「サービス部門」の資本家については、貨幣流通の出発点について独自な点があり、これは「サービス部門」の再生産の特徴として後述する。

さて、まず、上述したⅠαAとⅠαKの消費財向けの貨幣支出を追うと、これによって、Ⅱ部門の生産物のうち、移転した中間財価値1000Ca部分中の400Ca（貨幣の流通経路の①と③）にあたる部分が価値実現され、資本家ⅡKは、入手した計400GでⅠα部門から同価値の中間財を購入して補填し、また、これによって貨幣はⅠαKに還流し（同②④）、Ⅰα部門の生産物の可変資本価値200Vp部分と剰余価値200Mp部分が価値実現される。

このような消費財向けの貨幣支出はⅠβ部門とⅡ部門でも行われる。すなわ

ち，IβAはIβKが可変資本として支出した500Gから，また，IβKは手持ちの500Gから，それぞれ消費財購入に200Gを支出し（同⑤⑦），300Gを「サービス」に支出する。そして，前者の計400Gによって，Ⅱ部門の生産物のうち，移転した資本財価値1000Cb中の400Cbにあたる部分が価値実現され，ⅡKは，この計400GでIβ部門から同価値の資本財を購入して補塡し，これによって貨幣はIβKに還流し（同⑥⑧），Iβ部門の生産物の可変資本価値200Vp部分と剰余価値200Mp部分が価値実現される。

さて，「サービス部門」の導入に伴う特有の取引は，まず上述した，Iα・Iβの両部門の労働者と資本家がいずれも「サービス」に300Gを支出する取引である（同⑨⑩⑪⑫）。さらに，これと全く同様に，Ⅱ部門でも労働者と資本家は「サービス」に支出する。すなわち，ⅡKがⅡAに可変資本として支出した500Gから，ⅡAは消費財向けに200G（これは上で説明を省略するとした部門内取引である），「サービス」向けに300Gを支出し（同⑬），ⅡKも手持ち貨幣から同様に消費財に200G（これも部門内取引である），「サービス」に300Gを支出する（同⑭）。

したがって，三部門合計では，1800Gが「サービス」に支出されることになる。なお，説明表式で，これらの貨幣を「＋」で合計する表示としたのは，上述したように，この物質的生産の三部門から支出された各貨幣と「サービス部門」の「サービス価格」もしくは「サービス資本」の各構成部分との間に本質的な対応関係はないからである。

さて，この1800Gを取得した資本家SKは，これを次のように支出する。

まず，SKは，1800Gの中から600G（同⑨⑩）を，「サービス部門」の，今期に消費した「不変資本としての消費財」のうち，その生産に消費された中間財価値600を表わしている部分の補塡のために支出する。これによって，Ⅱ部門の年間生産物のうちの，中間財の移転価値1000Ca中600Caにあたる部分が価値実現され，ⅡKは600Gを得る（同⑮）。そして，ⅡKは，600GでIα部門から中間財を購入して，「不変資本としての消費財」の生産に消費した中間財を補塡し，これによって，Iα部門の生産物の可変資本価値300Vs部分と剰余価値300Ms部分が貨幣の出発点への還流によって価値実現される（同⑯⑯′）。

[表式4-2]　[表式4-1]の説明表式

```
Ⅰα部門  1000Ca + 1000Cb + 200Vp + 300Vs + 200Mp + 300Ms = 3000
        ⅠαK;1000G  ⅠαK;1000G    ⅠαK;500G        ⅠαK;500G
                                    ↗         ↓       =200G + 300G ──────→⑩へ
                                  ②+⑯
                                    ⅠαA;500G  ④↗ ↙③へ  ⑯′↑
                                  =200G+300G ─────────────────────→⑨へ
                                    ↙①へ
                    ⅠβK;1000G

Ⅰβ部門  1000Ca + 1000Cb + 200Vp + 300Vs + 200Mp + 300Ms = 3000
        ⅠβK;1000G  ⅠβK;500G      ⅠβK;500G
           ↻        ↗         ↓       = 200G + 300G ──────→⑫へ
                  ⑥+⑰
                    ⅠβA;500G  ⑧↗ ↙⑦へ  ⑰′↗
                  =200G + 300G ───────────────────────→⑪へ
                    ↙⑤へ

      ⅡK;200G ③ (④へ)  ⅡK;200G ⑦ (⑧へ)
      ⅡK;200G ① (②へ)  ⅡK;200G ⑤ (⑥へ)
Ⅱ部門   1000Ca   +   1000Cb   +200Vp+300Vs+200Mp+300Ms=3000
        ⅡK;600G ⑮   ⅡK;600G ⑰   ⅡK;500G ←⑲   ⅡK;500G
        (⑯⑯′へ)     (⑱⑱′へ)         ↓          =200G+300G →⑭へ
                                    ⅡA;500G=200G    ↻    ⑳↑
                                      +300G ──────────────────→⑬へ

      (⑨⑩は⑮へ, ⑪⑫は⑰へ, ⑬は
       SAを介して⑲へ, ⑭は⑳へ)                    SA;300G (⑲へ)
         ↑       ↑       ↑       ↑       ↑       ↑
      SK;300G⑨+SK;300G⑩+SK;300G⑪+SK;300G⑫+SK;300G⑬+SK;300G⑭←
S部門    600Ca + 600Cb + 300V + 300P = 1800
```

(注) ①-⑳は部門間の貨幣の流通経路を示すためのもの。

なお，Ⅰα部門とⅡ部門間では，Ⅰα(200Vp+200Mp)とⅡ(400Ca)に関わる取引がなされているから，これと併せて，Ⅰα部門の可変資本価値部分及び剰余価値部分とⅡ部門の1000Caの価値実現及び補塡に関わる取引が完了する。

また，SKは，同様に，600G（同⑪⑫）を，今期に消費した「不変資本としての消費財」のうちの，その生産に消費された資本財価値600Cbを表わして

いる部分の補塡のために支出し，これによって，II部門の生産物の資本財の移転価値1000Cbの中の600Cbにあたる部分が価値実現される（同⑰）。IIKは，取得した貨幣600Gで，Iβ部門から資本財を購入して「不変資本としての消費財」の生産に消費された資本財を補塡し，これによって，Iβ部門の生産物の可変資本価値300Vs部分と剰余価値300Ms部分が貨幣の還流によって価値実現される（同⑱⑱′）。

そして，既にIβとII部門間では，Iβ（200Vp＋200Ms）とII（400Cb）に関わる取引がなされているから，これと併せて，Iβ部門の可変資本価値部分及び剰余価値部分とII部門間の1000Cbの価値実現及び補塡に関わる取引が完了する。

ここまででは，まだ，II部門の可変資本価値部分の300Vsと剰余価値300Ms部分が未実現である。この実現はII部門と「サービス部門」との次のような取引でなされる。

SKは，1800Gの中から300G（同⑬）を可変資本としてSAに支出し，SAはこれをII部門に支出して300Vs部分を価値実現し（同⑲），SAは購入した消費財によって自らを再生産する。貨幣はIIKに還流する。

そして，以上の取引の結果，SKの手持ち貨幣は300Gとなり，SKはこの「利潤」をII部門に支出して300Ms部分を価値実現するとともに，消費財を入手して自らを再生産する（同⑳）。貨幣はIIKに還流する。

こうして，全ての生産物の価値実現と，「不変資本としての消費財」と消費された中間財・資本財の補塡，物質的生産部門への貨幣の還流による可変資本の貨幣形態への復帰，「サービス部門」を含む全部門の資本家の「利潤」（剰余価値）の取得，全部門の労働者と資本家の生命の再生産が行われる。

2 「サービス部門」の単純再生産の特徴と条件

前節の考察をふまえて，「サービス部門」の単純再生産の特徴と条件について確認したい。

まず，「サービス部門」の再生産には明らかに物質的生産部門と異なる特徴がある。それは，物質的生産部門の場合は，その再生産が，様々な場合があるとは言え，いずれかの部門の資本家が支出した貨幣が当該資本家に還流すると

いう貨幣流通によってなされるのに対し，「サービス部門」の再生産では，「サービス部門」の資本家は決して貨幣流通の出発点としても還流点としても捉えられないことである。

すなわち，前節で見たように，貨幣流通の出発点は，物質的生産部門の資本家であり，貨幣は，この資本家自身，そして，この資本家の可変資本支出として賃金を得た労働者の「サービス」への支出として「サービス部門」に流れる。そして，この貨幣は，「サービス部門」の「不変資本としての消費財」の補填のために，また，当該部門の労働力の再生産のために，そして，資本家の再生産のためにⅡ部門に支出される。再生産のためのこうした貨幣支出は物質的生産部門でも行われるが，「サービス部門」の場合はその帰結は全て貨幣のⅡ部門の資本家への支出であって，決してSKには還流しない。

これは，山田氏の考察について確認したように，「サービス取引」とは，物質的生産部門の労働者と資本家が貨幣を「サービス」に支出し，「サービス部門」がこの貨幣でⅡ部門から「サービス部門用消費財」を購入・補填する取引であるため，こうした「サービス部門」の再生産の特徴は同部門の物質的生産部門への基本的な依存を示すものに他ならない。

次に，「サービス部門」の単純再生産の条件についてである。まず，この点で確認したいのは，［表式4-1］では，Ⅰα(Vs+Ms)=S(Ca)，Ⅰβ(Vs+Ms)=S(Cb)，Ⅱ(Vs)=S(V)，Ⅱ(Ms)=S(P)として，物質的生産の三部門から「サービス部門」に支出される貨幣と，「サービス部門」の「Ca+Cb+V+P」という「サービス価格」の構成部分との量的一致が見られるが，これは，前節で述べたように，単に考察し易い数値が設定されたことによる外形的なもので，再生産の条件では全くないことである。

そのことは，S部門の価格構成を，Ⅰα(300Vs+300Ms)＞S(300Ca)，Ⅰβ(300Vs+300Ms)＞S(300Cb)，Ⅱ(300Vs)＜S(600V)，Ⅱ(300Ms)＜S(600P)と設定した下の「変更例」が成立することに示されている。

この「変更例」では，「不変資本としての消費財」の額は［表式4-2］の半分の300Ca+300Cbとなっており，逆に，「サービス部門」の労働者への可変資本支出と資本家の利潤がそれぞれ600と大きくなっている。しかし，この表式では次のような取引によって再生産が成立する。

第4章 「サービス部門」を含む再生産と経済循環図

[表式4-3] [表式4-2]の「S部門」の支出構成の変更例（変更部分のみ）

```
                ⅡK；200G ③    ⅡK；200G ⑦
                ⅡK；200G ⑪    ⅡK；200G ⑤
Ⅱ部門    1000Ca  ＋  1000Cb  ＋  200Vp+300Vs  ＋   200Mp+300Ms＝3000
         ⅡK；600G   ⅡK；600G   ⅡK；500G         ⅡK；500G
                                              300G ⓔ ＝200G+300G
                                                ↻
         300G ⓐ 300G ⓑ 300G ⓒ 300G ⓓ  ⅡA；500G＝200G+300G    300G ⓕ

（⑨はⓐに, ⑩はⓒに, ⑪⑫はSAに支出されて⑪はⓑに, ⑫はⓓに, ⑬はⓔに, ⑭はⓕに）
         SK；300G ⑨＋SK；300G ⑩＋SK；300G ⑪＋SK；300G ⑫＋SK；300G ⑬＋SK；300G ⑭
S部門    300Ca  ＋  300Cb  ＋  600V  ＋   600P ＝ 1800
```

　すなわち，SK は 1800G の中から 300Ca 部分の補填に 300G を（貨幣の流通経路のⓐ），同じく 300Cb 部分の補填にやはり 300G を支出する（同ⓒ）。しかし，これだけでは，Ⅱ部門の生産物のうち，300Ca＋300Cb 部分が未実現となる。そして，この未実現部分は，SK からの 600G の賃金を得た労働者 SA の 300G（同ⓑ）の支出と，資本家 SK の利潤の支出 600G のうちの 300G（同ⓓ）によって実現される（それぞれの 300G がどの部分を価値実現するのでも構わない）。

　すなわち，[表式4-2]では，Ⅱ部門が，中間財と資本財を消費して生産した 600Ca＋600Cb という価値額の消費財は，すべて「サービス部門」の「不変資本としての消費財」であったが，この「変更例」の場合は，その半分の 300Ca＋300Cb だけが「不変資本としての消費財」であり，残り半分は一般消費財なのである。そして，この一般消費財には，その生産に消費された中間財と資本財価値が含まれているが，「サービス部門」の投下資本は構成せず，同部門の労働者と消費者の消費対象となる。

　ところで，前節の冒頭では，物質的生産部門の均衡条件の一つである，Ⅰα(V+M)＋Ⅰβ(V+M)＝Ⅱ(Ca+Cb) について，これは，Ⅱ部門で消費されない消費財Ⅱ(Ca+Cb) が Ⅰα・Ⅰβ 部門と取引されることを意味するとして，この消費財Ⅱ(Ca+Cb) は，「サービス部門」を組み込んだ場合はその一部が「サービス部門用消費財」として消費され，その際，「不変資本としての消費

財」としての消費の他に，一般消費財としての消費があるとした。この後者を示すのが上の「変更例」である。もちろん，一般消費財は，「変更例」における 300Ca＋300Cb 部分だけではなく，200Vp＋300Vs＋200Mp＋300Ms という今期に新たに生産された価値部分もそうであり，「サービス部門」の労働者と資本家はこのうちの 300Vs＋300Ms 部分も消費する（同ⓔⓕ）。

そして，この「変更例」のような取引の場合は，Ⅰα・Ⅰβ部門から「サービス」へ支出された貨幣は，次のような経路で同部門に還流することになる。すなわち，この貨幣が「サービス部門」からⅡ部門に支出される際には，「不変資本としての消費財」の補塡のためだけでなく，労働者と資本家の一般消費財の購入のためにも支出され，そして，Ⅱ部門の資本家は，前者の「不変資本としての消費財」と後者の一般消費財の生産に消費された中間財と資本財の補塡のためにこの貨幣をⅠα・Ⅰβ部門に支出するという経路である。［表式4－2］とは経路は異なるが確実に貨幣は出発点に還流する。

なお，上の「変更例」では，「不変資本としての消費財」を 300Ca＋300Cb と，［表式4－2］よりも小さい額で設定したが，これが，さらに小さく，もし仮に，「サービス部門」が「不変資本としての消費財」を全く消費しないとすれば，すなわち，Ⅰα(Vs＋Ms)＞S(Ca)＝0，Ⅰβ(Vs＋Ms)＞S(Cb)＝0 だとすれば，「サービス部門」は，「労働のサービス」のみを提供することになり，その時の「サービス価格」の構成は，例えば，900V＋900P＝1800 のようになる。

そして，Ⅱ(Vs)＜S(V)，Ⅱ(Ms)＜S(P) があり得ることの理解は，「サービス部門」の労働者の賃金と資本家の「利潤」が，本質的に全ての物質的生産部門で生み出された価値（V＋M）の再分配（Vs＋Ms）であるということを確認する上で重要である。

なお，上の場合は，Ⅱ部門は「不変資本としての消費財」を生産せず，そして，Ⅰα・Ⅰβ部門から支出された貨幣は，すべて「サービス部門」から一般消費財購入のために支出され，Ⅱ部門がすべて一般消費財の生産のために消費された中間財・資本財の補塡のためにこの貨幣をⅠα・Ⅰβ部門に支出することで出発点に還流することになる。

ところで，ここまでに考察したケースはいずれも，Ⅰα・Ⅰβ部門から「サービス」へ支出された貨幣と「サービス部門」の「不変資本としての消費財」の関

係が，$\mathrm{I}\alpha(\mathrm{Vs}+\mathrm{Ms}) \geqq \mathrm{S}(\mathrm{Ca})$，$\mathrm{I}\beta(\mathrm{Vs}+\mathrm{Ms}) \geqq \mathrm{S}(\mathrm{Cb})$ という条件に含まれるものであった。それでは，$\mathrm{I}\alpha(\mathrm{Vs}+\mathrm{Ms}) < \mathrm{S}(\mathrm{Ca})$，$\mathrm{I}\beta(\mathrm{Vs}+\mathrm{Ms}) < \mathrm{S}(\mathrm{Cb})$ はどうなのだろうか？　結論的に言えば，これはあり得ない。

というのは，まず，前者について言えば，$\mathrm{I}\alpha(\mathrm{Vs}+\mathrm{Ms})$ とは，素材的に見れば，II部門が，「サービス部門」の「不変資本としての消費財」の生産に消費された中間財部分 $\mathrm{S}(\mathrm{Ca})$ の補塡にあてられる中間財の最大量を意味するからである。しかし，$\mathrm{I}\alpha(\mathrm{Vs}+\mathrm{Ms}) < \mathrm{S}(\mathrm{Ca})$ では，この最大量を超えてしまう。この場合，「サービス部門」の資本家は，「不変資本としての消費財」のうち，その生産に消費された中間財価値を表わす部分の一部の購入・補塡が不可能になる。

同様に，$\mathrm{I}\beta(\mathrm{Vs}+\mathrm{Ms})$ とは，素材的に見れば，II部門が，「サービス部門」の「不変資本としての消費財」の生産に消費された資本財部分 $\mathrm{S}(\mathrm{Cb})$ の補塡にあてられる資本財の最大量を意味する。$\mathrm{I}\beta(\mathrm{Vs}+\mathrm{Ms}) < \mathrm{S}(\mathrm{Cb})$ では，「サービス部門」の資本家は，「不変資本としての消費財」のうち，その生産に消費された資本財価値を表わす部分の一部の購入・補塡が不可能になる。

したがって，先に述べた「サービス部門」の単純再生産の条件とは，「不変資本としての消費財」の補塡に関わる次の関係である。

$$\mathrm{I}\alpha(\mathrm{Vs}+\mathrm{Ms}) \geqq \mathrm{S}(\mathrm{Ca}), \quad \mathrm{I}\beta(\mathrm{Vs}+\mathrm{Ms}) \geqq \mathrm{S}(\mathrm{Cb})$$

これは，要するに，「サービス部門」の単純再生産のためには，$\mathrm{I}\alpha$（中間財）部門と $\mathrm{I}\beta$（資本財）部門のそれぞれの「サービス支出」――「サービス部門」からすれば，$\mathrm{I}\alpha$・$\mathrm{I}\beta$ 部門への「サービス」の販売額――が，「サービス部門」の「不変資本としての消費財」の補塡のために必要な中間財と資本財のそれぞれの価値額以上でなければならないということである。

ただし，これは，ここまでに考察したケースのように，物質的生産部門において，$\mathrm{I}\alpha(\mathrm{Cb}) = \mathrm{I}\beta(\mathrm{Ca})$ ――これは，$\mathrm{I}\alpha$ 部門の資本財需要と $\mathrm{I}\beta$ 部門の中間財需要の一致を意味する――が成立している場合だから，$\mathrm{I}\alpha(\mathrm{Cb}) \neq \mathrm{I}\beta(\mathrm{Ca})$ の場合は，次のようになる。

$Iα(Vs+Ms) － \{Iβ(Ca) － Iα(Cb)\} ≧ S(Ca)$

$Iβ(Vs+Ms) ＋ \{Iβ(Ca) － Iα(Cb)\} ≧ S(Cb)$

　要するに，Iα(Cb) と Iβ(Ca) の需給によって，Ⅱ部門が，「サービス部門」の「不変資本としての消費財」の補塡にあてられる中間財・資本財の最大量が増減するため，これを加えるということである。

　この条件が正しいことは，第1章であげた Iα(Cb)≠Iβ(Ca) が成立していない［表式1-4］に，「サービス部門」を組み込んだ次の表式で確認できる。

```
              中間財    資本財     可変資本    剰余価値     生産物価値
 Iα部門    1000Ca＋ 800Cb＋280Vp＋420Vs＋200Mp＋300Ms ＝ 3000
 Iβ部門    1000Ca＋1000Cb＋120Vp＋180Vs＋280Mp＋420Ms ＝ 3000
 Ⅱ 部門    1000Ca＋1200Cb＋160Vp＋240Vs＋160Mp＋240Ms ＝ 3000
    （計   3000Ca＋3000Cb＋560Vp＋840Vs＋640Mp＋960Ms ＝ 9000
 S 部門     520Ca＋ 800Cb＋    240V  ＋   240P       ＝ 1800
```

　すなわち，ここでは，Iα(420Vs+300Ms)－{Iβ(1000Ca)－Iα(800Cb)}＝S(520Ca) と Iβ(180Vs+420Ms)＋{Iβ(1000Ca)－Iα(800Cb)}＝S(800Cb) となっている。そして，説明は省略するが，［表式1-4］と同様にこの表式も成立する。なお，S(Ca) と S(Cb) の額がこれ以下の場合は，［表式4-3］の変更例と同様な変更が生じることになる。

　本節の最後に，「サービス部門」の「V」が物的生産部門のそれを上回る表式例をあげておきたい。

```
              中間財    資本財     可変資本    剰余価値     生産物価値
 Iα部門    1500Ca＋1500Cb＋200Vp＋300Vs＋200Mp＋ 800Ms ＝ 4500
 Iβ部門    1500Ca＋1500Cb＋200Vp＋300Vs＋200Mp＋ 800Ms ＝ 4500
 Ⅱ 部門    1500Ca＋1500Cb＋200Vp＋300Vs＋200Mp＋ 800Ms ＝ 4500
    （計   4500Ca＋4500Cb＋600Vp＋900Vs＋600Mp＋2400Ms ＝13500）
 S 部門     500Ca＋ 500Cb＋   1550V  ＋   750P       ＝ 3300
```

　この表式では，物質的生産部門の「V」は，600Vp＋900Vs＝1500 であり，

「サービス部門」のそれは1550である。なお，ここでは「サービス部門」は部門内取引を行わないものとしている。そして，この表式が［表式4-1］と異なるのは，物質的生産部門の資本家の「サービス支出」（Ms）の大きさ（計2400）である。

「Ms」の拡大の重要性については，「サービス価格」の成立を示すⅠα(Vs+Ms)＋Ⅰβ(Vs+Ms)＋Ⅱ(Vs+Ms)＝S(Ca+Cb+V+P)という条件から説明することができる。

何故なら，「Ms」をゼロとすれば，「サービス部門」の労働者の賃金は，物質的生産部門の労働者の所得（賃金V）の一部である「サービス支出」（Vs）によって賄われるのだからである。そして，言うまでもなく，V＞Vsなのだから，その場合，「サービス部門」の労働者の賃金が物質的生産部門の労働者の賃金を超えることはあり得ない。したがって，「サービス部門」の「V」が物質的生産部門のそれを上回るためには，資本家の「サービス支出」（Ms）の拡大が絶対的な条件となる。そして，「Ms」の拡大によっては，上の表式のように，「サービス部門」の「V」が物質的生産部門のそれを上回ることはあり得る[48]。

なお，「Ms」の拡大の条件としては，「M」に「Ms」が占める比率の拡大があるが，これを可能にするのは「M」そのものの拡大であろう。そして，「M」の拡大は剰余価値率（M/V）の上昇——剰余価値率は，［表式4-1］では100%であるが，上の表式では200%となっている[49]——あるいは，剰余価値率が一定ならば投下資本の増大による拡大再生産＝蓄積によって可能になる。

3 ［補説］「サービス部門」の単純再生産条件を満たさない表式例について

ここで，既に提示した「サービス部門」の単純再生産条件——Ⅰα(Cb)＝Ⅰβ(Ca)が成立する場合は，Ⅰα(Vs+Ms)≧S(Ca)，Ⅰβ(Vs+Ms)≧S(Cb)——について予想される「ありうべき批判」について検討しておきたい。

それは，Ⅰα(Vs+Ms)＜S(Ca)，Ⅰβ(Vs+Ms)＜S(Cb)でも再生産が成立するのでないか，という批判である。次に，Ⅰα(Vs+Ms)＜S(Ca)，Ⅰβ(Vs+Ms)＜S(Cb)の表式例の［表式4-4］と，そこでの「サービス部門」の再生産の「成立」に関わる貨幣流通を付け加えた説明表式の［表式4-5］を掲げて，この「批判」の内容を検討する。

[表式 4-4]　Iα(Vs+Ms)＜S(Ca), Iβ(Vs+Ms)＜S(Cb) の表式例
　　　　　　　　中間財　　資本財　　可変資本　　　剰余価値　　生産物価値
Iα部門　　1000Ca＋1000Cb＋200Vp＋300Vs＋200Mp＋300Ms ＝ 3000
Iβ部門　　1000Ca＋1000Cb＋200Vp＋300Vs＋200Mp＋300Ms ＝ 3000
II 部門　　<u>1000Ca＋1000Cb＋200Vp＋300Vs＋200Mp＋300Ms ＝ 3000</u>
　（計　　3000Ca＋3000Cb＋600Vp＋900Vs＋600Mp＋900Ms ＝ 9000 ）
S 部門　　 800Ca＋ 800Cb＋　　100V　　＋　100P　　＝ 1800

[表式 4-5]　[表式 4-4]の「サービス部門」の「再生産」に関わる説明表式

　　　　　IIK；200G ③　IIK；200G ⑦
　　　　　IIK；200G ①　IIK；200G ⑤
II 部門　1000Ca ＋ 1000Cb ＋ 200Vp＋300Vs 　　　＋ 200Mp＋300Ms＝3000
　　　　　IIK；600G ⑮　IIK；600G ⑰　IIK；500G　　　　　IIK；500G ←
　　　　　　　　　　　　　　　　　　　　　　　　　　　　　＝200G ↻　100G ⑳
　　　　　　　　　　　　　　　　　　　　　　　　　　　　　　＋　　　　＋
　　　　　　　　　　　　　　　　　　└100G ⑲＋200G ⑲′　300G ↓　200G ⑳′
　　　　　　　　　　　　　　　　　IIA；500G＝200G＋300G →

（⑨⑩は⑮へ, ⑪⑫は⑰へ, ⑬は SA を介して⑲へ, ⑭は⑳へ, Ⓧは⑲′へ, Ⓨは⑳′へ）
SK；300G ⑨＋SK；300G ⑩＋SK；300G ⑪＋SK；300G ⑫＋SK；100G ⑬＋SK；100G ⑭＋SK；200G Ⓧ＋SK；200G Ⓨ
S 部門　　800Ca ＋ 800Cb ＋ 100V ＋ 100P ＝ 1800

（注）　貨幣の流通経路は［表式 4-1］と異なる部分を中心に表記している。

　さて, この［表式 4-5］についてまず確認しておきたいのは, ［表式 4-1］と異なっている点が, 「S 部門」の「800Ca＋800Cb＋100V＋100P」という「サービスの価格」の内部構成だけであることである。したがって, 物質的生産部門の Iα・Iβ・II 部門から「サービス」の購入に総額 1800 の貨幣（Iα A；300G＋ Iα K；300G＋ IβA；300G＋ IβK；300G＋ IIA；300G＋ IIK；300G）が支出されるまでは全く同じである。
　異なるのは, この 1800 の貨幣を「サービス部門」の資本家が支出する仕

方・その内容である。この資本家はまず，1800Gから，600Gを同部門の「不変資本としての消費財」のうちの（前期に）Iα部門で生産された中間財価値600Ca部分を表わす部分の補塡のためにII部門に支出し（貨幣流通の「⑨⑩は⑮へ」），同様に，600Gを同部門の「不変資本としての消費財」のうちの（前期に）Iβ部門で生産された資本財価値600Cb部分を表わす部分の補塡のためにII部門に支出する（貨幣流通の「⑪⑫は⑰へ」）。ここまででは，S部門の200Ca＋200Cb部分の「不変資本としての消費財」は補塡されない。すなわち，「購入・補塡は不可能」となる。

　そして，「ありうべき批判」とは，資本家SKが，この補塡できない200Ca＋200Cb部分の「不変資本としての消費財」の補塡を，貨幣200Gを，II部門の可変資本価値200を表わす部分に支出し（貨幣流通の「⑳は⑲′へ」，さらに貨幣200Gを，II部門の剰余価値200を表わす部分に支出する（貨幣流通の「⑳は⑳′へ」）という取引である。そして，II部門の年間生産物のうちのこれら計400の部分には，当然ながら，Iα部門で生産された中間財価値も，Iβ部門で生産された資本財価値も含まれていない。この400は，今期にII部門で中間財と資本財が生産的に消費された結果として新たに作り出された価値生産物（V＋M）である消費財の一部である。資本家SKは，この新たに生産された価値生産物としての消費財を，労働者や資本家が生命の再生産のために消費する一般消費財ではなく，「不変資本としての消費財」として調達し，補塡することになる。

　確かにこの取引は成立し得る。しかし，この取引では，前期に200Ca＋200Cbとして，Iα部門の中間財とIβ部門の資本財の移転価値を含んで生産された「不変資本としての消費財」が，今期に，新たに生産された価値生産物としての消費財が「不変資本としての消費財」として調達されることによって補塡される。この場合，この調達される消費財の素材形態が一般消費財であっても，「不変資本としての消費財」として機能しうるものでなければならない。しかし，消費財には，住宅が事業所に転用されるなど，一般消費財としても，「不変資本としての消費財」としても使用できるものがあるという事情を考慮すれば，これもあり得よう。

　ただし，問題なのは，こうして，200Ca＋200Cbという「不変資本として

の消費財」が素材的に補塡されたとしても、この取引では価値的な補塡はなされておらず、単純再生産とは言えないことである。しかし、これは、最初の表式に表記上の問題があるためであり、この場合、最初の表式は以下のようでなければならない。

[表式4-6] [表式4-4]の表記を一部変更した表式

```
                 中間財         資本財          可変資本          剰余価値        生産物価値
Ⅰα部門   1000Ca    +    1000Cb    +200Vp+300Vs + 200Mp+300Ms   = 3000
Ⅰβ部門   1000Ca    +    1000Cb    +200Vp+300Vs + 200Mp+300Ms   = 3000
Ⅱ 部門   1000Ca    +    1000Cb    +200Vp+300Vs + 200Mp+300Ms   = 3000
    (計   3000Ca   +    3000Cb    +600Vp+900Vs + 600Mp+900Ms   = 9000)
S 部門   600Ca + 200(Ca) + 600Cb + 200(Cb) + 100V + 100P      = 1800
```

　上の表式で、200（Ca）＋200（Cb）と表記した部分が、Ⅱ部門の価値生産物（V＋M）部分によって補塡される「不変資本としての消費財」である。そして、（Ca）、（Cb）と括弧付きなのは、この部分には、Ⅰα部門で生産された中間財価値も、Ⅰβ部門で生産された資本財価値も含まれておらず、前期にⅡ部門で中間財と資本財が生産的に消費された結果として新たに作り出された価値生産物（V＋M）の一部が「不変資本としての消費財」として機能するものだからである。

　すなわち、単純再生産を前提すれば、もともとこの部分は、Ca＋Cbとして表記すべきではなく、本質的には、この表式は、200（Ca）と200（Cb）を控除した、Ⅰα（Vs＋Ms）＝S（Ca）、Ⅰβ（Vs＋Ms）＝S（Cb）の表式であり、Ⅰα（Vs＋Ms）＜S（Ca）、Ⅰβ（Vs＋Ms）＜S（Cb）という場合の単純再生産の成立を示すものではないのである。

　その上で考えるべきは、（Ca）、（Cb）と括弧付きの「不変資本としての消費財」を消費して「サービス」を提供する「サービス部門」の性格である。

　上の表式では、前期にⅡ部門で生産された価値生産物（V＋M）である消費財の一部が、200（Ca）＋200（Cb）という「不変資本としての消費財」として消費され、その補塡が、再び、Ⅱ部門で今期に生産された価値生産物（V＋M）である消費財によってなされる。そして、この「不変資本としての消費

財」を消費して「サービス」を提供するこの部門の労働者（25vとなる）も資本家（25pとなる）もその生存の条件をⅡ部門で今期に生産された価値生産物（V+M）の消費に置いている。したがって，この「サービス部門」の規模はⅡ部門の価値生産物（V+M）の大きさによって絶対的に制限されている。

また，この「サービス部門」の資本家が「不変資本としての消費財」200（Ca）+200（Cb）の補塡のために支出する貨幣も，同部門の労働者への賃金，そして，資本家自身の利潤として支出する貨幣も全てⅡ部門が「サービス」購入のために支出することで「サービス部門」の資本家の手に入ったものであり，それが再びⅡ部門に支出されて，還流する。この貨幣は決して，Ⅰα・Ⅰβ部門との取引に入ることはない。

したがって，この「サービス部門」はⅡ部門の価値生産物である消費財の一部を「不変資本としての消費財」及びこの「サービス部門」の労働者と資本家の生存用の消費財——両者は「サービス部門用消費財」と一括できる——として消費することで，Ⅱ部門の労働者と資本家向けに「サービス」を提供する，言わば，Ⅱ部門内部に限定的に成立した「Ⅱ部門内サービス部門」である。

しかしながら，今日の「サービス経済化」をもたらしている「サービス部門」が，このような「Ⅱ部門内サービス部門」にとどまるものでないことは明らかである。この「Ⅱ部門内サービス部門」を，どのように歴史的現実の中に見出すかは別の課題であるが，今日の「サービス経済化」の主要素としての「サービス部門」とは考えられず，ゆえに，ここまでで主要な考察対象とはしなかったものである。

4 「サービス部門」を含む「三面等価原則」

(1) 「三面等価原則」と「粗付加価値額＝最終生産物価額」　本書の第1章では，国民所得論のいわゆる「三面等価原則」について，それは，三部門四価値構成で表示したマルクスの単純再生産表式の一部を国民所得論の視点と把握方法で捉えたものだとした。しかし，そこでの考察は，物質的生産部門だけを対象としたものであった。そこに「非物質的生産部門としてのサービス部門」を組み込んだ場合はどうなるのか？　これについて下の［表式4-7］によって確認しておきたい。

[表式4-7]　「サービス部門」を含む場合の「三面等価原則」

```
           中間財       資本財      可変資本       剰余価値        生産物価値
Iα部門   1000Ca  +  1000Cb  +  200Vp  +  300Vs+200Mp+300Ms  = 3000 ┐
Iβ部門   1000Ca  +  1000Cb  +  200Vp  +  300Vs+200Mp+300Ms  = 3000 │
II 部門   1000Ca  +  1000Cb  +  200Vp  +  300Vs+200Mp+300Ms  = 3000 │
 （計   3000Ca  +  3000Cb  +  600Vp  +  900Vs+600Mp+900Ms  = 9000）┘
                             粗付加価値額6000
                                        ［所得］  労働者    資本家
                                          Iα      500     1500
                                          Iβ      500     1500
                                          II      500     1500
                                          600 ← 1500     4500 → 3000
                                                  ↓     600 ↲↓
                                                  900       900
S 部門  600Ca+   600Cb+    300V+    300P  = 1800 → 300  300+600
総計   3600Ca+ 3600Cb+ 1800V+ 1800（M・P）=10800 → 1800  5400
              粗付加価値額7200                    7200
```

［支出］   消費財   資本財   サービス
労働者   900（600+300）   900 = 1800
資本家   900（600+300）   3600（3000+600）   900 = 5400
            1800   3600   1800   7200

（注）下線部のうち，---- は消費財へ，＝ はサービスへ，▬ は資本財へ，⌒ は「資本財に擬せられる消費財」へ支出される。
　　　「総計」での「1800（M・P）」における（M・P）は，剰余価値（M）と利潤（P）からなることを意味している。「支出」での「資本財」には，「資本財に擬せられる消費財」の600を含めている。

　まず，上の表式に分かるように，生産された粗付加価値（生産国民所得）は，物質的生産部門に限れば6000であり，粗付加価値の所得としての分配（分配国民所得）は，労働者が1500，資本家が4500で計6000である。そして，やはり，この6000が支出される（支出国民所得）。
　しかし，この6000の支出は，物質的生産部門だけで考察した第1章では，

第4章 「サービス部門」を含む再生産と経済循環図　217

全て，直接に消費財と資本財に対して行われた。しかし，「サービス部門」を組み込んだ場合は，次のように異なってくる。

　すなわち，労働者の1500の所得のうち，直接に消費財に支出されるのは600で，残りの900は「サービス」に支出される。資本家の場合は，4500の所得のうち，資本財に3000が，そして，消費財に600が，「サービス」に900が支出される。

　したがって，「サービス」には，労働者からの900と資本家からの900の計1800の貨幣が支出されることになるが，ここから，「サービス部門」の資本家は，「不変資本としての消費財」の補塡に1200，労働者に可変資本として600を支出し，結果として残りの300が「利潤」となる。

　ただし，国民所得論は，物質的生産物（財貨）であれ，「サービス」であれ，「収入を得ることが出来る活動は何でも生産と見な"す（擬制としての生産）ために，上で「サービス」に支出された1800を「サービスの生産額」とし，そこから「粗付加価値」を算出する。その算出方法の基本的な発想は，次のように理解できる。

　すなわち，「サービス部門」の「生産額」の1800から，「サービス部門」が今期に消費した「不変資本としての消費財」のうち，素材形態に着目して中間財に擬せられる非耐久的な消費財（例えば，教育産業での教材類や文具類）の価値額を除き，耐久的なもの（教育産業での校舎や設備等）を資本財に擬して，この価額を減価償却費として（資本家の）所得とすることである。

　そして，ここで注意が必要なのは，この「中間財に擬せられる非耐久的な消費財の価値額」と表式上の「$600C_a$」とは別ものであることである。後者は，価値視点から，「サービス部門」が調達した「不変資本としての消費財」に，その生産に消費された中間財価値が含まれていることを示すものであり，このように表示するのは，その補塡関係を捉えようとするマルクス再生産論の視点に基づくものである。

　これに対し，「中間財に擬せられる非耐久的な消費財の価値額」は，「サービス部門」で「生産」された「粗付加価値額」を算出するための本質的に擬制的な概念であり，そして，その額が，「不変資本としての消費財」に含まれる中間財価値（$600C_a$）と別ものであることは，耐久的で資本財に擬せられる消費

財（校舎や設備）にも，あるいは非耐久的で中間財に擬せられる消費財（教材類）にも，その生産に消費された中間財（原材料）価値が含まれていることに明らかである。

そして，その擬制的な概念による額はここでは仮設的な数値としてしか設定され得ない。上の表式では，この額を「600Ca」と同額と見て，これを「生産額」から除いており，その結果，「サービス部門」の「粗付加価値額」は，$600Cb+300V+300P=1200$ となり，これが，所得として労働者に 300，資本家に 900 分配されることになっている。そして，労働者の 300 も資本家の 900 もすべて消費財に支出される。もちろん，資本家が支出する 900 のうちの 600 は，「資本財に擬せられる」消費財の補塡のために支出されるのである。

なお，ここで「600Ca」とした「中間財に擬せられる」仮設的な額を，例えば，500 とした場合は，「資本財に擬せられる」額が 100 だけ増えて 700 となり，粗付加価値も 100 だけ増えて 1300（労働者 300，資本家 $700+300=1000$）となる。そして，所得も，資本家だけが 100 増え，資本家はこの増えた分を含めて 1000 を消費財に支出する。そして，1000 のうちの 700 は，「資本財に擬せられる」消費財の補塡のために支出される。しかし，こうした「資本財に擬せられる」消費財の額の増減は，他方で，「中間財に擬せられる」消費財の額の減増と対応しており，「不変資本としての消費財」の補塡に 1200 を支出するという本質的な事態は変わらない。1200 のうちのどこまでを「粗付加価値」に含めるかという計算上の変化に過ぎないのである。

なお，粗付加価値額から減価償却費を除いた「純生産」（付加価値額）も物質的生産部門では $600Vp+900Vs+600Mp+900Ms=3000$ であるが，「サービス部門」を含めると $1800V+1800(M\cdot P)=3600$ に増加する。これも同様に，所得の再計算による「見かけ」上の現象である。

さて，次に明らかにしたいのは，以上のように，「サービス部門」を組み込んだ場合に増加する粗付加価値額に対して，国民所得論の視点からの「最終生産物」がどのようなものになり，そして，国民所得論が「三面等価原則」の成立に関わって定式化する「粗付加価値額＝最終生産物価額」が成立するのか，という点である。

そこで，まず確認したいのは，上の定式について明らかにするには次の二点

の検討が必要になることである。第一に,「サービス部門」を組み込んだ場合,その「サービス部門」への「中間財」の「投入」＝「補塡」とは一体何か？ということであり,そして,第二に,「サービス部門」を組み込んだ場合には「最終生産物」をどのように捉えるべきか？ である。

　第一の論点,「サービス部門」への「中間財」の「投入」＝「補塡」とは何か？ という課題について考えたい。これについては,まず,「非物質的生産部門としてのサービス部門」には当然,物質的生産過程が存在しないのだから,生産過程への「中間財」（原材料）の「投入」＝「補塡」などはあり得ないと言うことができる。

　もちろん,「サービス部門」では,サービス資本家が,Ⅱ部門から「不変資本としての消費財」（600Ca＋600Cb）を調達・補塡し,この中に「Ca」として中間財価値が存在する。これは,Ⅰα部門で生産された中間財が原材料としてⅡ部門に「投入」＝「補塡」されることでⅡ部門に移転したものである。そして,この「不変資本としての消費財」が「サービス部門」によって調達されるのだが,これは,中間財価値を含む「不変資本としての消費財」の「投入」＝「補塡」であっても,決して,「中間財」の「投入」＝「補塡」ではない。

　そして,このように,物質的生産過程が存在せず,この過程への「中間財」（原材料）の「投入」＝「補塡」もあり得ないのが「サービス部門」なのだから,第二の点については,当然,「サービス部門」を含めても「最終生産物」に何の変化も生じないことも明らかである。

　しかし,ここで重要なのは,以上はマルクス再生産論の視点からの理解であって,国民所得論の視点からは事態は次のように異なってくることである。すなわち,「サービス部門」のⅡ部門からの「不変資本としての消費財」の調達・補塡が,「中間財」と「資本財」への「投資」として擬制される。つまり,一方では,素材形態から,非耐久的な消費財が中間財に擬せられ,他方では,耐久的な消費財が資本財に擬せられる。サービス資本家は,「中間財に擬せられた消費財」と「資本財に擬せられた消費財」を自らの指揮・監督下においた労働者と結合させて,「サービス」を「生産」したものとされる。

　さらに,より重要なことは,以上の擬制に対応して,Ⅱ部門の年間生産物の規定が変わることである。すなわち,一方では,「不変資本としての消費財」

の一部が中間財に擬せられた額だけ、II部門の年間生産物は中間財と見なされ、最終生産物の額が減少することになる。そして、他方では、「不変資本としての消費財」の一部が資本財に擬せられた額だけ、II部門の年間生産物は消費財としての規定性を失い、資本財としての規定性を持つことになる。ただし、資本財は最終生産物であるから、最終生産物としての規定性を失うわけではない。

このように、「サービス部門」を「サービスの生産」を行ったものと見なすことで、第II部門の年間生産物の規定性も変わることになる。したがって、このように捉え直された第II部門は「消費財生産部門」ではなく、一部は消費財を生産するが、他の一部では「中間財」と「資本財」を生産する複合的生産部門としての第II部門となる。

数字で確認すれば、II部門の年間生産物のうちの600の部分は「サービス部門」に「中間財」として「投入」=「補塡」され、その価値を「サービス」に移転させたものとされ、この分、II部門の最終生産物としての消費財の生産額は減少する。

また、II部門の年間生産物のうち、さらに600の部分は「サービス部門」に「資本財」として補塡されたものとされ、II部門はこの分だけ最終生産物としての消費財が減少し、代わりに、最終生産物としての「資本財」を生産したことになる。すなわち、この分だけ資本財は増加する。

したがって、「最終生産物」は、資本財が、Iβ部門が生産した本来の3000にII部門が生産した600を加えた3600、消費財がII部門の年間生産物3000から、「中間財」の600と「資本財」の600を控除した1800、そして、「サービス」が1800となる。

以上の理解に立つことによって、「サービス部門」を含めた場合の「粗付加価値額=最終生産物価額」の定式、及び「三面等価原則」の成立について考察することができる。

まず、粗付加価値額（生産国民所得）は、物質的生産部門6000と「サービス部門」1200で計7200である。そして、既に確認したように、上の表式での「最終生産物」は、資本財3600、消費財1800、「サービス」1800だったからその合計は3600+1800+1800=7200で、「粗付加価値額=最終生産物価額」が成立していることがわかる。

そして，この「粗付加価値額＝最終生産物価額」が成立する根拠については，次のように，「サービス部門」を「生産部門」とし，Ⅱ部門の年間生産物の価値構成の表記に手を加えた表式によって説明できる。

[表式4－8]　「サービス部門」を「生産部門」とした表式

Ⅰα部門　　1000Ca　　＋　1000Cb　　＋200Vp＋300Vs＋200Mp＋300Ms＝3000
Ⅰβ部門　　1000Ca　　＋　1000Cb　　＋200Vp＋300Vs＋200Mp＋300Ms＝3000
Ⅱ　部門　400Ca＋600Ca＋400Cb＋600Cb＋200Vp＋300Vs＋200Mp＋300Ms＝3000
S　部門　　600Ca　　＋　600Cb　　＋300Vp　　　　＋300Pp　　　　＝1800
（粗付加価値額計）　　　3600Cb＋900Vp＋900Vs＋900Mp・Pp＋900Ms＝7200
　　　　　　　　最終生産物　3000＋（3000－600）＋1800＝7200

（注）＿＿＿以外の下線部は，本文中で価値額の一致として言及する箇所。
　　　「サービス部門」の表記は「V→Vp」，「P→Pp」と変えている。

この表式についてまず確認したいのは，物質的生産部門（Ⅰα・Ⅰβ・Ⅱ）において，次の関係が成立していることである。

　　Ⅰα（1000Cb）＝Ⅰβ（1000Ca）
　　Ⅰα（200Vp＋300Vs＋200Mp＋300Ms）＝Ⅱ（1000Ca）
　　Ⅰβ（200Vp＋300Vs＋200Mp＋300Ms）＝Ⅱ（1000Cb）

この関係は，「サービス部門」の組み込みに伴って消費財と「サービス」に支出が分割されたVp＋VsとMp＋Msを統合してV＋Mで表現すれば次のようになる。

　　Ⅰα（1000Cb）＝Ⅰβ（1000Ca）
　　Ⅰα（500V＋500M）＝Ⅱ（1000Ca）
　　Ⅰβ（500V＋500M）＝Ⅱ（1000Cb）

これは，既に第1章で考察した，「サービス部門」を組み込まない表式にお

ける，Ⅰα(Cb) = Ⅰβ(Ca) が成立する場合の単純再生産（部門間均衡）条件に他ならない。

そして，この関係が意味するのは，「サービス部門」を組み込むことは，物質的生産部門にとっては，賃金と剰余価値の支出に「サービス支出」（Vs, Ms）が加わるという支出構成の変化が生じるということであって，そのこと自体は，物質的生産部門の単純再生産（部門間均衡）の条件に何の影響も与えないことである。

そして，そうなるのは，物質的生産部門が「サービス」に貨幣を支出し，「サービス部門」がこの貨幣で「サービス部門用消費財」をⅡ部門から補塡するという形で，物質的生産部門間の取引を媒介するのが「サービス部門」であるから，すなわち，より簡潔に言えば，「サービス」への支出は，「サービス部門」を介したⅡ部門の消費財への支出だからに他ならない。[51]

そして，上の三条件のうちの，Ⅰα(1000Cb) = Ⅰβ(1000Ca) と Ⅰα(500V＋500M) = Ⅱ(1000Ca) は，第Ⅰ章での「サービス部門」を含まない表式における，中間財の「投入」＝「補塡」における価値額の一致を示し，また，国民所得論視点からのⅠα部門の粗付加価値が全てⅠβ部門とⅡ部門に入り込む関係を示すものに他ならない。

ただ，その同じ関係が，「サービス部門」を含む上の表式の場合は，上の二つ目の条件が，Ⅰα(200Vp＋300Vs＋200Mp＋300Ms) = Ⅱ(1000Ca) となり，この中の一部は，Ⅰα(200Vp＋200Mp = Ⅱ(400Ca) として，Ⅰα部門の労働者と資本家が，直接に，Ⅱ部門の消費財に貨幣を支出し，Ⅱ部門がその貨幣で中間財を補塡とする取引として行われる。

しかし，他の一部は，Ⅰα(300Vs＋300Ms) = Ⅱ(6000Ca) として，Ⅰα部門の労働者と資本家の「サービス支出」（300Vs＋300Ms）と同額の貨幣を，「サービス部門」が，「不変資本としての消費財」のうちの 600Ca 部分の補塡のためにⅡ部門に支出し，Ⅱ部門の資本家が，この貨幣で，「サービス部門」で消費される「不変資本としての消費財」の生産のために必要な中間財（300Vs＋300Ms）を購入＝補塡する取引となる。しかし，この取引によっても，結局は，Ⅰα(300Vs＋300Ms) 部分の中間財はⅡ部門に入り込むことになり，やはり，Ⅰα部門の粗付加価値は全てⅠβ部門とⅡ部門に移転する結果となる。

したがって、やはり、上の表式のIα(1000Cb)＝Iβ(1000Ca)とIα(200Vp＋300Vs＋200Mp＋300Ms)＝Ⅱ(1000Ca)によって、物質的生産部門における「粗付加価値額＝最終生産物価額」が成立するのである。

そして、これに「サービス部門」が「最終生産物生産部門」として加わるが、ここでは、Ⅱ(600Ca)＝S(600Ca)という「中間財（に擬せられた消費財）」の「投入」＝「補塡」に伴う価値額の一致があって、前者の価値は後者に入り込んだとされる。

したがって、各部門の粗付加価値額（Cb＋Vp＋Vs＋Mp＋Ms・Pp）の縦の合計は、Iβ・Ⅱ・S部門の横の生産物価値（Ca＋Cb＋Vp＋Vs＋Mp＋Pp＋Ms）の合計額から、Ⅱ部門からS部門へ移転したとされる「中間財（に擬せられた消費財）」(Ca)部門の価値額だけを減じた額に等しくなる。すなわち、「サービス部門」を組み込んだ場合にも「粗付加価値額＝最終生産物価額」が成立するのである。

さて、生産された粗付加価値は分配される（分配国民所得）。その額は、労働者が物質的生産部門で1500、「サービス部門」300で計1800、資本家が物質的生産部門で4500、「サービス部門」900で計5400、両者合計で7200である。

そして、この7200が支出される（支出国民所得）。その内訳は、労働者が消費財に900（＝600＋300）、「サービス」に900、資本家が資本財に3600（＝3000＋600で、600は「資本財に擬せられた消費財」）、消費財に900（＝600＋300）、「サービス」に900である。これらを、財ごとに集計すれば、資本財に3600、消費財に1800、「サービス」に1800で、その合計も7200と最終生産物価額と一致する。「三面等価原則」が成立していることがわかる。

なお、上で600Caと同額とした「中間財に擬せられる」仮設的な額を、例えば、500とした場合は、「資本財に擬せられる」額が100だけ増えて700となり、S部門の粗付加価値額も100だけ増えて1300（労働者300、資本家700＋300＝1000）となる。所得は「サービス部門」の資本家だけが100増える。

また、以上に対応して、Ⅱ部門の年間生産物は、「不変資本としての消費財」(600Ca＋600Cb)のうち、500が「中間財」とされ、700は「資本財」と見なされて、消費財生産額はやはり1800とされる。他方で、資本財の生産額はIβ部門の3000に700が加えられた3700となる。

そして、支出の方は次のようになる。まず、サービス資本家は1000を支出し、そのうちの700は、「資本財に擬せられた消費財」の補塡のために支出されるが、反面では「中間財に擬せられる」消費財の額の（500への）減少が生じており、「不変資本としての消費財」の補塡に1200を支出するという本質的な事態は変わらない。すなわち、既に述べたように、1200のうちのどこまでの「粗付加価値」に含めるかという計算上の変化に過ぎない。

そして、「計算上の変化に過ぎない」のは、「三面等価原則」も同様であって、上の場合、生産国民所得はやはり100増えて7300、分配国民所得も資本家だけが100増えて7300、そして、支出国民所得は、資本家の資本財（ここには「資本財に擬せられる消費財」も含む）への支出が100だけ増えて3700（内訳は3000＋700で、最後の700は「資本財に擬せられる消費財」への支出）となり、全体としては、資本財3700、消費財1800、「サービス」が1800でその合計は3700＋1800＋1800＝7300と、最終生産物価額と一致する。

（2）　**最終生産物の需給一致条件**　さて、ここで、「三面等価原則」の成立に関して、もう一つ確認しておきたい論点がある。それは、上のように、支出国民所得の総額7200と最終生産物価額7200の一致だけでなく、最終生産物としての消費財、資本財、「サービス」のそれぞれの需給一致をもたらしているのは何か、ということである。

しかし、これは、物質的生産部門だけの表式について、第1章で考察した論点と基本的に同じで、答えは単純再生産（部門間均衡）条件が成立しているからである。ただ、それが、「サービス部門」の組み込みに伴って、消費財、資本財の需給一致額が変化し、そして、そこに、「サービス」の需給一致が加わるのである。この点について、以下の表式で確認したい。

この表式は、［表式4-8］のIβ部門の資本財の生産物価値額とII部門の消費財の生産物価値額について、既に見た「資本財に擬せられた消費財」と「中間財に擬せられた消費財」の分の増減を加えた数値を算出したものである。

さて、同表式においては、物質的生産部門だけで見た場合、最終生産物生産部門であるIβ部門とII部門において、次のような需給一致（部門間均衡）関係があることを最初に確認しておきたい。

すなわち、Iβ部門の横の資本財の生産物価値（$Ca+Cb+Vp+Vs+Mp+Ms$）

[表式 4-9] 最終生産物の需給一致関係の考察のための表式

```
Ⅰα部門        1000Ca  +  1000Cb  +200Vp+300Vs+200Mp+300Ms=3000
                                                        +600=3600
Ⅰβ部門        1000Ca  +  1000Cb  +200Vp+300Vs+200Mp+300Ms=3000
                                                        +600=3600
Ⅱ 部門   400Ca+600Ca+400Cb+600Cb+200Vp+300Vs+200Mp+300Ms=3000
                                                  －(600+600)=1800
（粗付加価値額）            3000Cb+600Vp+900Vs+600Mp+900Ms=6000）
S 部門         600Ca   +   600Cb+300Vp   +   300Pp         =1800
（粗付加価値額計）          3600Cb+900Vp+900Vs+900Mp・Pp+900Ms=7200）
最終生産物              資本財 3600＋消費財 1800＋「サービス」1800＝7200
```

（注）本文中で言及する箇所に下線を付した（ただし，＿＿の下線は除く）。

3000 の供給と「Cb」部分の縦の資本財補填額 3000Cb の需要の一致であり，また，Ⅱ部門の横の消費財の生産物価値（Ca＋Cb＋Vp＋Vs＋Mp＋Ms）3000 の供給と「Vp＋Vs＋Mp＋Ms」部分の縦の消費財額 3000（＝600Vp＋900Vs＋600Mp＋900Ms）の需要の一致である。

さて，その上で，明らかにされなければならないのが，「サービス部門」の組み込みに伴って国民所得論視点から生じる，最終生産物としての資本財の増加と消費財の減少，そして，最終生産物としての「サービスの生産」という現象の中での，これら最終生産物の需給一致関係である。

まず，資本財であるが，この供給は，Ⅰβ部門の横の生産物価値の最終の数値の 3600 であり，これに対して，需要は，各産業部門の「Cb」部分の縦の合計の 3600 で一致している。

しかし，この一致が成立しているのは，既に確認したように，物質的生産部門において単純再生産条件が成立し，本来の資本財 3000 の需給一致が成立しているところに，「サービス部門」の組み込みとともに，本来，消費財である 600Cb が「サービス部門」の「資本財」として縦の資本財需要に加えられ，他方で，Ⅰβ部門の横の年間生産物供給に加えられたからに他ならない。

そして，この増加した資本財の需給一致関係は，「サービス部門」の「資本財」S(Cb) が，既に指摘した，Ⅰβ(Vs＋Ms) ＋ {Ⅰβ(Ca) － Ⅰα(Cb)} ≧ S(Cb)

という，この部分の補填に関わる「サービス部門」の再生産条件を満たす限りでは，その数値の大小に関わらず成立する。すなわち，物質的生産部門において単純再生産条件が成立していれば，「サービス部門」を組み込んでも，資本財の需給は一致するのである。

　次に，消費財の需給である。まず，供給は，「サービス部門」の組み込みに伴い，「600Ca＋600Cb」部分が「中間財」と「資本財」に擬せられ，これを本来の消費財供給額の3000から控除しなければならない。これを示すのが次の計算式である。

　　　3000－(600Ca＋600Cb)＝1800

　これに対し，需要は，まず，物質的生産部門（Iα・Iβ・Ⅱ）で「サービス」への需要が計1800（＝900Vs＋900Vs）となり，当初の消費財需要額3000からこの分が控除されて，1200（＝600Vp＋600Vp）に減少する。他方で，「サービス部門」で新たに600（＝300Vp＋300Vp）の需要が加わり，消費財需要は計1800となる。この計算式は次のものである。

　　　3000－Iα・Iβ・Ⅱ(900Vs＋900Ms)＋S(300Vp＋300Mp)＝1800

　ところで，この式は次のように変形できる。

　　　3000－｛Iα・Iβ・Ⅱ(900Vs＋900Ms)－S(300Vp＋300Mp)｝＝1800

　そして，この式におけるIα・Iβ・Ⅱ(900Vs＋900Ms)とは，既に確認したように，物質的生産部門からの「サービス」への支出であり，そして，「サービス部門」の「サービスの生産額」＝1800となるものである。
　したがって，｛Iα・Iβ・Ⅱ(900Vs＋900Ms)－S(300Vp＋300Mp)｝とは，「サービスの生産額」(1800)から「サービス部門」の消費財需要額（300Vp＋300Mp）を控除することに他ならない。そして，それによって算出されるのは，当然，「サービス部門」が「不変資本としての消費財」の「投入」＝「補填」

に支出する額（600Ca＋600Cb）であり，そして，これを当初の消費財需要額3000から差し引くのだから，最初に掲げた，3000－Ⅰα・Ⅰβ・Ⅱ(900Vs＋900Ms)＋S(300Vp＋300Mp) という式は次の式と同じものとなる。

$$3000-(600Ca+600Cb)$$

　これは，先に消費財の供給額を算出した式と同じものであり，ここに，「サービス部門」を組み込んだ場合にも「消費財」の需給は必然的に一致することが示されている。

　この需給一致関係は，「不変資本」（中間財と資本財）に擬せられた消費財 S(Ca＋Cb) の大きさが，やはり，既に指摘した，Ⅰα(Vs＋Ms)－{Ⅰβ(Ca)－Ⅰα(Ca)}≧S(Ca)，Ⅰβ(Vs＋Ms)＋{Ⅰβ(Ca)－Ⅰα(Cb)}≧S(Cb) という，この部分の補填に関わる「サービス部門」の再生産条件を満たす限りは，その数値の大小に関わらず成立する。ただし，大前提は，物質的生産部門において消費財の需給一致（上の表式では3000）をもたらす単純再生産条件が成立していることである。これが成立していれば，「サービス部門」の組み込みに伴う消費財の減少という現象があっても，その需給は一致するのである。

　さて，残されたのは「サービス」の需給一致である。ところで，既に何度も言及したように，「サービス」の場合は物質的生産部門からの「サービス支出」（上の表式の場合は，900Vs＋900Ms＝1800）が「サービスの生産額」(1800) とみなされる。そして，「サービス支出」とは「サービスの消費」であり，この「消費」を「生産」とみなすのだから，「サービス」の需給一致は必然的な現象である。周知のように，これは，「生産と消費の時間的・場所的一致」という「サービスの特性」として，「サービス労働価値形成」説に立つ論者によっても長く指摘されてきたものである[52]。

　なお，前節の最後に指摘したように，「中間財」と「資本財」に擬せられる仮説的な額の増減は，最終生産物の資本財の額の増減をもたらす（消費財と「サービス」の額は変わらない）が，上で確認したような，その需給一致関係の成立には影響を与えない。ただし，ほとんど屋上屋を重ねることになるため表式例による説明は省略する。

(3) 小 括　　以上，本節では，「サービス部門」を含む場合の国民所得論視点からの「三面等価原則」について，「粗付加価値額＝最終生産物価額」という定式がどのように成立するのか，そして，「サービス部門」を含む場合の最終生産物——消費財，資本財，「サービス」——のそれぞれの需給一致がいかに成立するのか，について考察した。

そこで確認されたのは，物質的生産部門で生産された所得の一部の「サービスの生産額」として再計算に加え，「サービス部門」が「不変資本としての消費財」としてⅡ部門から調達する部分が，「中間財」と「資本財」への「投資」と見なされ，その結果，年間生産物としての消費財の生産額が減少する一方で，資本財の生産額が増加するという，まさに本質ではない「見かけ上」の現象が生じること，そして，この「見かけ上」の現象の中で，「粗付加価値額＝最終生産物価額」という関係を含めて，「三面等価原則」が成立すること，さらに，物質的生産部門において単純再生産（部門間均衡）条件が成立している限り，「サービス部門」を組み込んでも最終生産物としての消費財，資本財，そして，「サービス」のそれぞれの需給は一致するということである。

5　「サービス部門」の部門内取引と「三面等価原則」

前節までの考察では，「サービス部門」の労働者と資本家は，「サービス」に支出しないものとしていた。すなわち，「サービス部門」の部門内取引を無いものとして考察した。しかし，現実には，「サービス部門」の労働者も資本家も「サービス」に支出する。それでは，この事態はどう理解され，ここまでに確認した「三面等価原則」の理解にどのような知見を加えるべきだろうか？

この問題についての先行研究を振り返ると，川上［2003b］では，既に見たように，「サービス部門」の部門内取引を，物質的生産部門と同様に扱うことで，「サービス労働価値不形成」説の立場から見て難点が生じていた。

他方，山田［1968a］は，「サービス部門の賃金と利潤の一部分は消費財の購入に向けられないで別のサービスの支払いにあてられるであろう」とした上で，「このような，国民所得の再分配のそのまた再分配という不生産的部門同士の複雑なからみ合いが生ずるであろうが，究極的には，派生的所得はすべてⅡb部門（これは既に考察したように，「サービス部門用消費財」の生産部門である－引

用者）の消費財購入に向けられるであろう」とする[53]。ここには、「サービス部門」の部門内取引を、「サービス部門」向けの消費財を消費する過程に位置づける視点が明確に提起されている。しかし、その視点に基づく具体的な説明は行われていない。

　さて、この問題について、まず確認したいことは、山田氏の指摘からもわかるように、「サービス部門」の労働者と資本家が、自部門から「サービス」を購入・消費するということは、「サービス」の購入・消費を介して、Ⅱ部門で生産された消費財を消費することに他ならないことである。そして、この「サービス」購入のための貨幣は、「サービス部門」が物質的生産部門（Ⅰα・Ⅰβ・Ⅱ部門）に「サービス」を販売することで得たものである他はなく、そして、この物質的生産部門による「サービス」の購入・消費も、既に述べたように、やはり、「サービス部門」を介したⅡ部門で生産された消費財の消費である。

　しかし、同じⅡ部門の消費財が二度消費されることはできない。とすれば、「サービス部門」の労働者と資本家が「サービス」の消費を介して消費する消費財と、物質的生産部門が「サービス」の消費を介して消費する消費財とは別でなければならない。このことは、物質的生産部門に「サービス」を提供する「サービス部門」と、この「サービス部門」の労働者と資本家に「サービス」を提供する「サービス部門」を別に設定することを意味する。このような視点から、後者の「サービス部門」を、「S′部門（部門内サービス）」として作成したのが下の［表式4-10］である。

　この表式が、［表式4-7］と異なるのは、まず、S部門の労働者と資本家は［表式4-7］と同様に各300の賃金（V）と利潤（P）を得るが、その300を全てⅡ部門の消費財に支出するのでなく、労働者も資本家も、120は消費財に支出する（120Vp+120Pp）が、180は「S′部門（部門内サービス）」からの「サービス」購入に支出し（180Vs+180Ps）、この結果、S′部門の資本家は計360の貨幣を得る点である。

　その上で、180Vs+180Ps＝360という「サービス」への貨幣支出によって、「サービス」を供給する「S′部門」では120（Ca）+120（Cb）+60V+60P＝360という「サービス価格」が成立している（なお、（Ca）（Cb）と括弧付きの

[表式 4-10] 「サービス部門」の部門内取引を含む単純再生産表式と「三面等価原則」

```
                 中間財       資本財        可変資本      剰余価値     生産物価値
 Ⅰα部門    1000Ca ＋1000Cb＋200Vp＋300Vs＋200Mp＋300Ms＝3000  ┐
 Ⅰβ部門    1000Ca ＋1000Cb＋200Vp＋300Vs＋200Mp＋300Ms＝3000  │
 Ⅱ 部門    1000Ca ＋1000Cb＋200Vp＋300Vs＋200Mp＋300Ms＝3000  │
   (計     3000Ca ＋3000Cb＋600Vp＋900Vs＋600Mp＋900Ms＝9000) │
                         粗付加価値額 6000                        ↓
                                         [所得] 労働者   資本家
                                          Ⅰα    500    1500
                                          Ⅰβ    500    1500
                                          Ⅱ     500    1500
                                          600←1500   4500→3000
                                              ↓ 600 ↓
                                              900     900
 S 部門    600Ca＋ 600Cb＋ 300V＋ 300P ＝ 1800→ 300   300＋600
                                           120↓    ↓↳120
                                              180    180
 S′部門   120(Ca)＋120(Cb)＋60V＋60P  ＝ 360 → 60    60＋120
   総計    3720Ca＋3720Cb＋1860V＋1860 (M・P)＝11160→1860  5580
                       粗付加価値額 7440            7440

 [支出]        消費財              資本財            サービス
 労働者   780(600＋120＋60)                      1080(900＋180) ＝ 1860
 資本家   780(600＋120＋60)  3720(3000＋600＋120)  1080(900＋180) ＝ 5580
             1560                3720              2160         7440
```

表示の意味は後述する)。

すなわち,物質的生産部門と「S 部門」との間では, Ⅰα(Vs+Ms) + Ⅰβ(Vs+Ms) + Ⅱ(Vs+Ms) ＝S(Ca+Cb+V+P) として「サービス価格」の成立が見られたが,ここでは,「S 部門」と「S′部門」との間で, S(Vs+Pp)＝S′((Ca)+(Cb)+V+P) という同様の関係が成立しているのである。

そして,「S′部門」の資本の再生産は次のように行われ,基本的に,「S 部門」について見たところと同様である。

すなわち,この資本家は,ここから「不変資本としての消費財」の補塡に

120（Ca）＋120（Cb）＝240をⅡ部門に支出し，60VをS′部門の労働者に賃金として支出し，残りの60Pが「利潤」となる。労働者と資本家は，それぞれこの60をⅡ部門の消費財購入に支出するから，360の貨幣が全てⅡ部門に支出される。

　その結果，S部門の労働者と資本家が「サービス」に支出した貨幣360はS′部門を介してⅡ部門に還流し，先に，同部門の労働者と資本家が，各300の賃金と利潤から120は消費財に支出したが，残りの180は「サービス」に支出した結果として未実現となっていたⅡ部門の360の消費財が実現される。

　なお，「S′部門」の「120（Ca）＋120（Cb）」については，「S部門」の「600Ca＋600Cb」と異なる次の点に注意が必要である。すなわち，年間生産物の価値構成で見れば，「120（Ca）＋120（Cb）」には，中間財価値（Ca）も資本財価値（Cb）も含まれていないということである。もともと，これは，前期に，Ⅱ部門の労働者によって1000の中間財と1000の資本財が生産的に消費された結果として作り出された価値生産物2000の一部であり，それが，今期の「サービス」提供によって消費され，その補塡が今期にⅡ部門の労働者が新たに作り出した価値生産物の一部によってなされるのである。これは，本章の3の［補説］の表式例で考察した補塡関係であり，ゆえに，そこでの表式と同様に，（Ca）（Cb）と括弧付きで表示したものである。

　したがってまた，国民所得論の視点からは，S′部門の資本家による，Ⅱ部門からの「不変資本としての消費財」の「補塡」が，同部門への「投入」＝「消費」とされ，その結果として「サービス」が「生産」されることになる。この理解からは，S′部門の「不変資本としての消費財」120（Ca）＋120（Cb）は，今期にⅡ部門で生産され，それが，今期に同部門に投入され，今期に，部門内取引のための「サービス」を生産するという理解となる。しかし，このような「投入」＝「消費」論には難点があり，国民所得論の「投入」は「補塡」と理解すべきであることは，既に述べた通りであり，ここでは繰り返さない。

　そして，そのような批判的理解に立つ場合，S′部門が期初に持つ「不変資本としての消費財」は，前期にⅡ部門の労働者が新たに作り出した価値生産物の一部であり，それが，期末にはⅡ部門の労働者が今期に新たに作り出した価値生産物の一部によって補塡されると理解することになる。

さて、本節の最後に、「サービス部門」の部門内取引が行われる場合の「三面等価原則」について、上の表式によって確認しておきたい。ただし、既に述べたように、この表式は、S部門までは、［表式4-7］と全く同一だから、S部門までは同表式についての説明を前提することにして、新たに加わったS′部門の「生産額」と「粗付加価値額」の計算、及び、これに伴う年間生産物としての消費財と資本財の価額の変化の確認から行う。

まず、S′部門の「生産額」は、S部門からS′部門に支出された360である。したがって、S部門の1800と合わせて「サービス」の「生産額」は計2160となる。

そして、S′部門では、同部門の「サービス生産額」の360から、同部門が今期に消費した「不変資本としての消費財」——120（Ca）＋120（Cb）——のうち、素材形態に着目して中間財に擬せられる非耐久的な消費財の価値額を120（Ca）とし、また、資本財に擬せられる耐久的な消費財の価値額を120（Cb）と同額として、前者を除いた120Cb＋60V＋60P＝240が同部門の粗付加価値とされる。

なお、これに対応して、Ⅱ部門の最終生産物としての消費財は次のように捉え直される。すなわち、Ⅱ部門が今期に新たに生産した価値生産物のうち120は最終生産物としての消費財でなく中間財であると見なされ、さらに120は最終生産物としての消費財でなく、最終生産物としての資本財であると見なされることになる。

この結果、前節で見たように、既にS部門の組み込みによって、年間生産物としての消費財の生産額は当初の3000から1800に減少したが、さらに1560（＝1800－120－120）に減少し、他方で、資本財の生産額は、S部門の設定で3600に増加したものが、さらに、3720（＝3600＋120）に増加することになる。

では、「三面等価原則」を確認する。まず、表式上の数値を合計すればわかるように、生産された粗付加価値額（生産国民所得）は7440であり、前節の表式の7200から「S′部門」の分の240だけ増加している。他方、「最終生産物」は、既に確認したように、資本財3720、消費財1560、そして、「サービス」が2160で、その合計は3720＋1560＋2160＝7440であり、上の粗付加

価値額と一致する。

　そして，7440が所得として，労働者に1860，資本家に5580が分配され，支出される。その内訳は，労働者の1860は，消費財に780（＝600＋120＋60），「サービス」に1080（＝900＋180）であり，資本家の5580は，消費財に780（＝600＋120＋60），資本財に3720（＝3000＋600＋120で，600＋120は「資本財に擬せられる消費財」に支出される），「サービス」に1080（＝900＋180）である。

　そして，これらを，財ごとに整理すれば，消費財に1560，資本財に3720，「サービス」に2160で，その合計は1560＋3720＋2160＝7440と最終生産物価額と一致する。

　なお，「粗付加価値額＝最終生産物価額」の成立については［表式4-8］にS′部門を加えた表式で，また，最終生産物のそれぞれの需給一致については，［表式4-9］にS′部門を加えた表式で確認することができる。しかし，それらは，本質ではない「見かけ上」の現象としての「資本財」の増加と「消費財」の減少，そして，「サービスの生産」がもう一段階加わることに基づくものであり，その論理は［表式4-8］及び［表式4-9］と全く変わりがないため，表式による詳細な確認はここでは省略したい。

　また，「中間財」と「資本財」に擬せられる仮設的な額が増減した場合も同様であり，この詳細な確認も省略する。この場合にも，最終生産物の資本財額の「見かけ上」の増加という現象が生じる。しかし，やはり，最終生産物の需給一致を含め「三面等価原則」が変化した数値で成立する。

　ところで，ここまで考察した表式例では，「S′部門」の労働者と資本家は「サービス」を消費していない。しかし，この「S′部門」の労働者と資本家も「サービス」を消費することとして，これに「サービス」を提供する「S″部門」，さらに，同様に，「S″部門」に「サービス」を提供する「S‴部門」…として設定し続ければ，「サービス部門」での部門内取引は事実上完遂されることになる。

第4節 「サービス部門」を含む拡大再生産

1 「サービス部門」を含む四部門四価値構成の拡大再生産の出発表式

本節で考察されるべきは、「非物質的生産部門としてのサービス部門」を含む社会的総資本の拡大再生産＝蓄積であり、そこでの物質的生産部門（Ⅰα・Ⅰβ・Ⅱ）と「サービス部門」との関係である。社会的総資本の拡大再生産については、第1章で、物質的生産部門だけの三部門四価値構成の表式によって、一定の知見を得ている。本節では、それを前提に、物質的生産部門の拡大再生産と「非物質的生産部門としてのサービス部門」の蓄積との関係を考察する。

なお、「非物質的生産部門としてのサービス部門」については、剰余価値の資本への転化としての「蓄積」は行われても、何ら「生産」は行われていないのだから、「拡大再生産」という表現は擬制的な表現であることはここで確認しておきたい。

また、本章の考察では、「サービス部門」の労働者と資本家は「サービス」を消費しない（＝「サービス部門」の部門内取引は無い）ものとして、基礎的な関係の解明を行う。

さて、次に示すのは、第1章で考察した［表式1-8］に「サービス部門」を加えたものである。

[表式4-11]「サービス部門」を含む拡大再生産の出発表式

	中間財	資本財	可変資本	剰余価値	生産物価値
Ⅰα部門	$1000C_a +$	$1000C_b +$	$500V +$	$500M$	$= 3000$
Ⅰβ部門	$1000C_a +$	$1000C_b +$	$500V +$	$500M$	$= 3000$
Ⅱ部門	$750C_a +$	$750C_b +$	$750V +$	$750M$	$= 3000$
（計	$2750C_a +$	$2750C_b +$	$1750V +$	$1750M$	$= 9000$）

粗付加価値額 6250

S部門	$450C_a +$	$450C_b +$	$450V$		$= 1350$

この表式について何点か確認しておきたい。第一に、この表式では既に考察した物質的生産部門の単純再生産（部門間均衡）条件が以下に示すように成立

第4章 「サービス部門」を含む再生産と経済循環図　235

していない。既に，1章で述べたように，これは，物質的生産部門の拡大再生産の基礎的・素材的条件を示している。

　　Ⅰα（1000Cb＋500V＋500M）＞Ⅰβ（1000Ca）＋Ⅱ（750Ca）
　　Ⅰα（500V＋500M）＋Ⅰβ（500V＋500M）＞Ⅱ（750Ca＋750Cb）
　　Ⅰβ（1000Ca＋500V＋500M）＞Ⅰα（1000Cb）＋Ⅱ（750Cb）

　第二に，「サービス部門」の表式が，450Ca＋450Cb＋450V＝1350であって，単純再生産表式にあった「P（利潤）」が表記されていないことである。これは，「サービス部門」が取得する「P（利潤）」とは，あくまで，物質的生産部門の「サービス支出」によって，「サービス部門」の「サービス資本」が「結果決め」あるいは「時間決め」で売られる結果として得られるものであり，この物質的生産部門の「サービス支出」が上の表式では明記されていないためである。したがって，「サービス部門」については，サービス資本家が既に購入している「不変資本としての消費財」と労働力からなる投下資本の価値構成（450Ca＋450Cb＋450V）だけが表記されている。

　第三に，「サービス部門」の投下資本の構成が，450Ca＋450Cb＋450Vという構成になっている理由である。これは，上の表式にもとづきながらも拡大再生産が行われずに単純再生産となる場合の「サービス部門」の資本構成を考察し易い数値例で入れたためである。

　すなわち，上の表式で，物質的生産部門で拡大再生産が行われず，資本家が剰余価値を可能な限り個人的消費（mk）に向けることとし，そして，その消費の内訳が，消費財と「サービス」に2：3の比率でなされるとする。また，消費支出のこの比率は，労働者も同じであるとする。なお，以下では，「V」からの消費財と「サービス」への支出をそれぞれ「Vp」と「Vs」，「mk」からの支出をそれぞれ「mkp」と「mks」とする。そうすると，次のような表式となる。

　この表式では，まず，Ⅰα（1000Cb）＝Ⅰβ（1000Ca）という関係が成立しており，そして，「網掛け」した部分について，Ⅰα（200Vp＋300Vs＋100mkp＋150mks）＝Ⅱ（750Ca），Ⅰβ（200Vp＋300Vs＋100mkp＋150mks）＝Ⅱ（750Cb）

	中間財		可変資本		剰余価値		生産物価値
Iα部門	1000Ca+	1000Cb+	200Vp+	300Vs+	100mkp+	150mks+250M	=3000
Iβ部門	1000Ca+	1000Cb+	200Vp+	300Vs+	100mkp+	150mks+250M	=3000
II 部門	750Ca+	750Cb+	300Vp+	450Vs+	300mkp+	450mks	=3000
（計	2750Ca+	2750Cb+	700Vp+	1050Vs+	500mkp+	750mks+500M	=9000）
S 部門	450Ca+	450Cb+	450Vp	+	450Pp		=1800

(注)「網掛け」と「下線」は単純再生産過程の部門間均衡条件に関わる部分。

という関係が成立している。この関係は，［表式4-1］の「サービス部門」を組み込んだ単純再生産表式での物質的生産部門で成立していた単純再生産条件に他ならず，したがって，この部分の取引は，価値額は異なるが，既に同表式で考察したものである。

したがってまた，この表式では，Iα・Iβ部門におけるいずれも250Mの価値実現されない剰余生産物を別とすれば，物質的生産のどの部門でも剰余価値は消費財と「サービス」に向けられていて，拡大再生産＝蓄積は一切なされていない。

そして，物質的生産部門からのこの「サービス支出」の合計は1800（＝1050Vs＋750mks）であり，その結果，450Ca＋450Cb＋450V という価値構成のサービス資本が1800という「サービス価格」で売られて，「サービス部門」は450P という利潤を取得している。なお，その表記が450Pp となっており，また，「サービス部門」の可変資本（V）の表記も450Vp となっているのは，上述のように，「サービス部門」の労働者と資本家は「サービス」を消費せず，すべて消費財にむけることを表わしている。

そして，この「サービス部門」については，「下線」を引いた部分に，Iα(300Vs＋150mks)＝S(450Ca)，Iβ(300Vs＋150mks)＝S(450Cb) という関係が成立している。これは，やはり［表式4-1］で考察した，「サービス部門」の単純再生産条件の成立を示す関係であり，この部分の取引も，「サービス部門」の単純再生産過程として考察済みである。

したがって，上の表式は，Iα・Iβ部門におけるいずれも250Mという価値実現されない剰余生産物を別とすれば，「サービス部門」を含めた全部門で，

第4章 「サービス部門」を含む再生産と経済循環図　237

既に考察した単純再生産の取引が行われる表式なのである。

　したがってまた，明らかなのは，上の表式に基づく拡大再生産過程の考察の要点が，Iα・Iβ部門における各250Mという価値実現されない剰余生産物＝拡大再生産の基礎的・素材的条件としての余剰生産手段がどのように各部門の生産資本に転化して，当該部門の拡大再生産を可能にするのか，そして，その際に，上の表式で，全て消費に向けられているⅡ部門の剰余価値740M（＝300mkp+450mks），及び，「サービス部門」の利潤450Ppが，どのように支出構成を変えるのかという点にあるということである。

　したがって，本章は，次節での「サービス部門」を含む拡大再生産過程の考察を，このIα・Iβ部門の各250Mと，Ⅱ部門の750M，そして，「サービス部門」の利潤450Pp部分の変更に焦点を合わせて行っていく。

2　「サービス部門」を含む拡大再生産の過程

　さて，それでは，課題の考察に入りたい。まず，第1章での考察と同様に，Iα・Iβ部門の資本家は剰余価値部分を表す貨幣の半分を蓄積＝拡大再生産に向け，残りを個人的消費（mk）に向けることとし，Ⅱ部門と「サービス部門」の資本家については，Iα・Iβ部門の蓄積と均衡する形で蓄積を行うものとする。[54]

　また，物質的生産部門の剰余価値が，追加中間財（「mca」と表記），追加資本財（「mcb」と表記），追加労働力（「mv」と表記）のそれぞれに支出する比率は元の比率（ここでは，Iα・Iβ部門は2：2：1，Ⅱ部門は1：1：1）のままで変わらないものとする。

　そして，ここで確認したいことは，この追加労働者は得た賃金を消費財と「サービス」に支出することである（それぞれを「mvp」「mvs」と表記し，比率は2：3という元のままとする）。したがって，この結果として，Ⅱ部門では剰余価値の資本への転化として，そして，「サービス部門」では利潤の資本への転化として，蓄積が行われる。

　すなわち，既に考察したように，物質的生産部門の拡大再生産では，Iα・Iβ部門での追加可変資本投資で調達された追加労働者が，その賃金を消費財に支出し，これに対応してⅡ部門でも追加投資がなされた。「サービス部門」

を組み込んだ場合は，追加労働者の「サービス支出」に対応して，「サービス部門」で追加投資がなされる。

さらに，Ⅱ部門の蓄積は，剰余価値の追加中間財・追加資本財・追加可変資本（追加労働力）への剰余価値の転化として行われるが，「サービス部門」の場合は，追加の「不変資本としての消費財」（$Ca+Cb$）と追加可変資本（追加労働力）への利潤の転化として行われる（なお，転化の際の資本構成の比率は元のままとする）。

そして，「不変資本としての消費財」（$Ca+Cb$）の調達先はⅡ部門であり，また，追加可変資本としての追加労働力には賃金が支出されるが，この賃金はⅡ部門の消費財に支出される。すなわち，いずれにおいても，Ⅱ部門の剰余生産物である消費財が「サービス資本」の追加投下資本へと転化することになる。

というのは，物質的生産部門の拡大再生産過程では，資本家の消費対象としてのⅡ部門の潜在的な余剰消費財が，追加可変資本の現物形態に転化することを指摘したが，「サービス部門」の蓄積においても，やはり，資本家の消費対象としての潜在的な余剰消費財が，「不変資本としての消費財」と追加可変資本の現物形態（追加労働者用消費財）に転化するからである。

そして，さらに重要なことは，このような，「サービス部門」の投下資本の拡大に対応して，Ⅱ部門でも拡大再生産に向けた投資が行われることである。その投資は，当然のこととして，追加中間財・追加資本財・追加可変資本（労働力）への投資である。そして，この点は後の考察の一焦点となるが，このうちの，追加中間財と追加資本財への投資によって，「サービス部門」が追加投資として支出した貨幣の一部がⅡ部門から$Iα・Iβ$部門に還流していく。

なお，「サービス部門」での「サービス資本」への追加投資は，「利潤」（P）を源泉とする貨幣支出として行われるため，そのうち，追加の「不変資本としての消費財」に支出されるものを「$pca+pcb$」と表記し，追加可変資本として追加労働者に支出されるものを「pvp」とし，これらの比率は変わらないものとする。

以上をふまえて，全ての剰余価値と利潤の支出構成を表記すると下の表式になる。

第4章 「サービス部門」を含む再生産と経済循環図　239

[表式4-12]　拡大再生産向けの剰余価値・利潤の支出構成を示した表式

　　　　　　　　中間財　　　資本財　　　可変資本　　　　　剰余価値
Ⅰα部門　　1000Ca+1000Cb+<u>200Vp</u>+<u>300Vs</u>+100mkp+<u>150mks</u>
　　　　　　　　　　　　　　　　　+<u>100mca</u>+<u>100mcb</u>+20mvp+30mvs=3000

Ⅰβ部門　　1000Ca+1000Cb+<u>200Vp</u>+<u>300Vs</u>+100mkp+<u>150mks</u>
　　　　　　　　　　　　　　　　　+<u>100mca</u>+<u>100mcb</u>+20mvp+30mvs=3000

Ⅱ　部門　　**750Ca**+　**750Cb**+300Vp+450Vs
　　　+<u>240mkp</u>+360mks+20mca+30mca+20mcb+30mcb+20mvp+30mvs=3000
　　（計　2750Ca+2750Cb+700Vp+1050Vs+440mkp+660mks
　　　　　　　　　　　　　　　+250mca+250mcb+60mvp+90mvs=9000

S　部門　　<u>450Ca</u>+　<u>450Cb</u>+450Vp　+　<u>360Pp</u>+30pca+30pcb+30pvp　　　=1800

（注）「網掛け」と，太線を除く「下線」は単純再生産過程の部門間均衡条件に関わる部分。
　　　太線の「下線」は，拡大再生産過程の考察の焦点となる取引部分。

　既に述べたように，「サービス部門」を含む拡大再生産の考察の焦点となるのは，Ⅰα・Ⅰβ部門の余剰生産手段としての剰余価値各250に関わる部分と，Ⅱ部門の剰余価値（M）の750に関わる部分，そして，「サービス部門」の利潤（Pp）450に関わる部分だから，以下では，上の表式中の当該部分（太線の「下線」を引いている）を中心に貨幣の流通経路を示した次の[表式4-13]によって考察していく。
　まず，Ⅰα部門では，余剰中間財として存在する剰余価値250Mを表わす250Gが蓄積に向けられ，その支出構成は，追加中間財投資に100G，追加資本財投資に100G，追加可変資本投資に50Gである。
　250Gからの最初の100Gは同部門の部門内（資本家間）取引であり，同部門の剰余生産物の100mca部分を価値実現し，ⅠαKは中間財100を取得する。もともとこの年間生産物は全て中間財だが，それらの様々なものが多数の資本家間で取引されて，それらを生産的に消費する資本家の手に入るということである。

[表式4-13] [表式4-12]の説明表式

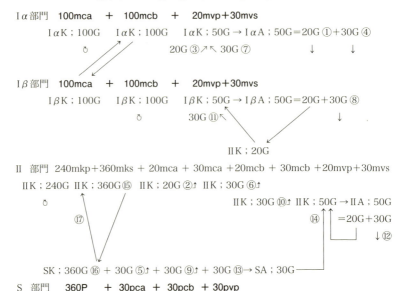

次の100Gは，Iβ部門のIβKに支出されて，同部門の剰余生産物の100mca部分を価値実現し，IαKは追加資本財100を取得する。他方，IβKは，資本財を売って得たこの100Gを自部門の蓄積のための追加中間財投資に支出し，100GはIα部門の剰余生産物の100mcb部分を実現してIαKに還流する。

さらに，IαKが追加可変資本投資として支出した50Gは，同部門の追加労働力IαAの賃金として，ここから消費財に20Gが，「サービス」に30Gが向けられる。II部門に支出された前者の20Gは，同部門の剰余生産物の20mca部分を価値実現し，労働者は消費財を取得する。他方，20Gを得たIIKは，これをIα部門に追加中間財投資として支出し，同部門の剰余生産物の20mvp部分が価値実現され，貨幣はIαKに還流する（貨幣の流通経路の①②③）。なお，後者の「サービス」向けの支出の30Gについては後で言及する。

次に，Iβ部門である。Iβ部門でも，余剰資本財として存在する剰余価値250Mを表わす250Gが蓄積に向けられる。

第4章 「サービス部門」を含む再生産と経済循環図　241

　IβKは，既に100Gを追加中間財投資に支出しているため，これに対応して追加資本財投資に100G，追加可変資本投資に50Gを支出する。前者の100Gは同部門の部門内（資本家間）取引として同部門の剰余生産物の100mcb部分を実現し，IβKは，必要な追加資本財100を得る。

　後者の50Gを賃金として得た追加労働者のIβAはそこから消費財に20G，「サービス」に30Gを支出し，上でIαAについて考察したものと同様な取引が展開される。20Gは，Ⅱ部門の剰余生産物の20mcb部分を価値実現し，追加労働者は20の消費財を入手する。他方，貨幣20Gを得たⅡKは，これを，Iβ部門に追加資本財投資として支出し，Iβ部門の剰余生産物の20mvp部分を実現して貨幣はIβKに還流する。なお，後者の「サービス」向け支出の30Gは次に言及する。

　それでは，ここで，物質的生産部門で発生した「サービス」への支出について考察したい。上で見たように，Iα・Iβ部門では，両部門の追加労働者が，「サービス支出」として計60Gを支出した。この貨幣を「サービス部門」のSKは「サービス資本」の追加購入＝追加投資に向ける。投資の種類には，「不変資本としての消費財」への追加投資と追加可変資本投資があるが，ここでは，前者として考察する（後に見るように，前者向けにⅡ部門に支出された貨幣は，さらに，Ⅱ部門から追加中間財と追加資本財への投資としてIα・Iβ部門に支出される。つまり，Iα・Iβ部門から出発した貨幣が，「サービス部門」を介して同部門に還流するのである）。

　SKは，「不変資本としての消費財」の追加購入のために60Gを支出する。そして，60Gのうち30Gは，Ⅱ部門の剰余生産物の30mca部分を，残りの30Gは同様に30mcb部分を価値実現し（この貨幣が，説明表式で「30pca＋30pcb」と表記した部分である），SKは当該部分を入手する。ここでは，Ⅱ部門の剰余生産物の当該部分は一般消費財ではなく，「不変資本としての消費財」としての規定性を持つことが条件となる。[55]

　そして，ⅡKは，SKから入手したこの60Gで，中間財・資本財の追加購入＝追加投資を行う。すなわち，30Gを追加中間財投資としてIα部門に支出し，これによってIα部門の剰余生産物の30mvs部分が実現され，貨幣はIαKに還流する（すなわち，IαKが追加可変資本として支出した30Gは④⑤⑥⑦という

経路で還流する）。

　さらに、ⅡKは、30G（同⑩）を追加資本財投資としてⅠβ部門に支出し、同部門の年間生産物の剰余価値30mvs部分を実現し、貨幣はⅠβKに還流する（ⅠβKからの貨幣流通の経路は、⑧⑨⑩⑪である）。つまり、このⅡKの追加中間財・追加資本財投資は、Ⅰα・Ⅰβ部門の追加労働者の「サービス支出」に対応したSKの追加投資の貨幣によって行われる。

　続いて、Ⅱ部門の蓄積である。ここまでⅡKは、追加中間財投資に20G＋30G＝50G、追加資本財投資にも同様に50Gを支出している。これに対応してⅡKは追加可変資本として50Gを支出する。これを賃金として得た追加労働者は、20Gを消費財に、30Gを「サービス」に支出する。前者は、Ⅱ部門の部門内取引としてⅡKに還流し、剰余生産物の20mvp部分が実現される。追加労働者は消費財を入手する。後者はやはり追加の「サービス支出」であり、このために支出された貨幣でSKは追加投資を行う。すなわち、既に見た「不変資本としての消費財」への追加投資に対応する追加の可変資本投資である。

　すなわち、SKは、30Gを追加可変資本として追加労働者に支出する。これが、説明表式の「30pvp」である。追加労働者はこの30GをⅡ部門からの消費財購入に支出し、これによって、同部門の剰余生産物の30mvs部分が価値実現されて貨幣はⅡKに還流する（貨幣の流通経路は⑫⑬⑭である）。

　ここまでに、ⅡKは当初の750Mという剰余価値から追加中間財投資として50G、追加資本財投資として50G、追加可変資本投資として50G、総計で150Gを支出している。この結果、手元には600Mが残る。これをⅡKは個人的消費に向ける。すなわち、消費財に240G、「サービス」に360Gを支出する。前者は、Ⅱ部門の部門内（資本家間）取引であり、これによって、同部門の剰余生産物の240mkp部分が価値実現されて、これをⅡKが取得する。

　そして、後者の「サービス」支出360Gが、SKにとっての最終の「利潤」（P）となる。SKは、これをⅡ部門の消費財への支出に向け、これによって、Ⅱ部門の剰余生産物の360mks部分が実現されて、貨幣はⅡKに還流する（貨幣の流通経路は⑮⑯⑰）。

　以上の取引の結果、全剰余生産物の価値実現がなされ、全部門の資本家が、「不変資本としての消費財」を含めて必要な追加不変資本を入手し、また、追

加可変資本の支出で追加労働力を調達して，拡大再生産が可能になる。
　以上の取引をふまえて，あらためて，［表式4−12］の剰余価値・利潤の支出構成を整理した次の［表式4−14］によって，「サービス部門」を含む場合の拡大再生産における部門間均衡条件について確認したい。

　　　　　　［表式4−14］　［表式4−13］を整理した表式

　　　　　　　中間財　　　資本財　　　可変資本　　　　　　剰余価値
Ⅰα部門　　1000Ca＋1000Cb＋200Vp＋300Vs＋100mkp＋150mks＋100mca＋100mcb
　　　　　　　　　　　　　　　　　　　　　　　　　　＋20mvp＋30mvs＝3000
Ⅰβ部門　　1000Ca＋1000Cb＋200Vp＋300Vs＋100mkp＋150mks＋100mca＋100mcb
　　　　　　　　　　　　　　　　　　　　　　　　　　＋20mvp＋30mvs＝3000
Ⅱ　部門　　750Ca＋　750Cb＋300Vp＋450Vs＋240mkp＋360mks＋50mca＋50mcb
　　　　　　　　　　　　　　　　　　　　　　　　　　＋20mvp＋30mvs＝3000
　（計　　2750Ca＋2750Cb＋700Vp＋1050Vs＋440mkp＋660mks＋250mca＋250mcb
　　　　　　　　　　　　　粗付加価値額 6250　＋60mvp＋90mvs＝9000）
S　部門　　450Ca＋　450Cb＋450Vp＋　　　360Pp＋　30pca＋30pcb＋30pvp＝1800
　（総計　3200Ca＋3200Cb＋1150Vp＋1050Vs＋800mkp・Pp＋660mks＋280mca・pca
　　　　　　　　　　　　　＋280mcb・pcb＋90mvp・pvp＋90mvs＝10800）
　　　　　　　　　　　　　粗付加価値額 7600

　まず，この表式について注目したいのは，「網掛け」の部分に，物質的生産部門の拡大再生産の部門間均衡条件が――「サービス部門」の導入に伴って可変資本（V）及び追加可変資本（mv）が，消費財への支出（Vp及びmvp）と「サービス支出」（Vs及びmvs）に分割される形で――再現していることである。
　すなわち，第1章で見たように，物質的生産部門の拡大再生産の部門間均衡条件は，Ⅰα(Cb)＝Ⅰβ(Ca)が成立している下では，次の二条件で確認できた。

　　Ⅰα(V＋mk＋mv) ＝ Ⅱ(Ca＋mca)
　　Ⅰβ(V＋mk＋mv) ＝ Ⅱ(Cb＋mcb)

　ところで，上の表式の「網掛け」部分では，この条件が次のようにして再現

している。(なお，以下の等式は上の表式の数値を入れればいずれも800となる)。

$\mathrm{I}\alpha(\mathrm{Vp}+\mathrm{Vs}+\mathrm{mkp}+\mathrm{mks}+\mathrm{mvp}+\mathrm{mvs}) = \mathrm{II}(\mathrm{Ca}+\mathrm{mca})$

$\mathrm{I}\beta(\mathrm{Vp}+\mathrm{Vs}+\mathrm{mkp}+\mathrm{mks}+\mathrm{mvp}+\mathrm{mvs}) = \mathrm{II}(\mathrm{Cb}+\mathrm{mcb})$

したがって，ここから明らかなのは，「サービス部門」を入れても，物質的生産部門の拡大再生産における部門間均衡条件は，剰余価値と賃金の消費支出が，消費財への支出と「サービス支出」に分割される形で保持されることである。このことは，既に指摘したように，まさに，「サービス部門」の導入とは，「サービス部門」を介して，物質的生産部門がII部門の消費財を消費する関係の導入であることを示している。

また，「サービス部門」については，上の表式の下線部に次の関係を確認できる（以下の等式に数値を入れれば，いずれも480となる）。

$\mathrm{I}\alpha(\mathrm{Vs}+\mathrm{mks}+\mathrm{mvs}) = \mathrm{S}(\mathrm{Ca}+\mathrm{pca})$

$\mathrm{I}\beta(\mathrm{Vs}+\mathrm{mks}+\mathrm{mvs}) = \mathrm{S}(\mathrm{Cb}+\mathrm{pcb})$

既に，本章で考察したように，「サービス部門」の単純再生産（部門間均衡）条件は，$\mathrm{I}\alpha(\mathrm{Cb}) = \mathrm{I}\beta(\mathrm{Ca})$ が成立する下では以下の二条件であった。

$\mathrm{I}\alpha(\mathrm{Vs}+\mathrm{mks}) \geqq \mathrm{S}(\mathrm{Ca})$

$\mathrm{I}\beta(\mathrm{Vs}+\mathrm{mks}) \geqq \mathrm{S}(\mathrm{Cb})$

この不等式に，$\mathrm{I}\alpha \cdot \mathrm{I}\beta$ 部門の追加労働者の「サービス支出」(mvs) と，「サービス部門」の追加の「不変資本としての消費財」への支出 (pca+pcb) を加えるならば，物質的生産部門の蓄積＝拡大再生産に伴う「サービス支出」の拡大とそれに対応する「サービス部門」の「不変資本としての消費財」への追加投資との関係を示す次の不等式ができる。

$\mathrm{I}\alpha(\mathrm{Vs}+\mathrm{mks}+\mathrm{mvs}) \geqq \mathrm{S}(\mathrm{Ca}+\mathrm{pca})$

Ⅰβ (Vs＋mks＋mvs) ≧ S (Cb＋pcb)

上の［表式4-14］は，この二つの不等式に含まれるものであることは明らかである。すなわち，「サービス部門」についても，拡大再生産の部門間均衡条件を満たしている。

こうして下のような「拡大再生産のために変更された表式」が成立する。

［表式4-15］「サービス部門」を含む「拡大再生産のために変更された表式」

```
             中間財     資本財      可変資本      資本家の個人的消費
Ⅰα部門  1100Ca＋1100Cb＋220Vp＋ 330Vs＋100mkp＋150mks ＝3000
Ⅰβ部門  1100Ca＋1100Cb＋220Vp＋ 330Vs＋100mkp＋150mks ＝3000
Ⅱ 部門   800Ca＋ 800Cb＋320Vp＋ 480Vs＋240mkp＋360mks ＝3000
 (計   3000Ca＋3000Cb＋760Vp＋1140Vs＋440mkp＋660mks ＝9000
S 部門   480Ca＋ 480Cb＋480Vp＋         360Pp       ＝1800
```

この表式を，出発点の表式に比べるとわかるように，物質的生産部門の合計で中間財と資本財はそれぞれ2750から3000へと250増加し，可変資本は1750から1900（760＋1140）へと150増加している。また，「サービス部門」でも「不変資本としての消費財」(Ca＋Cb)，可変資本のいずれもが30増加している。どの部門でも，投下資本の規模が拡大し，拡大再生産が行える状態になったのである。(56)ただし，「サービス部門」の場合は，正しくは，拡大する「サービス提供」であって，「拡大再生産」ではない。

また，この表式では，既に見た，物質的生産部門の単純再生産（部門間均衡）の条件が，Ⅰα(Vp＋vs＋mkp＋mks)＝Ⅱ(Ca)，Ⅰβ(Vp＋Vs＋mkp＋mks)＝Ⅱ(Cb)として成立しており，「サービス部門」についても，上述したⅠα(Cb)＝Ⅰβ(Ca)が成立する下で，Ⅰα(Vs＋mks)＝S(Ca)，Ⅰβ(Vs＋mks)＝S(Cb)として単純再生産条件が成立している。すなわち，物質的生産部門と「サービス部門」の両方において，拡大再生産＝備蓄が，「拡大された規模での単純再生産」として行われることが示されている。

そして，物質的生産部門での拡大再生産が行われれば，その結果は，次のように，年間生産物の出発点の9000から9800への増加であり，粗付加価値額

の 6250 から 6800 の増加である。そして，所得の支出過程に位置づく「サービス部門」の「生産額」は，この増加した粗付加価値額がいかに所得として支出されるかによって様々であり得る。

```
              中間財      資本財     可変資本  剰余価値 生産物価値
 Iα部門     1100Ca  +  1100Cb  +   550V   +   550M   =  3300
 Iβ部門     1100Ca  +  1100Cb  +   550V   +   550M   =  3300
 II 部門      800Ca  +   800Cb  +   800V   +   800M   =  3200
    (計     3000Ca  +  3000Cb  +  1900V   +  1900M   =  9800)
                      粗付加価値額 6800
支出構成［単］3000Ca+3000Cb+760Vp+1140Vs+520mkp+780mks=9200
                                         在庫；Iα(300M) ＋ Iβ(300M)
 S 部門      480Ca+  480Cb  +   480V   +   480Pp   = 1920

支出構成［拡］3000Ca+3000Cb+760Vp+1140Vs+448mkp+672mks+300mca
                                    +300mcb+72mvp+108mvs=9800
 S 部門      480Ca+  480Cb  +   480Vp  +36pca+36pcb+36pvp+372Pp=1920
```

(注)［単］は単純再生産，［拡］は拡大再生産の意味。

ここでは，既に考察した場合と同様に，Iα(Cb) ＝ Iβ(Ca) という関係及び Iα(Vp+Vs+mkp+mks) ＝ II(Ca)，Iβ(Vp+Vs+mkp+mks) ＝ II(Cb) という関係が成立し，なおかつ，Iα(Vs+mks) ＝ S(Ca)，Iβ(Vs+mks) ＝ S(Cb) という関係が成立する場合の結果を表式として示しておきたい。これは，既に考察したのと同様に考察し易い数値例の場合である。

この場合において，全く蓄積されない場合は，物質的生産部門の「サービス」への支出は 1140Vs＋780mks で，「サービス部門」の「生産額」は 1920 となって，中間財と資本財の在庫が各 300M ずつ残る。

これに対し，このIα・Iβ部門の余剰生産手段（中間財・資本財）を示す剰余価値の各 300M が蓄積される場合（蓄積率は 54.5% である）は，「サービス支出」は 1140Vs＋672mks＋108mvs で「生産額」はやはり 1920 で変わらない。ただし，表式の「支出構成［拡］」に示したように，「サービス部門」でも追加投資が行われる。

3 小 括

　さて，以上の検討結果からは「サービス部門」の蓄積について次のことが言えよう。すなわち，「サービス部門」の蓄積は，物質的生産部門において資本家が蓄積のために支出した貨幣のうち，追加可変資本（追加労働者）から「サービス」向けに支出される貨幣によって，Ⅱ部門の資本家の消費対象としての潜在的な余剰消費財が追加の「サービス部門用消費財」（追加の「不変資本としての消費財」とⅡ部門の追加労働者のための消費財）として価値実現されて調達されることで可能になるということである。

　したがって，物質的生産部門の資本家の蓄積による追加労働者の「サービス支出」の拡大と，Ⅱ部門の資本家の消費対象としての潜在的な余剰消費財のうちの追加の「サービス部門用消費財」に転化しうる部分の拡大は「サービス部門」の蓄積と規模拡大の基礎的な条件となっている。

　なお，本章の考察は，物質的生産部門のⅠα・Ⅰβ部門が剰余価値の半分を蓄積に向ける（蓄積率＝50％）という仮定で考察を行ったものである。物質的生産部門の拡大再生産過程の考察で行ったように，この蓄積率については三つのケースに整理することができる。本章で行ったのはそのうちの一つのケースであり，その他については，次章で，「サービス部門」を含む「貯蓄＝投資」関係の考察の中で行うことにしたい。

　なお，上で「サービス部門」の蓄積の出発点としたのは物質的生産部門での拡大再生産による追加労働者の「サービス支出」の拡大であった。しかし，「サービス支出」の拡大は，この他に，労働者の賃金のうち「サービス」向けに支出される比率（Vs/V）の上昇，さらに，資本家の「サービス支出」（Msあるいはmks）の拡大として行われる場合があり，この後者については，剰余価値からのMs及びmksの比率（Ms/M，mks/M）の上昇によって行われる場合もある。

　ただし，労働者の賃金のうち「サービス」向けに支出される比率（Vs/V），そして，資本家の「サービス」向け支出（Ms/M，mks/M）の比率が一定ならば，Vs，そしてMs及びmksの拡大は，VとMそのものの拡大に依存する。すなわち，拡大再生産が前提になる。

　そして，賃金のうち「サービス」向けに支出される比率の上昇，そして，剰

余価値からの Ms あるいは mks の比率の上昇を可能にするのは，むしろこの V と M そのものの拡大であろう。とすれば，物質的生産部門の拡大再生産に伴う追加労働者の「サービス支出」の拡大による「サービス部門」の拡大再生産という本章で考察したケースは，一ケースではあるが，「サービス部門」の蓄積＝拡大再生産についての基本的な認識を与えるものとなる。

第5節　経済循環図への転換

1　「サービス部門」を含む単純再生産表式ベースの経済循環図──「サービス経済」の基本構造

　［図4-1］は，［表式4-7］をベースに作成した経済循環図である。ただ，同図には，第1章で示した［図1-1］との同一部分が多いため，ここでは，異なる部分を中心に見ていく。

　まず，異なるのは，《生産》での生産物の価値構成に Vs, Ms という「サービス」向け支出を示す部分が記され，同様に，《所得（分配）》，そして，所得の《支出》の部分でも Vs, Ms という表記があることである。

　その上で，大きく異なるのは，この所得の《支出》先に，「S部門（サービス）」が位置づけられていることである。すなわち，《支出》の部分に示したように，労働者（IαA，IβA，IIA）は賃金合計 1500V のうち 600Vp を消費財の支出に向け，900Vs を「サービス」に支出する。資本家（IαK，IβK，IIK）は，所得 4500 の中から減価償却費の 3000Cb を資本財に支出する。そして，残りの 1500M から消費財に 600Mp を「サービス」に 900Ms を支出する。

　こうして労働者と資本家が「サービス」に支出した 900Vs＋900Ms＝1800 が，「サービス部門」の「生産額」＝「サービス」価格となり，「サービス部門」の資本家はこの 1800 から，消費された「不変資本としての消費財」の補填のために 1200（＝600Ca＋600Cb）を支出し，300V を賃金として「サービス部門」の労働者 SA に支出し，労働者がこれを消費財に支出する。また，残りの 300 は「サービス部門」の資本家の「利潤」（300P）として現象し，単純再生産であるため，資本家はこの全てを消費財に支出する。

　そして，ここで重要なことは，上述の「サービス部門」の「生産額」＝

第4章 「サービス部門」を含む再生産と経済循環図

[図4-1] 「サービス部門」を含む単純再生産の経済循環図

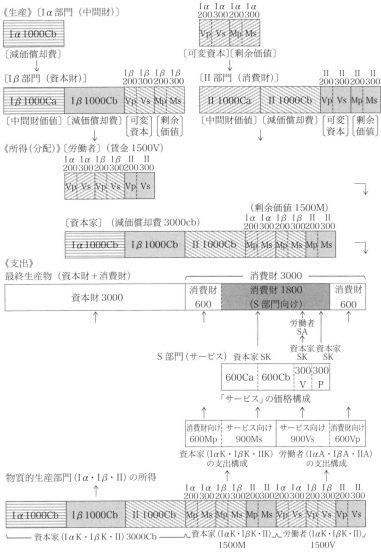

(注) 「網掛け」は,《生産》段階で発生した所得が,《所得(分配)》→《支出》という循環をどう辿るかを確認し易くするためのもの(以下の図でも同様)。

「サービス」価格は，決して1800という「サービス商品」の価値実現ではないということである。もし，そのような「サービス商品」が生産されたのだとすれば，この商品の「粗付加価値」（600Cb＋300V＋300P＝1200）は最終生産物の一部に加えられなければならなくなり，図のように，物質的生産部門からの所得の支出過程に「サービス部門」を位置づけることはできなくなる。

そうでなく，「600Ca＋600Cb＋300V＝1500」という「サービス資本」が，物質的生産部門で産み出された所得によって1800という「サービス」価格で買われ，そのことによって資本家に300Pという「利潤」を取得させたという関係が同図を成立させているのである。（したがって，既に指摘したように，「600Ca＋600Cb＋300V＋300P」という「サービス」の価格構成と，資本家と労働者が支出する所得の価値構成との間に，物質的生産部門の生産物＝商品資本の価値実現の際に見られたような対応関係は存在せず，その点を考慮して「サービス」の価格構成からは「網掛け」の模様を外している）。

以上の理解からは，「サービス部門」の存立が，物質的生産部門において労働者と資本家の所得を生み出し，また，「サービス部門用消費財」を生産する物質的生産労働を基礎としていることが明らかである。そして，「サービス部門」の投下資本の一部である「300V」という可変資本によって雇用された労働者が行う労働（ここに，いわゆる「サービス労働」も含まれる）も当然であるが，同様に物質的生産労働を基礎に存立しているのである。

既に第1章で指摘したように，国民所得論の経済循環図は，マルクスが再生産論の考察の中で「決定的に重要である」とした貨幣流通を，所得が消費財と資本財に支出される局面については明示している。それゆえに，この局面の消費財向け支出に位置づく「非物質的生産部門としてのサービス部門」を経済循環図で表現することは可能なのである。ただし，このように，物質的生産部門の所得の支出過程に「サービス部門」を位置づけた経済循環図は本書の独自の試みであり，物質的生産物（財貨）と「サービス」を区別しない本来の国民所得論には見られない（国民所得論の立場からは別の循環図が成立する。これについては，第6章で述べる）。

そして，この経済循環図では，「サービス部門」における粗付加価値の再計算（二重計算）を回避しているため，粗付加価値は，あくまで物質的生産物と

しての資本財と消費財の生産額合計の6000となっている。

また，このような「サービス部門」を含む単純再生産の経済循環図からは，非物質的生産の「サービス部門」の就業者数が，物質的生産部門の就業者数を超えるような事態は，資本家の「サービス」向け支出（Ms部分）の拡大なしではあり得ず，それを絶対的な条件とするという既に指摘したことが視覚的にも捉えやすい。物質的生産部門の労働者の「サービス支出」（Vs）は，労働者の賃金（V）の一部だから（Vs＜V），そうした中で，「サービス部門」の労働者の賃金（V）が物質的生産部門の労働者のそれを超えるには，資本家の「サービス」向け支出（Ms）の拡大が絶対的な条件であるということである。

次に，経済循環図の表示の限界である。それを，《支出》について所得の支出先と貨幣の流通経路を付け加えた［図4-2］で確認しよう。

［図4-2］ 貨幣の流通経路を書き加えた「サービス部門」を含む単純再生産の経済循環図の《支出》部分

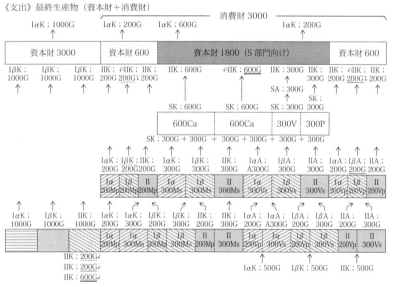

（注）「↑」「↗」「↖」「↘」「↙」「↶」「↵」という矢印は，支出された貨幣の流通経路の確認の一助として付したもの。
　　　表示の関係で，資本財3000は大きく圧縮されて表現されている。

まず，分かるように，労働者（ⅠαA，ⅠβA，ⅡA）が「サービス部門」に支出する各300Gの貨幣は，資本家（ⅠαK，ⅠβK，ⅡK）が可変資本投資として支出したものなのだが，こうした関係は捨象され，労働者の所得からの「サービス支出」としてしか捉えられない。これは，労働者（ⅠαA，ⅠβA，ⅡA）が行う消費財への支出も同様である。

また，「サービス部門」の資本家が「不変資本としての消費財」のうちの600Ca部分の補塡のために支出する貨幣600GがⅠαKに流れることも見えない。

さらに，資本家ⅡKが行なう資本財投資の貨幣1000Gは，本章が考察したケースでは，資本家ⅠβKと労働者ⅠβAがそれぞれ消費財に支出（個人的消費）した貨幣200G（図では前者に下線部＿＿を，後者に〜〜を付している）と，「サービス部門」の資本家SKが「不変資本としての消費財」の補塡のために支出した貨幣600G（図では＿＿を付した）であった（なお，後者の支出は，資本家SKの観点からは「投資支出」として現象するが，何らの物的な生産物を産み出さないことにわかるように本質的には消費財への消費支出である）。

したがって，資本財への投資支出と，間接的な消費財支出としての「サービス支出」も含めた消費財への消費支出が関連している関係，つまり，資本財への投資支出と消費支出（消費財の直接の消費と「サービス」を介した間接的な消費）が関連している関係が見えなくなっているのである。

最後に確認したいのは，「サービス部門」の単純再生産条件についてである。なお，ここでは，考察を簡単にするために，$Ⅰα(Cb) = Ⅰβ(Ca)$ が成立している場合の $Ⅰα(Vs+Ms) \geq S(Ca)$，$Ⅰβ(Vs+Ms) \geq S(Cb)$ という条件で考える。

この条件は，[図4−1]の《生産》段階のⅠα・Ⅰβ部門の生産物の価値構成，あるいは，《所得（分配）》及び《支出》段階の労働者と資本家の所得の価値構成を，再生産論視点から計算すれば見出すことができるが，循環図の形式自体にはわかりやすい形では示されない。

2 「サービス部門」の部門内取引を示す経済循環図

次に，「サービス部門」の部門内取引が行われる場合を表示した循環図［図

[図4−3] 「サービス部門」の部門内取引がなされる場合の《支出》の変更部分

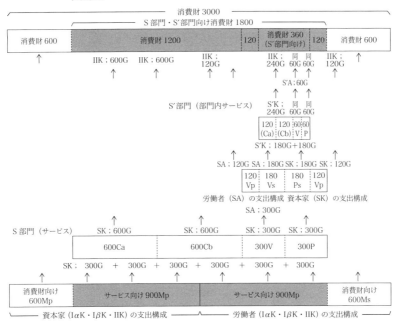

(注) 表示の関係で，消費財3000のうちの「消費財600」の部分とそれに対応した資本家と労働者の支出部分は大きく圧縮されている。また，「消費財1200」の部分もやや圧縮されている。

4−3] を示しておきたい。

同図では，「S′部門」が組み込まれており，同部門の「サービス」に「S部門」から貨幣360が支出され，これが，「S′部門」の「生産額」となり，その貨幣がさらに支出されて，結局は，Ⅱ部門の消費財360の購入という形で還流することが示されている。

3 「サービス部門」を含む拡大再生産表式ベースの経済循環図

次に，「サービス部門」を含む拡大再生産の出発表式で，中間財・消費財・資本財の価値構成と所得（分配）を示し，支出については，出発表式と，「拡大再生産のために変更された表式」との数値の差に注目して作成したのが［図

[図4-4]「サービス部門」を含む拡大再生産の経済循環図

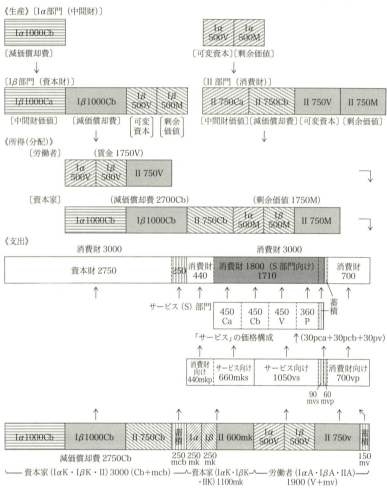

(注) 蓄積＝追加資本財投資＝250mcb＝Iα100mcb＋Iβ100mcb＋II50mcb
蓄積＝追加可変資本投資＝150mv＝Iα50mv＋Iβ50mv＋II50mv →Iα(20mvp＋30mvs)＋Iβ(20mvp＋30mvs)＋II(30mvp＋30mvs)

[図4-5] 貨幣の流通経路を書き加えた拡大再生産の経済循環図の「蓄積」部分

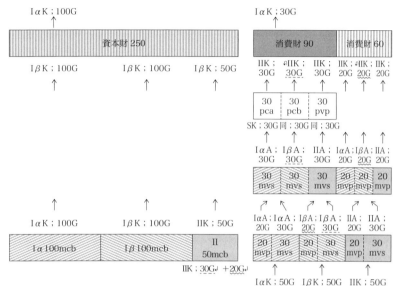

4-4]である。

　同図からは,「サービス部門」の蓄積が, 物質的生産部門の追加労働者の所得からの貨幣支出(150mv)のうち,「サービス」向けに支出(90mvs)された90Gによる「30pca＋30pcb＋30pvp」という追加投資が, Ⅱ部門の年間生産物としての消費財3000から, 90を個人的消費のためでなく, 追加の「サービス部門用消費財」として実現するものであること, したがって, 物質的生産部門の労働者による「サービス支出」の拡大と, Ⅱ部門の「サービス部門用消費財」として使用できる消費財の拡大が「サービス部門」の拡大再生産の基礎条件であることが視覚的に明瞭に示されていることがわかる。

　ただし, 単純再生産について指摘したことと重なるが, やはり, 同図には, 経済循環図が, 資本財と消費財への所得の支出局面に限って集計的に貨幣流通を捉えたものであることに起因する表示の限界もある。

　すなわち,「蓄積」部分に限って貨幣流通を書き加えた[図4-5]に示され

るように,追加労働者（IαA, IβA, IIA）が「サービス」に支出する90Gの貨幣流通の出発点が資本家（IαK, IβK, IIK）であることや,そのうちの30GがIαKに流れて追加中間財投資に繋がることは表現されない。この点は,追加労働者（IαA, IβA, IIA）の消費財向け支出の60Gについても同様である。

また,資本家IIKの資本財投資の50Gが,資本財生産部門の資本家IβKが可変資本投資として支出した貨幣の一部（20G）がIβK→IβA→IIKという経路で,他の一部（30G）はIβK→IβA→SK→IIKという,「サービス部門」の資本家の（消費財への）「投資支出」を介した流通経路で流れてきたものであるという点も見えない。

つまり,IIKの資本財投資,IβKの追加可変資本投資とそれに続くIβAの「サービス」支出を含む消費支出,そして,SKの消費財への「投資支出」,これらの投資活動と消費活動が,部門間にまたがる貨幣流通によって関連していることが見えなくなっているのである。

(1) 山田［1968a］114ページ。
(2) 山田［1968a］34ページ。
(3) 山田［1968a］125ページ。
(4) 山田［1968a］125ページ,傍点は引用者（以下,特に断らない限り,注も含め,本章の傍点は全て引用者による）。
(5) 山田［1968a］124ページ。
(6) 山田［1968a］125ページ。
(7) Marx［1885a］S.399,邦訳490ページ。
(8) 山田［1968a］125ページ。
(9) 山田［1968a］126ページ。
(10) 山田［1968a］126ページ。
(11) 山田［1968a］123ページ。
(12) 川上［2003a］152〜153ページ。
(13) 川上［2003b］167ページ。
(14) 川上［2003b］167ページ。
(15) この条件には,マルクスの再生産表式でいわゆる単純再生産の部門間均衡条件とされるI(V+M)＝IICの条件が内包されている。例えば,「I 8000」の横の行を見れば,I(8000)＝IC(5000)＋IIC(3000)となっている。つ

まり，Ⅰ＝ⅠC＋ⅡCであり，他方，Ⅰ＝ⅠC＋ⅠV＋ⅠMなのだから，当然，ここには，ⅠV＋ⅠM＝ⅡC，すなわち，Ⅰ(V＋M)＝ⅡCという部門間均衡条件が内包されている。また，「Ⅱ 4500」の横の行の，Ⅱ(4500)＝ⅠV(1000)＋ⅠM(2000)＋ⅡV(500)＋ⅡM(1000) も同様である。これは，Ⅱ＝ⅠV＋ⅠM＋ⅡV＋ⅡMを示すが，他方で，Ⅱ＝ⅡC＋ⅡV＋ⅡMなのだから，ここにも，ⅠV＋ⅠM＝ⅡC，すなわち，Ⅰ(V＋M)＝ⅡCという部門間均衡条件が内包されている。

(16) 川上［2003b］168 ページ。
(17) 川上［2003b］167～168 ページ。
(18) 以下でのこの「サービス部門」に関わる取引の説明と引用は，川上［2003b］168～169 ページ。
(19) 川上［2003b］164 ページ。
(20) 川上［2004a］75 ページ。
(21) 川上［2003a］165 ページ。
(22) 川上［2003a］165 ページ。
(23) 川上［2003b］164～165 ページ。
(24) 川上［2003b］165 ページ。
(25) 「サービスとは活動（＝労働）状態にある労働力の販売」であるという川上氏の理解は，通説の「サービス＝労働」説に対して，売買されるのは「労働」ではなく，「労働力」であるという異論が示される中で，「活動（＝労働）の売買」と「労働力の売買」を両立させる試みであると捉えられる。
(26) 譚［2011］は，「サービス部門は物的生産物を生産しないし，価値を生まないために，その価格を組み立てる三構成部分はC，V，Mを立てることができない」と「サービス部門」の表式表示について本質的な論点を提起し，「その区別のために」，「サービス部門」の「物的活動手段」を「Sc」，「サービス部門」の労働者の消費財を「W」，「サービス資本家」の利潤を「p」とした独自の表式を考察し（123 ページ），この「Sc＋w」は「生産部門の資本構成に相当する」（122 ページ）と述べる。本書の理解に近いが，本書は，「相当する」のでなく，まさに，「サービス資本」の資本構成そのものとして「C＋V」を表示する。
(27) 川上［2004a］は，この「C」について，「生産（労働）によって生産物に移転したものではなく，サービスに直接に含まれている」として，「例えば，医療における医薬品は加工されることなく医薬品のままの姿で患者に投与される」（81 ページ）と述べる。傍点を付した箇所について，本書は，労働力と同時に，「C」としての医薬品も特定の「有用効果」（もちろん可能性としての）という結果を決めて販売され消費される事態を指摘したものと理解する。

(28) 「整備」労働については，第3章の注70を参照。
(29) 既に指摘したように，「労働力」と「商品」のいずれかが「サービス取引」の中心として現象するのでなく，両方の「サービス」が複合的に取引される現象もある。例えば，フィットネス・クラブ（スポーツ・クラブ）には，インストラクターの「労働のサービス取引」とともに，トレーニング機器など各種の「商品のサービス取引」も見られる。
(30) 「サービス資本が取得する平均利潤に相当する価値総額。これは労働力商品と物的手段の購入に投下した資本価値総額と販売するサービス「商品」の価格総額との差額として現象する」（大吹［1994］329ページ）。
(31) 飯盛［2003a］229ページ。
(32) 飯盛［2003b］229ページ。
(33) 飯盛［2003a］232〜233ページ
(34) 飯盛［2003a］234〜236ページ。
(35) 川上［2004b］94〜95ページ。
(36) 川上［2004b］94〜95ページ。
(37) 山田［1968a］129〜134ページ。
(38) 山田［1968a］114ページ。
(39) 山田［1968a］38ページ。
(40) 伊藤［2001］は，「マルクス経済学の諸潮流を代表する諸家において，再生産論がいかに誤って理解されてきたかを具体的に明らかにする」（はしがき）とした考察の中で，この点を指摘している。
(41) 飯盛［2003a］237ページ。
(42) マルクス再生産論は，生産手段と生活手段（消費財）への社会的生産の二部門分割，二大階級（労働者と資本家），労働者は賃金を全部的に支出し，資本家だけが貯蓄するなどの前提で展開されるという抽象性があるが，貨幣流通との関連で考察することで，再生産過程を，いわゆる実体経済と貨幣経済との統一として，また，そこでの資本家の投資行動と消費行動，労働者の消費行動との関連を含めて分析する本質的な枠組みを持っている。
(43) 前章で述べたように，産業用機械設備賃貸業もそれ自体としては物質的生産部門ではないが，機械設備が賃貸先で労働手段として機能することを踏まえれば物質的生産過程に位置づくとすべきである。
(44) 本書が，前章で，再生産表式に組み込む「サービス部門」から「物質的生産部門としてのサービス部門」を除外するとしたのは，この部分は，基本的に『資本論』のマルクス再生産論の解明内容の射程内にあると考えるからである。既に，姜［1979］は，川上［1973］が再生産表式に組み込んだ「サービス部門」の中の「生産財的サービス S`」が，物質的生産の領域に属するものであれ

ば，それは二大部門における既存の価値範疇に含まれているもの」だから「独自の価値範疇（S`）を必要としない」（60～61ページ）としている。同様な指摘が譚［2011］にもある（120ページ）。
(45)　また，このことは，「全社会的連関からみれば，サービスを消費するということは，結局サービスを媒介にしてそれに支払われた物質的財貨＝商品を消費することに帰着する」という第3章でとり上げた金子氏の指摘からも理解できる（金子［1998］12ページ）。
(46)　再生産表式の考察で，生産物の価値構成（C＋V＋M）が問題になるのは，生産物の価値実現が貨幣によってなされ，価値実現した貨幣が，一部は生産物の生産で消費された不変資本の補塡のためにⅠ部門へ，一部は労働力の再生産と資本家の再生産のための消費財購入にⅡ部門に支出されるという支出先部門の違いがあるからである。こういう取引先の違いがある中で，生産物の価値実現と価値実現した貨幣によるその後の取引が成立するためには，生産物の価値構成上に，単純再生産条件としての価値額の一致が要請される。
(47)　Marx［1885b］S.399，邦訳642ページ。
(48)　「Ms」がどのような「サービス」に支出されているかは，今日の「サービス経済化」分析の一つのポイントとなろう。加藤［2011］は，1970年代後半以降の「サービス経済化」の拡大を牽引してきたのは，本書が，再生産論次元では資本家のみが消費する「サービス部門」であるとした「対事業所サービス業」であるとしてこれを経済地理学の視点から分析している。
(49)　既に，第2章で検討したように，川上［2003a］も剰余価値率200％としてMsを大きく設定することで，物質的生産部門の「V」を「サービス部門」の「V」が上回る表式を作成・考察している。ただし，氏の表式では「サービス部門」の「V」（2000）に部門内取引として行われる（Vs）が含まれていて，既述のようにこの取引の考察には課題がある。ここでは，「サービス部門」の部門内取引を無いものとした場合の表式を示し，「サービス部門」の部門内取引については後で考察する。
(50)　川上［2003a］155ページ。
(51)　注45参照。
(52)　例えば，飯盛［1992］152ページ。
(53)　山田［1968a］125ページ。
(54)　Ⅱ部門のこうした扱いはマルクスが『資本論』での考察で採用しているものであり，ここでは，これを「サービス部門」にも適用する。ただし，こうした扱いには批判がある（八尾［1998］など）。
(55)　これが可能なのは，一般住宅が事業所に転用されるなど，消費財の中には一般消費財としても「不変資本としての消費財」としても使用できるものがある

という事情に求められよう。マルクスは，拡大再生産論の考察で，Ⅰ部門の追加不変資本の形成について，「単純再生産の場合には…（Ⅰ部門の－引用者）剰余価値Ⅰは，不変資本Ⅱcをその現物形態で再び補塡するべき生産手段だけから成っていた」とし，「単純再生産から拡大再生産への移行が行われるためには，部門Ⅰでの生産は，Ⅱの不変資本の諸要素をより少なく，しかしそれだけⅠの不変資本の諸要素をより多く生産できるようになっていなければならない」とした上で，この移行は「Ⅰの生産物のあるものがどちらの部門でも生産手段として役立つことができるという事実によって，容易にされる」（Marx [1885a] S.492, 邦訳615ページ）と述べている。

(56) 既に，姜［1979］は，二部門分割によるマルクスの拡大再生産の出発表式に「サービス部門」を組み込んで考察する中で，物質的生産部門の拡大再生産に向けた投資による「サービス」への支出拡大→「サービス部門」の消費財購入→Ⅱ部門の不変資本の購入という経路で貨幣が出発点に還流することを明らかにしている。しかし，本書と異なり，「サービス部門」が，拡大再生産のための出発表式においてはその資本構成が規定されずに，「再生産過程の外部に，つまりその枠外に位置づけ」られ（76ページ），そして，「サービス部門」での拡大再生産に向けた投資は，物質的生産部門での拡大再生産が実現した2年目の「サービス需要」から逆算される必要量として導かれており（82～83ページ），初年度の物質的生産部門の拡大再生産のための投資に伴って「サービス部門」でも拡大再生産に向けた投資が上述の貨幣の還流運動によって媒介されて行われるプロセス自体の解明は行っていない。また，譚［2011］は，姜同様に「サービス部門」を再生産過程の外部に位置づけ，そこに，Ⅱ部門の一亞部門として「サービス部門用消費財生産部門」を設定するという山田氏の試みを組み込んだ独自の単純再生産表式を考察している。なお，姜［1979］で明確でない「サービス部門」の部門内取引を物質的生産部門と同様に処理している。

第5章 「サービス部門」を含む再生産と「貯蓄＝投資」論

第1節　本章の課題

　本章の課題は，第4章で行った「サービス部門」を含む単純再生産と拡大再生産の過程について，「貯蓄＝投資」の観点からの考察を加え，「サービス部門」を含む場合に，既に第2章で，物質的生産部門だけの表式について考察した「貯蓄＝投資」関係にどのような変更が生じるのかを明らかにし，そこから，「サービス経済」についての含意を引き出すことにある。

第2節　「サービス部門」を含む単純再生産と「貯蓄＝投資」論

　物質的生産部門だけの単純再生産過程については，既に第2章で，「貯蓄＝投資」の観点からの考察を行っている。
　そこでは，中間財・消費財・資本財の三部門の需給一致を伴う「三面等価原則」の成立条件である単純再生産（部門間均衡）条件の成立の下で，「貯蓄＝投資＝資本財」（S＝I＝資本財，正確には「貯蓄＝資本財投資」）という関係が成立し，他方で，「消費＝消費財」（C＝消費財）という関係が成立することを確認した。それでは，「サービス部門」を含む単純再生産過程の場合は「貯蓄」と「投資」の関係にいかなる変化が生じるのか？　本節では，「サービス部門」の部門内取引を無いものとした上で，これらの課題について考察する。
　第4章で考察したように，「サービス部門」の組み込みによって，物質的生産部門の労働者と資本家から「サービス支出」（Vs，Ms）がなされ，この「サービス支出」が，「サービス部門」の「サービス」の「生産額」となる。「サービス部門」の資本家は，この「生産額」を形成する貨幣の一部で，今期の「サービス生産」で消費された「不変資本としての消費財」をⅡ部門から補

填し，また，別の一部でサービス労働者に賃金を支払い，残りを利潤とする。サービス労働者は賃金をⅡ部門の消費財に支出し，また，単純再生産であるから，サービス資本家も利潤を全てⅡ部門の消費財に支出する。こうして，「サービス部門」の「生産額」を形成した貨幣は，すべてⅡ部門に支出される。

ところで，国民所得論の視点からは，「サービス部門」がⅡ部門から補塡する「不変資本としての消費財」のうちの非耐久的なものは「中間財」に，耐久的なものは「資本財」に擬せられる（第4章では，この擬せられる「中間財」と「資本財」の価値額を，「不変資本としての消費財」に含まれる中間財と資本財の移転価値と同額と仮定した）。

そして，「サービス部門」がⅡ部門から調達・補塡する「不変資本としての消費財」のうちの耐久的で「資本財」に擬せられる消費財は，それが消費されて更新が必要になるには数年という期間を要するため，その更新は，「サービスの生産額」としての貨幣の一部が，更新のための基金として積み立てられ（＝蓄蔵貨幣の形成），時期が来ると，この積み立てられた基金が新たな消費財の購入のために支出されるという形で行われる。

すなわち，仮に，サービス資本の耐久的な「不変資本としての消費財」の耐用年数を12年とすれば(1)，「サービス部門」の無数の資本家のうち，12分の11の資本家は，今期に，耐久的な「不変資本としての消費財」の補塡のために貨幣の積み立て（蓄蔵）のみを行うが，12分の1の資本家は，今期の積み立て分とこれまでに積み立て（蓄蔵）した貨幣を合わせて支出して現実に耐久的な「不変資本としての消費財」の補塡を行うことになる。以下では，後者の資本家にⓑを付記し，ⓑを含め，今期に積み立てを行う全資本家にⓐを付記する。

なお，「サービス部門」に含まれる無数のサービス資本の中で，毎期，どこかのサービス資本の耐久的な「不変資本としての消費財」はこうした更新時期を迎えると考えられるから，「サービス部門」の再生産のためには，この耐久的な「不変資本としての消費財」の更新のための年々の基金（＝蓄蔵貨幣）の積立額と，積み立てた基金の支出＝耐久的な「不変資本としての消費財」への転化の額は同一でなければならない。

ところで，上のSKⓐが行うのが「貯蓄」で，他方，SKⓑが行うのは，耐久的な「不変資本としての消費財」への支出なのだから，「消費支出」である。

すなわち，ここでの，基金（＝蓄蔵貨幣）の積立額と積み立てた基金の支出額の一致とは，本質的には，「貯蓄＝消費」（正確には，「貯蓄＝耐久消費財消費」）という関係である。

したがってまた，明らかなことは，「貯蓄＝投資」という関係は物質的生産部門について成立するのであって，「サービス部門」の組み込みによっては，物質的生産部門の労働者と資本家の消費支出が，消費財への支出と「サービス」への支出に分割されるだけで，物質的生産部門の「貯蓄＝投資」という関係に何の変化も生じさせないということである。

しかし，既に述べたように，国民所得論は，「サービス部門」を物質的生産部門と区別しない。したがって，「サービス部門」の「不変資本としての消費財」のうちの，耐久的な消費財は「資本財」に擬せられ，したがってまた，上述したような，物質的生産部門で生み出された所得の支出過程に位置づく「サービス部門」での基金の積み立てとその支出が，「資本財」の減価償却基金の形成と支出として擬制され，さらに，これが，物質的生産部門の「貯蓄＝投資」額と統合されて捉えられる。

そこで，この統合の確認のために掲げたのが，第4章で「サービス部門」を含む単純再生産過程の考察で検討した［表式4－9］をベースに作成した下の［表式5－1］である。

この表式について確認しておきたいのは，上述のように，国民所得論の視点からは，「サービス部門」がⅡ部門から調達・補塡する「不変資本としての消費財」の一部が「中間財」に，一部が「資本財」に擬せられる結果，Ⅱ部門の生産物の規定性も変わって，一部は「中間財」を，一部は「資本財」を生産したものとされて，その結果，中間財と資本財の生産額は増加し，消費財の生産額は減少することである。この関係を上の表式では，中間財，資本財の年間生産物価額にはそれぞれ【＋600＝3600】，消費財のそれには【－(600＋600)＝1800】という額を併記して示している。

そして，この表式では，「総計」の数字にあるように，全部門の年間生産物は，物質的生産部門の9000に，「サービス部門」の「サービスの生産額」1800が加わることで10800となり，粗付加価値額（＝生産国民所得）も，この10800から，「サービス部門」の「中間財」（上述のように擬制されたもので

[表式５−１]　「サービス部門」を含む単純再生産過程の「貯蓄＝投資」関係の考察のため表式

（所得と支出構成）

```
              中間財     資本財       可変資本     剰余価値    生産物価値 労働者 資本家
 Ⅰα部門  1000Ca＋1000Cb＋200Vp＋300Vs＋200Mp＋300Ms ＝ 3000 →  500  1500
                                      【＋600 ＝ 3600】
 Ⅰβ部門  1000Ca＋1000Cb＋200Vp＋300Vs＋200Mp＋300Ms ＝ 3000 →  500  1500
                                      【＋600 ＝ 3600】
 Ⅱ 部門   400Ca＋600Ca＋400Cb＋600Cb＋200Vp＋300Vs＋200Mp＋300Ms ＝ 3000 →  500  1500
                                      【−(600＋600) ＝ 1800】  1500  4500
 （計）    3000Ca＋3000Cb＋600Vp＋900Vs＋600Mp＋900Ms ＝ 9000）
                          粗付加価値額6000
 S 部門    600Ca＋600Cb ＋ 300Vp        ＋300Pp    ＝ 1800 →  300   900
 （総計）  3600Ca＋3600Cb＋900Vp＋900Vs＋900Mp・Pp＋900Ms＝10800） 1800  5400
                          粗付加価値額7200                    ↓    ↓
                                                    消費財 900 同 900
                                                    「サービス」900 同 900
                                                    資本財 3600
 最終生産物  資本財3600＋消費財1800＋「サービス」1800＝7200
```

（注）【　】は，Ⅱ部門の消費財の一部が中間財と資本財に擬せられることによる擬制上の生産額。

ある）を含む全部門の中間財価額3600Caを引いた7200となる。すなわち，物質的生産部門だけの6000より1200増加する。

そして，この粗付加価値額（生産国民所得）の7200が，労働者に1800，資本家に5400と分配され，これらが最終生産物としての資本財3600，消費財1800，そして，「サービス」1800に支出されて，各財の需給が一致する。この支出計（＝総需要）は7200であり，生産＝分配＝支出として「三面等価原則」も成立している。なお，ここでの資本財3600とは，本来の資本財3000にⅡ部門が生産したと見なされる600を加えた数値である。

そして，「サービス部門」を含む「貯蓄＝投資」関係は次のようになる。まず，貯蓄は，粗付加価値額7200から消費3600（＝900Vp＋900Vs＋900Mp・Pp＋900Ms）を控除した3600である。そして，国民所得論では投資＝所得−

消費だから，投資もやはり3600となる。この中身は，物質的生産部門における資本財の補填投資3000と，「サービス部門」における「資本財に擬せられた消費財」の補填のための支出600である。そして，この3600という額が，先の3600という資本財供給額と一致する。すなわち，「貯蓄＝投資＝資本財＝3600」であり，物質的生産部門について確認したのと同様な関係が，「サービス部門」を含めても成立することになる。

しかし，これは，本質的には，物質的生産部門における「貯蓄＝投資＝資本財」（3000，正確には「貯蓄＝資本財投資」）と，「サービス部門」における「貯蓄＝耐久消費財消費」（600）という意味の異なる2つの関係である。サービス資本家の個別的視点からは「投資」である減価償却基金の支出は，本質的には，「投資」ではなく，「耐久消費財への消費支出」だからである。また，蓄蔵貨幣形成としての減価償却基金の形成は，「投資のための貯蓄」ではなく，「消費のための貯蓄」である。

そして，「サービス部門」において「貯蓄」として蓄蔵される貨幣は，物質的生産部門で生み出された所得の一部としての貨幣が「サービス」のために支出されたものであり，そして，この貨幣による「投資」の対象が，II部門が生産した「不変資本としての消費財」であることからは，「サービス部門」における「貯蓄＝耐久消費財消費」という関係が，物質的生産部門の所得が「サービス部門」を介してII部門の消費財に支出される過程の中で成立しており，したがって，物質的生産部門における再生産過程に根底的に規定されていることがわかる。

以上の単純再生産過程における「貯蓄＝投資」関係をふまえて，続いて，拡大再生産過程における「貯蓄＝投資」関係の考察に進みたい。

第3節 「サービス部門」を含む拡大再生産と「貯蓄＝投資」論

1 「サービス部門」を含む拡大再生産

（1） 拡大再生産過程の確認　「サービス部門」を含む拡大再生産＝蓄積過程については，既に，第4章で一定の知見を得ている。本節では，そこでの考察を「貯蓄」と「投資」の視点から捉え直し，既に，第2章で物質的生産

部門について明らかにした「貯蓄＝投資」論を,「サービス部門」を含むものへと発展させる。

さて,第4章での「サービス部門」を含む拡大再生産過程の考察では,そこで掲げた［表式4-12］の表記を少し変えた次の［表式5-2］に示すように,Iα・Iβの資本家が,剰余価値の半分を蓄積し（蓄積率＝50%）,半分を消費財と「サービス」への消費支出とする（mkp+mks,消費支出率＝50%）と仮定し,結果的に,Iα(Cb)＝Iβ(Ca)という条件が成立する下で,Iα(Vp+Vs+mkp+mks)＝II(Ca),Iβ(Vp+Vs+mkp+mks)＝II(Cb)という関係が成立していた。

この関係は,その式から読み取れるように,中間財を生産するIα部門の労働者と資本家の「消費財支出」と「サービス支出」の合計にII部門の中間財の補塡額が一致し,かつ,資本財を生産するIβ部門の労働者と資本家の「消費財支出」と「サービス支出」の合計にII部門の資本財の補塡額が一致していることを意味する。

［表式5-2］　拡大再生産向けの支出構成－Iα(Vp+Vs+mkp+mks)＝II(Ca),Iβ(Vp+Vs+mkp+mks)＝II(Cb)の場合－

```
              中間財    資本財    可変資本   剰余価値
Iα部門   1000Ca＋1000Cb＋200Vp＋300Vs＋100mkp＋150mks
                      ＋100mca＋100mcb＋20mvp＋30mvs＝3000

Iβ部門   1000Ca＋1000Cb＋200Vp＋300Vs＋100mkp＋150mks
                      ＋100mca＋100mcb＋20mvp＋30mvs＝3000

II 部門    750Ca＋ 750Cb＋300Vp＋450Vs
           ＋240mkp＋360mks＋20mca＋30mca＋20mcb＋30mcb＋20mvp＋30mvs＝3000
        (計 2750Ca＋2750Cb＋700Vp＋1050Vs＋440mkp＋660mks＋250mca＋250mcb
                    粗付加価値額 6250          ＋60mvp＋90mvs＝9000)
S 部門    450Ca＋ 450Cb＋450Vp ＋360Pp ＋30pca ＋30pcb ＋30pvp     ＝1800
```

さて,第4章では,この表式中の,上で言及した関係式の部分（＝「網掛け」した部分）,及び,「サービス部門」での,Iα(300Vs+150mks)＝S(450Ca),

第 5 章 「サービス部門」を含む再生産と「貯蓄＝投資」論　267

Iβ（300Vs＋150mks）＝S（450Cb）という関係式（「下線」を引いた部分）について，これらは，既に物質的生産部門と「サービス部門」の単純再生産条件の成立を示すもので考察済みだとして，これら以外の部分に考察を絞った。

そして，そこでは，Iα（1000Cb）とIβ（1000Cb）についても考察したが，「貯蓄＝投資」の観点からは重要になる減価償却基金の形成・支出の関係は考察していない。そして，もちろん，その他に，減価償却基金の形成・支出の関係が生じるⅡ（750Cb）とS（450Cb）も考察していない。

また，剰余価値の資本への転化＝蓄積（上の表式で，mca＋mcb＋mvpという記号で表記されている部分）については考察したが，そこでも蓄積基金の形成・支出という関係は考察していない。

しかし，考察していない減価償却基金の形成・支出関係のうち，Iα（Cb），Iβ（Cb）については，第2章の物質的生産部門のみの［表式2－1］で考察した関係と変わるところはない。同表式を確認すればわかるように，この部分には労働者の賃金支出も資本家の消費支出も関わらず，したがって，「サービス部門」を組み込んでも「サービス支出」が関わることはないからである。

しかし，Ⅱ（Cb）とS（Cb）部分には，労働者と資本家の「サービス支出」が関わってくる。したがって，その場合の再生産のあり方を減価償却基金の形成・支出を含めて明らかにする必要がある。さらに，もちろん，各部門の蓄積基金の形成・支出の関係の考察も必要である。

以下では，これらの考察の残された部分に限定して作成した［表式5－3］によって検討していく。なお，その考察では，第2章での考察と同様に，減価償却基金及び蓄積基金を形成する全資本家にⓐを付し，そのうちの実際に今期に減価償却基金及び蓄積基金を支出する資本家にⓑを付す。

そこで，まず確認したいのは，Ⅱ（750Cb）という資本財の減価償却基金の形成と支出に関してである。この資本財の補塡の一部は，Iβ部門の年間生産物の200Vp＋100mkp部分にあたる貨幣としてIβKが支出し，IβAの賃金支出（200Vp）も介して流通する200Gと100GがⅡKⓐによって減価償却基金として積み立てられ，他方で，これと同額の基金をⅡKⓑが支出して，Iβ部門の年間生産物の200Vp＋100mkp部分を表わす資本財を購入することで行われる。

そして，残りの部分は，やはり，IβKによって年間生産物の300Vs＋150mks部分にあたる貨幣として支出された貨幣300G（これも，まずIβAに賃金として支出され，次にIβAが支出する）と150Gが，まず，「サービス部門」に流れ，次いで，同部門のSKⓐによって「不変資本としての消費財」の一部S(450Cb)の減価償却基金として積み立てられ，他方で，これと同額の基金をSKⓑがⅡ部門に支出して資本家ⅡKⓐによって減価償却基金として積み立てられ，他方で，同額の基金をⅡKⓑが支出して，Iβ部門から年間生産物の300Vs＋150mks部分の資本財を購入することによってなされる（貨幣の流通経路の①②②′③④と⑤⑥⑥′⑦）。

すなわち，「サービス部門」のS（450Cb）の減価償却基金の形成・支出は，Ⅱ部門のⅡ(750Cb)の同価値（450）部分の減価償却基金の形成・支出と関連して行われることになる。

次に，蓄積基金の形成と支出に関する取引である。これらの取引のうち，Iα・Iβ部門の100mca＋100mcbは第2章で考察した，物質的生産部門だけの拡大再生産過程で考察したものと全く同じであり，考察は不要である。考察が必要なのは，蓄積基金の支出で雇用される追加労働者の消費支出が，消費財支出（20mvp）と「サービス支出」（30mvs）に分割され，この後者のために支出された貨幣がIα・Iβ部門から出発し，「サービス部門」とⅡ部門を介してIα・Iβ部門に還流する取引である。

すなわち，追加労働者のIαAもIβAも，20Gは直接，Ⅱ部門に支出する（その流通経路は第4章で貨幣50Gの流通として考察したものと同じであり，ここでは説明は省略する。なお，IαAの20Gの経路は⑧⑨⑨′⑩で，IβAの20Gには番号を併記していない）が，30Gは「サービス部門」に支出する。

そして，この貨幣60G（＝30G＋30G）は「サービス部門」のSKⓐが蓄積基金として積み立て，他方で，SKⓑが同額を基金から支出して，Ⅱ部門の剰余生産物の30mca＋30mcb部分を「不変資本としての消費財」として調達する。そして，SKⓑによって支出された60GをⅡKⓐが蓄積基金として積み立て，他方で，同額をⅡKⓑが支出してIα部門とIβ部門の剰余生産物の各30mvs部分を購入する（流通経路の⑪⑫⑫′⑬⑬′⑭と⑮⑯⑯′⑰⑰′⑱）。

さらに，追加労働者のⅡAもやはり20Gは直接，Ⅱ部門に支出するが，

第5章 「サービス部門」を含む再生産と「貯蓄＝投資」論　269

[表式5−3]　表式5−2の説明表式（一部）

Iα部門… 200Vp＋300Vs＋100mkp＋150mks＋100mca ＋ <u>100mcb</u> ＋ 20mvp＋30mvs

　　　　　　　IαK ⓐ；100G＋100G↑＋50G＝20G ⑩↑＋30G ⑭↑
　　　　　　　　　　　↑
　　　　　　　IαK ⓑ；100G＋100G↓＋50G ┐
　　　　　　　　　　　　　　　　　　　IαA；50G＝20G ⑧↓＋30G ⑪↓

Iβ部門… <u>200Vp＋300Vs</u>＋<u>100mkp＋150mks</u>＋<u>100mca ＋100mcb</u> ＋ 20mvp＋30mvs

　　　　┌─→ IβK；500G　　　　　　　IβK ⓐ；100G↲＋100G ＋50G
200G＋300G ④←　│　IβK；100G＋150G ⑤↓　　　↑＝20G＋30G ⑱↑
IβA；500G＝200G＋300G ①│　　　　　IβK ⓑ；100G′↑＋100G＋50G
　　　　　　　　　　　　↓　　　　　　　　　　　　　　　↓
　　　　　　　ⅡK ⓐ；200G＋100G＋300G ③↑＋150G ⑦↑　IβA；50G＝20G＋30G ⑮↓
　　　　└─ ⅡK ⓑ；200G＋100G＋300G ③′↑＋150G ⑦′
Ⅱ部門 … <u>750Cb</u>＋300Vp＋450vs＋240mkv＋360mks

　　　　　　　　　　＋20mca＋30mca＋20mcb＋30mcb＋20mvp＋30mvs
　　　　ⅡK ⓐ；20G ⑨↓＋30G ⑬↑＋20G＋30G ⑰↑＋20G＋30G ㉑↑
　　　　ⅡK ⓑ；20G ⑨′↑＋30G ⑬′↑＋20G＋30G ⑰′＋50G
　　　　　　　　　　　　　　　　　　　　　　　　　↓
　　　　　　　　　　　　　　　　　　　　　　ⅡA；50G＝20G＋30G ⑲↓

SK ⓐ；300G ②↓ ＋150G ⑥↓　　　SK ⓐ；30G ⑫↓ ＋30G ⑯↓ ＋30G ⑳↓
SK ⓑ；300G ②′↑＋150G ⑥′↑　　SK ⓑ；30G ⑫′↑＋30G ⑯′↑＋30G′┐
　　　　　　　　　　　　　　　　　　　　　　　SA；30G ⑳′↑

S部門 … <u>450Cb</u> ＋450Vp ＋ 360Pp ＋ <u>30pca＋30pcb</u>＋ 30pvp

（注）「下線」部は考察の焦点として本文で論究する部分。

　30G は「サービス部門」に支出する。この貨幣をやはり SK ⓐ が蓄積基金として積み立て，他方で，SK ⓑ が同額を基金から支出して，「サービス部門」の追加労働者 SA に支出する。SA はこれをⅡ部門に支出し，ⅡK ⓐ がこれを積み立てるのである（同⑲⑳⑳′㉑）。

　なお，以上の結果，物質的生産部門の追加労働者（IαA, IβA, ⅡA）は，

消費財に計60,「サービス」に計90の貨幣を支出した。前者の貨幣60が支出される消費財は，単純再生産過程では，全て資本家IIKが個人的に消費していたものであるが，それがここでは，追加労働者用消費財という意味で追加可変資本の現物形態となる。すなわち，資本家の個人的消費の対象としての潜在的な「余剰消費財」が追加可変資本の現物形態に転化するのである。

他方，後者の貨幣90は，上で見たように，まず，サービス資本家が取得し，そして，蓄積基金の形成と支出を介して，60の貨幣がII部門の剰余生産物の30mca＋30mcb部分に支出されて，これが「不変資本としての消費財」として調達され，30の貨幣は，追加労働者のSAによって，II部門の剰余生産物30mvsに支出されて，SAの生存を可能にする。すなわち，ここでは，資本家の個人的消費の対象としてのII部門の潜在的な「余剰消費財」が，一部（30mca＋30mcb）は「サービス部門」の追加の，擬制的な「不変資本」に転化し，やはり，一部（30mvs）は「サービス部門」の追加可変資本の現物形態に転化することになる。

したがって，以上の追加労働者（IαA，IβA，IIA, SA）の消費支出に関して，II部門の潜在的な「余剰消費財」で，追加労働者が直接に支出する部分は，「奢侈消費手段」でなく，「必要消費手段」としての素材形態を持つことが条件となり，他方，追加労働者の「サービス支出」に対応して，「サービス部門」が「不変資本としての消費財」として調達する部分については，それに適した素材形態を持っていることが条件となる（以下の全ての考察で，II部門の潜在的な「余剰消費財」が，追加労働者用消費財，また，「サービス部門」の「不変資本としての消費財」に転化する場合にはこの条件は同様に当てはまる）。

　(2)「サービス部門」の蓄積と「貯蓄＝投資」関係　　前節の考察内容について，「貯蓄＝投資」という観点からまとめたい。

そこでまず明確にしたいのは，「サービス部門」の拡大再生産＝蓄積を「貯蓄＝投資」の観点から考察する場合には考察する局面に注意が必要であるということである。

それは，「サービス部門」の蓄積とは，物質的生産部門の労働者と資本家の所得から「サービス」に支出された貨幣の一部が「サービス部門」の利潤となり，さらに，この利潤が追加のサービス資本（追加の「不変資本としての消費

財」と追加可変資本）に転化されることなのだから，当然，物質的生産部門からの「サービス支出」が，物質的生産部門の蓄積に伴う追加労働者の「サービス支出」を含めて——第2章の［補説］で考察したように，拡大再生産の本質的関係の解明のためには，追加労働者には今年度中に賃金が支払われ，この賃金が今年度中に支出されるとするべきである——なされた後での局面でなければ考察できず，したがってまた，同様の「局面」でなければ「投資＝貯蓄」の視点からの検討もあり得ないことである。

　そして，その局面とは，物質的生産部門では，当然，剰余価値の支出の結果である追加労働者が雇用されてその「サービス支出」が行われ，したがってまた，追加中間財や追加資本財も調達されている局面，すなわち，追加の生産資本が形成されている局面であり，他方，「サービス部門」では，「利潤」が蓄積のために支出された局面である。

　したがって，「サービス部門」を含めた全部門の「貯蓄＝投資」額を捉えようとする際には，剰余価値の支出局面における物質的生産部門の「貯蓄＝投資」額——その額は［表式5-2］の（計）の数値から，所得－消費＝6250－（700Vp＋1050Vs＋440mkp＋660mks）＝3400と算出される——は問題になり得ない。

　さて，上述した，「サービス部門」で「利潤」が蓄積のために支出された局面の後には，追加の「不変資本としての消費財」と追加サービス労働者が実際に調達されて，追加の「サービス資本」が形成される局面が続くことになる。

　以下の考察では，以上のような考察局面を意識して論述していく。

　さて，次に確認したいことは，「サービス部門」を含む単純再生産過程の考察で明らかにした「サービス部門」の「貯蓄＝投資」関係の本質は，拡大再生産過程においても全く変わらないということである。すなわち，「貯蓄＝投資」という関係は物質的生産部門について成立するのであり，「サービス部門」にあるのは，物質的生産部門で生み出された所得（貨幣）の支出過程における「貯蓄＝消費」関係に他ならないということである。

　すなわち，前節で見たように，物質的生産部門からは1800が「サービス」に支出され，このうちの450は，「サービス部門」の耐久的な「不変資本としての消費財」（450Cb）の更新のための基金として積み立てられ，他方で同額

が基金から支出された。さらに，蓄積のために，60が追加の「不変資本としての消費財」（30pca+30pcb）に，そして，30が追加の「不変資本としての消費財」に対応して必要になる追加のサービス労働者に支出された。そして，もちろん，この計90の貨幣は，直接には将来の蓄積基金として積み立てられ，他方では，同額が，積み立てが終わった基金から支出されて蓄積が行われる。

したがって，以上の計540（＝450＋60＋30）の基金の積み立てと支出がなされるが，これは，「不変資本としての消費財」を含め，全てⅡ部門の消費財の消費のための積み立てと支出であり，そこでは，30が支出される追加労働者も物質的な生産活動には関わらない。したがって，ここにある関係は，明らかに，単純再生産過程にも見られた「貯蓄＝消費」という関係である。もちろん，単純再生産過程にあるのは，「サービス部門」の耐久的な「不変資本としての消費財」の更新のための減価償却基金の積み立てと支出に関わる「貯蓄＝消費」関係（正確には「貯蓄＝耐久消費財」という関係）であり，そこに，追加の「不変資本としての消費財」と追加可変資本（追加労働者）の調達のための基金の積み立てと支出という追加の「貯蓄＝消費」関係が加わっている点で異なる。しかし，いずれにしろ，「貯蓄＝消費」関係であって，何ら生産物の増産を準備する「投資」ではない。

ただし，ここで注意が必要なことは，「サービス部門」に，追加の「不変資本としての消費財」と追加労働者向けの消費財を提供するⅡ部門の方では消費財の拡大再生産のための「投資」が行われ，生産資本が拡大されることである。

そして，もちろん，国民所得論の観点からは，上述した，「サービス部門」での「貯蓄＝耐久消費財」関係と追加の「貯蓄＝消費」関係のいずれもが「貯蓄＝投資」関係として捉えられ，その額が算出されることになる。そして，この「サービス部門」における「貯蓄＝消費」額が，物質的生産部門の「貯蓄＝投資」額に加えられて，全部門の「貯蓄＝投資」額が算出される。

そこで，次に，前節での考察結果をふまえて作成した［表式5－4］に基づいて，「サービス部門」で利潤が蓄積のために支出された局面（追加の「サービス資本」の形成には至っていない）における全部門の「貯蓄＝投資」額を確認したい。

まず，物質的生産部門だけで見れば，粗付加価値額（所得）は6000であり，

［表式５－４］　「表式５－３」を整理した表式

（所得の支出構成）

　　　　　　中間財　　資本財　　可変資本　　　剰余価値　　　　労働者　資本家
Ｉα部門　1100Ca＋1100Cb＋220Vp＋330Vs＋100mkp＋150mks＝3000 →　550　1350
　　　　　　　　　　　　　　　　　　　　　【＋480＝3480】
Ｉβ部門　1100Ca＋1100Cb＋220Vp＋330Vs＋100mkp＋150mks＝3000 →　550　1350
　　　　　　　　　　　　　　　　　　　　　【＋480＝3480】
Ⅱ部門　　 800Ca＋ 800Cb＋320Vp＋480Vs＋240mkp＋360mks＝3000 →　800　1400
　　　　　　　　　　　　　　　　　　　【－（480＋480）＝2040】
（計　　3000Ca＋3000Cb＋760Vp＋1140Vs＋440mkp＋660mks＝9000 →1900　4100
　　　　　　　　　　粗付加価値額 6000　　　　　　　　　　　　　↓　　↓
　　　　　　　　　　　　　　　　　　　　　　　　　　　　　消費財　760　同440
　　　　　　　　　＊総需要＝6000　　　　　　　　「サービス」1140　同660
　　　　　　　　　　　　　　　　　　　　　　　　　　　　　資本財 3000

Ｓ部門　　450Ca＋ 450Cb＋450Vp＋360Pp＋30pca＋30pcb＋30pvp＝1800

［サービス資本の形成局面］
Ｓ部門　　480Ca＋ 480Cb ＋ 480Vp　＋360Pp　　　　　　　　＝1800 →　480　 840
（総計　3480Ca＋3480Cb＋1240Vp＋1140Vs＋800mkp・Pp＋660mks
　　　　　　　　　　粗付加価値額 7320　　　　　　＝10800）　2380　4940
　　　　　　　　　　　　　　　　　　　　　　　　　　　　　　　↓　　↓
　　　　　　　　　　　　　　　　　　　　　　　　　　　　　消費財 1240　同800
　　　　　　　　　＊総需要＝7320　　　　　　　　「サービス」1140　同660
　　　　　　　　　　　　　　　　　　　　　　　　　　　　　資本財 3480

（注）【　】の数字は，Ｓ部門がⅡ部門から調達する「不変資本としての消費財」が中間財と資本財に擬せられることによる物質的生産の三部門の擬制上の生産物額。

　貯蓄＝所得－消費だから，［表式５－４］から，貯蓄＝6000－（760Vp＋1140Vs＋440mkp＋660mks）＝3000で，投資も当然同額で，その額は，Ｉβ部門の資本財生産額と一致している。これは，第２章で指摘した，「貯蓄＝投資＝資本財」（Ｓ＝Ｉ＝資本財，より正しくは，貯蓄＝資本財投資）という関係に他ならない。
　しかし，「サービス部門」を含めれば，全部門の「産出額」は10800で，粗付加価値は7350となる。物質的生産部門から1140Vs＋660mks＝1800の

「サービス支出」がなされ，この1800が「サービス」の生産額とされ，ここから「中間財」に擬せられた「不変資本としての消費財」(450Ca)の補塡にあてられる450を除いた1350が「サービス部門」の粗付加価値として物質的生産部門の6000と合算されるからである（この計算式は［表式5-4］には掲出していない）。

そして，貯蓄＝所得－消費で，消費は，物資的生産部門と「サービス部門」を合計すると $1210Vp+1140Vs+800mkp \cdot Pp+660mks=3810$ だから，貯蓄＝$7350-3810=3540$ となる。投資も同額である。したがって，物質的生産部門だけの場合の3000より540だけ多い。この増額は，「サービス部門」の粗付加価値とされた1350のうち $450Cb+30pca+30pcb+30pvp=540$ が「サービス部門」の「貯蓄＝投資」額とされるからであり，その中身は，「サービス部門」の「資本財」に擬せられた「不変資本としての消費財」（耐久消費財）の補塡のための償却基金の形成・支出450と，追加の「中間財」に擬せられた「不変資本としての消費財」（非耐久消費財）30，及び，追加の「資本財」に擬せられた「不変資本としての消費財」（耐久消費財）30，そして，追加サービス労働者への支出30の計90の蓄積基金の形成と支出である。

「資本財」に擬せられた耐久消費財の補塡投資450と追加「資本財」に擬せられた耐久消費財への支出30を統合すれば，「資本財」投資は480であるから，この局面の「サービス部門」の「貯蓄＝投資」関係は，「貯蓄＝投資＝『資本財』＋追加中間財＋追加可変資本」($480+30+30=540$)という関係として捉えることができる。

そして，次に，ここから，「サービス部門」で追加のサービス資本が形成された局面に眼を転じれば，上の表式の「サービス資本の形成局面」に表記したように，追加の擬せられた「中間財」30も，擬せられた「資本財」30も，元のサービス資本に統合され，追加可変資本（追加サービス労働者）も元の労働者と統合されている。

そして，「サービス部門」の粗付加価値額は，「サービス」の生産額1800から中間財価値の480を控除した1320であるから，「サービス部門」の貯蓄は，所得－消費＝$1320-(480V+360Pp)=480$ で，投資も当然480で，これが480Cbという資本財に擬せられた「不変資本としての消費財」の額と一致す

る。すなわち,「貯蓄＝投資＝資本財」という「サービス部門」の単純再生産過程における関係が再現する。これは,「サービス部門」の拡大再生産も,やはり,「拡大された規模の単純再生産」として実現されるからである。

　そして，全部門の粗付加価値額は，物質的生産部門の 6000 に「サービス部門」の 1320 を加えた 7320 となる。そして，この 7320 が所得としては，労働者に 2380，資本家に 4940 として分配され，労働者はこの 2380 から消費財に 1240,「サービス」に 1140 支出する。他方，資本家は 4940 から消費財に 800,「サービス」に 660 を支出し，資本財には，物質的生産部門の資本家が本来の資本財に 3000 を，サービス資本家がⅡ部門の「不変資本としての消費財」（サービス資本家にとっての「資本財」）に 480 を支出して，資本財支出は 3480 となる。

　したがって，総需要は，消費財 2040,「サービス」1800,「資本財」3480 で計 7320 となり，こうした構成の総需要が，Ⅱ部門の消費財の 480 が中間財に，さらに 480 が資本財に擬せられることに伴って擬制的に増減した各部門の財の総供給（その額は【　】内に記している）と一致する形で，「三面等価」が成立している。

　そして，全部門では，貯蓄＝所得－消費＝7320－(1240Vp＋1140Vs＋800mkp・Pp＋660mks)＝3480 で，投資も同額で，これが物質的生産部門の本来の資本財額 3000 に，擬制された資本財額 480 を加えた額である 3480 と一致する。こうして，物質的生産部門について確認したのと同様な「貯蓄＝投資＝資本財」という関係が，「サービス部門」を含めても成立する。

```
              中間財        資本財      可変資本            剰余価値          生産物価値
     Ⅰα部門  1100Ca＋1100Cb＋220Vp＋  330Vs＋100mkp＋150mks＋300M＝ 3300
     Ⅰβ部門  1100Ca＋1100Cb＋220Vp＋  330Vs＋100mkp＋150mks＋300M＝ 3300
     Ⅱ 部門   800Ca＋ 800Cb＋320Vp＋  480Vs＋320mkp＋480mks       ＝ 3200
             3000Ca＋3000Cb＋760Vp＋1140Vs＋520mkp＋780mks＋600M＝ 9800
                         粗付加価値額 6800
     S 部門   480Ca＋ 480Cb＋ 480Vp ＋     480Pp              ＝ 1920
             3480Ca＋3480CB＋1240Vp＋1140Vs＋1000mkp・Pp＋780mks＋600M
                         粗付加価値額 8240                    ＝11720
```

さて、[表式5-4] から、さらに進んで、蓄積＝拡大再生産が行なわれれば、翌期には、物質的生産部門では上の表式のような価値構成で年間生産物9800が生産される。粗付加価値額は前期の6000に対して、6800となる。

所得の支出過程に位置づく「サービス部門」の「生産額」は、この増加した粗付加価値額がどのように支出されるかによって様々だが、全く蓄積されない場合（蓄積率＝0％）でも、物質的生産部門の「サービス」への支出は前期の1800に対して1140Vs＋780mks＝1920となり、これが「サービス」の生産額を形成し、全部門の粗付加価を計算すれば、8240となる。成長率は8.2％である（この場合、蓄積率＝0％の結果として、中間財と資本財の在庫が各300Mずつ残る）。

2　拡大再生産のその他の場合

(1) はじめに——論述の限定　前節で考察したのは、Ⅰα(Cb) ＝ Ⅰβ(Ca) という条件が成立する下で、Ⅰα(Vp＋Vs＋mkp＋mks) ＝ Ⅱ(Ca)、Ⅰβ(Vp＋Vs＋mkp＋mks) ＝ Ⅱ(Cb) という関係が成立している場合であった。

ところで、このⅠα(Cb) ＝ Ⅰβ(Ca) が成立する下でのⅠα(Vp＋Vs＋mkp＋mks) ＝ Ⅱ(Ca) 及びⅠβ(Vp＋Vs＋mkp＋mks) ＝ Ⅱ(Cb) の成立という関係は、第2章で、Ⅰα(Cb) ＝ Ⅰβ(Ca) が成立する場合の物質的生産部門の拡大再生産過程の「三つの場合」のうちの一つである、Ⅰα(V＋mk) ＝ Ⅱ(Ca)、Ⅰβ(V＋mk) ＝ Ⅱ(Cb) の、「V」と「mk」の支出が、「消費財支出」（Vpおよびmkp）と「サービス支出」（Vsおよびmks）に分割されたものである。

既に述べたように、「サービス支出」とは、「サービス部門」を介したⅡ部門の消費財への支出＝消費だから、上のように「消費支出」を分割することで、「サービス部門」を含む場合の拡大再生産＝蓄積における関係として捉え直すことができる。したがって、「サービス部門」を含む拡大再生産過程についても、Ⅰα(Cb) ＝ Ⅰβ(Ca) が成立するという条件の下では、上の場合を含め、次の三つの場合に整理できる。

　　　Ⅰα(Vp＋Vs＋mkp＋mks) ＝ Ⅱ(Ca)、Ⅰβ(Vp＋Vs＋mkp＋mks) ＝ Ⅱ(Cb)
の場合

Ⅰα（Vp＋Vs＋mkp＋mks）＞Ⅱ（Ca）， Ⅰβ（Vp＋Vs＋mkp＋mks）＞Ⅱ（Cb）の場合

Ⅰα（Vp＋Vs＋mkp＋mks）＜Ⅱ（Ca）， Ⅰβ（Vp＋Vs＋mkp＋mks）＜Ⅱ（Cb）の場合

既に見た「第一の場合」は，中間財を生産するⅠα部門の労働者と資本家の「消費財支出」と「サービス支出」の合計にⅡ部門の中間財の補塡額が一致し，かつ，資本財を生産するⅠβ部門の労働者と資本家の「消費財支出」と「サービス支出」の合計にⅡ部門の資本財の補塡額が一致している場合である。

これに対し，「第二の場合」とは，中間財を生産するⅠα部門の労働者と資本家の「消費財支出」と「サービス支出」の合計がⅡ部門の中間財の補塡額を上回り，かつ，資本財を生産するⅠβ部門の労働者と資本家の「消費財支出」と「サービス支出」の合計がⅡ部門の資本財の補塡額を上回る場合を意味する。

そして，「第三の場合」とは，中間財を生産するⅠα部門の労働者と資本家の「消費財支出」と「サービス支出」の合計がⅡ部門の中間財の補塡額を下回り，かつ，資本財を生産するⅠβ部門の労働者と資本家の「消費財支出」と「サービス支出」の合計もⅡ部門の資本財の補塡額を下回る場合を意味する。

このうちの，まだ考察していない「第二の場合」と「第三の場合」に，「サービス部門」を含む拡大再生産がいかに行われ，そして，その過程は「貯蓄＝投資」関係という視点からはどのように捉えられ，さらに，その「貯蓄＝投資」額の下での総需要と次期の粗付加価値額＝成長率はどのようになるのかが考察される必要がある。

ただし，「第二の場合」「第三の場合」について，前節での「第一の場合」と同じように，貨幣流通を介した「貯蓄＝投資」関係の考察を詳細に行うことは，非常に難渋な作業に紙幅を費やすため，ここでの論述は，説明を極力省略した表式展開を中心とし，その考察結果は，第4節での総括の際に，三つの場合を比較する形で提示することにしたい。

（2） Ⅰα（Vp＋Vs＋mkp＋mks）＞Ⅱ（Ca）， Ⅰβ（Vp＋Vs＋mkp＋mks）＞Ⅱ（Cb）の場合　　ここでは，Ⅰα・Ⅰβ部門の蓄積率が10％に過ぎず，剰余価値500Mの大半の450mkが消費支出に向けられ，消費財と「サービス」への

支出割合が 2：3 の結果として，Iα(200Vp＋300Vs＋180mkp＋270mks) ＞ II(750Ca)，Iβ(200Vp＋300Vs＋180mkp＋270mks) ＞ II(750Cb) という関係が成立する場合をとりあげる。その表式が，［表式 5－5］である。

［表式 5－5］　拡大再生産向けの支出構成－Iα(Vp＋Vs＋mkp＋mks) ＞ II(Ca)，Iβ(Vp＋Vs＋mkp＋mks) ＞ II(Cb) の場合－

```
              中間財      資本財      可変資本         剰余価値
Iα部門   1000Ca＋1000Cb＋200Vp＋300Vs＋100mkp＋150mks＋80mkp＋120mks
                      ＋20mca＋20mcb＋4mvp＋6mvs ＝3000
Iβ部門   1000Ca＋1000Cb＋200Vp＋300Vs＋100mkp＋150mks＋80mkp＋120mks
                      ＋20mca＋20mcb＋4mvp＋6mvs ＝3000
II 部門    750Ca＋750Cb＋300Vp＋450Vs＋48mkp＋72mks
                      ＋80mca＋120mca＋80mcb＋120mcb＋80mvp＋120mvs
                      ＋4mca＋6mca＋4mcb＋6mcb＋4mvp＋6mvs ＝3000
(計  2750Ca＋2750Cb＋700Vp＋1050Vs＋408mkp＋612mks＋250mca＋250mcb
             粗付加価値額 6250           ＋92mvp＋138mvs ＝9000)
S 部門     450Ca＋450Cb＋450Vp＋72Pp＋120pca＋120pcb＋120pvp
                                    ＋6pca＋6pcb＋6pvp ＝1800
```

この表式の「網掛け」部分の，Iα(200Vp＋300Vs＋100mkp＋150mks) ＝ II(750Ca)，Iβ(200Vp＋300Vs＋100mkp＋150mks) ＝ II(750Cb)，そして，「下線」（＿）を引いた部分の，Iα(300Vs＋150mks) ＝ S(450Ca)，Iβ(300Vs＋150mks) ＝ S(450Cb) という関係は，前節で考察した表式と全く同じである。

さらに，これら以外の，剰余価値・利潤の支出構成のうち，「点線」（＿）を引いた部分は，価値額は異なるが，やはり，前節での表式に既に見られた取引である。すなわち，Iα・Iβ部門の「20mca＋20mcb＋4mvp＋6mvs」，II 部門の「4mca＋6mca＋4mcb＋6mcb＋4mvp＋6mvs」，そして，「サービス部門」の「6pca＋6pcb＋6pvp」に関する取引である。

したがって，この表式の考察の焦点となるのは，「太い下線」（＿）を引いた部分になる。すなわち，Iα・Iβ部門の「80mkp＋120mks」，II 部門の「80mca＋120mca＋80mcb＋120mcb＋80mvp＋120mvs」，そして，「サービス部門」の「120pca＋120pcb＋120pvp」である。

第 5 章 「サービス部門」を含む再生産と「貯蓄＝投資」論   279

［表式 5－6］ ［表式 5－5］の説明表式（一部）

Ⅰα 部門 … <u>80mkp</u> ＋ <u>120mks</u> ＋ 20mca ＋20mcb ＋ 4mvp＋6mvs
　　　　　↱③ ⅠαK；80G ①↓ ↱⑦ ⅠαK；120G ④↓

Ⅰβ 部門 … <u>80mkp</u> ＋ <u>120mks</u> ＋ 20mca ＋ 20mcb ＋ 4mvp＋6mvs
　　　　　↱⑩ ⅠβK；80G ⑧↓ ↱⑭ ⅠβK；120G ⑪↓

Ⅱ 部門 …300Vp＋450vs＋48mkp＋72mks＋<u>80mca＋120mca＋80mcb＋120mcb</u>
　　　　　↻　　　　　↻　　　　　　　　　　　　　<u>＋80mvp＋120mvs</u>
　　　　　　　　　ⅡK ⓐ；80G ②↱＋120G ⑥↱＋80G ⑨↓＋120G ⑬↱＋80G＋120G ⑰↱
　　　　　　　　　　　　　　　　　　　　　　　　　　　　　　　↑
　　　ⅡK ⓑ；80G ②′↑＋120G ⑥′↑＋80G ⑨′↑＋120G ⑬′↑＋200G → ⅡA；80G＋120G ⑮↓

　　　　　　　　　　＋4mca＋6mca＋4mcb ＋ 6mcb＋ 4mvp＋6mvs

　　　　　　　　SK ⓐ；120G ⑤↓＋120G ⑫↓＋120G ⑯↓
　　　　　　　　　　　　　　　　　　　　　　↱SA；120G ⑯′↑
　　　　　　　　SK ⓑ；120G ⑤′↑＋120G ⑫′↑＋120G
S 部門 … 450Vp＋72Pp＋<u>120pca＋120pcb＋120pvp</u>＋6pca＋6pcb＋6pvp

　そして，この部分の取引とは，「80mkp＋120mks」という表記にわかるように，Ⅰα・Ⅰβ 部門の資本家が前節の例よりも多くの剰余価値を消費（消費財と「サービス」）に向け，そして，これに対応するためだけにも，Ⅱ 部門と「サービス部門」では，高い比率で剰余価値・利潤の資本への転化＝蓄積が行われるという取引である。なお，Ⅱ 部門が物質的生産部門の中で資本構成における可変資本の比率が高いことの結果として，この「第二の場合」は，物質的生産部門の剰余価値の支出局面での「貯蓄＝投資」額は「第一の場合」（3400）よりも大きくなる。すなわち，［表式 5－5］の（計）の数値から貯蓄＝所得－消費を計算すると，6250－（700Vp＋1050Vs＋408mkp＋612mks）＝3480となる。投資も同額となる。
　さて，上の部分の取引に絞って貨幣の流通経路を含めて記したのが［表式 5－6］である。

［表式 5−7］ ［表式 5−6］を整理した表式

(所得と支出構成)

```
                 中間財       資本財      可変資本     資本家の消費支出       労働者 資本家
  Iα部門    1020Ca＋1020Cb＋204Vp＋306Vs＋180mkp＋270mks＝3000 →   510  1470
                                            【＋576＝3576】
  Iβ部門    1020Ca＋1020Cb＋204Vp＋306Vs＋180mkp＋270mks＝3000 →   510  1470
                                            【＋576＝3576】
  II 部門     960Ca＋ 960Cb＋384Vp＋576Vs＋ 48mkp＋ 72mks＝3000 →   960  1080
                                      【−(576＋576)＝1848】  1980  4020
  (計    3000Ca＋3000Cb＋792Vp＋1188Vs＋408mkp＋612mks＝9000     ↓     ↓
                       粗付加価値額6000                消費財 792  同 408
                 *総需要＝6000     「サービス」1188  同 612
                                              資本財 3000

  S 部門    450Ca＋450Cb＋450Vp＋72Pp＋126pca＋126pcb＋126pvp
                                              ＝ 1800
  ［サービス資本の形成局面］
  S 部門    576Ca＋576Cb＋576Vp＋72Pp          ＝ 1800 →  576  648
  (総計  3576Ca＋3576Cb＋1368Vp＋1188Vs＋480mkp・Pp＋612mks
                       粗付加価値額7224           ＝10800)  2556  4668
                                              ↓     ↓
                                         消費財 1368  同 480
                                         「サービス」1188  同 612
                 *総需要＝7224                   資本財 3576
```

(注) 【 】の数字は，S部門がII部門から調達する「不変資本としての消費財」が中間財と資本財に擬せられることによる物質的生産の三部門の擬制上の生産物額。

　次に，「サービス部門」を含む拡大再生産における「貯蓄＝投資」関係の考察のための表式が［表式 5−7］である。

　さて，上の［表式 5−7］のような構成の資本で実際に蓄積が行われた翌期の粗付加価値額等を示すのが次の表式である。ただし，翌期については，拡大再生産はまだ行われない（蓄積率は 0％で，中間財・資本財在庫が各 60M 発生する）ものとして表記している。全部門の粗付加価値額は 8240 で，成長率は，14.3％である。

第 5 章 「サービス部門」を含む再生産と「貯蓄＝投資」論

```
              中間財        資本財        可変資本         剰余価値         生産物価値
Ⅰα部門     1020Ca＋1020Cb＋  204Vp＋   306Vs＋180mkp＋  270mks＋  60M＝3060
Ⅰβ部門     1020Ca＋1020Cb＋  204Vp＋   306Vs＋180mkp＋  270mks＋  60M＝3060
Ⅱ 部門       960Ca＋ 960Cb＋  384Vp＋   576Vs＋384mkp＋  576mks        ＝3840
             3000Ca＋3000Cb＋ 792Vp＋1188Vs＋744mkp＋1116mks＋120M＝9960
                                 粗付加価値額 6960
S 部門        576Ca＋ 576Cb＋ 576Vp    ＋     576Pp                 ＝2304
             3576Ca＋3576Cb＋1368Vp＋1188Vs＋1320mkp・Pp＋1116mks＋120M
                                 粗付加価値額 8688              ＝12264
```

(3) Ⅰα(Vp＋Vs＋mkp＋mks)＜Ⅱ(Ca), Ⅰβ(Vp＋Vs＋mkp＋mks)＜Ⅱ(Cb) の場合の「貯蓄＝投資」関係　次に掲げたのは，Ⅰα・Ⅰβ部門の蓄積率が，第一の場合の 50％ より高い 62％ で，したがって，消費支出に向けられるのは剰余価値 500M のうちの 190mk（消費財に 76mkp，「サービス」に 114mks）となる場合である。すなわち，Ⅰα(200Vp＋300Vs＋76mkp＋114mks)＜Ⅱ(750Ca)，Ⅰβ(200Vp＋300Vs＋76mkp＋114mks)＜Ⅱ(750Cb) という関係が生ずる表式である。

この表式の「網掛け」部分の，Ⅰα(200Vp＋300Vs＋76mkp＋114mks＋24mvp＋36mvs)＝Ⅱ(750Ca)，Ⅰβ(200Vp＋300Vs＋76mkp＋114mks＋24mvp＋36mvs)＝Ⅱ(750Cb) は，Ⅰα(Cb)＝Ⅰβ(Ca) が成立する下での物質的生産部門の単純再生産条件である。

ただし，この関係を形成するⅠα・Ⅰβ部門の資本家の剰余価値の支出のうち，24mvp＋36mvs は，後に追加労働者の消費支出（消費財と「サービス」への支出）となるとは言え，剰余価値の支出局面では追加可変資本投資である。すなわち，この表式では，Ⅱ部門の単純再生産のためだけにもⅠα・Ⅰβ部門は蓄積を行う。

また，表式の「下線」を引いた中の，Ⅰα(300Vs＋114mks＋36mvs)＝S(450Ca)，Ⅰβ(300Vs＋114mks＋36mvs)＝S(450Cb) は，「サービス部門」の単純再生産条件の成立を意味するものである。しかし，これまでの二つの場合と異なるのは，この関係の成立が，36mvs というⅠα・Ⅰβ部門の資本家の追加可変資本投資（もちろん，これは，後には追加労働者の「サービス支出」となる）に媒介

[表式5-8]　拡大再生産向けの支出構成－Ⅰα(Vp+Vs+mkp+mks) <
　　　　　　Ⅱ(Ca)，Ⅰβ(Vp+Vs+mkp+mks) < Ⅱ(Cb) の場合－

```
                中間財    資本財      可変資本              剰余価値
Ⅰα部門  1000Ca+1000Cb+200Vp+300Vs+76mkp+114mks+24mvp+36mvs
                    +120mca+120mcb+4mca+4mcb+0.8mvp+1.2mvs=3000
Ⅰβ部門  1000Ca+1000Cb+200Vp+300Vs+76mkp+114mks+24mvp+36mvs
                    +120mca+120mcb+4mca+4mcb+0.8mvp+1.2mvs=3000
Ⅱ 部門   750Ca+ 750Cb+300Vp+450Vs+297.6mkp+446.4mks
                    +0.8mca+1.2mca+0.8mcb+1.2mcb+0.8mvp+1.2mvs=3000
(計  2750Ca+2750Cb+700Vp+1050Vs+449.6mkp+674.4mks+250mca
       粗付加価値額6250  +250mcb+50.4mvp+75.6mvs=9000)
S 部門   450Ca+ 450Cb + 450Vp + 446.4Pp + 1.2pca + 1.2pcb + 1.2pvp=1800
```

されていることである。これが示すのは、「サービス部門」の単純再生産のためにⅠα・Ⅰβ部門は蓄積を行うということである。

なお、追加可変資本投資は、それに見合う追加中間財・追加資本財への投資も必要とする。これが、Ⅰα・Ⅰβ両部門に見られる120mca+120mcbである。

以上のように、この「第三の場合」では、前節で見た「第二の場合」とは逆で、Ⅰα・Ⅰβ部門は、Ⅱ部門及び「サービス部門」の単純再生産のためだけにも高い比率で蓄積を行う。したがって、資本構成における可変資本の構成比率が高いⅡ部門の蓄積率は逆に低く、このことが、物質的生産部門の剰余価値の支出局面における「貯蓄＝投資」額を低いものにする。上の表式の(計)の数値から計算すると、貯蓄＝所得－消費だから、貯蓄は、6250－(700Vp+1050Vs+449.6mkp+674.4mks)＝3376となり、投資も同額である。これは、前に考察した二つの場合（3400, 3480）のいずれよりも小さい

ところで、上の等式の中の、Ⅰα(200Vp+300Vs)とⅠβ(200Vp+300Vs)という可変資本価値部分に関わる取引については同様な取引を第一の場合で考察しており、これらの取引ではⅡ部門の中間財はⅡ(750Ca)のうちの500Caが補塡され、資本財はⅡ(750Cb)のうちの500Caが補塡され、「サービス部門」の「不変資本としての消費財」は、S(450Ca+450Cb)のうちの300Ca+300Cb部分が補塡される。したがって、これらの部分を除くⅡ(250Ca+250Cb)とS

第5章 「サービス部門」を含む再生産と「貯蓄＝投資」論 283

[表式5-9]　[表式5-8]の説明表式（一部）

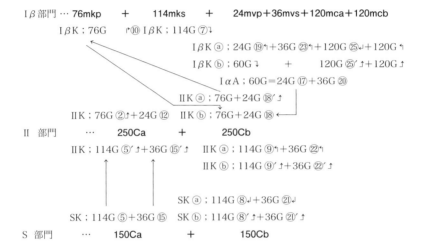

(150Ca＋150Cb) に焦点を合わせて上の等式部分が考察されなければならない。

　なお，以上の，Ⅱ部門及び「サービス部門」の単純再生産とⅠα・Ⅰβ部門の蓄積に関わる取引に加えて，Ⅱ部門及び「サービス部門」の蓄積に関わる取引が，Ⅰα・Ⅰβ部門の残った剰余価値の支出によってなされる。これが，Ⅰα・Ⅰβ両部門の 4mca＋4mcb＋0.8mvp＋1.2mvs，Ⅱ部門の 0.8mca＋1.2mca＋0.8mcb＋1.2mcb＋0.8mvp＋1.2mvs，そして，「サービス部門」の 1.2pca＋1.2pcb＋1.2pvp である。ただし，この取引は，価値額は異なるが，これまでに考察した二つの場合にも見られた。したがって，Ⅱ部門及び「サービス部門」の単純再生産のためにⅠα・Ⅰβ部門が蓄積を行うという上の取引に絞って，貨幣の流通経路を併記した説明表式を示しておきたい。

[表式 5－10]　[表式 5－9] を整理した表式

(所得と支出構成)

　　　　　中間財　　資本財　　　可変資本　　　資本家の消費支出　　労働者 資本家
Iα部門　1124Ca＋1124Cb＋ 224.8Vp＋ 337.2Vs＋76mkp＋ 114mks＝3000 → 562　1314
　　　　　　　　　　　　　　　　　　　　　　　【＋451.2＝3451.2】
Iβ部門　1124Ca＋1124Cb＋ 224.8Vp＋ 337.2Vs＋76mkp＋ 114mks＝3000 → 562　1314
　　　　　　　　　　　　　　　　　　　　　　　【＋451.2＝3451.2】
II 部門　　752Ca＋752Cb＋300.8Vp＋451.2Vs＋297.6mkp＋446.4mks＝3000 → 752　1496
　　　　　　　　　　　　　　　　　【－（451.2＋451.2）＝2097.6】 1876　4124
　(計 3000Ca＋3000Cb＋750.4Vp＋1125.6Vs＋449.6mkp＋674.4mks＝9000)　　↓　　↓
　　　　　　　　　　　　　　粗付加価値額 6000　　　　　消費財 750.4　同 449.6
　　　　　　　　　　　　　　　　　　　　　　　　　　「サービス」1125.6　同 674.4
　　　　　　　　　　　　*総需要＝6000　　　　　　　　　資本財 3000
S 部門　　450Ca＋450Cb＋450Vp＋446.4Pp＋1.2pca＋1.2pcb＋1.2pvp＝1800
[サービス資本の形成局面]
S 部門　　451.2Ca＋451.2Cb＋451.2Vp　　　＋　　　446.4Pp　　　＝1800　451.2 897.6
(総計 3451.2Ca＋3451.2Cb＋1201.6Vp＋1125.6Vs＋896mkp・Pp＋674.4mks
　　　　　　　　　　　　粗付加価値額 7348.8　　　　　　＝10800) 2327.2 5021.6
　　　　　　　　　　　　　　　　　　　　　　　　　　　　　　　　↓　　↓
　　　　　　　　　　　　　　　　　　　　　　　　　　消費財 1201.6　同 896
　　　　　　　　　　　　　　　　　　　　　　　　　「サービス」1125.6　同 674.4
　　　　　　　　　　　*総需要＝7348.8　　　　　　　　　資本財 3451.2

(注)【　】の数字は，S 部門が II 部門から調達する「不変資本としての消費財」が中間財と資本財に擬せられることによる物質的生産の三部門の擬制上の生産物額。

　そのために作成したのが，[表式 5－9] である。
　そして，上に示すのは，「サービス部門」を含む拡大再生産における「貯蓄＝投資」関係を見るための [表式 5－10] である。
　この [表式 5－10] のような構成の資本で実際に蓄積が行われた翌期の粗付加価値額等を示すのが次の表式である。ただし，翌期については，拡大再生産はまだ行われない（蓄積率は 0％ で，中間財・資本財在庫が各 372M 発生する）ものとして表記している。全部門の粗付加価値額は 8105.6 で，成長率は 6.7％ である。

第 5 章　「サービス部門」を含む再生産と「貯蓄＝投資」論　285

```
           中間財      資本財      可変資本        剰余価値      生産物価値
Ⅰα部門   1124Ca＋1124Cb＋224.8Vp＋ 337.2Vs＋ 76mkp ＋114mks＋372M
                                                           ＝ 3372
Ⅰβ部門   1124Ca＋1124Cb＋224.8Vp＋ 337.2Vs＋ 76mkp ＋114mks＋372M
                                                           ＝ 3372
Ⅱ 部門    752Ca ＋ 752Cb＋300.8Vp＋ 451.2Vs＋300.8mkp＋451.2mks ＝ 3008
         3000Ca＋3000Cb＋750.4Vp＋1125.6Vs＋452.8mkp＋679.2mks＋744M
                         粗付加価値額 6752              ＝ 9752

S 部門   451.2Ca＋ 451.2Cb＋ 451.2Vp＋          451.2Pp    ＝ 1804.8
(総計 3451.2Ca＋3451.2Cb＋1201.6Vp＋1125.6Vs＋904mkp・Pp＋679.2mks＋744M
                   粗付加価値額 8105.6                ＝11556.8)
```

第 4 節　総括と「サービス経済」への含意

　まず，極力説明を省略しての表式展開に留めた「第二の場合」「第三の場合」についての「貯蓄＝投資」関係の視点からの考察結果を，「第一の場合」のそれとともに示した［表 5-1］を掲げる。
　同表にわかるように，三つの場合での，物質的生産のⅠα・Ⅰβ・Ⅱ部門の剰余価値の支出局面での「貯蓄＝投資」額は，順に 3400, 3480, 3376 と異なる。既に，第 2 章で考察したように，物質的生産部門のこの局面での「貯蓄＝投資」額は，「貯蓄＝投資＝資本財＋追加中間財＋追加可変資本」として定式化できる。そして，その大きさは，蓄積がどの部門を主軸に行われるかによって，追加可変資本の大きさが各部門の資本構成（Ⅱ部門が最も可変資本の比率が高い）を反映して異なるために異なる額となる。
　ただし，剰余価値の支出局面でのこの異なる「貯蓄＝投資」額は，やはり同表に示されているように，調達された追加資本が元の資本に統合されて生産資本として形成された局面では，「貯蓄＝投資＝資本財」（S＝I＝資本財，正確には，「貯蓄＝資本財投資」）という単純再生産における「貯蓄＝投資」関係が再現してその額も同額（本書が考察した数値例では 3000）となる。これは，拡大

[表5-1] 「サービス部門」を含む「貯蓄＝投資」関係の総括表

*	蓄積率（Iα=Iβ, II, S）	Iα・Iβ・II部門の「貯蓄＝投資」額		「サービス部門」の「貯蓄＝投資」額		全部門の「貯蓄＝投資」額		需要構成					総需要	次期の全部門の粗付加価値額と成長率（S部門の蓄積率=0%で）
		剰余価値の支出局面	生産資本の形成局面①	利潤の支出局面②	サービス資本の形成局面③	①+②	①+③	資本財（資本家のみ）	消費財		サービス			
									労働者	資本家	労働者	資本家		
=	50% 20% 20%	3400	3000	540= 450+90	480= 450+30	3540	3480	3480	1240	800	1140	660	7320	8240 (8.4%)
>	10% 84% 84%	3480	3000	828= 450+378	576= 450+126	3828	3576	3576	1308	480	1188	612	7224	8688 (14.3%)
<	62% 0.8% 0.8%	3376	3000	453.6= 450+3.6	451.2= 450+1.2	3453.6	3451.2	3451.2	1201.6	896	1125.6	674.4	7348.8	8105.6 (6.7%)

（注）「＊」は，Iα(Vp+Vs+mkp+mks)とII(Ca)，Iβ(Vp+Vs+mkp+mks)とII(Cb)の関係。「蓄積率」は，順に，Iα・Iβ部門（同率である），II部門，「サービス部門」(S)である。「資本財」には「不変資本としての消費財」の「消費財に擬せられた」ものを含む。

再生産の実現が，「拡大された規模の単純再生産」として，単純再生産の部門間均衡条件を満たす——そこでは「S＝I＝資本財」が成立する——形で行われるからである。

　しかし，その上で，表の数値に確認したいのは，物質的生産部門の剰余価値の支出局面での「貯蓄＝投資」額が大きいほど，「サービス部門」の「貯蓄＝消費」額は，利潤の支出局面においても，また「サービス資本」の形成局面においても大きいが，総需要は逆に小さく，しかしながら，次年度の粗付加価値額と成長率は最も大きいという関係があることである。

　第2章で考察した物質的生産部門の拡大再生産過程の三つの場合の「貯蓄＝投資」関係の考察では，剰余価値の支出局面での「貯蓄＝投資」額は三つの場合で異なっても，総需要は同額（6000）となり，しかし，次年度の粗付加価値額と成長率は剰余価値の支出局面での「貯蓄＝投資」額が大きいほど大きいという関係を確認した。そして，この理由は，剰余価値の支出局面での「貯蓄＝投資」額が大きい場合には，上述の「貯蓄＝投資」額の内容からわかるように，追加可変資本＝価値創造を行う労働者が増加するためであった。

　したがって，上で見た「サービス部門」を含む場合の「貯蓄＝消費」額と総需要及び次年度の粗付加価値額と成長率の関係はこれとは全く異なっている。

何故であろうか？

まず，確認したいのは，物質的生産部門の剰余価値の支出局面における「貯蓄＝投資」額が大きい場合には，上述のように，追加可変資本投資も大きく，そして，追加可変資本が大きいほど，そこからより大きな「サービス支出」が行われ，そして「サービス部門」は，それに対応してより多くの利潤を追加のサービス資本形成のための投資に向け，その結果，同部門の「貯蓄＝投資」額もより大きくなることである。

しかし，その上で，重要なことは，そのように，剰余価値の支出局面における物質的生産部門の「貯蓄＝投資」額が大きく，したがって，追加可変資本の「サービス支出」も大きく，そして，これに対応する「サービス部門」の追加投資及び「貯蓄＝投資」額が大きくなるほど，実は，「サービス部門」で実際に，追加の「不変資本としての消費財」と追加労働者が調達されて「サービス資本」が形成された局面の総需要はより小さくなることである。

何故なら，「サービス資本の形成局面」では，「サービス部門」の粗付加価値は，「サービス」の「生産額」（いずれの場合も1800である）から，「中間財」に擬せられた「不変資本としての消費財」が控除されて算出される。そして，これが，物質的生産部門の粗付加価値額に加えられて全部門の粗付加価値額＝総需要となるが，「サービス部門」の粗付加価値額を算出するために，「サービス」の「生産額」から控除される「中間財」額は，「サービス部門」の「貯蓄＝投資」額が大きいほど大きくなるため（本書では，中間財・資本財・可変資本の比率は不変とした），当然にも，「サービス部門」の粗付加価値額は逆に小さくなり，そして，当然にも，これを加えた，全部門の粗付加価値額＝総需要も小さくなるからである。

そこで，次に問題となるのは，この「サービス部門」を含む場合の総需要と次期の粗付加価値額の増加＝経済成長との関係である。

これについては，次期の粗付加価値額を規定するものは一体何であるかを確認することが必要である。それは，明らかに，物質的生産部門での追加可変資本＝価値創造を行う労働者の大きさを示す，剰余価値の支出局面における「貯蓄＝投資」額，すなわち，「資本財＋追加中間財＋追加可変資本」の額である。

そして，次期の粗付加価値額を規定する物質的生産部門の剰余価値の支出局

面におけるこの「貯蓄＝投資」額が大きいほど，既に述べたように，「サービス部門」の「貯蓄＝消費」額は，利潤の支出局面でも，「サービス資本」の形成局面でも大きくなる。そして，そうであればあるほど，上述のように，「サービス部門」の粗付加価値を算出するために，「サービス」の「生産額」から控除される「中間財」に擬せられた「不変資本としての消費財」の額も大きいから，必然的に，「サービス部門」の粗付加価値額は小さくなり，そして，当然にも，これを加えた，全部門の粗付加価値額＝総需要も小さくなる。

　したがって，「サービス部門」を含む拡大再生産過程において，物質的生産部門の剰余価値の支出局面の「貯蓄＝投資」額が大きいほど，「サービス部門」の「貯蓄＝投資」額も大きいが，そうであるほど総需要は小さく，しかし，次期の粗付加価値額と成長率は大きいというのは，「非物質的生産部門としてのサービス部門」を含む拡大再生産過程において必然的に生じる現象と考えられるのである。

　ところで，本書は，既に，第2章で，「総需要」が同一であっても，その大きさに反映されない，追加可変資本投資の大きさなどの所得の支出構成によって次期の粗付加価値額や成長率が異なる関係を，「総需要」による「所得＝生産の決定論」への疑問点として提示した。しかし，この疑問は，「非物質的生産部門としてのサービス部門」を含む場合は，一層強いものになる。何故なら，本章が確認したのは，いくつかの仮定の下で，「総需要」が最も小さい場合に次期の粗付加価値額や成長率が最も大きくなる関係だからである。

　したがって，ここからは，今日の「サービス経済」に関して，次のような含意が導かれる。すなわち，「非物質的生産部門としてのサービス部門」が大きな比重を占めるような「サービス経済」において物質的生産部門と「サービス部門」を区別せずに同一視して，そこでの「総需要」，「貯蓄＝投資」額，粗付加価値額，成長率などの間に外面的に，何らかの相関関係や因果関係を求めようとする試みには，根本的な疑義が生じるということである。

　　　　（1）「サービス産業」に属する諸産業の「固定資本」の耐用年数は様々である。
　　　　　　例えば，最も新しい「減価償却費資産の耐用年数等に関する省令」（最終改
　　　　　　正；平成25年9月4日）によれば，「宿泊業用設備」は10年だが，「放送業用

設備」や「映画館又は劇場用設備」は 6 年，他方で，「洗濯業，理容業，美容業又は浴場業用設備」は 13 年である（http：//law.e-gov.go.jp/htmldata/S40/S40F03401000015.html）。
（2） 一つの理論的帰結であるこの疑義をふまえて，「サービス部門」の成長について，実証的に考察することは今後の課題である。

第6章　経済循環図の展開と「サービス経済」

第1節　本章の課題

　本章では，本書がここまでに示してきた経済循環図について，いくつかの観点からの具体的展開を図り，併せて，そこでの考察から「サービス経済」についての含意を引き出す。

　第一に，国民所得論ベースの経済循環図を提示することを試みる。その意図は，既に提示したマルクス再生産表式ベースの経済循環図に対して，国民所得論の捉え方に立った場合には，全く異なる経済循環図が成立することを示し，そこから，マルクス再生産表式ベースの経済循環図の意義をあらためて確認することにある。

　第二に，「サービス部門」を，「対個人サービス」，「対事業所サービス」，「政府サービス」という，「サービス部門」の主要な三分野に分割した際の経済循環図の提示を行ない，そこから，現代の「サービス経済」について言い得ることを確認する。

　第三に，上の「サービス部門」の具体化をふまえて，国民所得論のいわゆるGDE（国内総支出）の政府関連項目である「政府最終消費」及び「政府固定資本形成」を，マルクス再生産論の立場から批判的に捉え直す。

第2節　国民所得論ベースの経済循環図（1）
――「サービス部門」の組み込み――

　本節では，第4章での，「サービス部門」を含む四部門四価値構成の再生産表式に基づいた「三面等価原則」についての考察結果をふまえた国民所得論ベースの経済循環図を提示し，マルクス再生産表式ベースの経済循環図の意義

をあらためて確認する。

さて，国民所得論の捉え方に立った場合の経済循環図については，まず，次の点が明らかである。それは，マルクス再生産表式ベースの経済循環図においては所得の支出過程に位置づけられた「サービス」が年間の「最終生産物」の一部を構成し，「資本財」と「消費財」に，さらに「サービス」が付け加えられることである。物質的生産物（財貨）と「サービス」を区別しないのが国民所得論の基本的な立場だからである。

そして，既に指摘したように，「サービス部門」の組み込みに伴い，「サービス部門」がⅡ部門から調達する「不変資本としての消費財」が素材形態の観点から中間財と資本財に擬せられる結果，Ⅱ部門の年間生産物としての消費財は一部が「中間財」に，一部が「資本財」に擬せられ，これらの分だけ年間の消費財生産額は減少し，他方では，年間の資本財生産額は増加することになることにも注意が必要である。

さて，以上の注意点に留意しつつ，第4章の考察をふまえて作成した国民所得論ベースの経済循環図が以下の［図6-1］である。

この図では，「サービス部門」は，複合的生産部門としてのⅡ部門で生産された消費財の一部（600Ca部分）が「中間財」として「サービス」の生産過程に「投入」され，中間財価値が移転するものとなっている。

また，「サービス部門」では，600Cb＋300V＋300P＝1200という粗付加価値が「生産」され，これが，労働者と資本家に所得として分配され，そのことによって，全部門での労働者の所得は1800，資本家の所得は5400で，計7200となっている。

そして，これらの所得（計7200）が7200という「最終生産物」に支出されることが示されている。その内訳は，資本財が3600（このうちの600は「資本財に擬せられる消費財」である），消費財が1800，そして，「サービス」が1800である。

この経済循環図と本書が第1章で提示したマルクス再生産表式ベースの循環図［図1-1］では，「最終生産物」の規模が，6000から7200と増加している（1.2倍）ことが明らかである。

これは，［図1-1］では資本財と消費財から成っていた最終生産物に「サー

[図6-1] 国民所得論ベースの経済循環図—「サービス」部門の組み込み—

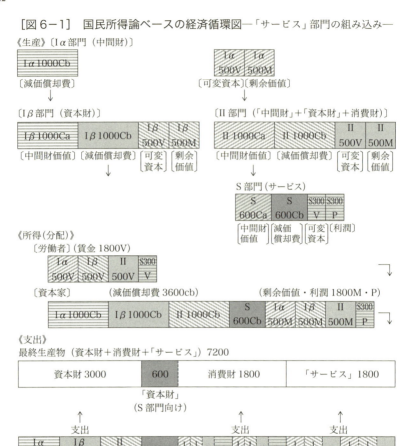

(注) 「網掛け」は、《生産》段階で発生した所得が、《所得（分配）》→《支出》という循環をどう辿るかを確認し易くするためのもの。
　　表示の関係で、棒グラフの長さは厳密な比例関係にはない。
　　《生産》段階での第Ⅱ部門の生産物価額は、「中間財」600＋「資本財」600＋消費財1800である。

ビス」が加えられたからであり，既に考察したように，これは，何ら物質的生産物を生産しない「サービス部門」が「サービスの生産」を行う部門とされ，物質的生産部門から支出された所得がその「生産額」として再計算されたためである。

　そして，「サービス」の「生産」を行う部門とされた「サービス部門」の位置も大きく異なる。つまり，［図 4-1］では，物質的生産部門の労働者と資本家の所得の《支出》過程に位置づけられていたのに対し，国民所得論ベースの循環図では，物質的生産の I α 部門，I β 部門，II 部門と並んで位置づけられていることである。

　さらに，このように，「サービス」が「商品」として，資本財と消費財と同列に並べられているため，［図 4-1］の循環図で示されていたような，物質的生産部門の労働者と資本家の所得が「サービス部門」に支出されて，「不変資本としての消費財」とサービス労働者の労働力が消費される際に「サービス」がもたらされること，そして，消費された「不変資本としての消費財」の補填と労働力の再生産のために，「サービス部門」から II 部門に貨幣が支出されて，「サービス部門用消費財」が購入されなければならないという消費財の生産・流通・消費と「サービス」との関係が全く不明になっている。

第 3 節　「サービス部門」の内部分割の試みと「サービス経済」

　本節では，「サービス部門」の内部分割という課題について，基礎的な考察を行う。

　既に，第 3 章でも列挙したように，経済循環図の「サービス部門」には，理容，美容，教育，研究，医療，福祉，芸能，プロスポーツ（興行），会計士，調査，広告，放送，経営コンサルタント，物品賃貸，駐車場，文化・スポーツ施設，遊園地，宿泊施設等の様々な業種が含まれる。

　そして，この中には，労働者と資本家が同じように消費するのでなく，主に資本家が消費する「サービス」がある。例えば，会計士，調査，広告，民間放送，経営コンサルタントなど，資本家が事業活動のために消費する，いわゆる「対事業所サービス業」で，今日では，企業のアウトソーシングの拡大によっ

て多様な形で発展を遂げているものである。

さらに,「サービス部門」の中には,その再生産が,労働者と資本家が直接支出した所得だけによるのでなく,その所得の一部を租税として徴収し支出する「政府部門」を介して——したがって,政府による所得再分配過程を経て——「サービス」の提供に携わる労働者の生命の再生産と「サービス」提供で消費される消費財の補填がなされる「政府サービス」もしくは「公共サービス」がある。

その再生産が租税のみによってなされるものや租税は一部を占めるだけというものなど具体的なあり方の差異を無視して列挙すれば,警察,軍隊,司法などの夜警国家的なものから教育,医療,福祉,さらに,公共住宅,文化・スポーツ施設や公園などの生活関連の各種インフラ,そして,今日では社会的再生産に不可欠な「サービス」となっている廃棄物処理などである[1]。したがって,この部門の「サービス労働者」には公務労働者が含まれる。また,この部門が「サービス」提供で消費する消費財には,第3章でも指摘したように,「社会的共同消費手段」や「社会資本」という規定で捉えられてきたものが多く含まれている。

そこで,以上をふまえて,「サービス部門」の内部分割を行った場合の経済循環図 [図4-1] の「消費財」への《支出》部分を示したのが [図6-2] である。そこでは,「対事業所サービス」と「政府サービス」以外の一般の「サービス」は,「対個人サービス」として,労働者が支出するものも資本家が支出するものも,ありうべき内容の差異は問わずに同一の名称を付して,全体を三分割している。また,そこでは,「政府サービス」は租税のみで再生産される部門とし,租税は,「政府サービス」以外の全部門の労働者と資本家から徴収されるものとして,全く仮設的な税率で税額を算出している。加えて,各「サービス」の価値構成も仮説的なものである。そして,政府は,徴収した租税計840のうちの500で「サービス」提供で消費される「社会的共同消費手段」を含む各種の消費財(250Ca+250Cb)をⅡ部門から補填し,340を公務労働者に支出し,同労働者はこれをⅡ部門に支出して生存するものとしている[2]。

さて,この図で確認したいのは,「政府部門」は,「サービス」の提供者としては,「サービス部門向け消費財」への労働者と資本家の所得の支出過程に,

[図6-2] 「サービス部門」を三分割した経済循環図の「消費財」への《支出》部分

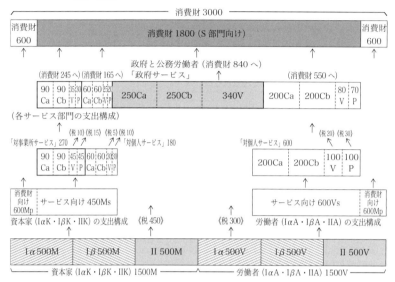

（注）「消費財向け600Mp」と「消費財向け600Vp」、及びこれに対応する「消費財600」部分は圧縮して表示している。

他の「対個人サービス」や「対事業者サービス」と並べられて位置づけられることである。そして、「社会的共同消費手段」を含む各種消費財の補塡と公務労働者の生命の再生産が「サービス部門向け消費財」への貨幣支出によって行われることも他の「サービス」の場合と変わらない。異なるのはその支出の元本が「租税」であることと、資本家による利潤（P）の取得と支出が無い点である。[3]

なお、同図では、「政府サービス」がどのように労働者と資本家によって消費されるのかは明記されておらず、したがって、両階級間の所得再分配は示されていない。

以上のような「サービス部門」の内部分割を試みた経済循環図からは、今日の「サービス経済化」について、次の点を指摘できる。

すなわち、第4章でも指摘したように、「サービス部門」の存立は、物質的

生産部門において労働者と資本家の所得を生み出し,また,「サービス部門用消費財」を生産する物質的生産労働を基礎としている。したがって,「サービス部門」の拡大としての「サービス経済化」は,この物質的生産力の発展水準によって,根本的に限界付けられている。それは,労働者と資本家の総所得を限界付け,「サービス部門用消費財」の総量を限界付けることになるからである。

　しかし,そのことは,もちろん,「サービス経済化」の具体的な内容を規定するものではない。すなわち,総所得が労働者と資本家にどのように分配され(剰余価値率 $=M/V$),そして,分配された所得が,どのような比率で,上で見たような様々な「サービス」のどれに支出されるのか,そして,「政府部門」が,労働者と資本家の所得のどちらからどれだけの租税を徴収し支出して,どのような「サービス」を提供するのか,によって「サービス経済化」の内容は大きく異なるものになるからである。

第4節　国民所得論ベースの経済循環図（2）
――「政府部門」の組み込み――

　本章の最後に,前節での考察をふまえて,先に提示した［図6-1］の国民所得論ベースの経済循環図の《支出》部分に,いわゆる「国内総支出」(GDE)の政府関連項目を組み込むことを試みたい。

　まず,確認したいのは,前節の［図6-2］で「政府部門」が,「サービス」提供で消費された各種の消費財の補填のために,また,この部門で労働する公務労働者向けに支出した貨幣額は,国民所得論の場合は,［図6-1］のように「サービス」が最終生産物として捉えられることによって,最終生産物への支出項目の一部を構成することである。

　その際,重要なのは消費財への補填のための支出のうち,上述したような「社会的共同消費手段」や「社会資本」という規定で捉えられてきた生活関連の各種インフラ,そして,官公庁舎や行政施設,さらに,公務員住宅などへの支出が,土地固定的な耐久財への支出という規定性から「政府固定資本形成」とされ,他方で,事務用品や各種施設が消費する燃料などの消耗品への支出は,

公務労働者への給与などとともに「政府最終支出」とされることである。

なお、ここでの「固定資本」は、本質的に擬制的なものであるため（上述の土地固定性も必須の要件ではない）、その額はここでは仮設的にしか設定され得ず、したがってまた、他方の「政府最終消費」の額も同様の性格も持つが、ここでは、「固定資本」とされる額を250Cbと同額とし、したがって、「政府最終消費」の額を、250Ca＋340V＝590とする。

もちろん、「政府固定資本形成」には、この他に、本書がここまで考察していない、一般的労働手段として機能する各種産業インフラへの投資がある[4]。これもまた「社会資本」という規定で捉えられてきたものであるが、これが、政府が貨幣を支出し、その貨幣を得た民間資本が建設する場合、この資本の再生産を、いかに捉え、いかに経済循環図に表すべきであろうか。

まず、明らかなことは、この産業インフラは一般的労働手段であり、これを建設する民間資本はIβ部門の一部であるということである。そして、この一般的労働手段はその一般性ゆえに、全ての物質的生産部門で生産的に消費され、そのことによって、その価値をこれらの部門の生産物価値の減価償却費（Cb）部分の一部として移転させる。ここでは、その額を、［図6-1］の《生産》で、いずれの部門でも1000Cbとされているうちの20分の1の50Cbとする。したがって、Iα・Iβ・Ⅱの三部門では計150Cbである。

そして、この価値部分は、生産された粗付加価値の一部として分配される。分配先は減価償却費を取得する資本家である。したがって、この産業インフラの再生産のためには、この減価償却費の一部の150Cbを、「政府」が、なんらかの租税、もしくは、使用料金などとして徴収し、更新のために支出しなければならない。そして、この額が、単純再生産の場合の「政府固定資本形成」となる。

ただし、国民所得論においては、この一般的労働手段としての本来の資本財への投資（150Cb）と、上で見た、耐久的な消費財への消費支出（250Cb）とが共に「政府固定資本形成」とされる。

したがって、以上の関係を、経済循環図の《支出》部分に表示するとすれば、［図6-3］のようになろう。同図では、本来の資本財への投資としての「政府固定資本形成」が150であり、これに対して、政府の「サービス」提供で消

[図6−3] 国民所得論ベースの経済循環図（2）―《支出》部分への「政府部門」の組み込み―

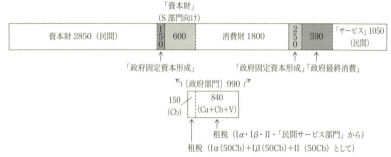

(注) 〔政府部門〕の840（租税）は，第3節で仮設的に算出したもの。

費される耐久的な消費財への支出250も「政府固定資本形成」とされて計400となること，そして，やはり，政府の「サービス」提供で消費される非耐久的な消費財への支出と公務労働者への賃金が「政府最終消費」の590となることが示されている。

なお，[図6−1]からの展開を確認し易くするために，「政府固定資本形成」を，本来の資本財への支出部分と，本来は消費財であるものへの支出部分に分けているが，国民所得論では上述のように両者は一括される。[5]

(1) 水谷［1990］は，再生産過程・循環過程を，「生産−流通−消費」に「廃棄物の処理過程」を含めて捉えるべきとし，この処理労働としての「サービス労働は社会的な再生産体制の…不可欠の一環をなす」としている（109ページ）。
(2) [図6−2]では，「サービス部門」の部門内取引は，「政府サービス」へのその他の「サービス部門」からの支出以外は考慮していない。
(3) なお，[図6−2]の「政府サービス」の価値構成総額と，「対事業所サービス」と「対個人サービス」の税が控除された額を合計すると，600Ca＋600Cb＋480V＋120P＝1800となり，「サービス部門」を三分割する前の循環図（[図4−1]）の「サービス部門」の価値構成600Ca＋600Cb＋300V＋300P＝1800に対して，Vが大きく，Pが小さい。これは，「サービス部門」の三分割時の「政府サービス」の設定でP部分を単純にVに振り分けたためである。
(4) この他に，政府企業が存在する場合は，その設備投資も「政府固定資本形

成」に含まれる。ただし，ここでの考察は，こうした「企業的活動や金融フローの仲介に主として従事する部分を除外した政府活動」（武野［2004］21ページ）である「一般政府」に限定する。「一般政府」の活動は，「通常の行政サービスを提供する活動」（同 30 ページ）である。

（5） 生活関連のインフラと産業インフラとが機能的に区別されないような利用実態は当然あり得る。しかし，本書のような理論的考察では両者を概念的に区別する必要がある。なお，［図6–3］については，既に指摘したように，「中間財生産部門の部門内取引として行われる中間財の補塡額」（本書の一連の表式では，1000Ca とした）が，マルクス再生産論の立場からは，翌期のために必ず生じる「在庫」として「最終生産物」の一部に加えられなければならない。しかし，この「補塡」関係に自覚的でない国民所得論ベースの図であるために省略している。

終章　総括・論点提起・展望

第1節　総括——「サービス経済化」への基礎視点——

　本書の考察結果をまとめ，それをふまえて，「サービス部門」の拡大としての「サービス経済化」への基礎視点を提示したい。

　本書は，マルクス再生産論に基づいて，国民所得論の経済循環の把握と表示形式を批判的に捉え直すとともに，「サービス経済」が資本主義経済として再生産される過程を解明し，そして，その内容を，国民所得論の表示形式としての経済循環図によってわかりやすく提示することを試みた。

　国民所得論の経済循環把握については，まず，いわゆる「三面等価原則」とは，マルクス再生産論から明らかになる内容の一部を捉えたものであることを示した。

　「一部」であるというのは，国民所得論の「三面等価原則」は，あくまでも三面の「価値額」の一致としての「三面等価」であって，財の需給一致は定義的にしか含まれず，このことに対応する形で，最終生産物の項目に「在庫品増加」が置かれて形式的な一致が確保されるのに対し，マルクスの再生産表式を三部門四価値構成の再生産表式に転換して考察することで明らかになるのは，機能的に規定された財——中間財・資本財・消費財——の需給一致を伴う三面の価値額の一致としての「三面等価」の成立（その成立条件こそ，いわゆる単純再生産条件である）だからである。（以上，第1章）

　また，国民所得論の「貯蓄＝投資」論を批判的に捉え直し，いくつかの論点を提起した。そこでは，まず，三部門四価値構成のマルクス再生産表式を「貯蓄」と「投資」という観点から考察し，単純再生産過程では，中間財・消費財・資本財の三部門の需給一致を伴う「三面等価」の成立条件である単純再生産条件の成立の下で，「貯蓄＝投資＝資本財」（S＝I＝資本財）という関係が成

立すること，また，拡大再生産においては，「貯蓄＝投資＝資本財＋追加中間財＋追加可変資本」という関係が成立し，拡大再生産の場合の部門間均衡条件が成立する下で，その額は，余剰生産手段（資本財と中間財）の全額を含むが，これに加わる追加可変資本の額，したがってまた，資本家の消費対象としての潜在的な「余剰消費財」から追加労働者が消費する消費財（追加可変資本の現物形態）に転化する額が，蓄積がどの部門を主軸に行われるかによって変わるために，その総額も変わってくることを明らかにした。

そして，これに対し，国民所得論の「貯蓄＝投資」論は，「貯蓄＝投資」（S＝I）として資本財需給との関係が切断されているだけでなく，「投資」概念から，「追加中間財」と「追加可変資本」が脱落した「貯蓄＝資本財投資」であることを指摘した。また，それは，経済成長論としてもマルクスの拡大再生産論に比べて大きな難点があることを示した。

というのは，国民所得論の「貯蓄＝投資」論は，経済成長論としては，「投資がもたらす生産能力拡大効果」[1]という要素を入れることによって，「供給」側の要因を捉えているように見えつつも，この「投資」とは前述のように，「可変資本投資」を含まない「資本財投資」に過ぎず，したがって，マルクス再生産論から明らかになる，資本構成（四価値構成では，中間財：資本財：可変資本）の異なる産業部門間の蓄積率の差異による次期の粗付加価値額の増大率＝成長率の差異を捉え得ないものになっているからである。

また，「需要」側についても難点がある。それは，マルクス再生産論からは，資本家の投資が，余剰生産手段（中間財・資本財）への需要を形成するだけでなく，やはり，その「投資」に「可変資本投資」を含むことによって消費財需要における資本家と労働者の構成を決めるという形で「総需要」（消費財需要＋資本財需要）を決定するという「投資」による「総需要」決定の論理を析出できるのに対して，国民所得論の「貯蓄＝投資」論は，その「投資」が「資本財投資」である限り消費財需要の決定は導出できず，したがって，経済を「総供給」と「総需要」という「独立」した「二面」の均衡問題としてしか捉え得ないからである。（以上，第2章）

次に，「サービス経済」について，本書は，マルクスが『資本論』に残した，「サービスとは，商品のであれ労働のであれ，ある使用価値の有用的な働き以

外のなにものでもない」という規定を,「サービス」が「日常的な範疇」になっている今日の様々な「サービス取引」の現象を最も包括し得る規定として評価し,この規定に依拠して,「商品のであれ労働のであれ,ある使用価値の有用的な働き」の取引として「サービス取引（売買）」を捉えるならば,「サービス経済」の多くの現象が視野に入るが,しかし,このような現象は,文字通り,「本質」ではない「現象」として理解しなければならないと主張した。

「現象」であるというのは,『資本論』第1部のいわゆる「労賃形態の必然性論」で,マルクスは,労働者が資本家に売るものは,労働力であって労働ではないとして,「商品として市場で売られるためには,労働は,売られる前に存在していなければならない」と述べているからである。労働力の実際の発揮こそ労働であり,この労働が消費されることで「有用的働き」は生まれるのだから,労働と同様に,「有用的働き」が売買されることはあり得ないからである。そして,このことは,商品の「有用的働き」についても全く同様で,商品が消費されることで,すなわち,売られた後において「有用的働き」は生まれる。

したがって,本書は,「サービス取引」現象とは,「売られることのできないものが売られている」現象であり,本当に売られているのは労働力であり,モノ（商品）であるが,この労働力が,その支出＝労働の「有用的働き」がもたらす特定の「有用効果」という「結果」を決めて売られるならば——例えば,理容・美容・教育・医療・福祉・芸能・スポーツ・会計・放送など——,また,モノ（商品）が,特定の「有用効果」をもたらす「有用的働き」の「時間」を決めて売られるならば——物品賃貸・レンタカー・スポーツ施設・文化施設・公園・宿泊施設など——,そこに,本来は,労働や商品の消費によって生み出され,それゆえ決して売ることのできない「有用的働き＝サービス」が「有用効果」をもたらすものとして「取引（売買）」される現象が生じるという見解を提示した。

そして,この現象が生じる根拠として本書が確認したのが,労働力が売られているにも関わらず労働が売られるという現象を成立させる労賃形態と同様に,商品に内在する価値を,使用価値に対して支払われる価値として現象させる商品交換の一般的規定性である。（以上,第3章）

終章　総括・論点提起・展望　303

　そして，以上の考察をふまえて，本書は，何ら物質的財貨を生産しない「非物質的生産部門としてのサービス部門」（「サービス労働価値不形成」説の論者が伝統的に主張してきた「サービス部門」の見解を継承し，そこに，「商品のサービス」を提供する業種を含めたもの）を，再生産・経済循環の観点から考察して，次のことを明らかにした。

　すなわち，第１章で提示した三部門四価値構成の再生産表式に「サービス部門」を組み込んだ四部門四価値構成の表式の考察から，「サービス部門」の単純再生産条件——Ⅰα(Vs+Ms) + Ⅰβ(Vs+Ms) + Ⅱ(Vs+Ms) ＝S (Ca+Cb+V+P) という「サービス価格」が成立する下で，Ⅰα(Vs+Ms) −｛Ⅰβ(Ca) − Ⅰα(Cb)｝≧S (Ca) 及びⅠβ(Vs+Ms) +｛Ⅰβ(Ca) − Ⅰα(Cb)｝≧S (Cb) であること——を明らかにし，また，拡大再生産については，物質的生産部門の蓄積＝拡大再生産に伴って「サービス部門」で拡大再生産が行われるプロセスとその条件を確認した。

　さらに，「サービス部門」を含む場合の「三面等価原則」について，国民所得論では，物質的生産部門からの「サービス」への支出が，「サービス部門」の「生産額」とされ，ここから，中間財に擬せられる不変資本価額が控除されて「粗付加価値額」が計算され，これが「分配国民所得」としては「最終生産物」に支出されるが，その場合，国民所得論が定式化する「粗付加価値＝最終生産物価額」も財が擬制される結果として成立し，その結果，「サービス部門」を含む場合には，その擬制された中間財・資本財・消費財の需給一致を伴う形で「三面等価」が成立することを明らかにした。（以上，第４章）

　その上で，本書は，「サービス部門」を含む「貯蓄＝投資」関係について以下のことを明らかにした。

　まず，非物質的生産部門としての「サービス部門」においては，「資本財」への貨幣支出としての「投資」は存在せず，したがって，本質的に「貯蓄＝投資」という関係は存在せず，存在するのは「貯蓄＝消費」関係であることである。

　すなわち，「サービス部門」の単純再生産にあるのは，「不変資本としての消費財」のうちの，耐久的なものの更新のための基金（蓄蔵貨幣）の形成と支出としての「貯蓄＝消費」関係である。そして，「サービス部門」の拡大再生産

にあるのは，物質的生産部門の拡大再生産に伴う「サービス支出」の拡大（本書の考察では，追加労働者の「サービス支出」の拡大）に対応して，「サービス部門」が追加の「不変資本としての消費財」と追加可変資本（＝追加のサービス労働者）を基金の形成と支出を通じて購入するという「貯蓄＝消費」関係である。

　しかし，こうした「貯蓄＝消費」関係が，「サービス部門」と物質的生産部門と区別しない国民所得論の視点からは，「貯蓄＝投資」関係として擬制されて捉えられることになる。

　さらに，本書は，「サービス部門」を含む場合には，「サービス部門」の「貯蓄＝投資」額が大きいほど，全部門の「貯蓄＝投資」額も大きくなるが，逆に，「総需要」はより小さくなり，他方で，次期の粗付加価値額の増加額と成長率は，むしろ高くなるという関係が必然的に生じることを明らかにした。それは，次の関係があるからである。

　まず，次期の粗付加価値額の増加を規定するのは，物質的生産部門における追加可変資本の大きさであり，それは，第2章で定式化した，物質的生産部門の剰余価値の支出局面における「貯蓄＝投資」額，すなわち，「資本財＋追加中間財＋追加可変資本」の大きさである。ところが，物質的生産部門の剰余価値の支出局面での「貯蓄＝投資」額が大きいほど，追加可変資本の「サービス支出」も大きく，したがって，これに対応する「サービス部門」での追加投資も大きくなる。

　そして，この「サービス部門」の追加投資は，追加の「不変資本としての消費財」と追加可変資本（＝追加のサービス労働者）への貨幣支出が基金の形成と支出を介して行われ，これが「サービス部門」の「貯蓄＝投資」額の大きさとして反映されるが，この「貯蓄＝投資」額が大きいほど，「サービス部門」の粗付加価値額の算出に際して，「サービス」の「生産額」から控除される中間財に擬せられた「不変資本としての消費財」額は大きくなり，当然，「サービス部門」の粗付加価値額も，それが加えられる全部門の粗付加価値額＝総需要も小さくなるからである。

　そして，ここから，本書は，「非物質的生産部門としてのサービス部門」が大きな比重を占めるような今日の「サービス経済」において物質的生産部門と

「サービス部門」を区別せずに同一視して，そこでの「総需要」，「貯蓄＝投資」額，粗付加価値額，成長率などとの間に，何らかの相関関係や因果関係を外面的に求めようとする試みには根本的な疑義が生じることを指摘した。(以上，第5章)

そして，本書は，以上のような考察を行う中で，次のような経済循環図を順次作成して，「サービス経済」と言われる現代の経済構造をわかりやすく提示することを行った。すなわち，まず，物質的生産部門だけの経済循環図（第1章），そして，それに「非物質的生産部門としてのサービス部門」を加えた，「サービス経済」の基本的構造を示す経済循環図（第4章），さらに，「サービス部門」を，「対個人サービス」「対事業所サービス業」「政府サービス」（もしくは「公共サービス」）の三つに分割して作成した，「政府部門」を含む「サービス経済」の構造を示す経済循環図（第6章）などである。

また，他方では，物質的生産部門と「サービス部門」を区別しない国民所得論の視点からの経済循環図を示して，マルクス再生産論ベースの経済循環図との差異を確認するとともに，その「支出」部分に，いわゆる「国内総支出」(GDE)の政府関連項目を組み込む試みも行った（第6章）。

さて，次に，以上をふまえて，「サービス経済化」への基礎視点を提示したい。

まず，明らかなことは，「サービス部門」を含む経済循環図で示したように，「サービス部門」は，物質的生産部門の労働者と資本家の所得が消費財に支出される過程に位置づけられ，その「サービス部門」の再生産の本質は，物質的生産部門で産み出された所得（貨幣）が「サービス」に支出され，「サービス」の消費を介して，Ⅱ部門で生産された「サービス部門用消費財」（「不変資本としての消費財」と「サービス労働者」のための消費財）が消費され，そして，これを補填するために貨幣が「サービス部門」からⅡ部門に支出されるという循環として捉えられることである。

したがって，「サービス部門」の拡大＝「サービス経済化」とは，消費財のより多くを，「不変資本としての消費財」と「サービス労働者」向け消費財を含む，追加の「サービス部門用消費財」として消費することであり，これは，当然にも，消費財の量的拡大の基礎条件である物質的生産力の発展水準によっ

て，根本的に限界付けられている。

　しかし，これは，「サービス」の「供給」側に関わる条件の一つである。「サービス」の供給拡大のためには，さらに「サービス資本」(「不変資本としての消費財」と「サービス労働者」)への投資が必要である。そして，この「投資」は，物質的生産部門で生み出された所得からの「サービス」への支出によって，「サービス部門」で蓄積基金が形成され，それが投資に支出されることで実現される。

　したがって，「サービス部門」の拡大＝「サービス経済化」は，上述した物質的生産力の発展水準の限界の中で，物質的生産部門においてどれだけの所得が生み出されて，そこからどれだけが「サービス」への支出＝「需要」となり，そして，それが基金の形成を介して，「サービス資本」にどれだけ投資がなされるか，によって異なってくる。

　ところで，本書の考察では，「サービス」への需要増加を，物質的生産部門の拡大＝成長に伴う追加労働者の増加に基づくものとして考察したが，その考察ではいくつかの仮定が置かれていた。すなわち，所得から「サービス」に支出される比率，そして，労働者と資本家への所得分配の比率などである。しかし，こうした条件は当然可変的である。

　そして，「サービス部門」に含まれる業種は，前述したように，理容，美容，教育，医療，福祉，芸能，プロスポーツ（興行），文化・スポーツ施設，遊園地，宿泊施設等実に多様であり，そして，そこには，労働者と資本家が同じように消費するのでなく，主に資本家が消費する「サービス」がある。例えば，会計士，調査，広告，放送，経営コンサルタントなど，資本家が事業活動のために消費する，いわゆる「対事業所サービス業」で，今日では，企業のアウトソーシングの拡大によって多様な形で発展を遂げているものである。

　したがって，上で可変的とした労働者と資本家の所得，そして，所得の中の「サービス支出」への比率によって，「サービス」の需要拡大のあり方も可変的である。

　さらにまた，「サービス部門」には，労働者と資本家が直接支出した所得だけによるのでなく，その所得の一部を租税として徴収し支出する「政府部門」を介して――したがって，政府による所得再分配過程を経て――提供される

「政府サービス」もしくは「公共サービス」がある。そして，その「サービス」も実に多様である。

　警察，軍隊，司法などの夜警国家的なものから教育，医療，福祉，さらに，公共住宅，文化・スポーツ施設や公園などの生活関連の各種インフラ（社会的共同消費手段），そして，今日では社会的再生産に不可欠な「サービス」となっている廃棄物処理などである。

　そして，この租税の徴収のあり方，また，所得再分配のあり方，そして，政府が提供する「サービス」の内容も当然，可変的であり得る。

　したがって，「サービス経済化」の具体的な内容・あり方は，「サービス部門用消費財」の総量を限界付ける物質的生産力の発展水準とともに，そこで産み出された総所得が労働者と資本家にどのように分配され（剰余価値率＝M/V），そして，分配された所得が，どのような比率で，上で見たような様々な「サービス」のどれへの需要を形成し，結果的にどの「サービス資本」への投資が拡大されるのか，そしてまた，「政府部門」が，労働者と資本家の所得のどちらからどれだけの租税を徴収し支出して，どのような「サービス」を拡大するのか，などによって，大きく異なるものになる。

　それゆえ，結論的に，既に示したような，実に様々な経済活動の総体である「サービス経済」が大きな比重を占める今日の資本主義経済の中に生きる我々に求められるのは，この「サービス経済」の可変性をふまえて，そして，様々な「サービス」の本質を問いながら，自然と人間及び社会の持続可能性の観点から，どのような「サービス経済」を構想し，実現していくのかという課題に向き合うことであると考えられる。

　さて，本節の最後に確認しておきたいのは，以上のように総括できる本書の研究結果は，マルクスの経済理論としての商品論・商品交換論・再生産論に基づく考察を重ねた結果であるが，これまでに同様にマルクスの経済理論に基づいて展開されてきた「サービス経済」論に多くを学びながらも，そのいずれの議論とも一線を画した議論となっていることについてである。

　それは，本書が，再生産論に関して，マルクスの再生産表式を三部門四価値構成の再生産表式に転換して，国民所得論の経済循環把握としての「三面等価原則」及び「貯蓄＝投資」論との異同を考察したことにもよるが，「サービ

経済」に関わって言えば，その差異の源泉は，本書が，マルクスの商品論及び商品交換論に基づいて，「サービス取引」で売られて消費されるものを，商品体を持つ労働力と物的諸手段（商品）と捉える理解に立ったことにある。

こうした理解については，前者の労働力の売買に関して，例えば，理容師は労働力市場の一部を占めるのか，という批判もあり得よう。もちろんそうではなく，理容師は特定の有用労働の「サービス」の売り手であり，（自営の場合）労働を行うための物的諸手段を有しており，労働力のみを販売する労働力商品として市場に登場するのでないと指摘した通りである（第3章）。

しかし，本書は，そうして物的諸手段を有して理容労働をする理容師が売り，我々が買うものの中心は，彼・彼女の労働力であり，また，併せてその際に消費される物的諸手段だと理解する。そして，このことは，この業種が資本の投下部面となって，資本家が，購入した労働力（理容師）を，顧客に「結果決め」で再度売る場合でも変わらない。そのように捉えるのは，「売られるためには売られる前に存在していなければならない」のだから，売られる前に存在しない「労働」はもちろん，この労働が与える「サービス」も売ることができない，したがって，「売られる」前に存在しているもので，マルクスの商品論が指摘する商品体を持つものは何か，と問えば，それは，労働力と物的諸手段（商品）しか考えられないからだという理由からだけではない。

これは，「労働のサービス取引」だけでなく，「商品のサービス取引」も同様であるが，より積極的な理由は，そのように考えることで，商品流通（交換）は「社会的物質代謝」であるという視点からの「サービス経済」における再生産過程・経済循環の一貫した考察が可能になるからである。

すなわち，「サービス取引」で売られるのは，商品体を持つ労働力やモノ（商品）であり，これらが消費されるとする理解に立つならば，消費されたものは再生産されなければ，社会は存立できないのだから，この商品体を持つ労働力やモノ（商品）の再生産と補塡が資本の運動の下で社会的にいかになされるのかを解明することが「サービス経済」における再生産過程・経済循環の考察の焦点として浮かび上がってくる。

そして，「サービス」提供に消費されるモノ（商品）はその消費によって何ら物的生産物が生産されないのであれば全て消費財であり，また，「サービス」

提供によって消費される労働力の再生産は，商品体としての労働者がその家族を含めて「正常な生活状態」で維持されるために必要な消費財を消費することによってなされるから，やはり物的生産物としての消費財の再生産と補填の問題に帰着する。したがって，「非物質的生産部門としてのサービス部門」は，そうした消費財の再生産と補填を条件として存立するものとしてその経済循環・再生産過程上の位置が確定される。

そして，こうした把握に基づいて作成した経済循環図は，財の生産・流通・消費，そして，さらには廃棄という人間と自然の物質代謝関係（人間社会存立の永遠の自然必然性）の過程が，商品交換に媒介されて行われる価値物のマテリアルフローを示すものとなり，そして，その中の消費財の消費過程に，「政府サービス部門」もしくは「公共サービス部門」を含む「非物質的生産部門としてのサービス部門」を位置づけた「社会的物質代謝図」（社会的物質循環図）としての意義を持つものとなる。このような，経済循環・再生産過程の把握を可能にするのが，上述したような，「サービス取引」で売られるものを，商品体を持つ労働力とモノと捉え，そして，商品の価値を社会的必要労働の対象化・物質化とする労働価値論の見地であるように思われるのである。

第2節 「サービス労働価値形成」説への論点提起

さて，前節の総括をふまえて，序章で述べた，「サービスの価値形成」をめぐる問題を考えるという課題をとりあげたい。

ただし，本書のこの問題へのスタンスは，これまでに価値論の観点から展開されてきた膨大な論争の膨大な論点について言及しようとするものではない。本書が課題の考察に際して依拠したマルクスの商品論，商品交換論，そして，再生産論の視点からの限定された言及であり，若干の論点提起に過ぎない。また，言及する論者も第3章の［表3-1］に掲げた論者を中心に数人に限られる。

そこで，まず確認したいのは，マルクス再生産論とは，社会的総資本の再生産が流通（商品，貨幣）の中でいかに行われるのかを解明するものであったが，この流通について，マルクスが，商品流通（交換）とは，「ある有用な労働様式の生産物が，他の有用な労働様式の生産物と入れ替わ」り，「使用価値とし

て役立つ場所に達」して,「商品交換の部面から消費の部面に落ちる」という「社会的物質代謝を媒介する諸商品の形態変換」であるとしていることである。

そして, ここで注目したいのは, 前節で言及した「社会的物質代謝」という理解ではなく, 商品交換の帰結は消費であるという理解である。至極当然のことであるが, 商品交換の目的は使用価値の消費なのだから, これは,「何が売られるのか?」という問題は「何が消費されるのか?」という問題であるということである。そして, 消費される使用価値の理解で重要なことは,「ある一つの物の有用性は, その物を使用価値にする。…この有用性は, 商品体の諸属性に制約されているので, 商品体なしには存在しない」というマルクスの周知の指摘である。すなわち, 商品体を持つ使用価値が消費されるということである。

それでは,「サービス取引」では, 何が消費されるのだろうか? 何が消費の対象なのだろうか?

もし,「サービス労働とそれがうみだすサービス(無形生産物=有用効果)を区別し, 後者を価値の担い手として価値が形成される」とする見解に立つならば, 売られるのはこの「有用効果」という「無形生産物」=商品で, この「有用効果」商品が消費されることになる。この見解に従えば, 例えば, 理容師から「理容サービス」を受けた場合, 我々は,「有用効果」商品としての「理容サービス」を消費したのだということになる。

しかし, この見解の代表的な主張者として〔表3-1〕に示した飯盛信男氏自身が「サービス」は「物質的基体を前提しない」と述べるように, この「有用効果」商品は商品体を持たない。「サービス部門においては対象的生産物がうみだされず労働の対象化・凝固がないからこそ, サービス労働にかんする長年にわたる論争が展開されてきた」のである。しかし, この認識の上で, 氏は,「使用価値を有用労働の結果たる有用効果と自然素材(物質的基体)の結合とする『資本論』第1巻冒頭商品論の叙述は, 物質的基体を前提としないサービス提供においては有用効果そのものが使用価値になるという理解を可能とする」と述べる。しかし, マルクスが,「使用価値は商品体なしには存在しない」とする商品論が, 何故に,「商品体なしで使用価値になる」という理解を「可能とする」のか, という疑問を抱かざるを得ない。

終章　総括・論点提起・展望　311

　そして，こうした理論的根拠に関わる論点だけでなく，「何を消費したのか？」という点での我々の実感からしても，例えば，理容師から「理髪サービス」を受けた時に我々が消費したのはこの理容師の労働力なのでないかという疑問が生じることである。特定の技能を持ち，我々がその技能の発揮を期待して店を選んだ理容師の労働力を消費したのでないだろうか？　そしてまた，その際に併せて洗浄剤や整髪料，さらには理容のための様々な設備を消費したのでないだろうか？「有用効果」は，むしろ，そうした労働力や物的商品の消費の結果としてもたらされたもののように思われるのである。そして，このことは，「サービス取引」の表象を，福祉，医療，教育などの場面に求めても同様である。

　しかし，「有用効果」説に従えば，そうではなく，理容師は，「理容サービス」という「有用効果」商品を生産し，我々はこの「有用効果」商品を消費したのだということになる。

　なお，「有用効果」説は，「商品（モノ）のサービス取引」を「サービス部門」に含めず，賃貸業及び宿泊業などは商業部門であると捉えるが，こうした取引の場合，例えば，物品賃貸業でDVDを借りて，あるいは，レンタカーを借りて，さらに，スポーツ施設などを利用して我々が消費するのがDVD，レンタカー，スポーツ施設という商品体のあるこのモノそのものであることは自明である。ただし，こうして商品の消費に帰結するにも関わらず，こうした取引が「サービス取引」として現象し，通常，商業と異なるものとして観念されていることもまた確かである。

　さて，こうした商品体を持つものとしての労働力や各種の物的商品を消費したのであり，この労働力や物的商品を買ったのだとすれば，再生産論の視点からは，本書が試みたように，この消費された労働力や物的商品に焦点を合わせ，それがいかに再生産され，補塡されるのか，そして，これに付け加えて，その「サービス」提供が資本の投下部面となって資本家に「利潤」を取得させているとすれば，それがいかになされるのかを解明することが課題となる。

　しかし，そうではなく，「有用効果」という「無形生産物」＝商品が売られ，消費されたのだとすれば，再生産論の視点からは，この「有用効果」という商品の価値実現がいかになされ，それとともに，この商品の生産に消費された不

変資本がいかに補塡され，この部門の労働者と資本家はどのように消費財を入手して生命を再生産するのかなどのマルクスが物質的生産部門の再生産過程について考察した諸課題が同様に追究されなければならない。

そして，そのためにはまず大前提として，「有効効果」商品の価値が規定されねばならず，その際には，労働力に転換された可変資本価値と不変資本としての物的商品の価値は「有用効果」という商品の価値に（C+Vとして）再現し，そして，それに加えて労働者が自分自身の等価を超えて作り出した剰余価値（M）も「有用効果」商品に表われるものとせざるを得ない。しかし，飯盛氏が述べるように，「サービス部門の物財生産部門とのちがいは，生産と消費が時間的・場所的に一致」することにあるのだから，こうした「C+V+M」という価値構成を表現するべき商品＝「有用効果」は生産と同時に消費されていて既に存在し得ないことになる。

しかし，存在しないとは言え，この「有用効果」という商品の価値を観念的なもの，計算上のものとして考えることはできよう。そうすれば，年間の「有用効果」商品の価値構成を「C+V+M」として，上に述べた再生産論上の諸課題を追究できるようにも思える。しかし，この試みにはその意義について大きな疑問が生じる。何故なら，この「有用効果」商品には，そもそも再生産論上の諸課題が存在しないからである。

というのは，上述のように，この商品は，「生産と消費の時間的・場所的一致」，すなわち，生産されると同時に売られ，価値実現が果たされる商品だからである。そして，価値実現がなされるならば，それとともに，この商品の生産に消費された不変資本の補塡，この商品を生産した労働者の生命の再生産と支出された可変資本の資本家への還流，この部門の資本家の利潤の取得と生命の再生産などの諸課題も果たされることになる。それは，マルクスの再生産論が，これらの諸課題を，商品（資本）の価値実現を介して果たされるプロセスとして解明したことに明らかである。

この点に関連して重要なのは，原田［1997］が，「サービス業においては…「市場の限界を顧慮しない生産」…ということはありえない…。「市場の限界を顧慮しない」のは生産の面にあるのではなく，資本の投下そのものにある。市場の限界を顧慮せずに，あまりにも多くの設備や労働力が投下されることは大

いにあり得ることである。商品の過剰は，労働力や労働を遂行するために必要な設備や備品に現れるのであって，そこで生産される有用効果や無形生産物に現れるのではない」と指摘したことである[12]。

すなわち，「サービス部門」の再生産論上の諸課題の焦点は投下資本（C＋V）にあり，その焦点とは，本書の理解では，この投下資本が売られ，消費されたものが補塡されるのかどうかである。そして，売られるならば，投下資本としての商品（消費財）と労働力の「有用的働き＝サービス」が発揮され，何らかの「有用効果」がもたらされる。「有用効果」商品を年間生産物としてその再生産過程を考察するということは，「サービス部門」の再生産の焦点は投下資本であり，ここには，「生産と消費の時間的・場所的一致」といった関係は存在しない，という現実を焦点化し得ない考察になるように思われる[13]。

また，そうした「有用効果」商品を生産する部門としての「サービス部門」を組み込んだ再生産表式をベースに本書が試みた経済循環図を作成すれば，そこでは，本書が所得の支出過程に位置づけた「サービス」が最終生産物に加えられ，その結果，最終生産物の大きさは，本来の資本財3000＋消費財3000＝6000を超えるものとなる。［図6－1］に示したように，国民所得論が行っているのが，こうした，物質的生産物（財貨）と「サービス」を区別しない国民所得の捉え方であり，そうした考察で「サービス部門」の再生産条件として示されるのは，要するに，物質的生産部門としての部門間均衡条件であり，社会的生産の二部門分割で考察されたマルクス再生産論の知見に対して本質的に新しい知見は得られない。この「サービス部門」は，要するに，マルクスの再生産表式の物質的生産部門を内部分割したものに過ぎないからである[14]。

これに対し，物質的生産物（財貨）と「サービス」を区別し，価値を社会的必要労働の対象化・物質化と捉える労働価値論に立つ本書の立場からすれば，あくまで，資本財3000＋消費財3000＝6000が年間の「最終生産物」であり，経済循環図には示されない中間財生産部門の部門内取引として行われる中間財の補塡額――本書の一連の表式では1000Caとした――を別とすれば，これこそが，マルクスが，『資本論』冒頭で，「資本主義的生産様式が支配的に行われている社会の富は，一つの「巨大な商品の集まり」として現われ，一つ一つの商品は，その富の基本形態として現われる」とした際の「社会の富」であり，

「巨大な商品の集まり」である。[15]

　また,「サービス労働価値形成」説には,「有用効果」説の他に,「サービス=生産物」説と言われる刀田［1993］の見解がある。刀田氏は,「サービス商品を一義的に規定する」ような「サービスの一般概念を採用することは不可能との立場」に立って,「いくつかのサービス業毎に…サービス商品を規定すべきである」とする。[16] 上述した理容業について言えば,そこで販売されるのは,「人の髪や顔の変化した状態」であると述べる。[17] 一般化して言えば,「労働の結果として実現される客の身体やその所有物の上に起きる様々な変化」=「形態変化」であり,これを「生産物」とし,理・美容,教育,医療,修理などのサービス業の販売商品であるとする。[18]

　しかし,この説には,「何が消費されるのか？」という点で上述の「有用効果」説について指摘したことと同様の疑問が生じる。また,刀田氏は,「サービス部門」の再生産について,マルクスの再生産表式との関係で考察することはされていないが,もし「形態変化」という「生産物」を「商品」として,その年間の生産物価値の構成を「$C+V+M$」として考察するとすれば,やはり,「有用効果」説と同様の難点が生じるように思われる。というのは,「形態変化」商品もまた,それが生産されるや否や売られている商品だからである。

　なお,この他に,「サービス労働」の価値形成を主張する議論に,「サービス労働・労働力価値形成説」と言われる斎藤［1986・2005］,櫛田［2003・2005］などの見解がある。「サービス労働価値形成」説に共通する,教育,医療,福祉などの「サービス部門」を社会的再生産にとって不可欠なものとして積極的に評価しようという（これは前述の飯盛氏の見解も同様である）,それ自体は本書も共有する問題意識の下に,例えば,櫛田氏は,こうした「サービス部門」では,「人間の能力という物質的財貨と異なる商品生産物が生産され」る[19]とし,斎藤氏は,端的に「人間生産物説」[20]であると表明される。そして,櫛田［2005］では,「サービス部門」を組み込んだ再生産表式も考察されている。[21]しかし,その前提となる理解に本書は疑問を持つ。

　すなわち,この見解は,「サービス商品売買」では「サービス生産物（変換された人間的諸能力）」[22]が売買されるとするが,この理解自体は,「人間の能力」という使用価値は労働者という商品体に担われているから,「有用効果」説と

異なって,「使用価値は商品体なしには存在しない」というマルクスの商品論とは両立する。

しかし,問題は商品交換論にある。というのは,「サービス生産物(変換された人間的諸能力)」[23]は,やはり,マルクスが「労働」について述べたように,(労働によって変換が加えられたものとしては)売る前に存在しないし,また,既に指摘されているように,売る側の「サービス資本」が所有するものでもないからである[24]。「商品は,自分で市場に行くことはできないし,自分で自分たちを交換し合うこともできない。だから,われわれは商品の番人,商品所持者を捜さなければならない」[25]と述べて,商品交換が商品所持者によってなされるとする,マルクスの商品交換論とは相容れない立論であるように思われる。

第3節　展望――「再生産論の具体化」としての経済循環分析――

1　「再生産論の具体化」をめぐる方法的一課題

本節では,本書が行った,マルクス再生産論の立場からの国民所得論の経済循環把握の批判的考察で得た知見を,実証的な資本主義経済の分析という課題にどのように活かすことができるのか,という点について若干の考察を行うことを課題とする。

周知のように,マルクス再生産論に関連した実証的な資本主義経済の分析としては,戦前日本資本主義についての山田 [1934] の『日本資本主義分析』,さらに,戦後日本資本主義ならびに戦後の「冷戦帝国主義」についての,南 [1976] をはじめとする氏の一連の研究など,マルクス経済学の一つの潮流と言い得る一連の成果がある。そして,それらの研究において基軸となってきた方法が「再生産論の具体化」であった。

すなわち,山田 [1934] は,その「序言」において,「本書は,日本資本主義の基礎の分析を企図する。その基礎分析によって,日本資本主義の基本構造＝対抗・展望を示すことは,本書の主たる課題とする所である。本書は,これを,日本資本主義における再生産過程把握の問題として,いわば再生産論の日本資本主義への具体化の問題として,果すことを期している」[26]としたのである。

しかし,この「再生産論の具体化」については,その「具体化の方法」をめ

ぐって批判や疑問も提示され，多くの論者によって論争が展開されてきた。そこで議論された論点は多岐にわたるが，ここでとり上げたいのは，再生産表式の第Ⅰ部門（生産手段生産部門），第Ⅱ部門（生活手段生産部門）という社会的生産の二部門分割が，生産物＝商品が再生産過程において果たす機能——生産手段として機能するのか，生活手段＝消費財として機能するのか——によってなされているのに対し，実証的研究で利用し得る産業統計や経済統計での産業分類は，例えば，分類規準として，「生産される財貨」の「種類（用途，機能）」があげられていても，それが再生産過程上の「機能」を意味しているものは金属加工機械製造業（いわゆる工作機械製造業）や，各種の産業用機械製造業など一部で，他のものは，例えば，「主として米（水稲，陸稲）を栽培し，出荷する事業所」が「米作農業」とされ，また，「主として綿から紡績糸を製造する事業所」が「綿紡績業」とされるように，当該産業がいかなる生産物を生産するのか，という「素材視点」から分類されていて，そこに全面的な対応関係は存在しないという問題である。

　このことは，例えば，上述の「米」が，菓子の原料として消費される限りでは第Ⅰ部門だが，労働者や資本家によって生活手段として購入＝消費される場合はⅡ部門となることを考えれば容易に理解される。同様のことは，上述の「紡績糸」についても言い得る。

　こうした中で，高木［1988］は，山田［1934］が，「産業資本の確立は，一般的には，生産手段生産部門と消費資料生産部門との総括に表現せられる社会的総資本の，それ自体の本格的な意味での再生産軌道への定置によって示され，特殊的には，衣料生産の量的および質的な発展を前提条件とする所の，労働手段生産の見透しの確立によって示される」とした上で，「衣料生産の内で，（一）棉作，紡績，綿織の三分化工程を串く綿業の中の紡績業と，（二）養蚕，製糸，絹織の三分化工程を串く絹業の中の製糸業」を「典型的な資本主義生産を具現しうるものとして…労働手段生産の場合における製鉄業の地位に対置されるものとして，いずれも，本邦最重要産業を構成する」と捉えて考察を進めたことについて次のように指摘した。

　「問題は，「特殊的」規定に存するのであり，「本邦最重要産業」…としての製鉄業と紡績業という個別的産業部門が夫々第1部門と第2部門を代表する

ものとされ，それら最重要産業の発達指標の確立において，「再生産の条件」の成立を言うことができるとされていることについてである。第1部門と第2部門を個別的産業によって代表させるということは，両部門の分割を「素材視点」において行なうことの現実的結果に他ならない。…現実分析に際して，二大生産部門を個別的産業によって代表させるということは，「一般的」規定を直接的に適用するということなのである」。⁽³³⁾

この高木氏の指摘にあるのは，Ⅰ部門とⅡ部門を特定の個別産業に「代表」させることの問題とともに，その「代表」とされる個別産業が，「素材」視点から分類されているという問題である。

したがって，氏は，Ⅰ部門とⅡ部門を特定個別産業に「代表」させるのでなく，産業統計上の個別産業を，再生産論視点からⅠ部門とⅡ部門に再分類するという試みについても，「「産業連関表」や「工業統計表」における分類は…「素材視点」を分類基準とするものである。そのような産業諸部門をたとえ「2部門分割の視点」から分類したとしても，それは理論的に規定された生産手段生産部門と消費財生産部門の析出を意味するものではない。「産業連関表」や「工業統計表」によって「2部門分割の視点」を導入して産業分類や「再生産の条件」の析出を試みようとすることは，基礎理論の現実分析への直接的適用ということなのである」⁽³⁴⁾とした。

また，中村［1980・1981］も，山田［1966］が，戦後の復興期から高度成長開始期の「循環の特徴を追及」する中で，「金属，機械器具，化学工業，石炭石油製品，窯業を仮りに第一部門とすると」⁽³⁵⁾として考察したことや，山田［1972］における，「戦後（60年代）における再生産構造の特徴」としての「重化学工業化」の分析について疑問を呈した。

すなわち，中村［1980］では，戦後における「家電や乗用車工業など」のいわゆる耐久消費財の拡大をあげて，「重化学工業と軽工業の区分はマルクス再生産表式のⅠ，Ⅱ部門にそのまま対応するわけはありません」⁽³⁶⁾と疑問を提示し，中村［1981］では，山田［1972］での「産業連関表の使い方」⁽³⁷⁾について，「再生産表式における二部門分割を製造業分類に当てはめている」⁽³⁸⁾と指摘した。⁽³⁹⁾

しかし，こうした批判に対しては，そこでの「再生産論の具体化」の理解についての反批判もなされた。例えば，大島［1981］は，中村の批判は，「再生

産論の具体化」とは「再生産表式における二部門分割を，産業分類＝製造業分類に当てはめることだとする」「最も粗雑な理解」に立っているとした上で，「「再生産論の特殊資本主義への具体化」とは…各国資本主義の基本構造の分析と同義」であるという理解を対置した。⁽⁴⁰⁾

　大島の指摘のように，山田の『日本資本主義分析』が，上述の「当てはめ」にとどまらない，「各国資本主義の基本構造の分析」としての拡がりを持っていることは明らかである。特に，そこでの再生産論の日本資本主義への適用が，「日本農業を非資本主義的領域として再生産論の適用範囲から除外する」という見地を持っていたことは重要である。

　しかしながら，あえて，「再生産論の具体化」と言う以上は，「再生産論の適用と，現実の統計による産業分類のⅠ・Ⅱ部門分割へのあてはめとがイコールでないことはもちろん」だとしても，「このあてはめが再生産論の適用にあたっての基礎的・前提的作業となるのは当然」だという鶴田［1982］の指摘に何らかの回答が求められよう。

　上述したように，「再生産論の具体化」という方法を基軸とした資本主義分析には，山田［1934］以来今日に至るまで多くの研究成果があるが，再生産表式のⅠ・Ⅱ部門という部門設定と，産業統計等での「素材」視点から分類された産業部門との不一致という問題を背景に，後者の産業部門のうちの特定の個別産業を，前者のⅠ・Ⅱ部門のそれぞれの「代表」として分析し，したがってまた，この個別産業のそれぞれを，Ⅰ・Ⅱのどちらかの部門に帰属させることの妥当性，さらに，後者の産業部門を，前者の観点から再分類する＝「当てはめる」ことの妥当性などの問題は残されたまま，「再生産論の具体化」という方法に関する議論が行われることも少なくなってきている。

　ところで，本書が，本書全体の考察の基礎になる課題として，最初に取り組んだのは，マルクス再生産論の解明内容が，国民所得論の把握・表示形式によってはどのように把握され，表現されるのか，そこでの把握と表示の限界はどのようなものか，を確認することであった（第1・2章）。それは，国民所得統計などのデータを活用することも展望した課題設定であったが，このような課題設定からすれば，「再生産論の具体化」について，従来とは異なる次のようなアプローチが可能になる。

それは，要するに，これまでのように，社会的生産の二部門分割という再生産表式の形式を前提に，この形式に，現実の経済統計・産業統計のデータを入れ込むというアプローチではなく，むしろ，国民所得論の経済循環の把握・表示形式によるマルクス再生産論の解明内容の表示可能性と限界をふまえて，国民所得統計や産業統計等のデータを，「再生産論の具体化」の観点から批判的に読み込み，活用するというアプローチである。それは，端的に言えば，国民所得統計や産業統計等のデータを，限界はあるものの，マルクス再生産論が既に「具体化」されているものとして読解＝活用するということである。

そこで，次節以降で試みるのは，このようなアプローチで「再生産論の具体化」を考える場合に，何が重要な論点となり，また，上述したような「再生産論の具体化」の方法をめぐる論争にどのような論点を提示できるかを考察し，もって，「再生産論の具体化」をめぐる論争を今一度活性化させることである。

2　「再生産の条件」の成立と資本主義分析の一焦点

本書の第1章で明らかにしたように，マルクスの再生産表式における生産手段生産の第I部門を，中間財（原材料）生産のIα部門と資本財（労働手段）生産のIβ部門に分割し，これに併せて，生産物価値における不変資本価値を，中間財価値と資本財価値（減価償却費）に分割した三部門四価値構成の再生産表式に基づいて，国民所得論の経済循環の把握・表示形式としての経済循環図を作成することができる。

これが可能なのは，貨幣流通を介した商品資本の循環を考察したマルクス再生産論が，労働対象（原材料）と労働手段を――両者の価値移転様式の差異は捉えながらも――「生産手段」として一括しているとは言え，貨幣（所得）による，商品資本＝年間生産物の価値実現を解明することによって，本質的に，国民所得論的な経済循環把握を，その解明内容の一部として含んでいたからである。

そして，マルクス再生産論は，それが労働価値論に基づくことによって，[45]この経済循環図に物質循環図としての性格を与え得るものになる。すなわち，そこで把握される経済循環の素材的側面は，自然物（資源）の原材料（中間財）としての取得と加工，そして，この原材料（中間財）の「投入」――ただし，

この「投入」は本質的には消費された原材料の「補塡」である——と最終生産物（消費財と資本財）の生産，そして，この最終生産物の消費，そして，さらには廃棄という価値物のマテリアルフローに他ならないからである。したがって，経済循環の成立とは，貨幣流通を媒介に，こうした物質循環が成立することを意味する。

　そして，この物質循環を媒介する貨幣は，中間財から最終生産物の生産までのマテリアルフローの各段階で生み出された粗付加価値が所得して分配され，この所得（貨幣）がこの最終生産物に支出されるという所得循環として流通する。そして，この所得の支出先には，「非物質的生産部門としてのサービス部門」も位置づけられる（上述の「廃棄」に関する処理業はこの部門に含まれる）。

　そして，さらに，この，最終生産物（資本財と消費財）に支出された貨幣（所得）は，さらに，そこから，国民所得論が「投入」と捉える中間財の補塡のために支出されて，こうして上のマテリアルフローとは逆の流れで流通（還流）して，先の物質循環の実現を媒介する。

　そして，本書の考察が明らかにしたのは（第1章），このような経済循環において，マルクス再生産論が解明した単純再生産条件が成立しているならば——ただし，その条件は経済循環図には析出し易い形では示されない——，マテリアルフローにおける中間財の需給は一致して，「未投入」の原材料在庫は発生せず，そして，所得循環においても，資本家と労働者の所得の支出の結果として，資本財・消費財の需給も一致して——したがって，ここでも在庫は発生しない——「三面等価」が成立するということであった。そして，このことは，「拡大された規模での単純再生産」として実現される拡大再生産＝経済成長過程でも同様である。

　他方，このような「三面等価」に対して，国民所得論のいわゆる「三面等価原則」は，中間財・資本財・消費財の需給一致を問わずに，あくまでも「三面」の「価値額」の一致関係のみを捉えた統計原則的な「三面等価」であった。というのは，国民所得論では，中間財は，「期間中に生産過程に投入されたもの」と定義されることで，需給不一致が原理的に排除され，資本財と消費財については，所得（貨幣）の支出対象としてその価値実現の局面が捉えられるが，需給不一致部分は最終生産物としての「在庫品増加」（在庫投資）に含められ

ることでやはり排除されるからである。
　以上のような本書の考察結果からは，「再生産論の具体化」としての資本主義分析に関する次のような視点を得ることができる。すなわち，上述したような，マルクス再生産論に基づく，中間財・資本財・消費財の需給一致を伴う「三面等価」の成立を基準に，一国資本主義経済における再生産条件の成立を判断できるということである。そして，この判断を行うためには，次のような点で，国民所得論を理論的基礎とする国民所得統計の批判的読解＝活用が不可欠である。
　第一には，上述したように，国民所得論では，本来的に需給一致が前提されている中間財・資本財・消費財について，実質的な需給一致を問うための作業が必要になるということである。
　第二には，「資本財」と「消費財」という概念の批判的検討である。本書の第6章でも考察したように，国民所得論の「資本財」には本来の労働手段の他に，「資本財」に擬制された消費財が含まれており，他方では，本来の消費財はその分過小になる。そして，その傾向は，「サービス経済化」の進展とともに一層強まる。したがって，国民所得統計——例えばGDE（国内総支出）——で中心的な位置を占める「資本財」と「消費財」という概念の批判（カテゴリー批判）が，マルクス再生産論視点からの国民所得統計の「批判的読解＝活用」にとっての不可欠の前提となる。
　第三には，この資本財への投資支出と消費財への消費支出について，その関連を問う必要があることである。何故なら，国民所得論で，それぞれが独立的に集計量として捉えられる資本財への投資支出と消費財への消費支出は，マルクス再生産論が明らかにしたように，実は，貨幣流通によって結びついているからである——第1章に示した［図1-1］の場合は，Ⅰβ部門の資本家と労働者が消費支出として支出した貨幣によってⅡ部門の資本家の資本財への投資支出が行われる——。逆に言えば，この結びついている両者を分断して捉えるところに国民所得論の一特質がある。
　以上述べたような，三部門四価値構成の再生産表式の転換としての経済循環図から得られる，「再生産論の具体化」としての資本主義分析に関する視点が意味するのは，鶴田［1982］が述べた「再生産論の適用にあたっての基礎的・

前提的作業」としての諸産業統計データの再生産表式の形式への組み入れの代わりに、国民所得統計等のデータを、上述したような中間財・資本財・消費財の実質的な需給一致を伴う「三面等価」の成立を問うという観点から批判的に読解＝活用する——そこでは、国民所得統計で中心的な位置を占めるGDE（国内総支出）における「資本財」と「消費財」の需給を、そのカテゴリー批判も含めて問うことが重要になる——という課題を設定できるということである。

なお、以上について注意したいのは、資本主義経済においては、需給均衡は、絶えざる不均衡の中の一局面としてしかあり得ないのだから、上述した、「中間財・資本財・消費財の実質的な需給一致」という課題の追究は、景気変動も含む一定期間の中で、そうした絶えざる不均衡の中の重心としての成立を認めうるか否かという問題の考察を必要とすることである。

3 マテリアルフローの複雑性と個別産業分析の課題

前節では、本書が行った三部門四価値構成の再生産表式の転換としての経済循環図の考察結果に基づき、「再生産論の具体化」としての資本主義分析のアプローチとして、国民所得統計等のデータを、限界はあるものの、マルクス再生産論が、既に「具体化」されているものとして批判的に読解＝活用するという方法を提示した。

しかし、これは、あくまで、「再生産論の適用にあたっての基礎的・前提的作業」であり、この作業をふまえた上で、再生産論の観点からの実証的な資本主義分析が行なわれなければならない。

ところで、これまでに、「再生産論の具体化」の観点から行なわれてきた実証的な研究では、特定の個別産業を、再生産表式におけるⅠ・Ⅱ部門のそれぞれを「代表」する産業として分析する、あるいは、産業統計上の諸個別産業を、Ⅰ部門とⅡ部門に再分類して分析するなどの試みが行われきた。そして、そうした試みに対して、高木［1988］などが、それらの個別産業が、元々、「素材」視点から分類されていることを根拠に、根本的な疑問を投げかけたことは既に見た通りである。

それでは、前節で提示したような、「再生産論の具体化」の新しいアプローチを前提に考えたとき、このような「素材」視点から分類された個別産業の分

終章　総括・論点提起・展望　323

析についてどのような態度をとるべきであろうか？本節では，「経済循環」と，「素材」視点から分類された個別産業との関係を考察するところから，この問題について考えたい。

　そこで，まず，確認したいのは，「経済循環」を形成する基本的要素が，経済循環図が図式的に示すような，自然（資源）の原料（中間財）としての取得と加工，そして，その「投入」（＝「補塡」）による最終生産物（資本財と消費財）の生産，さらにその消費と廃棄というマテリアルフローと，マテリアルフローの各生産段階で生み出された所得の分配とその支出としての所得循環の二つであることである。

　そして，このマテリアルフローとは，「物質循環」としての意味を持つことにも明らかなように，「素材」的な関係であって，普遍的に成立する形式であるゆえに次のような意味を持つ。

　それは，中間財（原材料）の生産から最終生産物（資本財と消費財）の生産までのマテリアルフローが，ここまで見てきた循環図と異なって，中間財生産のⅠα部門，資本財生産のⅠβ部門，そして消費財生産のⅡ部門という三部門でなく，「素材」視点から多部門に分割され，そして，それらの分割された部門のうちの，あるものはⅠα部門であると同時にⅠβ部門やⅡ部門でもある，さらに，あるものはⅠβ部門であると同時にⅡ部門でもある，というように，「素材」視点からは同一産業の同一の生産物が，フローの中で異なる機能を果たす場合であっても，それは，マテリアルフローの複雑化を意味するが，そのことによっては，経済循環分析としての基本的な課題は変わらないだろうということである。

　その課題とは，自然（資源）の原料（中間財）としての取得に始まり，最終生産物（資本財と消費財）の生産を経て，その消費と廃棄に至る物質循環としての複雑化されたマテリアルフローの各段階の価値物＝生産物が，所得として支出されて流通する貨幣によって絶えず買われて，このフローが繰り返し成立する＝再生産されるのかどうか，を分析することである。

　何故なら，どのように，「素材」視点から多部門に分割され，複雑化されたマテリアルフローであっても，中間財として他の財の生産に「投入」される財はそのことによって粗付加価値を他財に移転させて最終的には最終生産物（資

本財と消費財）に至り，他方，そうでない財は，最初から最終生産物（資本財と消費財）の一部を形成し，こうして，最終生産物（資本財と消費財）が全ての生産部門の粗付加価値を集積したものとなるという関係には変わりようがないはずであり，そして，この複雑なマテリアルフローの各生産段階で生み出された粗付加価値は所得（貨幣）として分配されて最終生産物（資本財と消費財）に支出されるという所得循環にも変わりようはないはずであり，そして，この支出された貨幣によって，フローの各段階の価値物＝生産物が買われて，このフローを成立させるという関係も同様に変わりようがないはずだからである。

　したがって，「素材」視点からは同一産業の同一の生産物が，フローの中で異なる機能を果たす場合であっても，経済循環の観点から問題になるのは，常に，その生産物＝価値物が繰り返し売られて，このフローが再生産されるのかどうかである。

　ところで，これまで，「再生産論の具体化」の観点から行なわれてきた実証的な資本主義分析では，既に述べたように，特定の個別産業を，再生産表式におけるⅠ・Ⅱ部門のそれぞれを「代表」する産業として分析する，あるいはまた，産業統計上の諸個別産業を，Ⅰ部門とⅡ部門に再分類して分析するなどの試みが行われてきた。そして，そうした個別産業分析について，常に問題となってきたのが，そうした個別産業が，元々，「素材」視点から分類されていて，再生産表式におけるⅠ部門とⅡ部門のいずれかに帰属させることができない――例えば，中村[1980]が指摘したような，耐久消費財を生産する重化学工業，例えば，家電と産業機械の両方を生産する機械工業はどちらに属するのか――という，本章冒頭で言及した産業分類の問題であった。

　しかし，上述のように，本節が提示する「再生産論の具体化」の新しいアプローチでは，マテリアルフローが，どのように，「素材」視点から多部門に分割され，複雑化されても，そこでの個別産業について問われるのは，当該産業の生産物が売られることだけである。その生産物が中間財として売られるのであっても，資本財として売られるのであっても，消費財として売られるのであっても構わない。したがって，「素材」視点からの特定の個別産業を分析する場合も同様で，問われるのは，生産物が中間財・資本財・消費財のいずれとしてであれ売られることであって，当該産業がⅠ部門なのか（さらに，Ⅰα部門な

終章　総括・論点提起・展望　325

のか，Iβ部門なのか），II部門なのか，という再生産表式が設定する部門への帰属は問題にならない。したがってまた，そうした諸個別産業をI部門とII部門に再分類することも不要である。

　このことを示すための一例として，特に，「重化学工業化」を想定して作成した単純再生産の経済循環図が，次の［図7−1］である。

　この循環図の特徴は，まず，《生産》のマテリアルフローの部分の中間財（原材料）生産のIα部門が，Iα①，Iα②，Iα③，Iα④の四部門に分割され，他方では，消費財生産のII部門がIIA（非耐久消費財）とIIB（耐久消費財）に二分割され，その上で，Iα①→Iα②→Iβ及びIIBという二股に分かれるフローと，Iα③→Iα④→IIBというフローが示されていることである。

　そして，その中の，Iα①とIα②には，それぞれ（鉄鉱石）と（鉄鋼）という例示を入れている。これは，Iα①→Iα②→Iβ及びIIBについて，例えば，鉄鉱石・石炭・石灰石→鉄鋼→資本財（工作機械）及び耐久消費財といったフローを表象しているからである。他方，Iα③→Iα④→IIBについては，例示は入れていないが，綿花→綿糸・綿布→綿製品（衣服）といったフローを表象している。

　このような設定をするのは，まず，前者のフローの出発点が，再生産が困難で偏在性を有する鉱物系資源の取得であって（もちろん，上述した鉄鉱石は，こうした鉱物系資源の一例に過ぎず，他にも多様なものがある[47]），後者のフローとは性格を異にしているという事情があるからである。

　そして，Iα①→Iα②→Iβ及びIIBという二股に分かれるフローは，例えば，産業部門で表現すれば，鉄鋼業が工作機械工業向けにだけでなく，乗用車を生産する自動車工業や民生用電気機械工業向けに原料を供給するような関係を表象している。なお，このIβとIIBは，「機械工業」という部門として捉えることができ，さらに，この「機械工業」（IβとIIB）とIα②部門（鉄鋼）を「重工業」として一括することもできる。

　すなわち，これらのマテリアルフローは，「耐久消費財は従来の消費財と異なり，重化学工業を基礎とする消費財」[48]であり，そして，そのフローの出発点に，再生産困難で偏在性を有する鉱物系資源の取得があるという関係を表したものである[49]。

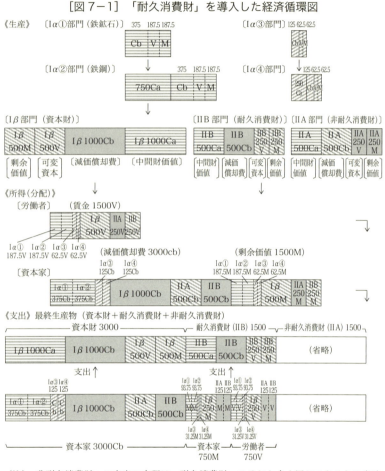

[図7-1] 「耐久消費財」を導入した経済循環図

（注）非耐久消費財への支出の内訳は，耐久消費財へのそれと全く同じであるため省略してある。

　そして，このようなマテリアルフローについても，重要なのは，このフローの各段階で生み出された粗付加価値が分配された所得としては「最終生産物」（資本財3000＋耐久消費財1500＋非耐久消費財1500）に支出され，この「最終生産物」が売られる＝買われるのかどうかである。「機械工業」あるいは「重工業」が，Ⅰ部門なのか，Ⅱ部門なのか，という再生産表式の部門への帰属の

問題は問われない。

そして，同図では，「最終生産物」は，資本財・耐久消費財・非耐久消費財のいずれも，資本家と労働者の所得の支出によって買われることが示されている（同図では，資本家と労働者のいずれもが耐久消費財と非耐久消費財の両方に支出するものとしている）。また，「未投入」の中間財在庫も発生せず，こうして，中間財・資本財・耐久消費財・非耐久消費財の需給が一致している。すなわち，部門間均衡（単純再生産）が成立している。

それは，この循環図が，第1章で示した［表式1-1］の三部門四価値構成の単純再生産表式を加工して作成した，従って単純再生産条件が成立し，各財の需給一致を伴う「三面等価」が成立している次の［表式7-1］をベースにしているからである。すなわち，マテリアルフローが「素材」視点から複雑になっても，単純再生産条件が成立していれば，フローの各段階で発生した所得が最終生産物に支出されて，各財は，中間財を含めて需給が一致して「三面等価」が成立するという経済循環図は成立するのである。

［表式7-1］　中間財生産部門を四分割し，「耐久消費財」（ⅡB）を導入した表式

	中間財	資本財	可変資本	剰余価値	生産物価値		（所得と支出構成）労働者　資本家	
Ⅰα①部門			375Cb+	187.5V+	187.5M=	750 →	187.5	562.5
Ⅰα②部門		750Ca+	375Cb+	187.5V+	187.5M=	1500 →	187.5	562.5
Ⅰα③部門			125Cb+	62.5V+	62.5M=	250 →	62.5	187.5
Ⅰα④部門		250Ca+	125Cb+	62.5V+	62.5M=	500 →	62.5	187.5
（Ⅰα 部門計	1000Ca+	1000Cb+	500V+	500M=	3000 →		500	1500 ）
Ⅰβ部門	1000Ca+	1000Cb+	500V+	500M=	3000 →		500	1500
ⅡA部門	500Ca+	500Cb+	250V+	250M=	1500 →		250	750
ⅡB部門	500Ca+	500Cb+	250V+	250M=	1500 →		250	750
（Ⅱ 部門計	1000Ca+	1000Cb+	500V+	500M=	3000 →		500	1500 ）
（粗付加価値額計）		3000Cb+	1500V+	1500M=	6000		1500	4500

　　　　　　　　　　　　　　　　　　　　　↓　＝1500＋3000
　　　　　　　　　　　　　　　　　　　　　↓　　↓　　↓
　　　　　　　　　　　　　　　　耐久消費財1500へ　資本財
　　　　　　　　　　　　　　　　非耐久消費財1500へ　3000へ

したがって，「再生産論の具体化」の新しいアプローチによる資本主義分析では，「素材」視点から分類された個別産業について，再生産表式のⅠ・Ⅱ部門への帰属を問うこと無しに，そのままで分析の対象とすることを展望できるのであり，そこでの分析の焦点は，当該産業の生産物が中間財・資本財・消費財のいずれとしてであれ売られるかどうかにある。例えば，[図7-1]で「機械工業」（Ⅰβ とⅡB）を分析対象とするのであれば，そこで問われるのは，当該産業の生産物が，資本財，あるいは，耐久消費財として全て売られるのかどうか，である。

なお，上の表式の成立も，貨幣流通を介した諸取引の詳細で確認できるが，非常に煩雑な作業になるため説明は省略する[50]。

4　おわりに

本節がここまで行ってきた，「再生産論の具体化」の新しいアプローチに基づく実証的な資本主義分析の方法に関する考察は，非常に基礎的なもので，今後検討すべき多くの論点が残されている。その中でも特に重要なのは，貿易をはじめとする様々な国際的契機（経済的契機や政治的契機）との関連を分析する課題である。

というのは，山田［1934］に始まる「再生産論の具体化」の観点からの資本主義分析の画期的な意義の一つは，こうした貿易をはじめとする国際的契機を，一国資本主義分析の不可欠の契機として捉えたことにあるからである。すなわち，「国際的契機の再生産過程への内在化」であり，これは，山田［1934］においては，「随所で指摘されながら，明確には位置づけられなかった」[51]ものの，山田［1964］では，次のように，戦前日本資本主義の「繊維工業を中核体としての再生産＝循環」について，国際的契機を含む自らの見解の要点が述べられた[52]。

「生糸と絹織物・綿織物とが輸出太宗を占め…国際収支の上では，これを基金として，一方では棉花輸入が，他方では鉄鋼・重機械などの輸入を可能ならしめ，そのようにして〔繊維工業を中核体として〕，我国におけるⅠ（第一，生産手段 Pm. 生産部門）とⅡ（第二，消費資料 Km. 生産部門）との両部門の成立を基礎づけていた」[53]。

終章　総括・論点提起・展望　329

　そして，この指摘に続けて，「繊維工業を中核体とする再生産＝循環の基本的構造についての注目点」が以下のように述べられた。
　「再生産＝循環の構造の基本形態を検するに，それは，地主制下の零細農耕様式を一般的に土台とする繊維工業が中核体としての構成をとり，これが軍事工廠に支えられた重化学工業の成立をもり立てながら，総じてⅠPm生産部門とⅡKm生産部門との間の関係〔いわゆる再生産表式の範疇で表示すれば，Ⅰv＋m＝Ⅱcおよび蓄積の関係〕を基礎づけていた…。これが，第一の点。次に…日本資本主義と朝鮮・台湾との関係で。日本資本主義は，双方から米を大約1500万石移入することによって食糧自給を打ち立て，その上で，一方では，その鉄・石炭資源（朝鮮）と砂糖資源（台湾）とを掌握しながら，他方では，双方に対して商品市場としての地位を付与していた。──そういうように，日本資本主義における再生産＝循環の構造の基本形態Ⅰv＋m＝Ⅱcおよび蓄積の形態は，この植民地的関係によって，不可欠的に，補完されている…。これが，第二の点(54)」。
　さらに，山田［1972］では，やはり戦前日本資本主義についての自らの見解の要点を述べ，それと対照させて，戦後の「重化学工業化」への一視点を次のように述べている。
　「旧来の日本産業の構成は，──地主的土地所有制下の零細農耕と低賃銀，零細マニュファクチュアを屈強の基盤とするところの繊維工業（絹・綿の二系統）が主軸をなし，輸出の太宗も繊維商品で，その仕向け先は，生糸がアメリカ向きのほかは，綿織物が主として東洋，南方，印度，中東，アフリカ諸国などの植民地＝半植民地向けであったものが，第二次大戦を契機に，事情は一変し，国内的には地主制の解体，世界的規模での植民地体制の崩壊，加うるに技術上での化繊の登場もあって，日本産業における繊維工業段階は終焉を告げた。そこで，戦後日本では，重化学工業化が一つの至上命令となった。その重化学工業を，先進国との競争力をもつ水準にまで急速に構築すること，それが経済再建のための唯一の道であるという意味で，それは日本資本主義それ自体における内発的必至性であった(55)」。
　これらの叙述からは，戦前日本資本主義における製糸業（生糸），絹織物業，綿織物業などの「素材」視点からの個別産業について，その輸出で得られた外

貨によって綿花や鉄鋼・重機械が輸入される関係が,「Ⅰv+m＝Ⅱc」という「再生産＝循環の構造の基本形態」及び「蓄積の形態」を成立させるものと捉えられ,その上で,そこに,植民地という国際的契機,そして,地主制という国内的契機との連関も位置づけられていることがわかる。

そして,山田［1972］では,このように把握される戦前日本資本主義について,「日本産業における繊維工業段階」という規定を与えた上で,戦後日本の「重化学工業化」の「内発的必至性」の把握へと考察を進めている。[56]

しかしながら,「再生産論の具体化」をめぐる論争の一論点として高木［1988］が指摘したのが,まさに,上のような把握は,「素材」視点からの特定の個別産業を,再生産表式における第Ⅰ部門と第Ⅱ部門の「代表」として分析することであり,そうした方法は妥当ではないということであった。

しかし,ここで高木の指摘との関連で確認しなければならないのは,上の山田の立論においては,製糸業（生糸）,絹織物業,綿織物業などの個別産業が,二重の規定性で捉えられていることである。すなわち,一つは,輸出産業という規定性であり,[57]もう一つは,高木［1988］が問題視したところのⅠ部門とⅡ部門の「代表」という規定性（上述の製糸業以下の繊維産業についてはⅡ部門）である。

そして,この二重の規定性を持つことで,これらの個別産業の分析は,外貨獲得のための重要な輸出産業の分析としての意義に加えて,戦前日本資本主義の「再生産＝循環の構造」という観点からの分析としての意義を持つものとなり,その結果,山田の立論に,上述した「国際的契機の再生産過程への内在化」という画期的な成果をもたらしたのである。したがって,この二重の規定性は,山田の「再生産論の具体化」という方法に基づく考察においては,いずれも不可欠の要件であった。そして,上述のように,高木は,この二重の規定性のうちの第二の規定性に対して方法的な疑問を投げかけた。

しかしながら,本節が,三部門四価値構成の再生産表式の転換としての経済循環図の考察をふまえて提示した「再生産論の具体化」の新しいアプローチの場合には,高木が疑問を投げかけた第二の規定性は,分析対象となる個別産業の要件にはならない。何故なら,本節が,ここまでの考察で確認したのは,経済循環の要素としてのマテリアルフローに位置づけられる個別産業の分析で問

終章　総括・論点提起・展望　331

われるのは，当該産業の生産物が，中間財・資本財・消費財のいずれとしてであれ，絶えず売られて，そのことによって，当該個別産業を含むマテリアルフローが繰り返し成立する＝再生産されるのかどうかであって，当該産業について，Ⅰ部門か，Ⅱ部門かという再生産表式の部門への帰属を問題にする必要はないということだったからである。

　そして，もちろん，この点は，このアプローチに基づく実証的な資本主義分析において，重要な輸出産業である特定の個別産業を，国際的契機との関連で分析する場合も全く同様である。つまり，当該個別産業について，Ⅰ・Ⅱ部門への帰属を問う必要は全くない。

　したがって，本節が追究してきた新しいアプローチでは，「再生産論の具体化」という方法に関してこれまで問題になってきた一論点，すなわち，個別産業を分析する際に，当該個別産業について，再生産表式におけるⅠ部門とⅡ部門への帰属を問うという問題は，「国際的契機の再生産過程への内在化」という観点からの分析の場合を含め，一般的に問題として成立しなくなると考えられるのである

　その上で，前節までの考察結果もふまえて総括的に展望すれば，重要な特定の個別産業の分析においては，その個別産業の分析を，2節で確認したような，中間財・資本財・消費財の実質的な需給一致を伴う「三面等価」の成立を問う観点からの国民所得統計データの「批判的読解＝活用」による，全体としての経済循環＝再生産の成立に関する分析と関連させた構造分析として行うことが重要になろう。

　なお，既に述べたように，マテリアルフローには，自然物（資源）の原材料としての取得から最終生産物（資本財と消費財）に至った後の「消費財の消費段階」に「非物質的生産部門としてのサービス部門」が位置づけられる。そして，本書の第4章では，「三面等価原則」がこの「サービス部門」を含めても成立することを確認しており，また，第6章では，「サービス部門」を内部分割して，「サービス」提供者としての「政府部門」を位置づけることも試みている。本節が提唱した新しいアプローチによる実証的な資本主義分析もこの「政府部門」を含む形で行われなければならない。

　そして，もちろん，この「政府部門」を含む実証的な資本主義分析は，マテ

リアルフローの各生産段階で生み出される粗付加価値の国民各階級・階層への分配と、この分配された所得の支出という所得循環との関連の中で行われなければならない。

(1) 宮沢［1967］294ページ。
(2) Marx［1867b］S.185, 邦訳224ページ。
(3) マルクスの物質代謝論を検討したものとして、渡辺［1985a］、小松［2001］など。また、渡辺［2012］は、「有用効果」説の代表的論者である飯盛氏の見解の問題点を検討する中で、財貨を生み出す物質的生産過程についてのマルクスの基本認識は、「人間と自然とのあいだの質料変換」であることを指摘している（27ページ）。なお、ここでの「質料変換」は、「物質代謝」と訳されることの多いStoffwechselの適切な訳語として氏が提示しているものである。
(4) Marx［1867b］S.119, 邦訳138ページ。
(5) 「客は消費するものを購入する、したがって客が消費するものが商品である」（刀田［1999］43ページ）。
(6) Marx［1867b］S.50, 邦訳48ページ。
(7) 飯盛［1992］148ページ。
(8) 飯盛［1992］146ページ。
(9) 飯盛［1985］199ページ、あるいは、飯盛［1992］149ページ。
(10) 刀田［1993］は、「使用価値は商品体なしには存在しない」というマルクスの叙述には言及していないが、飯盛氏が『資本論』冒頭の商品論に立論の根拠を求めることについて、何故、「有用効果そのものが使用価値になる」という「「理解を可能にする」のか、その理由の説明がない」としている（117ページ）。
(11) 飯盛［1992］152ページ。
(12) 原田［1997］129ページ。なお、氏は、「商品の過剰は…有用効果や無形生産物に現われるのでない」ということを、「サービス業においては、先に交換関係が、つまり支払いの約束あり、それから労働が行われる」という「注文生産」を理由としている（128ページ）。しかし、物質的生産部門の場合、たとえ「注文生産」であっても、様々な事情から生産された生産物が売れないことはあり得る。これに対し、「有用効果」商品の場合は、原理的に「生産＝消費」であり、商品過剰はあり得ない。
(13) もちろん、再生産論では需給一致を前提した上でこれを可能にする生産物の価値構成を問題にしたという理解によって、「有用効果」商品には、その生産

によって，投下された不変資本価値が全部的に移転し，また，可変資本価値も全部的に再現され，かつそれを上回る剰余価値が加えられるとして，「有用効果」商品（C＋V＋M）の再生産論的考察が可能になるとすることもできよう。しかし，そのように考える場合，「投下された不変資本価値が全部的に移転し，また，可変資本価値も全部的に再現される」ことをもたらす「生産」とはどういう事態なのかが問われなければならない。何故なら，この事態の成立こそがこの部門の再生産の焦点であって，これが成立するならば，「有用効果」商品については，既述のように，「生産と消費の一致」から再生産論上の諸課題が解決されることは自明だからである。そして，本書の理解からすれば，この「生産」とは，不変資本としての消費財と労働力が「売られて消費される」ことであり，この「消費」によって，不変資本としての消費財と労働力の「サービス＝有用的働き」が発揮されて「有用効果」がもたらされる。この事態の本質は（消費財と労働力の）「消費」であって，ここに，「有用効果」の「生産」を見て，「生産と消費の一致」とするのは「仮象」を見ることであると考える。

(14) このことは，長田［1989a］が，「サービス部門は価値を形成する生産物部門であるとする修正的立場にたてば，サービス部門を再生産表式に明示的かつ内生的に組み入れることは比較的容易」であり，「ほとんど物的生産部門と同じ扱いが可能とな」ると述べていることにも示されている（157 ページ）。
(15) Marx［1867b］S.49，邦訳 47 ページ。
(16) 刀田［1993］vi～viiページ。
(17) 刀田［1993］138～139 ページ。
(18) 刀田［1999］35 ページ。この他に，氏は，映画上映業，テレビ放送，演劇・演芸，プロスポーツなどでは，「労働によって作り出され」て，「労働とは区別される有用な対象」が販売されており，これらは「物的形状を持たないという点で共通の性格」持つ「無形生産物」であるとする（同［1993］116～125 ページ）。
(19) 櫛田［2005］83 ページ。
(20) 斎藤［2005］66 ページ。
(21) 櫛田［2005］84 ページ。
(22) 櫛田［2005］84 ページ。
(23) 櫛田［2005］84 ページ。
(24) 川上［2004a］78～79 ページ。
(25) Marx［1867b］S.99，邦訳 113 ページ。
(26) 山田［1934］7 ページ。
(27) 「日本標準産業分類一般原則」（平成 19 年 11 月改定）では，主な分類基準として，「生産される財貨又は提供されるサービスの種類（用途，機能）」，「財

貨生産又はサービス提供の方法（設備，技術など）」，「原材料の種類及び性質，サービスの対象及び取り扱われるもの（商品など）の種類」をあげている（www.stat.go.jp/index/seido/sangyo/19-2.htm）。

(28) なお，これらを含む分類として，平成19年改定の日本標準産業分類では，中分類に「生産用機械器具製造業」が設定されている。

(29) いずれも，平成19年改定の日本標準産業分類による。

(30) 上の「素材視点」という表現は，「再生産論の具体化」をめぐる論争の中で，「同一の産業部門から生産された同一の素材の生産物」（鶴田［1982］5〜6ページ）のように，産業としての同一性を捉える視点を示すものとして定着している。しかし，マルクス商品論に従えば，この「素材視点」は「商品体視点」とすべきであろう。マルクスは，「ある一つの物の有用性は，その物を使用価値にする。…この有用性は，商品体の諸属性に制約されているので，商品体なしには存在しない。それゆえ，鉄や小麦や，ダイヤモンドなどという商品体そのものが使用価値または財である」（Marx［1867b］S.50, 邦訳48ページ）と述べている。

(31) 山田［1934］31〜32ページ。

(32) 山田［1934］34ページ。

(33) 高木［1988］173〜174ページ。

(34) 高木［1988］176〜177ページ。

(35) 山田［1966］7ページ。

(36) 中村［1980］14ページ。

(37) そこでは，産業連関表の製造業を「第Ⅰグループ」と「第Ⅱグループ」に分類した表が示され，「備考」において，「製造業における第Ⅰグループと第Ⅱグループとの区分は，再生産論上の厳密な範疇としての第Ⅰ部門（生産手段生産部門）・第Ⅱ部門（消費資料生産部門）とは必ずしも一致していない。ここでは主として生産過程の相互連関に視点をおき，結果から見れば，第Ⅰグループは重化学工業を主要素とし，他は一括して第Ⅱグループに属せしめた」（山田［1972］55ページ）とされている。

(38) 中村［1981］52〜53ページ。

(39) 同様の批判は，中村［1979］でも，「工業統計表の総括表などから重化学工業化率を産出してみても，国民経済の再生産ないし経済循環の仕組みは捉え難くなっており…」（170〜171ページ）と展開されている。ただし，中村［1981］は，「日本資本主義の場合，重化学工業に分類される諸工業は，軍需品をのぞけば第Ⅰ部門プロパーと看做して大過なかったのは満州事変頃までで…それだから…すぐれた展望をひき出せた」（14ページ）と述べている。なお，中村のこうした指摘があった時期以降，戦前期重化学工業の歴史的・実証的研

究は大きく進んだ。代表的なものとして，橋本［1984］，安井［1994］，阿部［2002］，石井［2012］など。
(40) 大島［1981］67ページ。なお，大島［1982b］は，「「重化学工業と軽工業の区分」の「再生産表式のⅠ・Ⅱ部門」への「対応」の問題」について，「統計的には，戦前，戦後をつうじて「重化学工業に分類される諸工業」を「第Ⅰ部門プロパーと看做して〔ほぼ〕大過ない」のであり…」とし（48ページ），これに対して川端［1993］が，「いっさいを「重化学工業＝第Ⅰ部門」に流し込むことの不毛性がここに明らかである」と批判した（8ページ）。
(41) それゆえにまた，山田［1934］における「方法」に関わっては，再生産表式と産業統計等での産業分類の対応問題という一論点にとどまらない多様な論点が，経済理論，歴史学，農業経済学，社会学等の研究者によって，その成果の継承・発展を目的に提示されてきた。代表的なものとして，内田・田添［1949］，内田［1972］，山崎［1978a］，大石［1985］，武田［1987］，山本［1989］，山崎［1989］，大石［1998］，保志［1999］，後藤［2002］，久保［2012］，石井［2012］など。
(42) 山崎［1989］181ページ。また，保志［1999］7〜9ページも参照。
(43) 鶴田［1982］5ページ。
(44) 例えば，南［1969］では，アメリカの『1963年工業センサス』の「工業諸部門の，Ⅱ（消費手段生産関連部門）とⅠ－A（在来からの生産手段生産関連部門）とⅠ－B（戦後新たに生成あるいは展開をみた生産手段・軍需品生産関連部門）との3部門分割」（59ページ）が行われ，このⅠ－Bが「「冷戦」帝国主義のkey industries」（72ページ）と規定される。これについて，渋井［2005］は，「軍事と関わる諸産業の分類の仕方や，Ⅰという再生産論の概念を用いることの意味といった点で…ⅠB概念には疑問を覚える」とし，その理由として，「ⅠBには，誘導ミサイルなどの一方で，プラスチック材，合成ゴム，金属加工機械，一般産業用機械などの製造部門も含まれている」ことをあげ，「兵器そのものがⅠBというⅠ部門におかれることも疑問」で，「極めて特殊な浪費的Ⅱ部門」とすべきでないかと述べる（57〜58ページ）。
(45) ここでの「労働価値論」とは，商品の価値を社会的必要労働の対象化・物質化と捉える見解を意味している。「労働価値論」をめぐっては周知のように膨大な論点と論争がある。さしあたり，比較的近年の研究として，大石［2000］，和田［2003］，高橋［2011］など。
(46) ここで「価値物の」と限定するのは，物質循環全体のうちの，「商品流通」という形式を通して行われる部分だけだからである。
(47) 鋼材を生産する鉄鋼業は，いわゆる重化学工業の代表的産業であり，この鉱物系資源を出発点とするマテリアルフローという視点は，重化学工業の経済循

環における「資源問題」の重要性という論点に繋がる。なお，佐々木［2012］では，鉱物系資源にとどまらない「地球共有財」をめぐる現在の状況を「全般的資源危機」としてその解決策を考察している。

(48) 増田［2005］28ページ。
(49) したがって，このような耐久消費財の拡大とともに成立してくるのは，鉱物系資源の大量の取得を出発点に（周知のように，わが国は，こうした資源の多くを輸入に依存している），各種の中間財を経て，重化学工業に基礎を置く大量の耐久消費財の大量消費へとつながるマテリアルフローの太い流れである。なお，増田［2005］には，農林漁業，金属・機械・石油化学・機械器具などの「重化学工業」，そして，繊維・食料品などの「軽工業」，さらに，土木建設などの諸産業間の投入と，それによって生産される最終生産物への支出項目＝GDEの「固定資本形成」・「政府消費」・「民間消費」・「輸出」とのフローの関係を示す「1970年産業連関図」が掲出されている（27ページ）。本書の立場からは，同図は，本書の［図7－1］の経済循環図の《生産》と《支出》の部分に「政府部門」を入れて実際の統計データに基づく概念図として示したものと捉えられる。ただし，本書は，国民所得統計データについては，第6章でも一部行ったように，カテゴリー批判を含む「批判的読解＝活用」が必要であると考えている。
(50) 「図7－1」は，「重化学工業に基礎を置く耐久消費財」を示すために，Iα②部門（鉄鋼）が，Iβ部門（資本財）とIIB部門（耐久消費財）に原料を供給し，このIβ・IIB部門を「機械工業」と捉えたものだが，この他に，「素材」視点からの同一産業が中間財（原材料）と消費財の両方を生産するような場合の単純再生産の経済循環図も作成できる。例えば，Iα部門を農業とし，他方で，II部門をIIA（農業が生産する農産品）とIIB（非農産品）に分類することで，農業が中間財（Iα）と消費財としての農産品（IIA）の両方を生産するという単純再生産表式に基づく経済循環図である。この場合も経済循環の成立との関係で農業部門に問われるのは，その生産物——一部は中間財で一部は消費財—が全て売られることだけである。
(51) 大石［1999］214ページ。
(52) 大石［1999］214ページ。また，石井［1972］4～5ページも参照。
(53) 山田［1964］15～16ページ。
(54) 山田［1964］16ページ。
(55) 山田［1972］39ページ。
(56) なお，ここでの「日本産業における繊維工業段階」は，その把握内容からすれば，日本資本主義の「再生産＝循環の基本形態」（大石［1999］320ページ）という観点からの「繊維工業段階」規定である。したがってまた，山田

［1964］における戦後日本資本主義についての「重化学工業段階」という規定も，同様の観点からのものであり，そのことは，当該論文題「戦後再生産構造の段階と農業形態」（傍点は引用者）にも示されている。

(57) 山田［1934］では，「日本資本主義の主要な諸部門の対外的依存が指摘されていたが，産業部門構成と貿易構造との関連が明確にされていなかったために，その分析方法が，一般には，外国貿易を捨象した再生産論の適用として理解されてきた」（大石［1999］232ページ）。

(58) 本書の理論的考察では，労働者と資本家という二大階級による考察にとどまっているが，実証的な資本主義分析では，より具体的な階級・階層の分析が不可欠となる。その場合，今日の巨大株式会社における「所有と支配の分離」現象をふまえた現代資本家論の確認が前提的に重要である。現代資本家論については有井［2011］に代表される氏の一連の議論が説得的である。

参考文献一覧

青才高志［1977］「価値形成労働について — 生産的労働とサーヴィス」『経済評論』1977年9月号。
——［1983］「有用効果生産説批判 — 有用効果生産説は正しい, 故に誤りである — 」信州大学『経済論集』第20号。
——［2006］「マルクスのサービス概念 — 労働売買説批判 — 」信州大学『経済論集』第55号。
赤堀邦雄［1971］『価値論と生産的労働』三一書房。
阿部武司［2002］「産業構造の変化と独占」石井寛治・原朗・武田晴人編『日本経済史3 両大戦間期』東京大学出版会。
有井行夫［2010］『マルクスはいかに考えたか 資本の現象学』桜井書店。
——［2011］『株式会社の正当性と所有理論　新版』桜井書店。
飯田哲文［1992］「「労働サービス」商品の研究」同志社大学『経済学論叢』第44巻第2号。
——［1993］「「労働サービス」商品と労働価値論」同志社大学『経済学論叢』第45巻第3号。
飯盛信男［1977］『生産的労働の理論』青木書店。
——［1985］『サービス経済論序説』九州大学出版会。
——［1986］「サービス経済をめぐる理論研究の現状 — 大吹勝男氏, 渡辺雅男氏, 斉藤重雄氏の著作によせて — 」政治経済研究所『政経研究』第52号。
——［1990］「サービス経済研究の新次元 — 長田浩『サービス経済論体系』の検討 — 」政治経済研究所『政経研究』第61号。
——［1992］「サービス労働価値生産説の論拠 — 刀田和夫氏への回答 — 」『佐賀大学経済論集』第25巻第2号。
——［2003a］「再生産表式とサービス部門 — 川上則道氏の論稿によせて」『佐賀大学経済論集』第35巻第5・6号。
——［2003b］「労働価値説とサービス部門 — 川上則道氏の論稿によせて — 」『佐賀大学経済論集』第36巻第1号。
——［2012］「サービス経済論争の到達点と有用効果生産説の正当性 — 諸家の批判・質問への回答 — 」『佐賀大学経済論集』第44巻第5号。
石井寛治［1972］『日本蚕糸業史分析』東京大学出版会。
——［2012］『帝国主義日本の対外戦略』名古屋大学出版会。
市原健志［2000］『再生産論史研究』八朔社。

市村真一［1962］『経済循環の構造』創文社．
伊藤　武［1987］「『資本論』第二部第八稿の拡大再生産論」『大阪経大論集』第 176 号．
——— ［2001］『マルクス再生産論研究 — 均衡論批判』大月書店．
——— ［2006］『マルクス再生産論と信用理論』大月書店．
今井　拓［2008］「サービス商品の価値論的特徴について — 非価値対象性，価値規定性，不確定性」『季刊経済理論』第 45 巻第 3 号．
今村元義［1996］「サービス概念と有用効果概念について — 「マルクスのサービス概念」再論 — 」『群馬大学教育学部紀要 人文・社会科学編』第 45 号．
井村喜代子［1967］「『資本論』と日本資本主義分析 — 再生産表式論をめぐって — 」『思想』1967 年 5 月号．
井村喜代子・北原勇［1967a・1967b］「「高度成長」過程における再生産構造（上）・（下）」『経済評論』第 16 巻第 9 号・第 16 巻第 10 号．
宇沢弘文［2000］『社会的共通資本』有斐閣．
内田芳明［1972］『ヴェーバーとマルクス — 日本社会科学の思想構造 — 』岩波書店．
内田義彦・田添京二（N.N.N の筆名で発表）［1949］「「市場の理論」と「地代範疇」の危機 — 日本資本主義分析における再生産論適用の問題によせて — 」『内田義彦著作集 第 10 巻』岩波書店，1989 年．
梅原嘉介［1981］『国民所得の基礎理論 経済循環図による展開』文眞堂．
大石嘉一郎［1985］「課題と方法」同編『日本帝国主義史 I』東京大学出版会．
——— ［1998］『日本資本主義の構造と展開』東京大学出版会．
——— ［1999］『日本資本主義史論』東京大学出版会．
大石雄爾［1975a・1975b・1976］「再生産表式論の一論点（1）・（2）・（3）」『駒澤大学経済学論集』第 7 巻第 2 号・同第 3 号・同第 4 号．
——— ［1988］「再生産表式における「賃金の二重取り」問題について」政治経済研究所『政経研究』第 56 号．
——— ［2000］『労働価値論の挑戦』大月書店．
大島雄一［1981］「「再生産論」と資本主義分析 — 二宮厚美，中村静治両氏への反論」『経済科学通信』第 32 号．
——— ［1982a］「『日本資本主義分析』の軌跡 — 「再生産論の具体化」と構造論＝危機論 — 」『土地制度史学』第 94 号．
——— ［1982b］「「再生産論」と再版生産力説＝技術段階説 — 中村静治氏への再反論 — 」『経済科学通信』第 35 号．
大谷禎之介［1981a・1981b］「「蓄積と拡大再生産」（『資本論』第 2 部第 21 章）の草稿について（上）・（下）」『経済志林』第 49 巻第 1 号・同第 2 号．
大西勝明・二瓶敏編［1999］『日本の産業構造』青木書店．
大野節夫［1998］『社会経済学』大月書店．

大野秀夫［1972］「サービス価格の変動と再生産」『金融経済』第134号。
大吹勝男［1994］『新版 流通費用とサービスの理論』梓出版社。
岡田知弘［2005］『地域づくりの経済学入門 地域内再投資力論』自治体研究社。
置塩信雄［1976］『蓄積論（第2版）』筑摩書房。
─── ［1987］『マルクス経済学Ⅱ』筑摩書房。
置塩信雄・伊藤誠［1987］『経済理論と現代資本主義』岩波書店。
長田　浩［1989a］『サービス経済論体系』新評論。
─── ［1989b］「現代サービス産業の一考察」政治経済研究所『政経研究』第55号。
貝塚　亨［2002］「サービス概念の検討」日本大学経済学部『経済科学研究所紀要』第32号。
角田　収［2001］「サービス経済化の進展と価値創造的労働」日本大学経済学部『経済科学研究所紀要』第31号。
加藤孝治［2011］『サービス経済化時代の地域構造』日本経済評論社。
金子ハルオ［1966］『生産的労働と国民所得』日本評論社。
─── ［1998］『サービス論研究』創風社。
─── ［2000］「サービス概念規定の方法と論理」『経済理論学会第48回大会報告要旨』。
─── ［2003］「サービスとは何か」『経済』2003年7月号。
─── ［2011］「サービス論争の到達と今後の課題」『経済理論学会第59回大会報告要旨』。
川上則道［1977］「再生産表式と計量分析」『経済』1977年4月号。
─── ［1986］『国民所得論再入門』時潮社。
─── ［1991］『計量分析・現代日本の再生産構造 ─ 理論と実証 ─ 』大月書店。
─── ［2003a・2003b］「サービス生産をどう理解するか（上）・（下）」『経済』2003年1月号・同2月号。
─── ［2004a］『『資本論』で読み解く現代経済のテーマ』新日本出版社。
─── ［2004b・2004c］「サービス生産をどう理解するか（再論，上）・（再論，下）─ 斉藤重雄氏の批判に答える ─ 」政治経済研究所『政経研究』第82号・第83号。
─── ［2009］『マルクスに立ちケインズを知る』新日本出版社。
河上肇［1922］「資本複生産に関するマルクスの表式」『社会問題研究』第33冊，1922年。
川上正道［1963］「拡大再生産表式と国民所得統計・産業連関表との関連」『土地制度史学』第21号。
─── ［1973］『国民所得論 ─ その近代経済学体系の批判』新日本出版社。
─── ［1980］『資本論と日本経済』有斐閣。
川口　弘［1977］『ケインズ一般理論の基礎〔新版〕』有斐閣。

川端　望［1993］「戦後日本鉄鋼業における技術・経済・経営 ― 先行業績の「技術の経済学」的検討 ― 」大阪市立大学『季刊経済研究』第 16 巻第 2 号．
姜昌周［1979］「再生産とサービス部門 ― 川上正道教授の所論批判 ― 」『大阪経済法科大学経済学論集』第 3 号．
神田敏英［1996］「拡大再生産表式における追加可変資本の消去」『岐阜大学教養部研究報告』第 33 号．
菊本義治・宮本順介・本田豊・間宮賢一・安田俊一・伊藤国彦・阿部太郎［2007］『日本経済がわかる経済学』，桜井書店．
北村貞夫［1978］「再生産表式に関する一考察 ― 外国貿易との関係を中心にして ― 」『龍谷大学経済経営論集』第 17 巻第 4 号．
北村洋基［1981］「現代資本主義の生産力構造 ― 分析視角と方法 ― 」『経済論叢』第 127 巻第 1 号．
─── ［2003］『情報資本主義論』大月書店．
櫛田豊［1991］「拡大再生産表式における可変資本蓄積をめぐる困難について ― いわゆる追加労働者による消費財の二重購入問題 ― 」政治経済研究所『政経研究』第 62 号．
─── ［2003］『サービスと労働力の生産 ― サービス経済の本質 ― 』創風社．
─── ［2005］「サービス生産と再生産表式」『季刊経理理論』第 42 巻第 2 号．
─── ［2008］「社会的再生産とサービス部門」日本大学経済学部『経済集志』第 77 巻第 4 号．
─── ［2012］「サービス商品の共同生産過程 ― 飯盛教授の拙論批判への回答 ― 」『佐賀大学経済論集』第 44 巻第 5 号．
久保新一［2005］『戦後日本経済の構造と転換』日本経済評論社．
─── ［2012］「山田理論と南理論の継承と発展への一視角 ― 「文明」危機の視点から」神奈川大学『商経論叢』第 47 巻第 3・4 号．
熊谷尚夫［1983］『経済原論』岩波書店．
栗田康之［1980］「労賃形態の必然性と労働力商品の特殊性」『秋田経済大学・秋田短期大学論叢』第 25 号．
─── ［1992］『競争と景気循環』学文社．
─── ［2008］『資本主義経済の動態 ― 原理的展開と日本経済の現状分析 ― 』御茶の水書房．
─── ［2011］「カレツキとマルクス」『季刊経済理論』桜井書店，第 47 巻第 4 号．
経済企画庁経済研究所国民所得部［1978］『新国民経済計算の見方・使い方 ― 新 SNA の特徴 ― 』大蔵省印刷局．
越村信三郎［1956］『再生産論』東洋経済新報社．
─── ［1967］『恐慌と波動の理論』春秋社．

小谷崇［2012］「「第3次産業のすべての労働は価値を生む」とみることが合理的である」『佐賀大学経済論集』第44巻第5号。
後藤康夫［2002］「軍需品表式と生産力展開 — 再生産論の具体化における媒介項をめぐって（2）— 」福島大学経済学会『商学論集』第70巻第4号。
——［2004］「戦後生産力の独自な性格」福島大学国際経済研究会編『21世紀世界経済の展望』八朔社。
小林正人［2010］「「景気循環」研究序説 — 資本主義経済において景気循環は必然的か — 」駒澤大学経済学会『経済学論集』第42巻第2号。
——［2013］「（書評）吉田三千雄『戦後日本重化学工業の構造分析』」『季刊経済理論』第49巻第4号。
小林賢齊［1972］「再生産表式と『投資金融』」『土地制度史学』第56号。
——［1997］『概説 経済学原理』青山社。
——［2000］「拡大再生産表式と貨幣流通＝環流」『武蔵大学論集』第47巻第2号。
——［2001］『資本主義構造論 — 山田盛太郎東大最終講義 — 』日本経済評論社。
小檜山政克［1994］『労働価値論と国民所得論』新評論。
小松義雄［2001］「マルクスの物質代謝論 — 三つの物質代謝を中心に〈物質代謝論の社会経済システム論的射程（中）〉」『立教経済学研究』第54巻第4号。
小山貞・鈴木勲・小川雅敏・村岸慶應［1969］『財政と国民所得の知識』第一法規。
斎藤重雄［1984a］『国民所得論序説』時潮社。
——［1984b］「『直接的生産過程の諸結果』における「サービス」概念 — 渡辺雅男氏によるマルクスの「サービス」概念に寄せて — 」日本大学経済学部『経済集志』第54巻第2号。
——［1986］『サービス論体系』青木書店。
——［2001］「サービス経済論への序言」斎藤重雄編『現代サービス経済論』創風社。
——［2005］『現代サービス経済論の展開』創風社。
——［2006］「有用効果生産説について — 青才高志氏の見解を巡って — 」日本大学『経済集志』第76巻第2号。
——［2008］「サービス経済論争への断章 — 渡辺雅男氏の見解に寄せて — 」日本大学『経済集志』第78巻第3号。
——［2010］「マルクスのDienstに関する断章 — 但馬末雄氏の見解に寄せて — 」日本大学『経済集志』第79巻第4号。
——［2012］「サービス生産［労働］過程の特性 — 飯盛信男氏の見解と他説批判を巡って — 」『佐賀大学経済論集』第44巻第5号。
佐々木建［2012］「資源問題と民主主義」KIOG（京都グローバリゼーション研究所）1202（http：//www.focusglobal.org/leading/pdf/shigenmondai-01.pdf）。
佐武弘章［1966］「使用価値としての労働力について」大阪市立大学『経済学雑誌』第

54 巻第 2 号。
――― [1990]「サービス概念とその歴史的変容」大阪府立大学『社会問題研究』第 39 巻第 2 号。
佐藤拓也 [1997]「マルクスのサービス（Dienst）概念とその含意」政治経済研究所『政経研究』第 69 号。
――― [2000]「再生産論とセー法則」中央大学経済研究所編『現代資本主義と労働価値論』中央大学出版部。
――― [2001a]「サービス経済論の系譜」斎藤重雄編『現代サービス経済論』創風社。
――― [2001b]「サービス経済化と経済成長の基礎視角」斎藤重雄編『現代サービス経済論』創風社。
――― [2007]「90 年代不況とサービス経済化」一井昭・鳥居伸好編『現代日本資本主義』中央大学出版部。
――― [2012]「「有用効果」概念とサービス産業の実証分析」『佐賀大学経済論集』第 44 巻第 5 号。
沢田幸治 [1999]『再生産論と現状分析 ― 日本資本主義の戦前と戦後 ―』白桃書房。
産業構造研究会編『現代日本産業の構造と動態』新日本出版社。
渋井康弘 [2005]「資本主義の独占段階と情報技術 ― 後藤康夫氏, 北村洋基氏の報告によせて」『経済科学通信』第 107 号。
珠玖拓治 [1991]『現代世界経済論序説 ― 世界資源経済論への道程 ―』八朔社。
頭川　博 [1981]「再生産表式と貨幣資本の前貸」『高知論叢』第 11 号。
――― [1992]「貨幣関係と労働の価格 ―『資本論』第 I 巻第 17 章の解明 ―」『一橋論叢』第 108 巻第 6 号。
――― [2010]『資本と貧困』八朔社。
鈴木和雄 [1980]「『資本論』第 2 部第 3 編の方法について」東北大学『研究年報経済学』第 42 巻第 2 号。
――― [1999]『労働力商品の解読』日本経済評論社。
――― [2012]「接客サービス労働の諸問題 ― 飯盛信男教授の批評に答える ―」『佐賀大学経済論集』第 44 巻第 5 号。
鈴木春二 [1997]『再生産論の学説史的研究』八朔社。
関野秀明 [2008]「マルクス『資本論』第 1 部資本蓄積論と賃金主導型経済成長論 ― 3 部門 3 価値再生産表式における所得分配と経済成長との関係を中心に ―」『熊本学園大学経済論集』第 14 巻第 1・2・3・4 合併号。
総務省統計局 [2003]『平成 12 年国勢調査編集・解説シリーズ No.6 労働力状態, 産業, 職業別人口』日本統計協会。
――― [2012]「平成 22 年国勢調査　産業等基本集計結果　結果の概要」
　　(http：//www.stat.go.jp/data/kokusei/2010/kihon2/pdf/gaiyou.pdf)

高木　彰［1982］「「再生産論の具体化」と再生産論 ― 大島・中村論争に関連して ― 」『経済科学通信』第 38 号。
――― ［1988］「日本資本主義分析と「再生産論の具体化」」『岡山大学経済学会雑誌』第 19 巻第 3・4 号。
高木幸二郎［1958］「固定資本の更新と恐慌の週期性」井汲卓一編『講座 恐慌論 I 』東洋経済新報社。
――― ［1959］「マルクスの拡大再生産表式の説明に関する一問題点について」九州大学『経済学研究』第 23 巻第 3・4 号。
高木隆造［1977］「「労働力の価値・価格の労賃への転化」の必然性について」明治大学経済学研究所『経営論集』第 25 巻第 1・2 号。
高須賀義博［1968］『再生産表式分析』新評論。
高橋伸彰［2012］『ケインズはこう言った 迷走日本を古典で斬る』NHK 出版。
高橋秀直［1974］「労賃形態の必然性について ― マルクスの必然性・存在理由」『土地制度史学』第 64 号。
――― ［2011］『『資本論』研究 ― 労働価値論・貧困の蓄積論・経済学批判 ― 』弘前大学出版会。
武田晴人［1987］「日本における帝国主義経済構造の成立をめぐって」『社会科学研究』第 39 巻第 4 号。
武野秀樹［2001］『国民経済計算入門』有斐閣。
――― ［2004］『GDP とは何か ― 経済統計の見方・考え方』中央経済社。
但馬末雄［2000］『商業資本論の展開〔増補改訂版〕』法律文化社。
――― ［2006・2009・2010］「マルクスのサービス概念論（Ｉ）・（Ⅱ）（Ⅲ）」『岐阜経済大学論集』第 39 巻第 3 号・第 43 巻第 1 号・第 44 巻第 1 号。
――― ［2012］「マルクスのサービス［Dienst］概念と飯盛教授のサービス論」『佐賀大学経済論集』第 44 巻第 51 号。
譚暁軍［2011］『現代中国における第 3 次産業の研究 ― サービス業および軍需産業の理論的考察』八朔社。
蔦川正義［1976a・1976b］「日本資本主義の再生産構造（上）・（中）」九州大学『産業労働研究所報』第 67 号・第 68 号。
土田和長［1986・1987・1996・1997］「再生産表式における可変資本の補塡と蓄積（上）・（下）・第三論・第四論（上）」『富士大学紀要』第 19 巻第 1 号・第 19 巻第 2 号・政治経済研究所『政経研究』第 66 号・『富士大学紀要』第 29 巻第 3 号。
――― ［1990］「拡大再生産表式における追加可変資本の転態」富塚良三・井村喜代子編『資本論体系 4 資本の流通・再生産』有斐閣。
鶴田満彦［1982］「現代日本資本主義分析の方法」『経済科学通信』第 36 号。
寺田隆至［2011a・2011b・2012a］「サービス経済化と経済循環・再生産論（上）・

（中）・（下）」『函大商学論究』第 43 輯第 2 号・第 44 輯第 1 号・第 44 輯第 2 号。
――― [2012b]「「サービス経済化と経済循環・再生産論」（上）（中）（下）への追補」『函大商学論究』第 45 輯第 1 号。
――― [2013]「再生産論と「貯蓄＝投資」論」『函大商学論究』第 45 輯第 2 号。
刀田和夫 [1991]「マルクスのサービス論とその射程」九州大学経済学会『経済学研究』第 56 巻第 4 号。
――― [1993]『サービス論争批判』九州大学出版会。
――― [1999]「サービス業の販売商品について ― 原田実教授の拙論批判への反論 ―」政治経済研究所『政経研究』第 73 号。
富塚文太郎 [1959]「拡大再生産表式論の困難」『経済評論』1959 年 4 月。
――― [1983]「拡大再生産と貨幣供給 ― マルクス「表式」の難点の合意」『東京経大学会誌』第 130 号。
富塚良三 [1958]「恐慌論の基本構成 ― 再生産論と恐慌論 ―」井汲卓一編『講座 恐慌論Ⅲ』東洋経済新報社。
――― [1976]『経済原論』有斐閣。
――― [2007]『再生産論研究』中央大学出版部。
豊倉三子雄 [1985]『景気循環の理論』ミネルヴァ書房。
長島誠一 [2008]『現代マルクス経済学』桜井書店。
中川スミ [1970]「労働力の価値の労賃への転化について」九州大学『経済学研究』第 36 巻第 1・2 号。
中村静治 [1979]『戦後日本の技術革新』大月書店。
――― [1980]「現代世界経済と日本資本主義」『経済科学通信』第 29 号。
――― [1981]「流通主義的「再生産論」と資本主義分析 ― 大島雄一氏の批判に答える」『経済科学通信』第 33 号。
中村隆英 [1968]「国民所得論」遊部久蔵・大島清・大内力・杉本俊朗・玉野井芳郎・三宅義夫編『資本論講座〔6〕地代・収入』青木書店。
野村 清 [1983]『サービス産業の発想と戦略 ― モノからサービス経済へ ―』電通。
橋本寿朗 [1984]『大恐慌期の日本資本主義』東京大学出版会。
馬場雅昭 [1989]『サービス経済論』同文舘。
林 直道 [1976]『恐慌の基礎理論』大月書店。
原田 実 [1997]「労働価値論とサービス労働」『中京大学経済学論叢』9 号。
――― [1998]「サービス労働価値形成説批判」政治経済研究所『政経研究』第 71 号。
――― [2001]「サービス労働価値形成説批判［Ⅱ］ ― 刀田和夫教授の所説を中心として」政治経済研究所『政経研究』第 77 号。
平野 健 [2010]「アメリカ経済（1991―2001 年）の再生産構造分析」一井昭編『グローバル資本主義の構造分析』中央大学出版部。

平野厚生［1969］「「労賃」論の理論的内容 ― 労働力の価値または価格の労賃への転形を中心に ― 」東北大学『研究年報経済学』第 30 巻第 2 号。

─── ［1971］「労賃形態と労働力商品（上）」東北大学『研究年報経済学』第 33 巻第 1 号。

平山雄三［2002］「再生産表式研究 ― 多部門分割の場合の蓄積率 ― 」『旭川大学紀要』第 53 号。

廣田精孝［1990］「ケインズ「有効需要」論と再生産（表式）論」富塚良三・井村喜代子編『資本論体系 4　資本の流通・再生産』有斐閣。

福田慎一・照山博司［2011］『マクロ経済学・入門〔第 4 版〕』有斐閣。

藤島洋一［1975］「マルクス再生産表式とサービス部門」鹿児島大学経済学会『経済学論集』第 12 号。

藤森頼明［2009］「Marx 経済学と数学 ― 過去，現在，未来」『季刊経済理論』第 46 巻第 3 号。

保志恂［1999］「山田盛太郎理論の継承と発展」保志恂・堀口健治・應和邦昭・黒瀧秀久編『現代資本主義と農業再編の課題』御茶の水書房。

前畑憲子［1992］「『資本論』第 2 部第 8 稿「蓄積と拡大再生産」の課題と方法 ― 八尾信光氏のマルクス批判について ― 」『マルクス・エンゲルス・マルクス主義研究』八朔社，第 16 号。

─── ［1994］「いわゆる「拡大再生産出発表式の困難」について ― 第 2 部第 8 稿における「出発表式」設定の意味 ― 」，『岐阜経済大学論集』第 8 巻第 1 号。

増田壽男［2005］「戦後重化学工業の構築とその特質」吉田三千雄・藤田実編『日本産業の構造転換と企業』新日本出版社。

水谷謙治［1990・1991］「現代の「サービス」に関する基礎的・理論的考察（上）・（下）」『立教経済学研究』第 43 号第 3 号・第 45 号第 1 号。

─── ［2000］「サービス商品とマルクスの労働価値説」『立教経済学研究』第 53 号第 3 号。

─── ［2002］「賃貸借の経済概観 ― 第 I 部 理論的概観」『立教経済学研究』第 56 巻第 2 号。

見田石介［1977］『見田石介著作集 第 4 巻』大月書店。

南方建明・酒井理［2006］『サービス産業の構造とマーケティング』中央経済社。

南克己［1969］「アメリカ資本主義の戦後段階 ― 若干の基礎指標 ― 『1963 年工業センサス』を中心に ― 」『土地制度史学』第 45 号。

─── ［1970］「アメリカ資本主義の戦後段階 ― 戦後＝『冷戦』体制の性格規定」『土地制度史学』第 47 号。

─── ［1975］「戦後資本主義世界再編の基本的性格 ― 米商務省『1966 年世界企業センサス』の整理＝加工を中心に」南克己・古川哲編『現代マルクス経済学研究 II

帝国主義の研究』日本評論社。
─── ［1976］「戦後重化学工業段階の歴史的地位 ─ 旧軍封構成および戦後＝『冷戦』体制との連携」島恭彦・宇高基輔・大橋隆憲・宇佐美誠次郎編『戦後日本資本主義の構造』（新マルクス経済学講座第 5 巻）有斐閣。
宮川　彰［1993］『再生産論の基礎構造 ─ 理論発展史的接近』八朔社。
宮沢健一［1967］『経済学全集 9　国民所得理論』筑摩書房。
─── ［1976］『三訂 日本の経済循環』春秋社。
宮本憲一［1976］『社会資本論［改訂版］』有斐閣。
三輪芳郎編［1991］『現代日本の産業構造』青木書店。
三和良一・原朗編［2007］『近現代日本経済史要覧』東京大学出版会。
村上研一［2007］「生産的労働・価値形成労働の要件と範囲」関東学院大学大学院『経済学研究紀要』第 29 号。
─── ［2012］「再生産構造・蓄積過程分析と産業連関表」中央大学企業研究所編『企業研究』第 21 号。
─── ［2013］『現代日本再生産構造分析』日本経済評論社。
八尾信光［1998］『再生産論・恐慌論研究』新評論。
八木紀一郎［2006］『社会経済学』名古屋大学出版会。
安井國雄［1994］『戦間期日本鉄鋼業と経済政策』ミネルヴァ書房。
山崎隆三編［1978a・1978b］『両大戦間期の日本資本主義 上巻・下巻』大月書店。
───編［1985］『現代日本経済史』有斐閣。
─── ［1989］『近代日本経済史の基本問題』ミネルヴァ書房。
山田喜志夫［1968a］『再生産と国民所得の理論』評論社。
─── ［1968b］「社会的総資本の再生産におけるサービス部門の位置」一橋大学『経済研究』第 19 巻第 2 号。
─── ［1975］「『社会資本』に関する理論的諸問題」『国学院経済学』第 23 巻第 3・4 号。
─── ［1988］「経済のサービス化」『国学院経済学』第 36 巻第 4 号。
─── ［2011］『現代経済の分析視角 マルクス経済学のエッセンス』桜井書店。
山田盛太郎［1934］『日本資本主義分析 ─ 日本資本主義における再生産過程把握 ─ 』岩波文庫。
─── ［1947］「再生産表式と地代範疇」『人文』創刊号（『山田盛太郎著作集 第三巻』岩波書店，1984 年）。
─── ［1948］『再生産過程表式分析序論』改造社（『山田盛太郎著作集 第一巻』岩波書店，1983 年）。
─── ［1964］「戦後再生産構造の段階と農業形態──Iv＋m＝IIc および蓄積の Schema の崩壊と再編──」『昭和 38 年度，経済企画庁経済研究所・地域構造研究会・

総括報告』(『山田盛太郎著作集 第五巻』岩波書店，1984 年)
――――［1966］「戦後循環の性格規定（準備的整理報告の要旨）」専修大学社会科学研究所『社会科学年報』第 1 号（『山田盛太郎著作集 第五巻』岩波書店，1984 年）。
――――［1972］「戦後再生産構造の基礎過程」龍谷大学社会科学研究所『社会科学研究年報』第 3 号（『山田盛太郎著作集 第五巻』岩波書店，1984 年）。
山本哲三［1975］「「労働力の価値または価格の労賃への転化」について ― 表象・現象形態・外観」北海道大学『経済学研究』第 25 巻第 3 号。
山本義彦［1989］『戦間期日本資本主義と経済政策』柏書房。
吉田三千雄［2011］『戦後世界と日本資本主義⑥ 戦後日本重化学工業の構造分析』大月書店。
若森章孝［1971］「労賃論に関する一考察 ― 労賃形態と市民法意識 ―」名古屋大学『経済科学』第 18 巻第 1 号。
渡辺雅男［1985a］『サービス労働論 ― 現代資本主義批判の一視角』三嶺書房。
――――［1985b］「書評 飯盛信男『サービス経済論序説』」『佐賀大学経済論集』第 18 巻第 3・4 号。
――――「1999］「金子ハルオ著『サービス論研究』」［書評］『土地制度史学』第 165 号。
――――［2008］「サービスとはなにか ― 問題の理解と提起をめぐる誤り ―」『一橋社会科学』第 4 号。
――――［2012］「サービス経済論争における飯盛説の新たな展開とその問題」『佐賀大学経済論集』第 44 巻第 5 号。
和田　豊［2003］『価値の理論』桜井書店。
Delaunay, J. C., Gadrey, J. [1992], *Services in Economic Thought ; Three Centuries of Debate*, Kluwer Academic Publishers, Boston, Massachusetts（渡辺雅男訳『サービス経済学説史 ― 300 年にわたる論争』桜井書店，2000 年）。
Fuchs, V.R.［1968］, *The Service Economy*, National Bureau of Economic Research（江見康一訳『サービスの経済学』日本経済新聞社，1974 年）。
Gershuny, J.I., Miles, I.D.［1983］, *The New Service Economy ; The Transformation of Employment in Industrial Societies*,（阿部真也監訳『現代のサービス経済』ミネルヴァ書房，1987 年）。
Harvie, D.［2005］, *All Labour Produces Value For Capital And We All Struggle Against Value*（http：//www.commoner.org.uk/10harvie.pdf）。
Hicks. J. R.［1971］, *The Social Framework, An Introduction to Economics, 4th ed.* Oxford University Press（酒井正三郎訳『第四版 経済の社会的構造 ― 経済学入門 ―』同文舘，1972 年）。
Kalecki, M.［1971］, *Selected Essays on the Dynamics of the Capitalist Economy 1933 － 1970*, Cambrige University Press（浅田統一郎・間宮陽介訳『資本主義

経済の動態理論』日本経済評論社，1984年）。
Keynes, J. M. [1936], *The General Theory of Employment, Interest and Money*, Macmillan（間宮陽介訳『雇用，利子および貨幣の一般理論』（上）（下），岩波書店，2008年）。
Marx, K. [1857-1858], *Ökonomische Manuskript 1857/58, Teil 2*（資本論草稿集翻訳委員会『マルクス 資本論草稿集②』大月書店）。
——— [1861-1863a], *Zur Kritik der Politischen Ökonomie (Manuskript 1861－1863), Teil 2*（資本論草稿集翻訳委員会『マルクス 資本論草稿集⑤』大月書店）。
——— [1861-1863b], *Zur Kritik der Politischen Ökonomie (Manuskript 1861－1863), Teil 6*（資本論草稿集翻訳委員会『マルクス 資本論草稿集⑨』大月書店）。
——— [1863-1865], *Resultatedes unmittelbaren Produktionsprozess*（岡崎次郎訳『直接的生産過程の諸結果』国民文庫，1970年）。
——— [1867a], *Das Kapital*, Bd. I（江夏美千穂訳『初版 資本論』幻燈社，1983年）。
——— [1867b], *Das Kapital*, Bd. I（マルクス＝エンゲルス全集刊行委員会訳『資本論』第1巻，大月書店）。
——— [1885a], *Das Kapital*, Bd. II（マルクス＝エンゲルス全集刊行委員会訳『資本論』第2巻，大月書店）。
——— [1885b], *Das Kapital*, Bd. II（資本論翻訳委員会訳『資本論』第2巻，新日本出版社）。
——— [1894], *Das Kapital*, Bd. III（マルクス＝エンゲルス全集刊行委員会訳『資本論』第3巻，大月書店）。
——— Mavroudeas S. D. *Relations between the Two Departments of Production and the Problem of the so-called "Motive Impulses"*, University of London（http：//users.uom.gr/~smavro/2%20dept-spoudai.pdf）。
Sardoni C. S. *Keynes and Marx*, University of Rome "La Sapienza"（http：//www.postkeynesian.net/ucamonly/Sardoni%20on%20GT.pdf）。
Subasat T. [2012], *Rethinking Reproduction Schemes*, izmir University of Economics, Working Paper #12/06,（eco.ieu.edu.tr/wp-content/wp1206.pdf）。
Sweezy P. M. *The Theory of Capitalist Development*, New York（都留重人訳『資本主義発展の理論』新評論）。
Trigg A. B. *Surplus Value and the Kalecki Principle in Marx's Reproduction Schema*（http：//www.hetsa.org.au/pdf/35-A-8.pdf）。

あとがき

　本書は，前出の参考文献にあげた筆者の既発表の論文をまとめ，いくつかの章を加えたものであるが，既発表論文の内容については，本書執筆に際して，多くの加筆や誤りの訂正，また，重複した論述の整理など多くの補正を行っている。既発表論文に優先して本書に示した内容が，現時点における筆者の研究の到達点である。

　ところで，筆者が，本書でとりあげた研究課題に取り組み，その成果をまとめることができたのは，多くの先生の学恩のお陰である。

　弘前大学農学部では高橋秀直先生の経済学の講義を約3年に渡って受講し，その他に，ゼミナールでの学習，そして，研究に対する先生の厳しい姿勢から多大な影響を受けた。そして，同時に，現実から離れた立論に走りがちな自分に理論研究は難しいことを痛感し，進学した大阪市立大学大学院の経営学研究科では，日本産業の実証的研究を志して安井國雄先生にご指導を頂くとともに，佐々木建先生の所有論研究会でも学ばせて頂いた。

　大学院時代に安井先生の下で，歴史的・実証的な研究について，まさにイロハから手ほどきを受け，その重要性と難しさを学び，また，佐々木先生の下で，学問研究における批判的精神の重要性を学んだことは，その後，函館大学に産業構造論担当教員として着任後も続けた日本産業論分野での実証的な研究につながっただけでなく，その後約20年経って本格的に始めた理論研究を，現実との緊張関係を維持しつつ行っていくための筆者にとってのかけがえの無い財産となっている。

　さらに，この3人の先生の他にも，学部・大学院時代を通じて，そして，函館大学に着任してから今日まで，非常に多くの先生方から貴重な教えを頂いている。今後も，教えを頂いた全ての先生方の学恩に報いることができるような研究を続けていくことが筆者の願いである。

　また，学部・大学院時代の多くの先輩後輩，また友人からも様々な学恩や支援を得ている。特に，大学時代の学友の加藤幹暁氏には，大学院浪人時代に多くの励ましと支援を頂いたことを，深い感謝の意を込めてここに記したい。そ

のご恩に本書の刊行で些かなりとも報いることができればと願う次第である。

　最後に，学術書の出版事情の厳しい中で，本書のような理論研究書に出版の機会を与えて頂いた八朔社の片倉和夫氏に心からの謝意を表したい。また，本書の刊行には函館大学出版会の出版助成を得ている。出版会のご高配に深謝したい。

　　2014年3月

寺田　隆至

［付記］本書の研究の一部は，日本学術振興会アジア研究教育拠点事業の支援を受けた成果である。

[著者紹介]

寺田　隆至（てらだ　たかゆき）
青森県弘前市に生まれる。
1983年　弘前大学農学部農学科農業経済課程卒業
1992年　大阪市立大学大学院経営学研究科
　　　　　後期博士課程単位取得退学
　　　　函館大学商学部専任講師
　　　　同助教授，同准教授（職名変更）を経て，
現　在　函館大学商学部教授
専　攻　産業構造論

経済循環と「サービス経済」の理論
――批判的国民所得論の展開――

2015年2月10日　第1刷発行

著　者　　寺　田　隆　至
発行者　　片　倉　和　夫
発行所　株式会社　八　朔　社
東京都新宿区神楽坂 2-19 銀鈴会館内
Tel 03-3235-1553　Fax 03-3235-5910
E-mail : hassaku-sha@nifty.com

Ⓒ 寺田隆至, 2015　　組版・閏月社　印刷／製本・シナノ印刷
ISBN 978-4-86014-071-7

——— 八朔社 ———

中田常男著	金融資本論と恐慌・産業循環	六八〇〇円
頭川博著	資本と貧困	二八〇〇円
小林賢齊著	マルクス「信用論」の解明 その成立史的視座から	八〇〇〇円
宮川彰著	再生産論の基礎構造 理論発展史的接近	六〇〇〇円
市原健志著	再生産論史研究	二八〇〇円
鈴木春二著	再生産論の学説史的研究	四八〇〇円

定価は本体価格です